Sophie Blau

Grüße aus der Psychiatrie

Burn-out kommt auch im Alphabet vor Glück

AF219611

Über die Autorin:

Sophie Blau ist keine Psychologin, keine Psychiaterin, keine Coachin und heißt eigentlich ganz anders. Unmittelbar und sehr direkt erzählt sie ihre persönliche Geschichte – und ist doch leider alles andere als ein Einzelfall.

Sophie Blau

Grüße aus der Psychiatrie

Burn-out kommt auch im Alphabet vor Glück

Autobiografie

Bibliografische Information der Deutschen Nationalbibliothek:
Die Deutsche Nationalbibliothek verzeichnet diese Publikation in der Deutschen Nationalbibliografie; detaillierte bibliografische Daten sind im Internet über http://dnb.dnb.de abrufbar.

Beratung kreatives Arbeiten: Felix Lempp
Lektorat: Christine Weber
fachliches Korrektorat: Prof. Dr. med. Barbara Krautz
Korrektorat: Dr. Bettina Jung
Cover: Hieronymus Josh

www.gruesseausderpsychiatrie.com

Herstellung und Verlag: BoD – Books on Demand, Norderstedt

ISBN: 978-3-7562-0516-5

Inhaltsverzeichnis

Burn-out? Ich? – Lächerlich!

Ich habe schließlich immer Energie für drei gehabt. So viele Termine, wie ich – ganz easy – an einem Wochenende unterbrachte, hatten andere in einer ganzen Woche nicht. „Geht nicht" gab es nicht. Ich war immer unterwegs, beruflich wie privat. Aber Stress? Hatten die anderen.

Weit habe ich es gebracht mit dieser Einstellung. Bis in die Psychiatrie. Und hier sitze ich nun seit über einer Woche. Immerhin sitze ich überhaupt noch irgendwo. Das allein ist ein großes Glück. Und ich starre mittlerweile auch nicht mehr nur regungslos aus dem Fenster, sondern ich schreibe, denn: Alle sollen wissen, wie scheiße so ein Burn-out ist. Dass das kein dreimonatiger Erholungsurlaub ist, weil man mal ein bisschen zu viel gearbeitet hat, sondern dass man ganz schnell, schneller als man bis drei zählen kann, tatsächlich mit seinem Leben spielt.

Aus dem Stegreif kann ich mindestens zehn Personen aus meinem engeren Bekanntenkreis aufzählen, die in den letzten fünf Jahren an einem Burn-out oder einer Depression gelitten haben. Seit wann ich das weiß? Seit ich selbst krankgeschrieben bin. Die Leute wissen jetzt, sie sprechen mit einer, die selbst betroffen ist, die sie deswegen also nicht komisch anschaut oder anders behandelt.

Hätte nur einer von ihnen offen darüber gesprochen – vielleicht hätte ich mich mit dieser Thematik auseinandergesetzt. Vielleicht wäre ich wachsamer gewesen. Vielleicht hätte ich meiner Familie, meinem Ex, meinen Freunden und Kollegen, aber vor allem mir selbst diese Katastrophe erspart.

Vielleicht aber wäre ich trotzdem weiter mit Vollgas gegen die Wand gerannt, denn ich war schließlich jung und strotzte geradezu vor Energie: einen Burn-out? Ich? – Lächerlich!

Sophie Blau, 22. August 2015

ABSTURZ

Februar 2014 bis August 2015

Vergangenes Jahr war ich, mal wieder, genervt von der Arbeit. Durch reinen Zufall hatte sich nach dem Studienabschluss vor vier Jahren dieses Job-Abenteuer mit all seinen Möglichkeiten aufgetan: Abwechslungsreich, herausfordernd und aufregend – genau das, was ich mir in der Uni vorgestellt hatte. Klar, hin und wieder gab es auch stressige Phasen, aber ich hatte den Eindruck gehabt, dass ich diesen Stress geradezu brauchte, um das Beste aus mir herauszuholen. Lange Zeit hatte ich die Arbeit gern gemacht, ich liebte meinen Job, erzählte stolz davon. Über die Jahre hinweg veränderte sich die Atmosphäre jedoch klammheimlich, kaum wahrnehmbar: Die Firma war übernommen worden, der Druck wurde stetig größer, die To-do-Listen immer dichter. Zwei unglückliche Missverständnisse hatten sich dazugesellt, und plötzlich waren Wertschätzung und Rückhalt aus meinem Arbeitsalltag verschwunden. Langsam und leise schlich sich im Frühling 2014 ein Gedanke in meinen Kopf: Dieser Job, das ist nicht meine Zukunft.

Dieser Job, das war nicht mehr ich, vielleicht war ich das sogar nie gewesen, ich wollte etwas anderes tun. Allerdings hatte ich keine Ahnung, was. Also blieb ich, ließ mich gelegentlich am Telefon anschreien und versuchte, mich nicht noch weiter in firmenpolitische Machtspielchen verstricken zu lassen, die ich, jung und naiv, viel zu spät erkannt hatte. Etwa zu dieser Zeit bekam ich zum ersten Mal diese Hüftschmerzen, so stark, dass ich keine zweihundert Meter mehr laufen konnte – dabei war ich gerade mal sechsundzwanzig, fast ein ganzes

Lebensalter von Arthrose entfernt. Das MRT brachte kein Ergebnis und der Arzt erklärte mir, er könne nichts für mich tun. Ich war wütend und verwirrt, als er mich wegschickte.

Hilflos begann ich, mit Schmerztabletten zu jonglieren, und stieg auf Fahrradfahren um, selbst kürzeste Strecken radelte ich; einfach nicht mehr zu gehen war schließlich keine Option. Ein Vierteljahr später, immer noch jonglierend, erwischte mich eine Kehlkopfentzündung, schon die zweite innerhalb weniger Monate. Diesmal legte sie mich über zwei Wochen lahm. Ich war erschöpft, ratlos und irgendwann regelrecht verzweifelt – weshalb war ich plötzlich ständig krank, was war nur mit mir los?

In jenem Sommer lief, zugegeben, jedoch nicht alles schlecht: Ich lernte jemanden kennen. Jan lebte zwar in der Nähe von Stuttgart, alles andere aber passte wunderbar und wir verliebten uns Hals über Kopf. Ich war überglücklich, schon Anfang September waren wir ein Paar. Die Glückseligkeit währte jedoch nicht lange: Zwei Wochen später eskalierte mein Leben in allen anderen Bereichen gleichzeitig. Seit einigen Monaten schon suchte ich nach einer eigenen Wohnung, die ständig wiederkehrenden Diskussionen um Putzpläne, Lautstärken und Übernachtungsgäste in der Vierer-WG waren kaum noch auszuhalten. Da kündigte Christian plötzlich seinen Auszug an – schon fürs nächste Wochenende, er konnte die Wohnung eines Bekannten übernehmen. Fast über Nacht ließ mich damit mein einziger Verbündeter in diesem hochexplosiven Krisengebiet im Stich. Wie erwartet schwenkte die Kommunikation in der WG am Tag des Umzugs vollständig auf Türenknallen und Schreien um, es war, als wäre der letzte Blauhelmsoldat abgezogen worden, ein offener Krieg brach aus. Als ob das nicht schon gereicht hätte, stieg der Stresspegel in der Arbeit auf ein neues Allzeithoch. Neben dem doppelten Alltagsgeschäft – mein Kollege war zu der Zeit im Urlaub –

stapelten sich urplötzlich fünf Projekte, die drei Vollzeitkräfte beschäftigt hätten, auf meinem Tisch, alle mit fixen Deadlines für die nächsten drei Wochen. Der Kehlkopfentzündung hatte ich doch mehr Tribut zollen müssen als erwartet, ich war gerade erst wieder richtig fit, aber arbeitete, arbeitete, arbeitete – in einem Tempo, das ich selbst nicht für möglich gehalten hatte: hochkonzentriert, stundenlang, mit Herzstechen. Mir war sonnenklar, dass das alles andere als gesund war – aber ich sah keine Alternative. Und das Ende der Stressphase war absehbar, drei Wochen würde ich das durchhalten.

Währenddessen knallten die Türen in meiner WG immer lauter. Als ich schließlich an einem Sonntagvormittag um halb zehn nach einem Streit um zu laute Beats und weitere Geräusche einer nächtlichen Wiesnverlängerung aus dem Nachbarzimmer mit Herzstechen im Bett lag, setzte ich dieser Kriegs-WG ein Ende. Fluchtartig zog ich aus. Keinen Tag länger wollte ich bleiben, hier zu wohnen machte mich krank! Lieber kam ich übergangsweise bei meinen Eltern auf dem Land unter und würde zur Arbeit pendeln.

Wenige Tage später war die letzte Deadline geschafft und ich – Überraschung – wieder krank. Die dritte Kehlkopfentzündung in diesem Jahr. Heulend saß ich beim Hausarzt und diesmal wurde ausführlich an mir herumgedoktert. Schließlich diagnostizierte eine unfreundliche Internistin Hashimoto, eine autoimmun bedingte Schilddrüsenentzündung, die für die Erschöpfung verantwortlich sein sollte. Ein Osteopath entdeckte endlich die Ursache für meine Hüftschmerzen, nämlich eine tief liegende Muskelverspannung, und eine feinfühlige HNO-Ärztin schickte mich zu einer Logopädin, die mit mir an der Stabilität meiner Stimmbänder arbeitete. Mit dem Gefühl, endlich zu wissen, was mit mir los war, und zur Abwechslung mal wieder etwas für mich zu tun, kam ich Mitte Oktober nach acht Tagen im Krankenstand zurück ins Büro.

Viel zu früh, wie ich spätestens mittags feststellte. Mein Kopf war schwer geworden und ich fühlte mich fiebrig. Ein paar wichtige Punkte meiner To-do-Liste wollte ich nach der Mittagspause noch abhaken und dann vielleicht ein wenig früher gehen, beschloss ich erschöpft, ich hätte doch noch einen Tag zu Hause bleiben sollen.

Gerade als ich im Begriff war, meinen Schreibtisch für den Tag zu räumen, zitierte mein Chef mich zu einem Vier-Augen-Gespräch. Ich war zu überrumpelt, um eine gute Ausrede parat zu haben, also folgte ich ihm wenig später widerwillig in sein Büro.

Die Intention hinter dieser Unterredung war gewiss gut; mir jedoch vorzuwerfen, ich würde mich nicht um meine Gesundheit kümmern, während man mich gleichzeitig mit einem Arbeitspensum für drei zuschüttete, machte mich sprachlos. Ich saß meinem Chef gegenüber und fand trotz meiner Empörung nicht mehr die Kraft, den Mund aufzumachen und Partei für mich selbst zu ergreifen, ich war erledigt. Ich hätte mittags einfach heimgehen sollen, dachte ich, aber das half mir nun auch nichts mehr. Wehrlos ließ ich das Gespräch über mich ergehen, vermied jeden Blickkontakt, in der Hoffnung, möglichst bald nach Hause ins Bett zu können. Aber es gab kein Entrinnen. Je weniger ich reagierte, desto mehr redete sich mein Chef in Rage. Das, was neben dem Fieber für den restlichen Tag in mir brannte und noch heute in mir brennt, war der letzte Satz dieses Gesprächs: „Deine Leistung hat stark nachgelassen. So, wie wir ursprünglich mit dir geplant hatten, wird es nicht weitergehen."

Der Dank dafür, dass ich wochenlang den Job von drei Leuten geschmissen und alle Fristen eingehalten hatte: Die anstehende Beförderung war geplatzt.

Ich schlief wie tot, ging am nächsten Tag ins Büro, wie es sich gehörte. Aber ich hatte Konsequenzen aus dem gestrigen

Gespräch gezogen. Keinen Finger mehr als nötig würde ich zukünftig rühren. Und bei der ersten Gelegenheit gehen.

In den nächsten Monaten pendelte sich mein Leben langsam wieder ein. Keinem fiel auf, dass ich nur noch Dienst nach Vorschrift verrichtete – zumindest sprach mich niemand darauf an. Bei der Logopädin und beim Osteopathen verbrachte ich viel Zeit. Die entspannten Wochenenden bei meinem Freund taten mir gut und ich fand eine neue, wunderschön gelegene Wohnung. Schließlich bekam ich von der Abteilungsleitung sogar die Möglichkeit angeboten, für zwei Monate, von Anfang Februar bis Ende März, zum Mutterkonzern nach London zu gehen. Der frischen Beziehung würde das nicht wirklich gut tun und es bedeutete auch, dass ich mindestens bis zum Frühjahr in der Firma bleiben müsste. Trotzdem wollte ich mir diese Gelegenheit nicht entgehen lassen. Zu lange schon hatte ich davon geträumt, noch einmal im Ausland zu leben, mein Auslandssemester war schon viel zu lange her. Februar und März verbrachte ich also – gemeinsam mit meiner Schwester, die gerade in London studierte – weit, weit weg von meinem Münchner Leben. Aber der lange, ruhige Winter und die knapp tausend Kilometer zwischen London und München reichten nicht aus.

IRGENDETWAS STIMMT NICHT

An einem ganz normalen Donnerstagnachmittag Ende Mai, nach einer Dienstreise, war da plötzlich ein Tornado in meinem Kopf, ohne jede Vorankündigung. Tausend Gedanken stoben wild durcheinander, wirbelten in einem Karussell, das vollkommen außer Kontrolle geraten war. Ich fand weder Ruhe, noch konnte ich klar denken, egal was ich tat.

Sechs Wochen waren seit meiner Rückkehr aus London vergangen, und die hatte ich genutzt: den Lebenslauf aktualisiert, die ersten Bewerbungen verfasst und verschickt. Ich würde so bald wie möglich das Unternehmen wechseln, dazu war ich nach wie vor fest entschlossen. Entsprechend zeigte ich beruflich wieder mehr Engagement, schließlich benötigte ich ein gutes Zeugnis. Dieser Donnerstag mit der Dienstreise war der erste Tag seit Monaten gewesen, an dem es ein bisschen stressig zuging – überhaupt kein Vergleich allerdings zu dem, was ich aus dem vergangenen Jahr kannte.

Am Tag danach, es war der Freitag vor dem langen Pfingstwochenende, ging nichts mehr. Ich hatte nicht ins Büro gehen wollen. Wirklich nicht. Es fühlte sich nicht an wie das Gefühl, einfach keine Lust mehr auf diesen ganzen Scheiß zu haben, das ich nur zu gut kannte. Stattdessen war da einfach gar nichts mehr, außer Leere. Ich ging trotzdem ins Büro. Natürlich. Saß dort an meinem Schreibtisch. Starrte den Computer an, wusste gerade noch, wie man ihn anschaltete, alles andere war weg. Mechanisch vollführte ich ein paar Handgriffe, versuchte, irgendwie wieder wach zu werden, mich aufzurütteln aus diesem seltsamen Zustand. Je mehr ich das allerdings versuchte, desto mehr sackte mein Kreislauf weg. Ich kämpfte mich durch ein Meeting, konnte mich kaum noch auf den Beinen halten. Schließlich klappte ich völlig zusammen und lag, tapfer betreut von einem Kollegen, auf der Couch im Konferenzraum. Nach etwa einer Stunde hatte ich mich immerhin wieder etwas gesammelt und fühlte mich imstande, mit dem Bus nach Hause zu fahren.

Ich fiel ins Bett. Schlief 48 Stunden beinahe durch. Schaffte es nicht einmal, meinen Freund auch nur kurz anzurufen. Er würde enttäuscht sein und natürlich hatte ich deshalb ein schlechtes Gewissen, aber mehr als eine Whatsapp-Nachricht war nicht mehr drin. Pfingstmontag ging es mir wieder gut. Kein Grund also, am Dienstag der Arbeit fernzubleiben.

Ab diesem Tag war etwas anders. Ich spürte es, aber es war

nicht greifbar. Irgendetwas lief ganz und gar falsch. Aber was? Immer öfter verhielt ich mich launisch, ungehalten, war unkonzentriert, hatte kurze oder lange Black-outs, meine Energie schwand zusehends. Ich nahm einen Gleittag. Doch selbst während dieses entspannten, erholsamen verlängerten Wochenendes konnte ich nicht genug Energie tanken, um die darauffolgende Woche gut zu überstehen. Schon am Mittwoch war ich wieder völlig erledigt. Abends, beim Beach-Volleyball, stand ich völlig neben mir. Ich war entweder komplett überdreht und aggressiv oder viel zu ruhig und abwesend. Auch die Aussicht auf zwei Wochen Urlaub Mitte Juli – ich wollte mit meinem Freund ans Meer – half nicht. Vier Wochen waren es nur noch bis dahin, aber ich konnte nicht einmal mehr dieses Licht am Ende des Tunnels sehen.

Je mehr ich mich an meinem Leben festkrallte, desto mehr entglitt es mir. Trotzdem lebte ich es weiter, so gut es eben ging. Arbeitete oder tat im Büro zumindest so, als würde ich arbeiten, schrieb Bewerbungen. Traf Freunde, wenn auch immer seltener, machte Sport, exzessiver. Und ich sabotierte die Fernbeziehung, unabsichtlich. Meldete mich weniger und weniger, sagte meine Besuche bei Jan ab. Ich hatte dafür keine Kraft mehr.

Vier Wochen dauerte es, bis ich langsam realisierte, dass sich da etwas aufgebaut hatte, das ich nicht einordnen, geschweige denn aufhalten konnte. Es passierte irgendetwas Beängstigendes mit mir, aber ich hatte keine Ahnung, was.

Auf die Idee, dass ich mitten in einem Burn-out steckte, kam ich gar nicht erst – und auch sonst sprach mich niemand darauf an. Es traute sich niemand, den Mund aufzumachen.

Mitte Juni war ich mit einer Freundin, die im selben Unternehmen arbeitete, zum Mittagessen auswärts. Die ganze Pause lang weinte und jammerte ich herum. Ich wusste weder ein noch aus, und auch nicht, wohin. Nach diesem Mittagessen schickte Karina mir einen Link. Mein Arbeitgeber kooperierte mit dem Burn-out-Zentrum München – davon hatte ich noch nie etwas gehört. Jeder Mitarbeiter durfte dort jährlich kostenfrei drei Termine wahrnehmen. Ich schrieb den angegebenen Kontakt umgehend an und sagte für den nächsten freien Termin in zwei Wochen zu, Ende Juni.

Zwei unendlich lange Wochen, in denen ich immer schneller immer weiter abwärts rutschte. Auf dem Weg zur Arbeit wünschte ich mir, ein anderer Radfahrer – oder besser, ein Lastwagen – würde mich umfahren, sodass ich für ein paar Wochen im Krankenhaus landete. Alles wäre besser als mein gegenwärtiges Leben, dachte ich. Abends, wenn ich mich allein in meinem Bett wälzte, weil ich nicht schlafen konnte, kam ich mir selbst so fremd und leer, so völlig ohne jede Emotion, so dermaßen verschwunden und verloren vor, dass ich plötzlich nachvollziehen konnte, warum man sich ritzt. Dann würde ich wenigstens den körperlichen Schmerz spüren. Als ich am Wochenende neben meinem Freund aufwachte – er hatte darauf bestanden, mich zu besuchen –, spürte ich keine Liebe mehr, keine Geborgenheit, keine Anziehungskraft, auch keine Abscheu oder Genervtheit, ich spürte einfach nichts mehr. Verzweifelt versuchte ich, irgendwelche Emotionen zu provozieren, und schlief mit ihm – aber nichts. Da war einfach nichts mehr.

Jan trennte sich in der darauffolgenden Woche von mir. Ich registrierte es: eine Last, die man mir endlich abnahm.

DIAGNOSE BURN-OUT

Am 26. Juni 2015, dem Freitag, an dem ich spätnachmittags endlich den Termin im Burn-out-Zentrum hatte, ging es mir verhältnismäßig gut. Es war einer der besseren Tage im Büro gewesen, ich hatte meine Aufgaben wie gewohnt erledigen können. Kurz überlegte ich sogar, den Termin sausen zu lassen, so dramatisch war das alles doch gar nicht.

Das BOZM befand sich mitten in der Stadt. Während der Fahrt dorthin wurde ich immer unruhiger. Was sollte ich sagen? Was erwartete mich dort?

Der erste Eindruck war überraschend angenehm: Die Örtlichkeiten machten einen sehr freundlichen und aufgeräumten Eindruck und auch die Psychologin, eine angenehm ruhige Frau um die vierzig, war mir auf Anhieb sympathisch. Sie bat mich in dem kleinen, gemütlichen Raum, auf einem Sessel ihr gegenüber Platz zu nehmen, und wollte wissen, wie es mir ging. Mit einem Schlag war die Kraft, die mich bis dahin durch den Tag getragen hatte, dahin. Die folgenden neunzig Minuten heulte ich. Schluchzend fasste ich zusammen, was in den vergangenen anderthalb Jahren passiert war, die Worte sprudelten wirr, ich erzählte, was mir gerade einfiel.

Als ich ein wenig zur Ruhe kam, erklärte die Psychologin bestimmt und ohne jede Umschweife, ich müsse sofort rausgenommen werden aus dem System. Das war kein Vorschlag, das war eine, wenn auch in freundlichem Tonfall vorgetragene, unmissverständliche Ansage: „Ich könnte Sie auf der Stelle in eine Klinik einweisen. Sie haben einen Burn-out und ich rechne nicht damit, dass Sie in diesem Kalenderjahr noch mal arbeiten werden."

Als Psychologin durfte sie mich nicht krankschreiben, daher empfahl sie mir eine Allgemeinärztin, die sich auf solche Fälle spezialisiert hatte. Ich sollte mich dort direkt im Anschluss melden und mir den nächstmöglichen Termin geben lassen, sie würde mich in der Praxis ankündigen. Wenn ich das Gefühl haben sollte, in ein Loch zu fallen, sollte ich mich umgehend bei ihr melden, gab sie mir zum Abschied mit auf den Weg. Schließlich durfte ich noch zwei Termine auf Firmenkosten nutzen.

Draußen strahlte die Sonne, es war ein traumhafter Sommertag. Trotzdem zitterte ich vor Kälte und Erschöpfung, als ich das BOZM verließ. Ich hatte registriert, was die Psychologin gesagt hatte, es aber nicht wirklich realisiert. Dafür war ich viel zu müde. Ich wollte einfach nur schlafen, alles andere interessierte mich nicht. Meine Kraft reichte gerade noch, um nach Hause zu fahren und einen Termin bei der Allgemeinärztin für den folgenden Dienstagmittag zu vereinbaren, montags war die Praxis geschlossen. Schließlich schickte ich noch eine kurze Whatsapp-Nachricht in die Familiengruppe und berichtete, dass ich bei einer Psychologin gewesen war und wohl ab Dienstag länger krankgeschrieben werden würde. Trotz allem wollte ich am nächsten Tag wie geplant nach London fliegen, wo ich am Montag ein Fotoshooting betreuen sollte. Das war der einzige Arbeitstermin gewesen, auf den ich mich seit Wochen freute. Vor allen Dingen aber würde ich bei der Gelegenheit meine Schwester Caro endlich wiedersehen, die gerade die letzten Wochen ihres Masterstudiums in London genoss. Sie fehlte mir ziemlich. Zu diesem Termin zu fliegen war nicht vernünftig. Das war mir bewusst. Aber ich wollte unbedingt weg.

Als ich am Samstagnachmittag am Münchner Flughafen den langen Gänge zu meinem Gate folgte, war ich nicht mehr wirklich anwesend. An der Sicherheitskontrolle hatte ich einen nervigen Passagier angeschnauzt. Mir fehlte die Kraft, mich zusammenzureißen, mit dem Anschnauzen allerdings war ich irgendwie verpufft. Ich kam mir vor, als steckte ich in einem Roboterkörper. Die Reste meines Ichs schwebten in einer kleinen Wolke irgendwo über mir, von dort aus kommandierte ich meine Beine, sie hatten schließlich zu gehen. Alles war viel zu laut, sogar das Surren der Rolltreppen.

In London aber, mit fast tausend Kilometern Distanz zwischen mir und meinem Leben, ging es sofort deutlich besser.

Wirklich gut fühlte ich mich trotzdem nicht, deshalb unternahmen Caro und ich nicht viel. Eine Stunde in einem Restaurant war okay, aber länger hielt ich es nicht aus: Alles war zu laut, der Raum zu eng und mich auf ein Gespräch inmitten der Geräuschkulisse zu konzentrieren empfand ich als sehr anstrengend. Aber London ist groß, es fanden sich Lösungen. Den kompletten Sonntag verbrachte ich dann allein draußen, während Caro an ihrer Abschlussarbeit feilte. Ich spazierte durch den Regent's Park und auf Primrose Hill, genoss den Blick über die Skyline und sah stundenlang einfach nur den grauen Eichhörnchen zu. Der Abstand von zu Hause und die Ruhe im Park, das Alleinsein, das Nichtstun taten so gut! Das ständige Karussell in meinem Kopf drehte sich langsamer, verschwand sogar für kurze Zeit.

Auch der Termin am Montag lief super. Tatsächlich entwickelte sich dieser Arbeitstag zu einem der angenehmsten und lustigsten, die ich je gehabt hatte. Nur kurz gab es einen Moment, an dem sich mein Kopf meldete und ich unruhig wurde: als wir nach dem Shooting in einem ziemlich dunklen Restaurant zum Interview zusammensaßen. Aber ein paar Globuli von meiner Mutter, die ich seit dem Kreislaufzusammenbruch kurz vor Pfingsten immer mal wieder einnahm, brachten die Ruhe sofort wieder zurück. Sie blieb schließlich sogar, bis ich wieder zurück in München in meinem eigenen Bett einschlief.

Am Dienstagvormittag, vor dem Termin bei der Allgemeinärztin, wollte ich im Büro alles so weit regeln und übergeben, dass ich, endlich krankgeschrieben, erst mal nicht wieder zurückmusste. Das war zumindest mein Plan, schließlich wusste noch niemand, dass ich demnächst ausfallen würde. Doch dazu kam ich nicht mehr. Es war eigentlich ein völlig normaler, eher entspannter Vormittag. Für mich aber war es die Hölle. Zwei Meetings überstand ich nur, indem ich mich mit aller Macht aufs Aus-dem-Fenster-Starren konzentrierte – und darauf, den Mund zu halten. Nicht einfach zu explodieren und alle um mich herum anzuschreien kostete mich unbändige Kraft. Ich wollte kein neues Projekt, selbst wenn ich nicht krankgeschrieben würde, hätte ich bereits genug zu tun, und ich sah auch nicht ein, fünfzig Euro für das Geburtstagsgeschenk eines Kollegen zu investieren. Warum bestimmten andere ständig über mein Leben? Zwanzig Minuten später, ich hatte gerade die ersten Zeilen einer Übergabemail an meine Kollegin verfasst, trat mein Chef an meinen Schreitisch und stellte mir eine Frage zu besagtem neuen Projekt. Statt zu antworten, brach ich heulend zusammen.

Zwei Stunden später saß ich bei der Ärztin. Sie schrieb mich für vier Wochen krank, „damit die gleich merken, dass das länger dauert". Diagnose: Erschöpfungszustand.

ANS BLACKBERRY GEHST DU ABER SCHON NOCH?

Mit der Krankschreibung in der Hand saß ich mitten in der Stadt, am Marienhof, auf einer Bank in der Mittagsonne. Es war absurd. Um mich herum blühte alles vor Leben, ein paar Touristen fotografierten, Verkäuferinnen, die offensichtlich gerade Mittagspause machten, saßen lachend und ratschend neben mir. Und ich saß, benommen und verloren, mittendrin. Vier Wochen krankgeschrieben. Und sie hatte wiederholt, was bereits die Psychologin gesagt hatte: Sie ging nicht davon aus, dass ich in diesem Kalenderjahr wieder arbeiten würde. Das waren sechs Monate! Ich weigerte mich, den Gedanken anzunehmen oder weiterzuspinnen, und saß einfach auf der Bank. Erschöpft. Hundemüde. Aber: Vier Wochen nicht arbeiten hieß vier Wochen Luft zum Atmen.

Ich durfte und sollte einfach tun, wonach mir der Sinn stand, hatte die Ärztin gesagt. Mich ausschlafen und so viel

Zeit wie möglich draußen verbringen: spazieren gehen, keinen Leistungssport treiben, aber mich auf jeden Fall bewegen. Für die Folgewoche hatte ich wieder einen Termin bekommen. Sie wollte mich komplett durchchecken, mit großem Blutbild und allem Drum und Dran.

Irgendwann hockte ich wieder allein auf der Bank, die Mittagspause war wohl vorüber, die Verkäuferinnen weg. Eigentlich war ich nicht verpflichtet, mich überhaupt noch mal in meiner Abteilung zu melden, hatte ich erfahren. Die Krankschreibung sollte ich an die Personalabteilung schicken, das würde reichen. Mich aber einfach nicht mehr zu melden, das wäre in erster Linie den Kollegen gegenüber unfair gewesen. Ein jeder von ihnen hatte auch so genug zu tun, mich plagte ohnehin schon das schlechte Gewissen, ihnen nun auch noch meine Arbeit aufzuhalsen. Schließlich zog ich mein Blackberry aus der Tasche und schickte eine Mail ins Büro. Ich fasste mich kurz und schrieb, dass ich vorerst vier Wochen wegen eines Erschöpfungszustands ausfallen würde. Morgen Nachmittag wollte ich zur Übergabe vorbeikommen.

Eine andere Erkrankung vorzutäuschen zog ich keine Sekunde in Erwägung. Sollten sie ruhig wissen, dass ich einen Burn-out hatte, sonst würden sie mich ohnehin nicht in Ruhe lassen. Und in dem riesigen Lügengeflecht, das ich ansonsten stricken müsste, würde ich mich nur selbst verheddern. Dass ich mir mit dieser Offenheit möglicherweise die eigene berufliche Zukunft verbaute, war mir da schon egal. Viel zu tief war ich schon gefallen.

Ich schaltete mein Blackberry aus. Die Sonne schien immer noch, nach wie vor flanierten Touristen fröhlich lachend an meiner Bank vorbei. Das Leben ging weiter, wie immer. Nur meines erst mal nicht.

Immer noch komplett neben der Spur, fast schon in Trance, stand ich schließlich auf, ging zu meinem Fahrrad und fuhr gedankenverloren nach Hause. Dort antwortete ich einigen meiner Kollegen, die mir Nachrichten auf mein privates Handy geschickt hatten. Den Heulanfall hatten schließlich alle mitbekommen, in einem Großraumbüro blieb nichts verborgen. Unverblümt schrieb ich den engsten, die eigentlich mehr Freunde als Kollegen waren, dass ich wegen eines Erschöpfungszustands aka Burn-outs erst mal raus sei. Dann legte ich mich ins Bett und schlief sofort ein.

Als ich aus einem traumlosen Schlaf erwachte, war es bereits Abend. Ich kochte mir ein paar Nudeln – aus purer Gewohnheit und weil mir die Vernunft sagte, dass ich schließlich etwas essen musste, auch wenn ich keinen Hunger hatte. In der Wohnung war es mucksmäuschenstill, nicht einmal Musik konnte ich ertragen. Nach dem Essen ging ich draußen ein wenig spazieren. Ich genoss die frische Luft, die Isar und den Englischen Garten, sah zwei, drei Radfahrern hinterher, beobachtete ein paar Hunde, die den geworfenen Stöckchen bis ins Wasser nachsprangen, und die Enten. Stundenlang. Den Enten in dieser manchmal fast einsamen Ecke im Englischen Garten zuzusehen, war der ideale Zeitvertreib. Die Tiere beschäftigten mein Hirn so sehr, dass das Karussell stillstand, strengten es aber nicht an.

Wieder zu Hause, schaltete ich mein Blackberry an, ich musste schließlich wissen, wann ich zur Übergabe erscheinen sollte. Mein Chef hatte mir nur knapp auf meine Mail geantwortet. Während ich die Nachricht las, stieg Ärger in mir hoch. Ich spürte, wie das Stechen in der Brust wieder anfing. Eiskalte Hände quetschten mein Herz. Nach einer kurzen Rückantwort, in der ich den vorgeschlagenen Nachmittagstermin bestätigte, schaltete ich das Blackberry wieder aus. Ich bemühte mich, die Gedanken an die Arbeit zu verdrängen. Das gelang mir zwar nach einiger Zeit, die Hände ließen mein Herz wieder los. Das Stechen aber blieb.

Am nächsten Tag fuhr ich nach meinem wöchentlichen Termin bei der Logopädin zu meinen Eltern. Was sollte ich auch sonst tun. Die beiden waren überrascht, mich zu sehen. Als sie wissen wollten, wie es mir ging, erzählte ich von der Krankschreibung und dem kommenden Termin bei der Ärztin. Damit hakte ich das Thema ab und ging weiteren Nachfragen aus dem Weg. Ich genoss die Ruhe und das Mittagessen auf der Terrasse meiner Eltern und fuhr dann zurück in die Stadt. Je näher der Übergabetermin rückte, desto angespannter wurde ich. Mein Brustkorb schnürte sich zusammen, die Angst hatte mich im Griff. Innerhalb von Minuten wurde ich zu einer kleinen Maus. Von meinem früheren Selbstvertrauen war sowieso schon ziemlich lange keine Spur mehr zu entdecken.

Als ich im Büro ankam, war die Übergabe bereits in vollem Gange – man hatte früher angefangen, nicht einmal mehr auf mich gewartet. Eine quälend lange halbe Stunde verbrachte ich im Konferenzraum. Schließlich wollte sich dann auch noch jemand versichern, ob ich mein Blackberry aber schon noch weiter an hätte. Ich war – wieder einmal – sprachlos. Mehr als ein knappes Nein brachte ich nicht hervor.

Zwei Stunden verbrachte ich im Büro. Es war schön, die Kollegen zu sehen, es tat gut, ihre Anteilnahme, ihre Umarmungen zu spüren. Trotz ihrer guten Wünsche hielt ich es kaum aus. Mein Kreislauf machte allerlei Faxen, mir versagte die Stimme, wann es ihr beliebte, meine Knie gaben immer wieder nach. Bereits in den vergangenen Wochen war es mir schwergefallen, zu priorisieren. Jetzt strengte es mich unwahrscheinlich an, für die Übergabemail zu sortieren, was wichtig war und was nicht. Ich war heilfroh, als ich schließlich alles geschafft hatte, und verabschiedete mich von den Kollegen. Wenn ich Lust hätte, mich mit ihnen zu treffen, auf ein Bier oder zum Beachen, sollte ich mich doch einfach melden, gaben sie mir noch mit auf den Weg.

Schließlich schritt ich im Erdgeschoss durch das Foyer. Als ich das Gebäude durch die Drehtür verließ, drehte ich mich noch mal um: War das nun mein Abschied gewesen?

KOPF GEGEN BERG I

In dem Moment, in dem ich das Firmengebäude verließ, brach der Tornado wieder über mich herein. Ich hatte Mühe, mich beim Radfahren auf den Verkehr zu konzentrieren. Eigentlich hatte ich den restlichen Tag daheim bleiben wollen, mich nach der anstrengenden Übergabe ausruhen. Aber das Kopfkarussell würde mich wahnsinnig machen, wenn ich nun allein in der Wohnung bliebe. Also packte ich nur kurz ein paar Badesachen ein – es war einer der ersten Tage dieses langen, heißen Sommers, Schwimmen würde mir bestimmt guttun – und fuhr ins Ungerer-Bad.

Kaum angekommen, hatte ich schon keine Lust mehr auf Wasser. Also beobachtete ich von der Liegewiese aus einfach das Treiben um mich herum. Das Kommen und Gehen am Eingang. Die Kinder, die hingebungsvoll ihr Eis schleckten. Hin und wieder spürte ich die warme Sonne auf meiner Haut. Das Gewimmel hatte einen ähnlichen Effekt wie die Enten und Hunde im Englischen Garten: Mein Kopf war beschäftigt und der Tornado legte sich langsam.

Die folgenden Tage genoss ich so richtig: Vier Wochen lang würde ich nicht arbeiten müssen! Mit der Krankschreibung war mir eine riesige Last von den Schultern gefallen. Alle meine Handys lagen ausgeschaltet in der Ecke. Ich wollte für nichts und niemanden erreichbar und stattdessen einfach nur allein sein, zum ersten Mal seit sehr langer Zeit einfach nur das tun, worauf ich gerade Lust hatte. Ich ging schwimmen, lag im Englischen Garten und las, manchmal schaute ich aber einfach nur zu, wie der sanfte Wind die Zweige der Bäume über mir wiegte, oder unternahm lange Spaziergänge an der Isar. Zum ersten Mal in meinem Leben ging ich abends allein essen und war dabei sogar froh darüber, niemandem gegenüberzusitzen. Ziellos radelte ich durch Schwabing und sog alles in mich auf. Es war herrlich, ich fühlte mich so frei und so lebendig wie schon lange nicht mehr. Und ich schlief so viel wie schon lange nicht mehr. Ich ging um zehn ins Bett, wachte erst am späten Vormittag auf und machte in der Regel nachmittags noch ein mehrstündiges Schläfchen.

Am Samstag war ich mit ein paar Freunden zum Baden verabredet. Obwohl ich es eigentlich genoss, in der Sonne am See zu liegen und zu quatschen, merkte ich, wie mich das locker dahinplätschernde Gespräch in der Runde immer mehr anstrengte. Ich ging früher nach Hause, ich wollte lieber alleine sein.

Am nächsten Tag wachte ich so richtig unleidig auf. In meiner kleinen Dachgeschosswohnung war es kaum auszuhalten, seit meiner Krankschreibung hatte das Thermometer täglich über 40°C gemessen. Genervt fuhr ich zu meinen Eltern, aber auch in dem großen, gemauerten Einfamilienhaus war es zu heiß. Ich konnte mich gerade einmal dazu motivieren, eine Matratze in den Keller zu tragen. Darauf blieb ich den ganzen Tag liegen und schnauzte alles und jeden an, der es wagte, mir zu nahe zu kommen. Selbst die Katze.

Schließlich raffte ich mich doch noch auf und traf mich wie verabredet mit einer guten Freundin, die ich seit der Grundschule kannte. Nicht lange, nur kurz, auf ein Eis. Plötzlich war die Welt wieder in Ordnung, ich lechzte geradezu nach Schwimmen. Also fuhr ich ins Freibad und diesmal schwamm ich tatsächlich. Es tat so gut, das kühle Wasser zu spüren, wie viel Kraft ich doch noch in den Armen und Beinen hatte! Wieder zu Hause, schaukelte ich mit einem Glas Wein in der Hängematte, bis die Sonne untergegangen war. Ich muss in die Berge, beschloss ich.

Also stand ich am nächsten Tag um halb sechs auf und machte mich auf den Weg. Ich wollte zur Tegernseer Hütte hinauf, die Strecke kannte ich, das ging auch allein gut an einem heißen Vormittag.

Ich genoss den Aufstieg und den morgendlichen Waldduft. Beobachtete, wie sich die Wolken langsam verzogen und die Berge ringsum aus ihrem Nebelgewand auftauchten. Nach gut zweieinhalb Stunden stand ich auf dem Gipfel. Ein traumhaftes Bergpanorama breitete sich vor mir aus, die Sonne strahlte vom wolkenlosen Himmel. Tief im Tal lag der Tegernsee, blau und ruhig in die Voralpen eingebettet, und fast direkt unter mir thronte die Tegernseer Hütte wie ein Adlerhorst zwischen Roß- und Buchstein. Es war so schön dort oben!

Aber das Gefühl, das zu dieser optischen Wahrnehmung gehörte und das ein solcher Gipfelmoment eigentlich sonst in mir auslöste, wollte sich nicht einstellen. Ich spürte die Schönheit nicht, auch nicht die Freude, den Aufstieg und die Kraxelei auf den letzten Metern gemeistert zu haben. Also setzte ich mich hin, blickte lange hinein in die Bergwelt und hinunter auf den See, versuchte, mich von der Schönheit des Augenblicks zu überzeugen. Aber ich spürte nichts, die Gipfelstürmergefühle blieben aus. Stattdessen wurde ich unruhig. Missmutig trank ich meine Apfelschorle aus und machte mich an den Abstieg.

Bereits nach wenigen Metern brannten meine Oberschenkel. Der Steig war nicht gerade eben, ich musste höllisch auf den Weg aufpassen. Nach einer Stunde fühlte ich mich bereits ziemlich erschöpft, dabei lagen zwei Drittel des Weges noch vor mir. Irgendwie kam ich einfach nicht voran, der Waldrand befand sich immer noch ein gutes Stück entfernt. Mittlerweile stand die Sonne hoch am Himmel. Ich trank ein paar Schlucke aus meiner letzten Wasserflasche, ging weiter. Es war nicht mehr lang, eine halbe Stunde vielleicht, und der letzte Abschnitt führte durch den Wald, das würde also schön kühl und schattig.

Gleich war ich unten, redete ich mir Mut zu.

Pustekuchen.

Meine Beine wurden immer unzuverlässiger. Ich trat auf eine Wurzel, die ich eigentlich hätte sehen müssen, und knickte um.

Konzentrier dich, ermahnte ich mich stumm.

Immer wieder stolperte ich, meine Fußgelenke taten weh. Ich schaffte es einfach nicht mehr, mich auf den Weg zu konzentrieren, mein Kopf streikte. Ich hatte Hunger, aber kein Essen mehr. Ich hatte Durst, aber kein Wasser mehr. Ich wollte heulen, mich auf den Boden legen, keinen Meter weitergehen, doch es half ja nichts, irgendwie musste ich diesen verdammten Berg hinunterkommen. Im Auto lag noch eine Wasserflasche. Und dann würde ich an den Tegernsee fahren, in eins der Seebäder, und mir etwas zu Essen besorgen. Ich konnte an nichts anderes mehr denken: Trinken. Essen. Schlafen. Und fiel über die nächste Wurzel.

Irgendwie schaffte ich es die restlichen Meter den Berg hinab. Ich hatte beinahe vier Stunden gebraucht, fast doppelt so lange wie für den Aufstieg. Wie ich mit dem Auto die zehn Kilometer zurück zum Tegernsee kam, weiß ich nicht. In einem kleinen, ruhigen Seebad kaufte ich mir ein Paar Wiener mit Brot, verschlang alles regelrecht und fiel auf der Liegewiese in einen Erschöpfungsschlaf. Erst zwei Stunden später wachte ich wieder auf. Ich sprang noch kurz in den See, nicht einmal dafür hatte meine Kraft vorher gereicht.

Am Auto klemmte ein Strafzettel: Ich hatte vergessen, den Parkschein zu ziehen. Den Automaten, der direkt vor der Kühlerhaube stand, hatte ich bei meiner Ankunft nicht einmal wahrgenommen.

Tags darauf, beim zweiten Termin mit meiner Ärztin, lagen die Ergebnisse der Laboruntersuchung vor. Ein deutlicher Eisen- und Vitamin-D-Mangel, gegen den mir Tabletten verschrieben wurden, erklärte die körperliche Schwäche zum Teil. Ansonsten aber hieß es: Patientin Blau offiziell topfit und kerngesund.

EGAL

Irgendwann um den zehnten Juli herum, kurz nach meinem Ausflug zum Tegernsee, kippte ich schließlich: vom Erschöpfungszustand in eine Erschöpfungsdepression.

Tagsüber konnte ich nicht mehr schlafen, das Gedankenkarussell in meinem Kopf fand keine Haltestelle mehr. Nachts lag ich stundenlang wach und die vierzig Grad im Schatten, die seit meiner Krankschreibung tagsüber alles ausdörrten, machten es nicht besser. Wenn mich dann doch in den Morgenstunden irgendwann der Schlaf übermannte, plagten mich furchtbare Albträume, in denen ständig jemand starb. Oder ich starb. Oder beides. Oder ich war schuld am Tod anderer. Die Schuldgefühle, die Panik und die Trauer, die mich heimsuchten, wenn ich aus diesen Träumen erwachte, quälten mich. Da war mir selbst das Karussell lieber, das mich tagsüber fast um den Verstand brachte.

Von einem Tag auf den anderen verschwand es plötzlich und mir war alles egal.

Warum überhaupt morgens aufstehen, dachte ich – ich hatte ja nichts zu tun. Scheißegal, dass draußen die Sonne scheint.

Lesen? Keine Lust.

Fernsehen? Vielleicht eine Doku über Moschusochsen. Alles andere ist zu laut, zu schnelle Schnitte.

Kochen? Zu anstrengend, zu viele Dinge gleichzeitig zu erledigen.

Lieber Schnitzel oder Spinatknödel zum Mittagessen? Ich weiß es nicht, Mama. Ich weiß wirklich nicht, was ich gerade lieber mag.

Ich war nicht mehr imstande, Entscheidungen zu fällen. Selbst Freunde zu treffen erschien mir sinnlos. Ich löschte sämtliche Gruppenchats, alle Messengerdienste und deaktivierte E-Mail-Benachrichtigungen. Ignorierte Anrufe. Antwortete nur noch mit mehreren Tagen Verspätung auf Nachrichten, wenn überhaupt. Dann hörte ich auf zu sprechen. Mir war einfach alles egal.

Wenn man mir eine Million Euro geschenkt hätte?
Egal.

PANIK!

Trotz der Hitze war ich so oft es ging in München. Dort hatte ich meine Ruhe. Niemand nervte. Auch wenn ich kaum noch Appetit hatte oder Hunger verspürte, zwang ich mich, weiter dreimal täglich zu essen – also musste ich nach zwei Wochen schließlich doch Lebensmittel einkaufen gehen.

Ausführlich schrieb ich mir einen Einkaufszettel. Ich vertraute nicht mehr darauf, dass ich mir wie üblich bis zum Tengelmann merken konnte, was ich brauchte. Dann radelte ich bis zu dem kleinen Supermarkt ein paar Ecken weiter. Der Laden war nicht sehr voll, nur ein paar Senioren tratschten gerade neben der Tiefkühltruhe. Ich steuerte direkt die Reihe mit den Cerealien und Nüssen an. Mein Müsli stellte ich mir immer selbst aus verschiedenen Zutaten zusammen – so konnte ich sicher gehen, dass definitiv keine Rosinen ihren Weg in mein Frühstück fanden. Geschlagene zehn Minuten stand ich vor diesem Regal und konnte mich für nichts entscheiden. Immerhin, eine Packung Walnüsse hatte ich schon im Korb, da hatte es nur zwei Alternativen gegeben. Die älteren Herrschaften sprachen unnatürlich laut. Entnervt nahm ich irgendwann einfach von allem das Erstbeste, das mir in die Hand fiel, schnappte mir im Eilverfahren noch ein bisschen Obst, Gemüse und Joghurt, zahlte und verließ den Laden.

Auf halber Strecke heimwärts blieb mir plötzlich die Luft weg. Ich spürte einen unwahrscheinlichen Druck auf der Brust, konnte kaum noch atmen. Was war das? Ich fuhr doch nur geradeaus und das ziemlich langsam, auf der Straße war kaum Verkehr.

Intuitiv besann ich mich der Atemübungen, die ich bei der Logopädin oft gemacht hatte, und konzentrierte mich darauf, langsam und tief ein- und auszuatmen. Das sanfte Fahrradfahren erschien mir wohltuender als abzusteigen, also radelte ich weiter. Nach einigen tiefen Atemzügen legte sich der Druck und ich konnte wieder normal atmen. Komisch. So etwas war mir noch nie passiert.

Ein paar Tage danach ging ich mit meiner Mutter zum Einkaufen, ich hatte keine Lust, aber ich brauchte ein Kleid für die Hochzeit meiner Cousine, die in sechs Wochen stattfinden sollte. Eine Freundin hatte mir eine kleine Boutique empfohlen. Der Laden war wirklich sehr klein, viel zu dunkel und vollgestopft. Die Kleider entsprachen so gar nicht meinem Stil und die stark geschminkte Verkäuferin war mir unsympathisch. Ihren Job machte sie jedoch zu gut: Ohne Unterlass redete sie auf meine Mutter und mich ein. Sie ließ mich nicht aus den Fängen und schließlich schob sie mich mit ein paar Kleidern in die Umkleidekabine.

Keines davon gefiel mir, ich fand die Auswahl zu rüschig, zu mädchenhaft. Es war mir jedoch zu anstrengend, das zu sagen. Missmutig öffnete ich hinter dem dunklen Vorhang den Reißverschluss eines lilafarbenen Taftkleids. Auf halber Höhe, gerade als ich mit dem Kopf mitten im Kleid steckte, verhakte sich das Stoffungetüm in seiner eigenen Spitze. Ich schaffte es nicht, es weiter nach unten oder wieder nach oben zu ziehen.

Plötzlich bekam ich keine Luft mehr. Von einer Sekunde auf die andere war meine Kehle wie zugeschnürt, mein Herz raste, mein ganzer Brustkorb stach, so fest wie noch nie zuvor.

Atmen! Ich muss atmen! Sonst ersticke ich!

Panisch schnappte ich unter dem dicken Gewebe nach Luft, bekämpfte den Impuls, das teure Kleid zu zerreißen, und schrie stattdessen leise nach Hilfe. Meine Mutter hatte offenbar direkt vor der Kabine gestanden und reagierte schnell. Mit einem Ruck zog sie mir das Kleid vom Kopf. Mit dem ersten freien Atemzug brach ich zusammen, hyperventilierte fast. Mein Körper kontrollierte das Geschehen, ich konnte nicht mehr denken, drückte mich reflexartig in die hinterste Ecke. Doch die Panik ließ mich nicht los, ich zitterte, eiskalt. Da spürte ich ein sanftes Rütteln an der Schulter.

„Was ist denn los, Sophie? Sag doch was!"

Die Angst in der Stimme meiner Mutter riss mich aus meiner Panik heraus. Mit einem Mal kam ich zu mir, nahm das Kleid in ihrer Hand und auch die Kabinenwände wieder wahr. Binnen Sekunden sprang ich in meine Jeansshorts und das Shirt und stürmte wortlos aus dem Laden. Die Verkäuferin starrte mir verdattert hinterher.

Draußen lehnte ich mich gegen die sonnenwarme Mauer und sank zu Boden. Meine Beine hätten mich kaum länger getragen, sie zitterten zu sehr. Ich atmete tief in den Bauch ein, betont langsam wieder aus und versuchte so, wie vor wenigen Tagen auf dem Fahrrad, die Kontrolle über mich zurückzugewinnen.

Langsam wurde ich ruhiger und konnte wieder klare Gedanken fassen. Was zum Teufel war da eben passiert? Klar, ich hatte in dem lila Taftungetüm festgehangen. Aber es war vermutlich trotzdem unmöglich, in einem Kleid zu ersticken.

Bevor ich eine Antwort fand, eilte auch meine Mama aus dem Laden. Sie kniete sich zu mir, umfasste meine Hände fest und versuchte noch einmal, herauszufinden, was geschehen war.

„Weiß nicht", murmelte ich zurückhaltend. „Das Kleid hat geklemmt." Immerhin, das war nicht gelogen. Dass ich Todesängste ausgestanden und vollkommen die Kontrolle verloren hatte, behielt ich jedoch für mich. Auch ohne diese zusätzliche Information sorgte sich meine Mutter genug, das war ihrem Blick und ihrer Reaktion deutlich zu entnehmen. Normal, so, wie sie es von mir gewöhnt war, verhielt ich mich schließlich schon lange nicht mehr.

Erst Stunden später, als ich ruhig und friedlich mit der schnurrenden Katze auf dem Bauch auf dem Sofa meiner Eltern lag, schwante mir, dass das vermutlich eine ausgewachsene Panikattacke gewesen war.

VERLOREN

Selbst in diesen drei Juliwochen war meine Stimmung nicht immer schlecht: Abends fühlte ich mich meist besser als morgens. Manchmal konnte ich mich dann sogar noch dazu aufraffen, eine Runde schwimmen oder spazieren zu gehen, das tat mir gut. Ganze zwei Mal lachte ich sogar. Ich erschrak beinahe darüber, so ungewohnt und fremdartig war diese Regung mittlerweile. Aus irgendeinem Grund gab es sogar ganze Tage, an denen ich mich gut fühlte. Dann begann ich sogar zu planen: Dieses Jahr würde ich nicht mehr arbeiten, hatte die Ärztin gesagt, also würde ich auch nicht fit genug für Dinge sein, die mir mehr Spaß machten. Ab Januar könnte ich dann aber auf Reisen gehen. Die Durchquerung der Uyuni-Wüste von Chile nach Bolivien stand noch immer auf meiner Liste. Ich wollte endlich wieder nach Brasilien, nach Rio. Nächstes Jahr sollten dort die Olympischen Spiele stattfinden, dieses Sportereignis in dieser fantastischen Stadt mitzuerleben, das wäre unglaublich! Ich wollte auch so gerne nach Kanada – oder vielleicht zum ersten Mal nach Asien: Japan, Korea, auf die Philippinnen … Und unbedingt ans Meer. In diesen Momenten begann ich zu träumen und zu planen, checkte sogar Flugpreise. Abgesehen von diesen vereinzelten Ausrutschern hatte mich die Depression aber fest im Griff.

Ich sprach nicht mehr. Lachte nicht mehr. Starrte stundenlang regungslos vor mich hin. Ich, die „still sitzen" sonst nicht einmal buchstabieren konnte.

Ich weinte oft, ohne Anlass, meine Augen brannten. Keiner konnte mir helfen, keiner verstand, wie ich mich fühlte! Jeder meinte, ich sollte einfach den Sommer genießen und in ein paar Wochen wäre ich wieder fit. Dabei konnte ich doch nichts mehr genießen! Ich erinnerte mich sehr wohl an alles, was ich eigentlich gern machte, wie sehr ich es liebte, zu wandern, zu tanzen, zu lesen oder zu kochen. Aber das erschien mir wie aus einem anderen Leben.

Fast drei Wochen lang dämmerte ich so umher. Zeit spielte überhaupt keine Rolle mehr, ich hatte jedes Gefühl dafür verloren. Die Tage verschwammen ineinander, ohne dass ich es mitbekam, sie verwehten im Nichts. Ich hing fest: abwechselnd im Egal oder im grauen Schleier. Anfangs war dieser Zustand, in dem mir alles gleichgültig war, beinahe schon eine Erleichterung im Vergleich zu dieser unendlich tiefen, grundlosen Traurigkeit. Bis ich feststellte, dass mir das Egal nun auch das Allerletzte, was mich als Mensch noch ausmachte, genommen hatte: meine Gefühle. Selbst das Gefühl der Leere.

Im Egal spürte ich keinen Hunger. Keine Liebe. Keine Lust. Keine Trauer. Ich spürte mich nicht mehr, Gefühle waren aus.

Ich spürte nicht einmal mehr, dass ich nichts spürte. Von all den Dingen, die seit dem Frühjahr mit mir passiert waren, machte mir dieses Nichts am meisten Angst.

WAS WILLST DU TUN?

Mein Leben stand still. Ich war raus. Die Welt hingegen drehte sich weiter, wie immer, und die Zeit verrann. Es war mittlerweile fast Ende Juli.

Meine Eltern stellten mir immer mehr Fragen, auf die ich keine Antworten wusste: wie es weitergehen sollte, was ich tun wollte? Sie fragten, was ich mich selbst fragte: Meine Krankschreibung würde in wenigen Tagen ablaufen. Was, wenn sie nicht verlängert würde?

Die Angst löste nun immer öfter mein „Egal" ab und so wurde ich aktiv. Ich hatte schließlich wirklich keine Ahnung, wie es weitergehen sollte. Wie es überhaupt weitergehen konnte, was die Krankheit eigentlich bedeutete. Außer dem, was mir die Ärztin bei meinem ersten Besuch erklärt hatte, wusste ich immer noch rein gar nichts.

Da meldete sich ein sehr guter Schulfreund bei mir, der über meine Eltern mitbekommen hatte, was mit mir los war: „Sophie, da war ich auch schon. Schau, dass du schnell gute professionelle Hilfe findest. Das ist echt wichtig. Du brauchst einen Psychiater und einen Psychotherapeuten." Der Psychiater, der Nervenarzt, würde die Behandlung koordinieren und war in der Regel, was Psychopharmaka betraf, besser ausgebildet als ein Hausarzt, erklärte er mir. „Ich glaub ja nicht, dass dir eine Psychotherapie reicht, wenn es stimmt, was deine Eltern erzählt haben. Du wirst auch Medikamente nehmen müssen."

Mechanisch antwortete ich am Telefon. Ich wollte das alles nicht wahrhaben.

Zwei Tage später klingelte mein Handy erneut. Ob ich den zweiten Termin bei der Psychologin vereinbart hätte, wollte er wissen. Immerhin, das hatte ich geschafft, auch wenn ich mir nicht sicher war, ob ich überhaupt in ein Loch gefallen war, wie die Therapeutin das beim ersten Termin formuliert hatte. Ich wusste nach wie vor nicht, was sie damit gemeint haben mochte.

„Ich habe bei meiner Psychiaterin einen Termin für dich ausgemacht. Die ist gut", schwärmte er. „Ihr hat übermorgen ein Patient abgesagt, du kannst den Termin übernehmen." Normalerweise dauere es Wochen, bis man überhaupt irgendwo einen Termin bekam.

Okay. Ich schien keine Wahl zu haben.

Nach dem kurzzeitigen Aktionismus wurde ich wieder ruhiger und meine Eltern hörten endlich auf, mir ständig dieselben Fragen zu stellen. Ich war schließlich erst mal mit Arztterminen versorgt.

WO IST DIE COUCH?

Ich fühlte mich alles andere als wohl mit dem Gedanken, zum Psychiater zu gehen. Einem Irrenarzt. Das war, wie ich es auch drehte und wendete, einfach eine andere Hausnummer.

Die Praxis befand sich in einem wunderschönen Altbau, breite Treppen und ein schmiedeeisernes Geländer führten hinauf in den zweiten Stock. Die Räumlichkeiten waren altmodisch, im Stil der Siebziger eingerichtet. Ein bisschen wie in einem dieser alten Filme, das machte es leichter und ließ mich die Nervosität ein wenig vergessen. Neugierig schaute ich mich um. Die Sprechstundenhilfe war sehr freundlich und wusste sofort, wer ich war. Im Wartezimmer, das wie alle Wartezimmer dieser Welt aussah, saß nur ein weiterer Patient, auch ziemlich jung. Die Stühle waren bequem, auf einem kleinen Tischchen waren allerlei Zeitschriften platziert, ein paar Grünpflanzen standen in den Ecken und mehr oder weniger dekorative Bilder hingen an der Wand. Das einzige, was vielleicht etwas aus dem Rahmen fiel, war der altmodische, orientalisch anmutende Teppich.

Als die Ärztin den anderen Patienten in ihr Zimmer bat, entschuldigte sie sich sehr freundlich bei mir, ich würde noch etwa eine halbe Stunde warten müssen, der Termin eben hätte leider länger als üblich gedauert.

Sie machte einen sehr netten Eindruck – trotzdem war ich verwirrt. Eigentlich hätte mich die junge Ärztin, die da nun vor mir stand, nicht überraschen sollen, mein Schulfreund hatte mir schließlich von ihr erzählt. Trotzdem: Sie war genau das Gegenteil des grauhaarigen und bedächtigen Sigmund-Freud-Typus, mit dem die Kategorie „Psychiater" bisher in meinem Kopf besetzt war. Als ich dann endlich drankam – das Sprechzimmer war ähnlich altmodisch eingerichtet –, war ich trotz Filmkulisse und der sympathischen Ärztin sehr befangen.

Sie eröffnete das Gespräch mit der Frage, weshalb ich hier sei. Ich wusste nicht so recht, was ich antworten sollte. Also begann ich, wie schon bei der Psychologin und der Allgemeinärztin, einfach zu erzählen, was in den vergangenen Monaten passiert war.

Ziemlich schnell unterbrach sie mich. „Frau Blau, warum sind Sie denn hier? Was fehlt Ihnen denn konkret?"

Ich setzte zu sprechen an, machte den Mund dann aber wieder zu. Ich hatte mich völlig verändert, ich war nicht mehr ich – aber wie erklärte man das jemandem, der einen gar nicht kannte? Schließlich zählte ich das Offensichtlichste auf: „Mir ist alles egal, ich unternehme nichts mehr, ich liege den ganzen Tag im Bett und kann nicht mehr einschlafen. Und wenn ich mal schlafe, sterben in meinen Träumen ständig Leute."

Sie machte kurzen Prozess. Ohne eine weitere Diagnose zu stellen, verschrieb sie mir Citalopram, eines der gängigsten Antidepressiva, erklärte mir, wann und wie oft ich die Tabletten einzunehmen hatte. Es würde wohl drei bis vier Wochen dauern, bis eine Wirkung eintrat. Außerdem sollte ich erst für Anfang September einen neuen Termin vereinbaren, da die Praxis den ganzen August für Renovierungsarbeiten geschlossen sein würde, und mich in der Zwischenzeit um einen Platz bei einem Psychotherapeuten kümmern. Als ich sie nach Adressen fragte, verwies sie mich auf die Website der Deutschen Psychotherapeutenvereinigung. Ich hatte nicht das Gefühl, dass weitere Fragen erwünscht waren – und prompt verabschiedete sie mich. Mit dem nächsten Termin in der Tasche verließ ich die Siebziger-Jahre-Praxis völlig verunsichert. Ich hatte so viele Fragen im Kopf.

Abends rief dann auch noch die Personalabteilung bei mir an, schließlich lief meine Krankschreibung in zwei Tagen ab.

Wann ich denn wiederkommen würde?

„Kann ich nicht sagen", antwortete ich wahrheitsgemäß und vertröstete die HR-Dame auf den nächsten Abend. Nach meinem Arzttermin wüsste ich hoffentlich mehr.

ANTWORTEN

Vor dem dritten Termin bei der Allgemeinärztin war ich nervös. Und ich hatte Angst. Große Angst. Rational betrachtet, stand es völlig außer Frage, dass meine Krankschreibung verlängert würde – aber was, wenn doch nicht?

Gleichzeitig war ich froh über diesen Termin. Ich hatte so viele Fragen und die Ärztin war die einzige Person, die sie mir beantworten konnte. Vollkommen unstrukturiert brachen die Dinge, die mich seit Tagen beschäftigten, regelrecht aus mir heraus, als ich schließlich vor ihr saß. Ich war froh, diese vielen Gedanken endlich loswerden zu können, die in meinem Kopf permanent Karussell fuhren, wen ich nicht gerade im Egal unterwegs war. Ich schilderte, dass ich mich mittlerweile körperlich besser fühlte, aber nicht mehr schlafen konnte und mir alles egal war; berichtete von der Antriebslosigkeit und der gleichzeitigen Unfähigkeit, nichts zu tun, wenn es mir besser ging. Ich erzählte von meinen Eltern und gestand, dass deren Besorgtheit und Nervosität mich unglaublich anstrengten; vom Anruf der Personalabteilung und auch vom Termin bei der Psychiaterin am Vortag, und schloss damit, dass ich nicht wusste, ob ich die Tabletten nehmen sollte und wo ich eine Anlaufstelle für eine gute Psychotherapie finden konnte. Dass ich völlig überfordert war mit der Situation, und nicht wusste, wie ich mit all diesen Fragen umgehen sollte. Doch die Ärztin hatte mich nicht unterbrochen, sondern reden lassen.

„Wie ist denn Ihr Gefühl?", fragte sie mich schließlich. „Was glauben Sie, wann Sie wieder arbeiten können?"

„Keine Ahnung", murmelte ich. Ich hatte wirklich keinen blassen Schimmer. Und wenngleich ich mir, noch bevor ich den Gedanken zu Ende gedacht hatte, schon sicher war, wie die Antwort lauten würde, fügte ich kleinlaut an: „Vielleicht geht das alles ja auch über Nacht wieder weg, so plötzlich, wie es auch gekommen ist?"

„Da muss ich Sie leider enttäuschen", antwortete die Ärztin verschmitzt. Dann wurde ihr Blick wieder ernst. „Es dauert in der Regel genauso lange, aus einem Burn-out herauszukommen, wie es gedauert hat, bis er sich aufgebaut hat."

Oder, spann ich im Kopf ihren Satz weiter: Wer am allerlängsten dagegen ankämpft und es nicht wahrhaben will, kämpft hinterher auch am allerlängsten, bis er wieder fit ist.

Die Ärztin riet mir, meinem Arbeitgeber erst einmal anzukündigen, dass ich frühestens im Oktober wieder da sein würde. „Das sind drei Monate", dachte sie laut, und ich schöpfte ein wenig Hoffnung, drei waren schließlich deutlich weniger als sechs. Die machte sie aber gleich wieder zunichte, als sie betonte: „Aber ich denke nach wie vor nicht, dass Sie in diesem Kalenderjahr wieder voll arbeiten können."

Für meine Eltern wollte sie sich gerne in einem eigenen Termin Zeit nehmen, mein Einverständnis vorausgesetzt. Die beiden hätten dann Gelegenheit, all ihre Fragen jemandem zu stellen, der sich mit dieser Krankheit auskannte. Und ich hätte meine Ruhe vor der endlosen Fragerei. Statt des antriebsfördernden Citaloprams, das mir die Psychiaterin am Vortag verschrieben hatte, sollte ich jedoch erst einmal mit einem schlaffördernden Mittel, Mirtazapin, beginnen. Wer unter Schlafmangel litt, könne tagsüber ja gar keine Energie haben, stellte sie nüchtern fest. In einem anderen Punkt stimmte sie jedoch der Fachärztin zu: Eine Psychotherapie sei dringend notwendig. Sie händigte mir einen kleinen Flyer mit entsprechenden Kontakten aus und legte mir nahe, mich am besten noch am selben Nachmittag darum zu kümmern. Ab Mitte August sei sie für drei Wochen im Urlaub, deshalb schrieb sie mich für zunächst zwei Wochen krank, sodass wir uns davor noch einmal sehen würden.

„Keine Sorge,", fügte sie sogleich an, „Sie bekommen dann eine Anschlusskrankschreibung."

Außerdem bekam ich eine Aufgabe: Ich sollte bis dahin meine Gefühle notieren, unbedingt auch ganz simple Bedürfnisse wie Hunger und Durst. Die Ärztin gab mir ein paar Beispiele an die Hand: „ich möchte nicht alleine sein", „ich will schlafen", „ich bin hungrig" oder „ich wäre jetzt gerne wandern".

Nach diesem Termin fühlte ich mich viel besser. Die neue Krankschreibung – und vor allem auch die Aussicht, die Arbeit auf drei Monate komplett vom Hals zu haben – verschaffte mir wieder Luft. Außerdem hatten sich fast alle Fragen aus dem Karussell verabschiedet: Mit einem Mal war ich viel ruhiger als in den vergangenen Tagen. Wie gut sich das anfühlte! In Sachen Psychopharmaka war ich aber immer noch nicht ganz überzeugt. Nichts, was ich über diese Art von Medikamenten wusste, war etwas Gutes. Die Argumentation der Allgemeinärztin erschien mir jedoch logischer als die ohnehin nicht vorhandene der Psychiaterin. Auch wenn ich sie erst einmal nicht nehmen wollte, holte ich mir die Mirtazapin aus der Apotheke. Ich wollte zusätzlich die Meinung der Psychologin abwarten.

BESTE ZEIT

Immer wenn meine Stimmung stieg, kam auch mein Antrieb zurück. Dann konnte ich nicht still sitzen, ein bisschen wie früher. Und ich hatte jetzt Zeit, ganze Tage, Wochen, Monate. Mehr Zeit als je zuvor. Zu den meisten Dingen, die ich sonst gerne gemacht hatte – Sport vor allem –, fehlte mir jedoch entweder die Kraft oder mein Kopf machte nicht mit; selbst Kochen oder Filme mit schnellen Schnitten waren mir zu anstrengend. Auf Lesen hatte ich keine Lust, ich konnte mich sowieso nicht konzentrieren.

Da stolperte ich bei meinen Eltern über meine alten Flöten.

Jahrelang hatte ich gespielt. Nicht besonders hoch qualifiziert, aber dafür sehr gern. Warum eigentlich nicht? Also suchte ich mir meine alten Lieblingsstücke heraus. Ich hatte nichts vergessen: Nach den ersten Takten waren die Melodien wieder in meinem Kopf. Die Finger bewegten sich beinahe von allein, es war wie früher – und machte genauso viel Spaß! Am Sonntag ging ich mit meinen Eltern in die Kirche – ich hatte ja Zeit. Der Gottesdienst und auch das Musizieren taten mir unglaublich gut. Ich hatte in diesen kurzen Momenten zum ersten Mal seit Wochen, wenn nicht sogar seit Monaten wieder das Gefühl, ich selbst zu sein, und Bruchstücke der Wolke, in der die letzten Reste meines Ichs die meiste Zeit nur noch irgendwo über meinem Körper schwebten, zu greifen bekommen.

Langsam verstand ich: Um wieder eine Zukunft zu haben, musste ich erst mal in der Gegenwart ankommen. Und die gab es nicht ohne Vergangenheit. Anfangs zufällig, später mehr und mehr meinem Bauchgefühl folgend, auf der Suche nach irgendeinem Halt, nach irgendeiner Beschäftigung, machte ich mich auf eine weite Reise, zurück zu den Tagen, die ich als die unbeschwertesten meines Lebens in Erinnerung hatte: den Sommerferien vor der Kollegstufe. Die beste Zeit war damals jetzt und lag gleichzeitig noch vor mir – voll Fahrtwind und Freiheit.

War es vielleicht möglich, diesen Teil von mir wiederzufinden?

IM LOCH?

Mit diesem neuen Ziel vor Augen ging es mir verhältnismäßig gut. Die ganzen nächsten beiden Tage sogar. So gut, dass ich nicht das Gefühl hatte, den Termin bei der Psychologin zu brauchen. Da war kein Loch. Trotzdem ging ich hin.

Ich war ein bisschen zu früh dran. Eine zweite Psychologin

begrüßte mich und ließ mich ins Wartezimmer, wo ich es mir bequem machte. Ein großer brauner Labrador – zu wem auch immer er gehörte, außer mir war sonst niemand hier – lag unter einem Stuhl. Er nahm überhaupt keine Notiz von mir. Nicht einmal, als ich vorsichtig versuchte, ihn zu streicheln. Egal, ich streichelte weiter, das Fell war so wunderschön seidig.

Als ich schließlich im Therapieraum der Psychologin gegenübersaß, erzählte ich keine fünf Minuten von den vergangenen Wochen, bis sie mich durchaus not amused unterbrach und meinte, ich hätte mich schon viel früher bei ihr melden sollen. Das wäre kein kleines Loch, in dem ich mich mittlerweile befand, sondern ein ziemlich tiefes, in das ich noch dazu in sehr kurzer Zeit hineingerutscht sei. Eine Psychotherapie wäre dringend angeraten, um ein weiteres Abfallen zu verhindern, warnte sie mich eindringlich. Ich sollte außerdem die Mirtazapin nehmen.

Ihre Vehemenz überraschte mich. Sie riet mir, mich umgehend um einen Platz in einer psychosomatischen Klinik zu bewerben. Damit dies von der Krankenkasse bewilligt würde, bräuchte es jedoch einiges an Geduld und Durchhaltevermögen, warnte sie mich vor. Ich sollte, wenn möglich, meine Eltern damit beauftragen, da ich das allein wohl nicht mehr schaffen würde. Sie notierte ein paar Namen von Häusern, die sie für gut hielt. Die Wartezeiten für psychosomatische Kliniken lägen teils bei mehr als vier Monaten, ich sollte mich rasch darum kümmern, erklärte sie mir weiter – immer noch mit diesem unangenehmen, eindringlichen Unterton.

Ich sah das zu diesem Zeitpunkt deutlich weniger dramatisch: Klar, es ging mir im Moment nicht blendend, an diesem Tag aber sogar ganz gut, und Oktober war erst in einer halben Ewigkeit – ich hatte mehr als genügend Zeit, um wieder auf die Beine zu kommen. Dachte ich zumindest.

Einen Termin hatte ich noch gut bei ihr, den legte sie auf die kommende Woche. Bis dahin sollte ich mich für eine Klinik und eine Alternative entschieden haben.

Nach anderthalb Stunden verließ ich das BOZM wieder und radelte in der Mittagshitze langsam zurück nach Hause. Ich war von dem Gespräch erschöpft und legte mich ins Bett, fand aber keine Ruhe. Die Wohnung musste unbedingt geputzt werden! Das war in den letzten Wochen zu kurz gekommen. Also machte ich mich daran, aufzuräumen, Staub zu wischen, die Dusche zu reinigen … Meine Wohnung war wirklich nicht groß, und die Putzerei wirklich nicht anstrengend. Aber wenig später war ich – noch nicht annähernd fertig mit meiner Aktion – völlig am Ende. Am liebsten hätte ich meine Mutter angerufen und sie um Hilfe gebeten. Getan habe ich es nicht. Stattdessen wischte ich weiter, bis alles wieder sauber blitzte und ich zufrieden war.

Das hinterließ jedoch Spuren: Ich konnte mich nicht erinnern, jemals so erledigt gewesen zu sein, ich war nicht nur körperlich, sondern auch geistig am Ende. Und das nach dem Putzen meiner 35-qm-Wohnung. Zu gern hätte ich einfach ein bisschen geschlafen, aber das ging seit Tagen schon nicht mehr. Also spazierte ich eine kleine Runde an der Isar entlang. Danach ging es mir wieder besser. Abends aß ich noch eine Kleinigkeit, googelte die Kliniken, die mir die Therapeutin vorgeschlagen hatte, und fand zuletzt auf 3sat eine schweizerische Dokumentation über putzige Murmeltiere. Die Berge, in denen die kleinen Nager herumtollten, waren schön anzusehen und das angenehme Schwyzerdütsch des Kommentators beruhigte mich. Abends um halb neun nahm ich die erste Tablette Mirtazapin. Sie wirkte gut: Innerhalb einer halben Stunde war ich eingeschlafen.

ALLE SIND IMMER NIE DA

Am nächsten Tag wachte ich trotz der Hitze in meiner Dachwohnung erst mittags auf. Ich hatte 14 Stunden durchgeschlafen, aber fühlte mich körperlich trotzdem wie erschlagen. Meine Stimmung immerhin war neutral, nicht gut, aber auch nicht schlecht. Nachdem ich gefrühstückt hatte, machte ich mich mit dem Rad auf den Weg zum Tengelmann. Sehr bald befiel mich in diesem verwinkelten Laden wieder ein beklemmendes Gefühl, meine Brust zog sich zusammen. Mittlerweile kannte ich das nur zu gut. Es war mir zu laut, zu eng, zu dunkel. Genervt schnappte ich mir also nur das Notwendigste, um so schnell wie möglich wieder nach draußen zu kommen. Sehr langsam fuhr ich zurück nach Hause.

Nach diesem erneuten Angsterlebnis war ich ziemlich niedergeschlagen. Eigentlich hatte ich vorgehabt, am Abend zu einer Geburtstagsfeier zu gehen. Da sie in einem Biergarten stattfinden sollte, müsste das eigentlich kein Problem sein. Aber um dort hinzukommen, brauchte ich die S-Bahn. Über die Stammstrecke. Und wenn noch nicht mal Einkaufen ohne Probleme klappte, konnte ich das wohl vergessen. Der Geburtstag war also raus. Aber vielleicht hatten Hanni und Marlene, meine beiden engsten Freundinnen in München, Zeit, etwas Entspanntes mit mir zu unternehmen. Ich schrieb ihnen, um zu fragen, was sie denn an diesem Abend noch vorhatten.

Keine von beiden antwortete. Das war nicht weiter verwunderlich, die zwei waren am Wochenende oft in den Bergen, und meldeten sich dann immer erst abends. Ich wusste das. Aber ein Ersatz für eine Antwort war das eben auch nicht. Zwei andere gute Freundinnen waren in Griechenland im Urlaub. Eine fünfte feierte ihren Geburtstag in einer Bar, das hatte ich schon vor Tagen abgesagt, das konnte ich sowieso vergessen. Bars und viele Leute gingen schon lange nicht mehr.

Das Karussell begann sich zu drehen:

Alle sind immer nie da.

Auch meine Mutter war beschäftigt. Meine Schwester für drei Wochen in Sri Lanka. Und meine beste Freundin lebte gerade in Kalifornien.

Keiner war da.

Ich hatte niemanden. Ich war allein. Mutterseelenallein.

Zusehends gewannen diese Gedanken Macht über mich. Nichts konnte sie verdrängen. Ich lag im Bett, tränenüberströmt. Nach einer Weile schaute ich auf mein Handy. Immer noch nichts. Vielleicht bei Facebook? – Ein Fehler. Statt Nachrichten an mich sah ich nur Posts vom Griechenland-Urlaub und Terminerinnerungen an die beiden Geburtstagspartys. Natürlich hätte ich auch einfach meine Eltern anrufen oder mit meiner besten Freundin in L.A. skypen können, da war es immerhin schon sieben Uhr morgens. Aber das schaffte ich nicht mehr. Keine Kraft. Kein Antrieb. Und was sollte ich denn sagen? Ich konnte ja nicht nur dasitzen und heulen. Aber heulen war das Einzige, wozu ich gerade in der Lage war.

Ich war allein, niemand interessierte sich für mich.

Das Karussell drehte sich in Tornado-Geschwindigkeit. Es fühlte sich an, als wäre mein Kopf kurz vor dem Zerspringen. Ich hielt es nicht mehr aus, ich zu sein! So musste es sich anfühlen, wenn man kurz davor war, durchzudrehen.

Irgendwann, nach ein paar Stunden, wurde ich wieder ruhiger. Marlene antwortete mir, endlich. Sie war den ganzen Tag wandern gewesen, wollte wissen, was ich so trieb, und schlug ein Treffen am Montag- oder Dienstagabend vor. Sie würde sich freuen, mich zu sehen. Ein Licht am Ende des Tunnels. Vielleicht war ich doch nicht so allein.

Langsam gewann ich wieder die Kontrolle über meinen Kopf zurück. Ich stand auf, machte mir einen kleinen Salat, mit so unkontrollierten und fahrigen Bewegungen, dass ich mir in den Zeigefinger schnitt. Nach dem Essen ging ich hinaus an die frische Luft, etwas Bewegung tat gut. Da waren sie wieder, die Hüftschmerzen, die so lange weg gewesen waren. Und zwar so stark, dass ich das Gefühl hatte, keine fünfhundert Meter weit zu kommen.

Immerhin reichte die Kraft bis zur Isar. Ich wollte direkt ans Wasser und stieg vom Mountainbike-Trail über die Steine ans Ufer. Dabei trat ich unbedacht auf, die Wolke, in die sich mein Ich mal wieder geflüchtet hatte, hatte nun sogar die Steuerung versagt, und knickte um. Die Außenbänder am linken Sprunggelenk stachen, es blutete ein bisschen. Endlich ein richtiger Grund zum Weinen. Und echte Schmerzen.

Heulend saß ich schließlich an der Isar. Eine Ewigkeit. Irgendwann hörten die Tränen auf und ich starrte gedankenlos vor mich hin. Eine Ente, die plötzlich neben mir im Wasser quakte, erschreckte mich fast zu Tode. Ich zickte sie lautstark an. Unbeeindruckt schwamm sie davon. Als es schließlich zu dämmern begann, schlich ich heim, nahm die Mirtazapin und schaute Big Bang Theory. Angenehme, langsame Schnitte. Und die Serie spielte in Kalifornien. An der Uni, an der meine beste Freundin Helene gerade war.

NERDS UND KÜGELCHEN

Am nächsten Tag wachte ich wieder erst mittags auf. Ich hatte wieder vierzehn Stunden geschlafen. Aber ich war gut aufgelegt. Unmittelbar nachdem ich das festgestellt hatte, überfiel mich ein Aktionismus. Bloß nicht Nichtstun, sodass mein Hirn wieder Zeit hätte, sich selbstständig zu machen. Ich schnappte mir eine halbe Banane, schlüpfte in meine Laufsachen und joggte los. Während der ersten Meter überlegte ich, mich später noch mal bei einem der Geburtstagskinder vom Vortag zu melden. Oder bei einer der beiden Freundinnen, die heute aus Griechenland wiederkamen. Ich war keine große Läuferin, mehr als fünf Kilometer lief ich nie. Aber an diesem Tag schaffte ich nicht einmal meine kürzeste Laufroute von knapp drei Kilometern, ich ging das letzte Drittel. Aber okay, ich bewegte mich immerhin an der frischen Luft. Als ich hinterher, ein bisschen erschöpft, unter der Dusche stand, ließ ich die während des Laufens gefassten Pläne fallen und entschloss mich spontan, nach Hause zu den Eltern zu fahren. Meine Mutter hatte am Vormittag ein Bild von einem frisch gebackenen Johannisbeerkuchen geschickt. Bei dem Wetter war es bestimmt herrlich, entspannt auf der Terrasse zu sitzen, Kaffee zu trinken und Kuchen zu essen. Ich schrieb ihr eine kurze Nachricht und kündigte mein Kommen an.

Die Autobahn war frei, das letzte kurvige Stückchen auf der Landstraße fuhr ich immer gern. Der Fahrtwind fegte durchs offene Fenster, die Musik im Radio hob meine Stimmung zusätzlich, das Leben war schön.

Als ich ankam, stellte ich fest, dass niemand da war. Meine Mutter hatte auf meine Nachricht nicht geantwortet. Nicht einmal die Katze, die sonst immer von irgendwoher zur Begrüßung maunzte, ließ sich blicken.

Klick.

Es gab niemanden, in dessen Leben es einen Unterschied machte, ob ich da war oder nicht. Es war allen egal. Ich hielt es nicht mehr aus, ich selbst zu sein. Ich wollte raus, raus aus meinem Körper. Weg von hier, weg von meinem Leben. Ich rastete aus.

Ich tobte, drosch eine ganze Weile lang herumliegende Bälle gegen Wände, Mauern und Schränke, bevor ich für einen kurzen Moment zu mir kam und in die Küche ging, um Mamas Pulsatilla-Globuli zu suchen. Die, von denen ich zwischen Kreislaufzusammenbruch und Krankschreibung alle zwei Tage zwei genommen hatte, um die Nerven zu beruhigen. Ich kippte mir die halbe Dose auf die Handfläche, es müssen wohl so fünfzehn gewesen sein, und schluckte die kleinen Pillen. Ging in mein Zimmer, zitterte am ganzen Körper, mir war heiß und kalt, und legte mich ins Bett. Schloss die Augen. Keine gute Idee. Der Tornado war sofort wieder da.

Ablenken. Ich muss mich ablenken.

Also schnappte ich mir mein Tablet und schaute wieder Big Bang Theory. Das hatte am Tag zuvor schließlich auch funktioniert. Nach drei Folgen merkte ich, dass ich ein wenig ruhiger wurde. Die Nerds und die Kügelchen begannen zu wirken.

Dann hörte ich die Haustür. Meine Mutter, das erkannte ich an der Art, wie die Tür ins Schloss fiel. Sofort kroch die Wut wieder in mir hoch. Am liebsten hätte ich sie angeschrien, ihr vorgeworfen, dass sie das Haus verlassen hatte. Gleichzeitig war mir sonnenklar, dass ich ihr das schlecht vorhalten konnte, sie war ein freier Mensch und hatte offenbar nicht einmal gewusst, dass ich nach Hause kommen würde.

Es kostete mich Kraft, Ruhe zu bewahren. Ich blieb oben in meinem Bett und schaute eine weitere Folge Big Bang. Darauf konnte ich mich aber nicht mehr konzentrieren, also ging ich doch hinunter. Meine Mutter saß im Wohnzimmer auf der Couch und schaute fern; sie fragte mich etwas, ohne mich anzusehen, ich kann mich nicht mehr erinnern, was. Ich antwortete nicht. Schließlich schaute sie zu mir auf.

„Mein Gott, Sophie, was ist denn los?"

Mit einem Blick erkannte sie, dass nichts mehr stimmte. Ich begann zu heulen. Kein Wort konnte ich mehr hervorbringen. Ich stand einfach da und weinte. Sie kam zu mir und nahm mich in die Arme.

Ich kann mich nicht mehr genau erinnern, was dann passierte. Jedenfalls saß ich, von Heulkrämpfen geschüttelt, vor Kälte und Schluchzen zitternd, neben ihr, auf der hinteren Terrasse. Meine Mutter versuchte, aus mir herauszubringen, was denn eigentlich los war. Zwischen den Schluchzern brachen in Satzfetzen die einzelnen Gedanken aus mir heraus, die wieder in meinem Kopf kreisten: Es machte keinen Unterschied, ob ich da war oder nicht. Niemand vermisste mich. Niemand hatte Platz für mich in seinem Leben.

Sie wollte mich in die psychiatrische Notaufnahme des Kreiskrankenhauses bringen, doch ich weigerte mich beharrlich. Also hielt sie mich sehr, sehr lang weiter fest umarmt, so fest, dass ich mich kaum noch bewegen konnte. Ich lehnte den Kopf auf ihre Schulter und heulte weiter, bis meine Tränen versiegt waren und ich keine Kraft mehr hatte, zu zittern. Meine Mutter hielt mich noch eine ganze Zeit lang fest. Nur zögerlich ließ sie mich irgendwann wieder los.

Wie betäubt schaute ich weiter Big Bang Theory, nahm die nächste Mirtazapin und schlief schließlich ein.

Von diesem Tag an hatte ich eine riesengroße Furcht vor mir selbst. Was würde das nächste Mal passieren? Was, wenn es noch schlimmer würde?

ZURÜCK INS KINDERZIMMER

Ich zog vorübergehend wieder bei meinen Eltern ein, fuhr nur noch nach München, wenn es notwendig war. Ich hatte eine unbeschreibliche Angst davor, allein zu sein, eine Angst, die mich innerhalb kürzester Zeit von innen her auffraß. Ich konnte und wollte mir nicht ausmalen, wozu mein durchdrehender Kopf noch fähig war.

Diese Angst zwang mich von einem Tag auf den anderen, ein großes Stück meiner Unabhängigkeit aufzugeben. Auch meine Eltern legten plötzlich gesteigerten Wert darauf, zu wissen, wo ich mich aufhielt und womit ich meine Zeit verbrachte. Da sie gerade beide, in Rente bzw. in den Ferien, den Großteil des Tages irgendwo im Haus oder im Garten werkelten, konnten sie mich gut im Blick behalten. Wenn sie aber von einem Termin zurückkehrten und mich nicht im Wohnzimmer antrafen, suchten sie das ganze Haus nach mir ab, als wäre ich wieder ein Kleinkind, unfähig, auf mich selbst aufzupassen.

Zwei Tage nur lag der Termin bei der Psychologin zurück. Da glaubte ich insgeheim noch, dass ich mit Sicherheit ein, zwei Monate schneller wieder fit sein würde, als die Ärztin und die Psychologin vermuteten. Bislang hatte ich mich weder um einen Therapeuten noch um die Aufnahme in eine psychosomatische Klinik gekümmert, ja noch nicht einmal meine Oktoberfestpläne ad acta gelegt. Schließlich war ich immer noch ich, und ich hatte mein ganzes Leben lang erreicht und geschafft, was ich wollte. Ich war stark und ich konnte mich durchbeißen, wenn es denn sein musste. Nach diesem Wochenende kapierte jedoch selbst ich langsam, dass ich mit dieser Einstellung diesmal nichts ausrichten konnte, sondern damit, ganz im Gegensatz, alles noch viel schlimmer machte.

VIKTUALIENMARKT

Mein Bewegungsradius hatte sich nach meinem Ausraster auf fünfhundert Meter reduziert, aber weiter weg wollte ich auch gar nicht. Zu Hause fühlte ich mich sicher. Abgesehen davon ging es mir wieder ziemlich gut. Ich mauserte mich langsam zu einer Meisterin der Verdrängung.

Am Mittwoch fuhr ich dann wie immer zur Logopädin – um wenigstens ein bisschen Normalität aufrechtzuerhalten – und von dort weiter nach München. Meine Eltern nahmen ihren Beruhigungs-Termin bei meiner Ärztin wahr. Höchste Zeit, dass sie Antworten auf ihre Fragen bekamen. Ich traf sie nach dem Termin im Biergarten am Viktualienmarkt zum Mittagessen. Die Ärztin hatte es doch tatsächlich geschafft, ihnen wieder Zuversicht zu schenken, so wirkten sie zumindest auf mich.

„Wird schon alles werden, hat sie uns versichert. Sie sagt, dass wir unsere Tochter wieder zurückbekommen – allerdings bewusster als früher", erzählte meine Mutter sichtlich erleichtert.

Ich war mir nicht sicher, was die Ärztin damit gemeint hatte, aber das war gerade zweitrangig. Das Radler schmeckte gut und die neue Ruhe meiner Eltern entspannte auch mich. Nach einer knappen Stunde Gespräch im Biergarten reichte es dann aber, es war schon wieder verdammt anstrengend.

EIN BISSCHEN MEER

Am nächsten Tag ging es mir ganz gut, also beschloss ich, da ich nachmittags ohnehin einen Termin bei der Psychologin hatte, vormittags schon in meine eigene Wohnung nach München zu fahren. Dort schaute ich mir endlich ein paar Klinikbewertungen an. Kliniken zu googeln funktioniert ähnlich gut wie Krankheiten googeln: Durch die Bank war jede unter aller Kanone bewertet. Manches, worüber sich die Leute da beschwerten, fand ich witzig, manches absurd. Hilfreich waren die Kommentare nicht. Schließlich stieß ich bei meiner Recherche auf einen interessanten SZ-Artikel zum Thema Burn-out. Bei der Liste der Symptome fielen mir einige Dinge auf, die ich bisher noch gar nicht als „Symptome" auf dem Schirm gehabt hatte, ganz besonders die Unfähigkeit, sich emotional abzugrenzen. Volltreffer. Ich erinnerte mich an den Besuch im Museum am 9/11-Memorial in New York im vergangenen Jahr. Ich hatte die Ausstellung nach etwa der Hälfte verlassen, ich hielt die ganzen Bild- und Tondokumente nicht mehr aus. Danach hatte mich plötzlich eine unerklärliche, riesige Angst vor der Stadt überfallen, und ich hatte mich auf dem Rückweg zum Hotel richtiggehend an meinem Freund festgekrallt. Und ich erinnerte mich an den Selbstmord des Piloten mit der Germanwings-Maschine im März. Der Absturz hatte mich damals für anderthalb Tage regelrecht in Schockstarre versetzt, ohne dass ich im Geringsten persönlich betroffen gewesen wäre. Ich konnte meine Gedanken einfach nicht mehr von diesen Dingen losreißen, ich konnte die fremden Emotionen nicht mehr abschütteln. In meinem Allerinnersten, dort, wo meine Gefühle entstanden – in meinem Kopf, meinem Bauch und meinem Herzen –, konnte ich keine Grenzen mehr ziehen.

Am Nachmittag machte ich mich mit dem Fahrrad auf den Weg zur Psychologin, einmal quer durch den Englischen Garten. Meine Stimmung war okay, fast schon gut. Nervös und angespannt, ja. Aber sonst? Zwar fühlte ich mich nicht himmelhoch jauchzend – an dieses Gefühl konnte ich mich ohnehin nur noch dunkel erinnern –, aber auch nicht besonders schlecht.

Der Labrador stromerte diesmal leider nicht in der Praxis umher, aber ich wurde ohnehin umgehend in das kleinere Therapiezimmer gebeten. Mein Bericht vom Wochenende versetzte die Psychologin in Alarmbereitschaft. Das war, nüchtern betrachtet, wenig verwunderlich – es irritierte mich aber trotzdem. In den zehn Minuten, in denen ich von meinem Wochenende erzählte, mutierte der Klinikaufenthalt von einer Option zur einzigen Alternative und eine Wartezeit von mehreren Monaten war nun offenbar auch nicht mehr hinnehmbar. Dass die Ärztin von Mitte August an drei Wochen im Urlaub war, wusste ich bereits. Aber auch das BOZM war im selben Zeitraum geschlossen.

„Sie werden immer instabiler, Frau Blau", sagte die Psychologin. „Und zwar in großen Schritten. Wir können Sie auf gar keinen Fall drei Wochen unbetreut lassen."

Sie bat mich kurz um Geduld und rief bei der Allgemeinärztin und einigen Psychiatern an, um schnellstmöglich alle notwendigen Formalitäten und Gutachten für einen Klinikaufenthalt zu veranlassen. Doch nicht einmal sie bekam in weniger als einer Woche einen Termin für mich. Der frühestmögliche, den ihr der vierte Arzt anbot, den sie am Telefon hatte, war in zwölf Tagen.

Angesichts der Maßnahmen, die sie ergriff, hätte mir eigentlich anders werden sollen. Doch ich saß einfach kommentarlos da und ließ die Dinge geschehen. Es machte mich nicht nervös. Machte mir keine Angst. Ich beobachtete alles, als ginge es gar nicht um mich. Die Psychologin verschrieb mir ein weiteres Antidepressivum, Escitalopram. Dieses Medikament würde schneller wirken als Citalopram, das mir vor Kurzem die Psychiaterin verschrieben hatte. Es würde, morgens eingenommen, meinen Antrieb stärken und meine Stimmung stabilisieren. Ich sollte es ab sofort täglich nehmen.

Außerdem trainierte sie mit mir ein kurzes Programm zur Selbstrettung: Wenn die Panik kam, sollte ich mich bewusst auf die Umgebung und meine eigenen Bewegungen konzentrieren. Tief und ruhig atmen. Langsam die „bedrohliche" Umgebung verlassen. Dann hielt sie mir eine kleine Schachtel hin, die mit den verschiedensten Halbedelsteinen gefüllt war. Sie nickte mir zu und bat mich, mir einen auszusuchen.

Ich entschied mich für einen tiefblauen Lapislazuli, der sich angenehm in meine Handfläche schmiegte. Die Psychologin trug mir auf, an etwas Schönes, Entspannendes zu denken und dabei die Energie auf den Stein zu lenken.

Ich entschied mich für das Meer, stellte mir die Weite, die Ruhe, das Wellenrauschen und den Sand unter meinen Füßen vor und umschloss den Lapislazuli fest. So wurde der Stein zu meinem Meer. Auch wenn es sich unwahrscheinlich anhört: Wenn ich ihn drückte, konnte ich mir tatsächlich recht einfach das Meer und die zugehörige Ruhe herbeirufen. Der Stein wanderte in die Tasche meiner Shorts – mein Meer to go.

Bevor ich ging, machte die Psychologin mir nachdrücklich klar, dass ich mich an die psychiatrische Notaufnahme in der Nussbaumstraße wenden sollte, wenn ich auch nur annähernd wieder in eine Situation wie am vergangenen Wochenende geriete und einen Schutzraum bräuchte. Dort könnte man mir jederzeit helfen. Keinesfalls sollte ich mich aus Angst oder Scham scheuen, dorthin zu gehen.

Ich verließ die Praxis und ließ mich direkt davor auf die zwei Treppenstufen sinken, die zum Bürgersteig führten. Das alles musste sich erst einmal setzen. So ruhig und reglos ich drinnen gewesen war – der Termin hatte mich aufgewühlt. Zu spüren, dass man sich verdammt nah an der Grenze zum Wahnsinn und womöglich zur Selbstgefährdung bewegte, war eine Sache. Das so deutlich gespiegelt zu bekommen, eine andere.

Die verhältnismäßig gute Stimmung und das bisschen Energie vom Vormittag waren wie weggeweht. Ich hatte keine Kraft mehr. Nicht mal mehr die Energie, für mich selbst zu sorgen, geschweige denn noch etwas einzukaufen. Eigentlich hatte ich vorgehabt, wenigstens eine Nacht wieder in der eigenen Wohnung zu verbringen. Aber nun wollte ich nur noch heim zu meinen Eltern, in mein Bett im Kinderzimmer. Ich konnte nicht mehr allein sein.

Davor aber würde ich noch das Nötigste packen müssen und meine Wohnung in einen Zustand bringen, in dem sie auch ein, zwei Wochen überstand: den Müll leeren, Blumen gießen, abspülen. Die bloße Vorstellung ließ mich innerlich zusammenbrechen. Immer noch saß ich auf der Treppe, als ich zu Hause anrief. Ich schaffte das nicht mehr allein, ich brauchte Hilfe. Meine Mutter stellte keine Fragen. Sie machte sich einfach auf den Weg zu meiner Wohnung.

Die Strecke, die ich nur zwei Stunden zuvor mit dem Fahrrad locker gemeistert hatte, schien mir nun endlos lang. Ich war so schwach, dass ich im Treppenhaus zwischen dem zweiten und dritten Stock eine Pause einlegen musste. Schließlich schaffte ich es nach oben in meine Wohnung. Dort rollte ich mich wie eine Katze unter der Bettdecke zusammen, drückte mich ins hinterste Eck. Reglos kauerte ich da, bis meine Mutter kam.

Sie packte meine Sachen, räumte die Wohnung auf. Ich saß stumm auf dem Bett und schaute ihr zu, antwortete einsilbig auf die nötigsten Fragen, was sie für mich einpacken sollte und was wohin gehörte. Schließlich fuhr ich mit ihr zurück, mein Auto blieb in München. Ich traute mich nicht, selbst zu fahren.

Bei meinen Eltern angekommen, legte sich die Anspannung langsam wieder. Die Energie kam jedoch nicht mehr zurück. Den restlichen Tag vegetierte ich unter der engmaschigen Beobachtung meiner Eltern vor mich hin.

TAG AM SEE

Am nächsten Morgen nahm ich die erste Escitalopram. Meine Gedanken kreisten immer wieder um die gleichen Fragen: Wie hatte ich es nur so weit kommen lassen können? Warum war das ausgerechnet mir passiert? Meine ganze Freundlichkeit war als Schwäche verstanden worden. Ich hatte mich ausnutzen lassen. Ich war zu menschlich gewesen in einer Welt, in der Unmenschlichkeit die Maxime geworden war.

In den folgenden Tagen besserte sich meine Stimmung allmählich. Damit kam auch mein Antrieb zurück – und mein Bergweh. Um aber wandern zu gehen, fehlte mir nach wie vor die Energie, das wollte ich nicht noch einmal austesten. Also suchte ich nach einer Alternative: Marlene war übers Wochenende zu Hause bei ihren Eltern am Chiemsee. Ich würde sie dort besuchen, von dort sah man die Berge zumindest. Außerdem wollte ich endlich aus dem kleinen Radius der letzten Tage und Wochen ausbrechen. Ich freute mich auf den See und die Berge, aber am meisten auf Marlene. Leni war lustig und unkompliziert, doch vor allen Dingen auch das, was mir gerade am meisten fehlte: Sie war die personifizierte Ruhe und Zuversicht.

Meine Mutter war nicht sehr begeistert von der Idee, dass ich alleine an den Chiemsee fahren wollte, drei Tage nachdem sie mich aus München hatte abholen müssen. Selbst bei wenig Verkehr würde die Fahrt anderthalb Stunden dauern. Ich setzte mich jedoch durch, ich fühlte mich gut und wollte unbedingt raus. Prompt stand ich dann auf der A 8 im Stau und brauchte beinahe zweieinhalb Stunden. Trotzdem tat mir das Autofahren richtig gut; ich musste mich ja konzentrieren, das fegte das Gedankenkarussell und meine Ängste offenbar einfach beiseite.

Ich traf Marlene an einer kleinen Bucht am Ostufer, wo außer uns nur fünf, sechs andere Leute lagen. Am Strand, den warmen Kies unter den Füßen, genossen wir den traumhaften Blick auf die Berge und den riesigen See, auf dem zahllose Segler und Stand-up-Paddler sanft hin und her kreuzten. Es war wunderschön. Und ruhig. Der See war unglaublich warm – wie eine riesige Badewanne – und wir ließen uns stundenlang im Wasser treiben. Ein wirklich perfekter, fast schon kitschiger Tag.

Marlene musste irgendwann los, aber es war viel zu schön, um wieder nach Hause zu fahren. Die Sonne, die langsam tiefer sank, ließ den ganzen See golden glitzern. Einmal noch ins warme Wasser! Ich schwamm ein Stück weiter raus, drehte mich auf den Rücken und genoss es, zu spüren, wie das Wasser mich umschloss; spürte die Wärme der Sonne, sog den Blick über den golden glitzernden See auf, hinter dem stolz die

Alpen aufragten. Es fühlte sich alles so leicht an, so gut! Dieses Gefühl wollte ich nicht wieder gehen lassen, ich wollte es nie wieder vergessen.

Wieder zu Hause – diesmal verlief die Fahrt ohne Stau –, fühlte ich mich leicht wie seit Wochen nicht mehr.

ABER ICH WILL DOCH NICHT

Die gute Stimmung hielt auch am nächsten Tag noch an. Mein Energieniveau war jedoch wieder auf minus 200 gefallen. Das Autofahren, Schwimmen, die Sonne – es war wohl doch wieder zu viel gewesen, ich war völlig überreizt. Obwohl vom grauen Schleier oder dem inneren „Egal" keine Spur zu entdecken war, erschrak ich bei der kleinsten unerwarteten Bewegung hinter mir, hörte alles zehnmal so laut und hatte wahnsinnige Schwierigkeiten, mich zu konzentrieren. Ich konnte kaum lesen und tat mich sehr schwer, einem Gespräch zu folgen.

Am Mittwochmorgen – meine Stimmung war nach wie vor verhältnismäßig gut, die Energie kehrte ganz langsam wieder zurück – klingelte plötzlich mein Handy. Die Ärztin. Ich war verwundert, schließlich sollte der Termin bei ihr erst am nächsten Tag stattfinden. Sie hatte soeben mit verschiedenen Kliniken telefoniert und eine gefunden, die bereits morgen einen Platz für mich anbot, wenn ich wollte.

Ich war völlig überrumpelt. Zwar hatte ich mich gedanklich darauf eingestellt, demnächst in eine Klinik zu gehen, aber auf keinen Fall damit gerechnet, dass das vor September passieren würde. Die Ärztin merkte wohl, dass sie mich mit ihrem Anruf überfahren hatte. Sie schlug mir vor, mir die Klinik im Internet in Ruhe anzusehen. Wenn ich bereits am Folgetag dorthin wollte, sollte ich mich im Laufe des Tages noch mal bei ihr melden. Ansonsten sähen wir uns zum vereinbarten Termin.

Von einer Minute auf die andere wurde ich wieder zu dem Nervenbündel, das still und stumm (viel geredet hatte ich in den letzten Tagen sowieso nicht) in der Ecke saß und vor sich hin starrte. Ich hatte Angst, wusste aber nicht so genau, wovor. Der Gedanke an die Klinik lähmte mich, ich zog das Internet zurate. Klinik für Psychiatrie und Psychotherapie, südwestlich von München. Das war keine Psychosomatik. Das war eine Psychiatrie!

Der Tag ging, der nächste kam. Ich hatte nicht bei der Ärztin angerufen. Der Aufnahmetermin war verstrichen. In den vergangenen 24 Stunden hatte ich kaum mehr als zehn Sätze von mir gegeben. Ständig hatte ich das Gefühl, dass ich meinen Körper nur noch von außen steuerte, ich war nicht mehr wirklich da. In diesem Zustand war ich auf gar keinen Fall in der Lage, Zug oder gar selbst Auto zu fahren. Also begleitete mich meine Mutter nach München. Beifahrer zu sein war bereits anstrengend genug. Alles raste so schnell vorüber: die Landschaften, Straßen, der Gegenverkehr... Wir fuhren über die Landstraße, über die Ingolstädter und die Leopoldstraße zum Parkhaus an der Oper – alles altbekannte Straßen, die an einem Donnerstagvormittag nicht besonders dicht befahren waren, doch alles kam mir zu laut vor, zu schnell. Ich umklammerte meinen Lapislazuli, mein Meer.

Im Parkhaus war es dunkel, die Decke tief, die Luft stickig, kein Ausgang in Sicht. Meine Beine zitterten. Ich kämpfte mit mir, ich wollte nicht zusammenbrechen. Ich versuchte, die Tiefgarage möglichst ruhig zu verlassen. Ganz gelang es mir nicht, immerhin bildete ich mir ein, nicht zu rennen – meine Mutter kam aber kaum hinterher. Oben, unter freiem Himmel, fühlte ich mich nicht viel besser. Die Passanten, das Treiben an den Obstständen am Marienhof, die Radfahrer, es war so laut! Blanker Horror. Ich krallte mich immer mehr an meinem Stein fest und manövrierte mich mechanisch hin zur Praxis – der

Rest meines Ichs hielt sich in einer diffusen Wolke irgendwo über mir auf, ich war nicht mehr in meinem Körper.

Was sich die Menschen, denen ich entgegenkam, wohl dachten? Ich glaube nicht, dass man mir ansah, was los war. Je schlechter es mir ging, desto mehr Wert legte ich darauf, gut auszusehen. Ich hatte vor dem Arzttermin mehr Zeit im Bad verbracht als sonst vor einem Arbeitstag. Langer Rock, passende Sandalen, buntes Top, die Haare extra geglättet, eine Sonnenbrille auf der Nase – „psychisch krank" sah man mir ganz sicher nicht an.

In der Praxis meldete ich mich so wortkarg wie möglich an, nahm im Wartezimmer Platz. Auch während des Termins mit der Ärztin sprach ich kaum. Meine Mutter übernahm ganz automatisch, wie früher. Die beiden, sie und meine Ärztin, wollten mich dringend in einer Klinik aufgehoben wissen. Ich sah zwar ein, dass das vernünftig war. Ich wusste es. Aber ich wollte nicht dorthin. Nicht schon so schnell. Übermorgen feierte Tante Martha ihren 55. – sie plante ein riesiges Hoffest, da wollte ich unbedingt dabei sein, wenigstens daran wollte ich mich klammern.

Die Ärztin schüttelte nur den Kopf, ich würde ohnehin nichts genießen können, das sei viel zu viel für mich. Ich hatte keine Chance gegen die beiden. Immerhin: Die Ärztin erklärte mir, dass ich nicht allzu lange in der Psychiatrie bleiben müsste. Zwei Wochen etwa, bis ich stabil genug sei, um in eine psychosomatische Klinik zu wechseln. Der Platz, den ich an diesem Tag bereits hätte haben können, war noch frei.

Meine Mutter nickte für mich. Die Ärztin rief in der Klinik an und vereinbarte den Termin für meine Aufnahme: 14. August 2015, zehn Uhr.

Die Rückfahrt verlief ähnlich wie die Hinfahrt. Ich war noch stummer, wenn das überhaupt möglich war. Nervöser. Ängstlicher.

AUS DIE MAUS

Gegen Abend kehrte ich aus der Wolke wieder in meinen Körper zurück, ich war wieder stabiler. Ich fuhr ins Freibad, ein paar Runden schwimmen. Unter Wasser war es still. Es tat gut, die Kraft meiner Arme und Beine zu spüren, während ich durchs Becken kraulte. Mit jeder Bahn wurde ich ruhiger und fühlte nach einer Weile wieder etwas Leben in mir. Es war anstrengend, aber nach einer Dreiviertelstunde Schwimmen fühlte ich mich viel besser.

Auf dem Heimweg kam ich am Hof meiner Tante vorbei, die Vorbereitungen und der Aufbau für das Fest liefen schon auf Hochtouren. Meine Eltern und viele meiner Cousinen und Cousins liefen geschäftig umher. Kurzerhand beschloss ich, mich ihnen anzuschließen. Wenn ich beim Fest selbst schon nicht dabei sein konnte und auch sonst nirgends half, konnte ich jetzt zumindest noch einen kleinen Beitrag leisten. Ich tauschte daheim kurz Badesachen gegen Arbeitskleidung und machte mich fest entschlossen auf den Weg. Tische aufbauen, die Theke einrichten – das konnte ich alles, tausend Mal gemacht. Es war auch kein großer Menschenauflauf, alles sollte unter freiem Himmel stattfinden. Das kriegte ich hin. Den Gedanken zementierte ich fest in mein Gehirn. Ich zog die Haustür hinter mir zu und ging los. Rechts den Berg hinunter, einmal links in Richtung Hauptstraße, der Hof war keine zehn Minuten Fußweg vom Haus meiner Eltern entfernt. Ich wollte helfen. Zumindest ein bisschen dabei sein. Ein bisschen Leben, unter Leute kommen, etwas tun, wenigstens an diesem Abend. Bevor ich in die Psychiatrie musste.

An der letzten Ecke, kurz bevor die anderen mich gesehen hätten, drehte ich wieder um.

Ich konnte nicht.

In diesem Moment gab irgendetwas in mir auf. Mein Körper hatte gewonnen.

Ich war raus. Ich hatte nichts mehr zu melden. Nichts mehr zu wollen.

Niedergeschlagen, fast schon gebrochen, schlich ich wieder nach Hause. Weinen konnte ich nicht mehr. Ich schloss nicht mal die Haustür auf. In meinen Arbeitssachen, der alten Jeans und dem uralten T-Shirt, setzte ich mich auf die kleine Bank auf der Terrasse und starrte in den Garten. Stundenlang, bis meine Eltern nach Hause kamen.

Morgen würde wohl ein guter Tag sein, um mich selbst in die Klinik einzuweisen.

PSYCHIATRIE

14. August bis 5. September

In fremden Augen sehe ich noch das wahre Leben.
Reise, Ansa Sauermann

TROSTLOS

Ich war außer mir, in der Wolke, kein Funken Sophie steckte mehr in meinem Körper. Alles, was ich tat und sagte, geschah mechanisch.

Aufstehen. Zähneputzen. Anziehen. Frühstücken.

Meine Eltern wollten unbedingt beide mit in die Klinik kommen. Dass mir das widerstrebte, da ich fand, dass eine Begleitung mehr als genug war, zählte nicht mehr. Ich wurde überhaupt nicht gefragt. Das wurmte mich, schließlich war ich vielleicht psychisch krank, aber nicht unzurechnungsfähig, kein kleines Kind. Aber ich hatte in meiner Wolke nicht die Energie, mich aufzuregen, also ließ ich es bleiben. Am Abend hatte ich noch einiges eingepackt, von dem ich dachte, dass ich es brauchen würde: Sportklamotten, einige Bücher, iPad, Laptop, Kamera, Bikini, Decke.

Die anderthalbstündige Autofahrt verbrachte ich schweigend. Ich hatte tierische Angst, fühlte mich unsicher und nervös, zittrig. Die Wolke war nicht groß genug, um das alles abzufangen.

Die Klinik lag außerhalb des Stadtgebiets mitten im Wald, auf einem Gelände, das nach alter Kaserne aussah. Das Gebäude selbst wirkte dementsprechend auch sehr wie eine Truppenunterkunft – wenig einladend, aber immerhin war es gelb gestrichen. Sämtliche Grünflächen und Wiesen waren verdorrt, die Bäume hatten kaum noch Blätter, auch die waren in der Hitze wohl alle verbrannt. Ziemlich trostlos hier. Und die Sonne brannte immer noch, wie während der ganzen vergangenen sechs beschissenen Wochen. Erbarmungslos. Es gab kein Entrinnen.

Schließlich waren wir vor der Glastür am Klinikeingang angelangt, aber die automatische Tür ging nicht auf. Verwirrt wechselten meine Mutter und ich Blicke: Drinnen war doch der Empfang besetzt, es herrschte Bewegung? Plötzlich öffnete sich die Tür. Meine Eltern und ich traten in die unspektakuläre kleine Empfangshalle. Kühle umfing uns. Hinter einer verglasten Wand erblickte man einen trostlosen, zur Hälfte betonierten Innenhof mit einigen, genau wie draußen, halb verdorrten Bäumen. Die gelben, welken Blätter bedeckten auch dort den Boden. Ein paar blaue und rote Eisenstühle standen verloren herum und um einen halbhohen metallenen Aschenbecher waren einige Leute versammelt, die ziemlich ungepflegt wirkten. Wie die Anonymen Alkoholiker zur Jahrestagung, schoss es mir durch den Kopf. Mir fiel ihre fahle Haut auf, sie machten einen unglaublich fertigen Eindruck.

An der weiß getünchten Wand neben dem Empfangstresen klebte ein Schreiben: Baden in den umliegenden Seen untersagt.

Schwimmen, das Einzige, wozu ich mich noch hatte aufraffen können, war nun verboten. In mir zog sich alles zusammen und ich mich noch weiter zurück, wenn das überhaupt noch möglich war. Am liebsten wäre ich auf und davon gerannt, schreiend. Aber die Tür nach draußen hatte sich schon wieder hinter uns geschlossen. Die nette Dame am Empfang benachrichtigte die Station und bat mich, einige Formulare auszufüllen und dann Platz zu nehmen. Mechanisch folgte ich den Anweisungen.

Schwester Tanja, die sich wenige Minuten später vorstellte, machte einen fröhlichen Eindruck. Sie führte uns zum Aufzug. Ich drückte auf den Knopf, nichts passierte.

„Der geht nur mit Schlüssel." Die Schwester konnte sich ein

kleines Lachen nicht verkneifen. „Sie waren noch nie in einer Psychiatrie, oder?"

Ich schluckte. Diese Tatsache war immer noch nicht ganz gesackt. Der Aufzug fuhr nur ein Stockwerk höher, weiter hoch ging es auch gar nicht. Als er sich öffnete, betraten meine Eltern und ich einen hellen Aufenthaltsraum, den Speisesaal. Von dort führte ein Gang in mein Zimmer, der in jedes beliebige Krankenhaus gepasst hätte, abgesehen vom Teppichboden vielleicht. Direkt rechts neben der Zimmertür befanden sich drei deckenhohe abschließbare Spinde. In dem hellen, geräumigen Raum mit drei großen Fenstern standen drei Betten. Das mit dem Kopfteil zur Tür würde meines sein, erklärte Schwester Tanja. Gegenüber, in dem zweiten Bett, saß eine junge Frau, vertieft in ein Buch, Kopfhörer im Ohr. In der Mitte des Raums war ein Tischchen mit drei Stühlen platziert worden, an der Wand hing ein kleiner Fernseher und auf dem mittleren Fensterbrett entdeckte ich eine große lilafarbene Orchidee. Bis auf die Topfblume wirkte alles ein bisschen wie in einer guten, ziemlich modernen Jugendherberge. Das Bad war klein, aber sauber. Mir fiel auf, dass der Duschkopf hinter dem Plastikvorhang nur hüfthoch hing. Die Schwester verabschiedete sich, sie wollte nach einer Viertelstunde zurück sein, wenn ich ausgepackt hatte.

Ich sah zu der jungen Frau hinüber, sie schien etwas älter als ich zu sein. Lange braune Haare fielen ihr ins Gesicht, sie trug Sportkleidung und sah, im Gegenteil zu den Anonymen Alkoholikern im Innenhof, normal aus. Offenbar hatte sie ein Kapitel beendet, denn sie klappte das Buch nun zu und sah auf.

„Och, mei, schön, dass jemand Junges ins Zimmer kommt", begrüßte sie mich mit einem deutlich hörbaren bairischen Einschlag und einem breiten Lächeln im Gesicht. „Ich bin die Johanna."

Knapp grüßte ich zurück. Ich wollte die Wolke nicht verlassen. Froh über eine Ablenkung in dieser beklemmenden Situation, begannen meine Eltern eifrig eine Konversation. Das nervte mich gehörig. Meine Mutter nestelte dann auch noch an den Taschen und Sachen herum, die ich auspackte.

„Lass mich in Ruhe", zischte ich, „ich mach das schon."

Mein Vater hatte zwischenzeitlich das Gespräch mit meiner neuen Zimmergenossin auf die „Anwendungen" gebracht. Sie erzählte etwas vom Walken, wo sie auch gleich hingehen wollte – deshalb also die Sportsachen.

Meine Frage, ob das Essen gut wäre, verneinte sie. Ich verstummte wieder.

Sie berichtete weiter, was man hier sonst noch so machen konnte. Mit halbem Ohr hörte ich zu.

„… Tischtennisspielen, und eigentlich auch Billard. Aber das geht gerade nicht, weil vor ein paar Tagen jemand seine Wut an den Queues ausgelassen hat. Die sind jetzt kaputt."

Ich hielt kurz inne. Wo war ich denn hier gelandet? Wer zerbrach denn aus Wut Queues?

Schließlich kam die Schwester wieder und nahm mich mit in den Stützpunkt, das Stationszimmer. Sie maß meinen Blutdruck, ich wurde gewogen.

Nebenbei fragte sie mich, warum ich da war.

„Ja, da sind Sie hier schon richtig, Sie werden sehen", meinte die Schwester.

Das machte es nicht besser. Anschließend musste ich alle meine Medikamente abgeben. Auch die, die mit der aktuellen Erkrankung gar nichts zu tun hatten. Meine Eltern sollten sich verabschieden, da gerade keine Besuchszeit war. Am frühen Nachmittag würde dann die Stationsärztin zu mir kommen für das Aufnahmegespräch, erklärte mir Schwester Tanja noch. Bis dahin durfte ich das Klinikgebäude nicht verlassen.

Ich war erleichtert, als ich meine Eltern endlich los war, und packte meine restlichen Sachen aus, dann war es bereits Zeit für das Mittagsessen. Im Speisesaal war es unglaublich laut. Ich holte mir ein übrig gebliebenes Tablett und setzte mich an einen freien Platz. Misstrauisch beäugte ich mein Menü. Neben einem abgepackten Joghurt entdeckte ich unter einer Warmhaltehaube Tortellini mit Fleischsoße und Gemüse.

Johanna hatte recht, es war wirklich nur halbwegs essbar. Ich wechselte mit niemandem ein Wort. Als ich zurück ins Zimmer kam, war die andere Zimmerkollegin da. Eine ältere, etwas mollige Frau mit grauem, schulterlangem Haar, die ein weites rotes T-Shirt und lockere Hosen trug. Sie hatte einen wachen Blick und freundliche Gesichtszüge, doch durch den blassen Teint wirkte sie insgesamt eher traurig. Wir grüßten uns nur kurz, sie hieß Ruth und war, wie ich im Moment, ein wenig zurückhaltend. Kurz darauf legte ich mich ins Bett und starrte den Wald vor meinem Fenster an. Endlich fühlte ich mich sicher genug, wieder ein bisschen zurückzukommen. Die Wolke wurde kleiner.

EINGESPERRT

Eine Stunde später kam schließlich die Stationsärztin zum Aufnahmegespräch. Ich erzählte ihr, was mir in den vergangenen Monaten widerfahren war, von Anfang an. Zum ersten Mal an diesem Tag war ich wirklich bewusst anwesend und konnte die Wolke, in die ich mich vor lauter Angst, Panik und Überforderung verabschiedet hatte, vollständig verlassen. Ich heulte, mitunter brauchte ich ein paar Minuten, um mich zu fangen. Die Ärztin hakte einzelne Punkte auf einem Fragebogen ab, insbesondere als ich von der Zeit seit meiner Krankschreibung erzählte. Es war wohl eine Checkliste, denn als ich fertig war, stellte sie mir all jene Fragen, die ich in meinem Erzählfluss nicht sowieso schon beantwortet hatte:

Hatten Sie je unbegründete Existenzängste?

Hatten Sie je Wahnvorstellungen?

Und zuletzt: Haben Sie je versucht, sich umzubringen, oder hatten Sie es vor?

Ich war einigermaßen schockiert, verneinte jedoch.

„Also nur passive Suizidgedanken", meinte sie dann und notierte etwas.

„Wie meinen Sie das?" Ich erschrak fast ein bisschen über meine prompte Frage.

„Die Szene zu Hause, die Sie mir gerade beschrieben haben, als Sie ausgerastet sind – , es macht keinen Unterschied, ob ich da bin oder nicht, ich halte es in meinem Leben nicht mehr aus, niemand hat Platz für mich in seinem Leben' – , all das waren passive Suizidgedanken."

Ich blieb stumm.

Die Ärztin sah mir direkt in die Augen, taxierte mich und fragte dann in einem beinahe schon feierlichen Ton: „Können Sie mir versprechen, dass Sie sich hier nichts antun werden und sich sofort bei mir oder einem Kollegen melden, wenn Sie Selbstmordgedanken haben?"

Ich war verwirrt, versprach es aber. Als ob mich das im Ernstfall davon abhalten würde!

Anschließend testete sie verschiedene Reflexe, meine Koordination und Reaktion. Danach legte sie mir den Therapieplan vor, einen bunten DIN-A4-Bogen mit allen Therapieangeboten auf der einen und einer Art Anwesenheitsliste auf der anderen Seite. Das Spektrum war sehr breit gefächert: Sport, Entspannung, Singen, Ergotherapie, Kunsttherapie, kognitives Training, autogenes Training. Die Ärztin gab mich für alle optionalen Angebote frei – zu diesen Kursen konnte ich ab sofort hingehen, wenn ich wollte – und trug mich für Psychotherapie (einmal wöchentlich sechzig Minuten), die Depressionsgruppe, die Kunsttherapie und kognitives Training ein. Sie erklärte mir, dass es für diese geschlossenen und auch verpflichtenden Gruppen eine Warteliste gab und sie mich nun dort anmelden würde. Es könnte ein paar Tage, mitunter auch zwei Wochen dauern, bis ich einen Platz bekam. Insgesamt müsste ich jeden Tag mindestens zwei Therapien absolvieren, sodass ich mich nicht vollständig zurückziehen könnte. Am Ankunftstag, der wäre schon anstrengend genug, würden die Klinikregeln eine Ausnahme erlauben.

Die Ärztin bat mich dann noch, meine Patientenkarte im Laufe des Nachmittags am Stationsstützpunkt abzuholen, das sei eine Art Psychiatrie-Ausweis. Darauf würden mein Name und meine Station vermerkt und vor allem mein Status: Die Patienten mit den grünen Karten waren Freigänger, sie durften die Klinik wochentags zwischen 13 Uhr und 20 Uhr verlassen, an Wochenenden bereits ab acht und auf Wunsch von Samstag auf Sonntag sogar zu Hause übernachten. Dann gab es Patienten, die nur in Begleitung Dritter die Klinik verlassen durften, diese hatten orangefarbene Karten. Die mit den roten Karten durften die Klinik gar nicht verlassen und dann gab es Patienten, die nicht einmal ihre Station verlassen durften, aber die hatten vermutlich gar keine Karten. Unten an der Pforte würde vor jedem Verlassen des Gebäudes der Status überprüft. Bevor sie sich verabschiedete, musste ich noch unterzeichnen, dass ich a) in die Behandlung einwilligte und b) nicht am Straßenverkehr teilnehmen würde, solange ich Patientin dieser Klinik sein würde.

Da Freitag war und jeder Neuankömmling erst einen Tag unter Beobachtung stand, durfte ich auch erst einmal allein nicht raus. Das hieß: Das ganze Wochenende über konnte ich das Gelände nur in Begleitung eines Mitpatienten oder eines Besuchers verlassen. Ich durfte nicht Fahrradfahren. Nicht Autofahren. Nicht schwimmen.

Ich war eingesperrt. In einer Psychiatrie.

EWIGKEIT IM NICHTS

Den ganzen restlichen Nachmittag verbrachte ich im Bett, ins Eck gerollt, den Blick zur Wand gerichtet, und tat so, als würde ich schlafen. Ohne Tabletten konnte ich zwar schon seit Wochen nicht mehr schlafen, aber es war trotzdem irgendwie halbwegs entspannend, zumindest so zu tun als ob. Immerhin war ich seit dem Gespräch mit der Ärztin nicht mehr zurück in die Wolke geflüchtet. Johanna hatte mich gefragt, ob ich mit zum Qi Gong kommen wollte. Das hatte ich mir eigentlich vorgenommen. Aber dann blieb ich lieber liegen. Ich musste ja nicht.

Draußen begann es zu stürmen. Zum ersten Mal, seit ich krankgeschrieben war, kühlte es ein wenig ab, das Wetter schlug endlich um. Langsam setzte ich mich auf und starrte nach draußen. Stundenlang sah ich dem Wind dabei zu, wie er die Bäume verbog und Blätter hin und her warf. Lange dachte ich an gar nichts. Schaute einfach nur aus dem Fenster. Beobachtete. Bis sich schließlich ein einziger Gedanke in meinem Kopf verfing: Weit hast du's gebracht, Sophie. Du bist 27 und sitzt in der Psychiatrie.

Später am Abend geisterte ich etwas durch die Klinik. Ich ging kurz in den trostlosen Innenhof, um zumindest ein bisschen frische Luft zu schnappen. Auf dem Weg zurück in den ersten Stock hörte ich einen Fernseher im Gemeinschaftsraum laufen, jemand sah Fußball. Ich setzte mich dazu. Die ARD übertrug das Auftaktspiel der Bundesliga, Bayern gegen den HSV. Als ich dazukam, besiegelte Douglas Costa mit seinem ersten Bundesligator den 5:0-Kantersieg der Münchner.

Wie verdammt weit weg war der Bundesligaauftakt an dem Tag noch gewesen, an dem ich krankgeschrieben worden war. Zum ersten Mal wurde mir bewusst, wie viel Zeit vergangen war. Wie lange ich schon umherdämmerte – sechs Wochen. Sechs verdammte Wochen. In einem früheren Leben wäre das eine halbe Ewigkeit gewesen. Zeit hatte jede Bedeutung verloren. Es gab nur den nächsten Tag und jeder Tag verschwamm mit dem anderen.

TIGER IM KÄFIG

Johanna (der einzige Mensch in der Psychiatrie, mit dem ich bisher mehr als zwei Worte gewechselt hatte) war am Samstag in aller Frühe Richtung Heimat aufgebrochen. Auch meine zweite Zimmergenossin war schon nicht mehr im Zimmer, als die Schwester mich um halb acht weckte.

Ich blieb im Bett liegen, es eilte schließlich noch nicht zum Frühstück. Glücklicherweise würde Hanni mich besuchen kommen. Ich hatte zwar keine Lust auf Reden, sozial tauglich zu sein war im Moment unglaublich anstrengend. Aber ohne ihren Besuch würde ich den ganzen Tag in diesem Gefängnis festsitzen, deshalb hatte ich sie gestern darum gebeten. Außerdem konnte ich dann auswärts essen gehen. So viel hatte ich nämlich in den ersten vierundzwanzig Stunden in der Klinik schon kapiert: Das Mittagessen war höchstens in Ausnahmefällen genießbar.

Schließlich stand ich auf, duschte und verließ mein Zimmer. Frühstück gab es zwischen acht und neun, keine Minute länger. Vorher mussten alle Patienten am Stützpunkt zum Blutdruckmessen antreten. Gewogen wurde alle zwei Tage. Manche Pfleger fragten auch nach der Beschaffenheit des Stuhlgangs.

Die Tischreihen im Speisesaal waren fast vollständig besetzt, es hallte unglaublich. Ich steuerte wieder meinen Platz vom Vortag an. Allein, abseits, direkt an der Wand, ich war froh, dass er noch frei war. Mir gegenüber, am nächsten Tisch, saß ein hübscher schlaksiger Kerl – wahrscheinlich ungefähr so alt wie ich. Stumm taxierte er die Tischplatte vor sich, er hob den Blick während des ganzen Essens nicht ein Mal. Hinter mir saß eine Gruppe Frauen, alle zwischen vierzig und sechzig, sie unterhielten sich zu laut. Zwei Männer, die nach Lehrer oder Bänker aussahen, daneben. Auf der anderen Seite des Raumes saßen bis auf eine Ausnahme Männer, die meisten wohl um die vierzig, einige stark tätowiert. Was für ein bunt zusammengewürfelter Haufen, einen solchen Querschnitt durch die Gesellschaft fand man in freier Wildbahn eher selten. Maximal vielleicht am Hauptbahnhof.

Nach dem Frühstück nahm ich meine Morgenration Tabletten am Stützpunkt ein – wehe, ich schluckte nicht offensichtlich genug – und ging zurück ins Zimmer. Hanni würde etwa um halb elf hier sein, bis dahin war noch eine gute Stunde Zeit, also holte ich mein Buch aus der Tasche. Vor meinem Zimmerfenster war zwar eine Art Balkon, die Schwester hatte mich gelinde gesagt jedoch einfach ausgelacht, als ich am Vortag fragte, ob man sich dort auch raussetzen könnte. Nicht einmal die Fenster konnte man richtig zu öffnen, nur kippen.

Im Innenhof waren noch ein paar Gitterstühle frei. Ich schnappte mir einen roten und rückte ihn durch das dürre Gras und welke Laub unter dem Baum ein Stück in die Sonne. Unbehelligt von den Mitpatienten las ich in meinem Buch, bis plötzlich Hanni vor mir stand.

„Ach, hier bist du", seufzte sie, sichtlich erleichtert, mich gefunden zu haben. „Ich war schon oben in deinem Zimmer, die alte Frau meinte, dass du im Innenhof bist. Dann hab ich dich hier ewig nicht gefunden …" Sie verstummte.

Ich musste unwillkürlich grinsen. Hanni, die sonst so selbstsicher und beherrscht war, ging es offenbar genauso wie mir, ganz wohl fühlte sie sich in der Klinik offensichtlich nicht.

Wir fuhren gleich los. Es tat so gut, das Gebäude zu verlassen und draußen zu sein, frei!

Drei Runden spazierten wir um einen kleinen See, der drei

Dörfer entfernt lag. Hanni war zwar einer der wenigen Menschen gewesen, mit dem ich noch hin und wieder telefoniert hatte in der letzten Zeit, aber das war nicht dasselbe wie sich zu sehen. Es tat unglaublich gut und ich konnte endlich vieles loswerden, was sich am Telefon einfach nicht sagen ließ. Ich fühlte mich sicher bei ihr. Und ich musste auch nicht die ganze Zeit reden. Eine ganze Weile liefen wir sogar schweigend nebeneinander her, eine ganz neue Erfahrung für mich. In einem kleinen Biergarten aßen wir zu Mittag, gegen drei war ich schließlich wieder zurück in der Klinik. Den restlichen Tag verbrachte ich mit Lesen, starrte weiter die Bäume vor meinem Fenster an oder tat so, als ob ich schlief. Am Sonntag würde mich meine Familie besuchen kommen.

Das Hoffest hatte offenbar lang gedauert, denn ich hatte sie partout nicht dazu bewegen können, so früh zu kommen, dass wir gemeinsam mittagessen gehen konnten. Was nicht nur hieß, dass ich mit dem Klinik-Mittagessen vorliebnehmen musste, sondern auch, dass ich mich den ganzen Vormittag quasi nicht bewegen konnte. Wie ein eingesperrtes Tier tigerte ich mehrmals im Innenhof auf und ab, ging wieder nach oben, um meine Haare zu glätten, tigerte erneut hinaus und den Gang entlang, wo ich, hinter einer riesigen Pflanze ganz am Ende, ein Fitnessrad entdeckte. Wunderbar. Solche Dinger mochte ich eigentlich gar nicht gern – aber Hauptsache, ich konnte mich bewegen. Also radelte ich ein Weilchen. Dann beobachtete ich einmal mehr die Bäume vor meinem Fenster, bis es endlich Mittagessen gab. Ein grausames Schnitzel wurde diesmal kredenzt, gegen das die Schnitzelsemmel aus der Schulkantine früher ein wahrer Gourmet-Bissen gewesen war. Ich probierte es, in der Not frisst der Teufel bekanntlich Fliegen, brachte es aber nicht hinunter. Immerhin konnte man die Nudeln essen – zumindest den Teil, der beim Wiedererhitzen nicht am Teller festgebrannt war.

Irgendwann dann, gegen halb zwei, kam endlich meine Familie. Sobald sie die Zimmertür geöffnet hatten, bugsierte ich sie schon wieder hinaus. Ich wollte endlich raus, ich brauchte Auslauf. Eingesperrt zu sein gefiel mir gar nicht. Das Wetter hatte weiter abgekühlt. Das Thermometer zeigte fast zwanzig Grad weniger als noch vor zwei Tagen, trotzdem wollte ich wieder zu dem kleinen See. Ich hatte nämlich Hunger – von dem kargen Mittagessen war ich nicht annähernd satt geworden – und gestern hatte ich dort ein Café mit großer Kuchenauslage entdeckt. Meine Familie und vor allen Dingen endlich meine Schwester wiederzusehen, die exakt an dem Tag meiner Einweisung aus Sri Lanka zurückgekommen war, darauf hatte ich mich riesig gefreut.

Aber drei Menschen um mich herum kosteten mich sehr viel Energie, wie ich bald feststellte. Als sie mich nach einem leckeren Abendessen abends wieder zurück in die Klinik brachten, verabschiedete ich mich heilfroh. Der Nachmittag in freier Waldbahn hatte mich ziemlich erschöpft. So eingeschränkt meine eigene Bewegungsfreiheit in der Psychiatrie war – es tat gut, selbst zu bestimmen, wer mich wie lange besuchte und wem ich wann gegenübersaß.

Abends um neun reihte ich mich in die lange Schlange vor dem Stützpunkt ein, die Nachtmedikation wurde ausgegeben. Schon zehn Minuten vorher lungerten die ersten wie Junkies auf dem Gang herum. Wenn ich mich anstellte, war die Schlange meist schon mehrere Meter lang. Die Patienten warteten sehnsüchtig auf ihre Retter der Nacht. Ich bekam abends nur meine Mirtazapin, andere eine ganze Handvoll bunter Pillen.

REH IM WALD

Am nächsten Tag, meinem ersten richtigen Tag in der Psychiatrie, war die Schonfrist vorbei: Blut abnehmen und Urinprobe abgeben um sieben, Blutdruck messen und wiegen um acht, direkt im Anschluss frühstücken, die Morgenration Tabletten gab es um halb neun. Um neun war mein EKG angesetzt, um zehn musste ich am Stützpunkt antanzen, um meine Eisentablette mit dem Vitamin-C-Pulver zu nehmen und um halb elf stand die Visite an. Puh. Danach war ich zwar fix und alle, aber: so viel wie in diesen drei Stunden hatte ich schon lange nicht mehr erledigt. Es fühlte sich wahnsinnig gut an, endlich wieder etwas geschafft zu haben!

Bei der Visite bekam ich außerdem wie erwartet den Freigängerstatus zugeteilt. Ich durfte mich also (im Rahmen der Ausgangszeiten zumindest) frei bewegen! Direkt nach dem Mittagessen testete ich das. Ich lief nach unten zur Pforte, und wirklich, die Tür ging auf! Tatsächlich durfte ich nun nach draußen. Johanna kam kurze Zeit später nach und ich kostete meine neue Freiheit auf einem ausgiebigen Spaziergang mit ihr aus. Ein Schleichweg führte durchs Unterholz vom Kasernengelände weg direkt auf einen Waldweg. Wir spazierten eine große Runde über weite Felder und durch den Wald. Auf dem Rückweg entdeckten wir plötzlich keine zehn Meter von uns entfernt ein Reh mit zwei Kitzen, das mitten auf einer Wegkreuzung stand. Ein Sonnenstrahl brach genau dort durch die Baumkronen und die Tiere standen wie im Scheinwerferlicht. Die Rehe blieben tatsächlich einige Sekunden stehen und taxierten uns, bevor sie durchs Unterholz davonsprangen. Es war nur ein kurzer Moment, eine Kleinigkeit – aber wunderschön! Johanna und ich konnten unser Glück kaum fassen. Manchmal waren es doch die ganz einfachen Dinge, die einen Tag besonders machten.

EIN UND AUS

Um den letzten Punkt meines Terminkalenders abzuhaken, ging ich nachmittags um halb vier zum ersten Mal in meinem Leben zum Yoga. Auch die meisten anderen Patienten waren offenbar neu in der Gruppe, also begann die Lehrerin, eine etwa siebzigjährige Dame mit schneeweißem, schulterlangem Haar, ganz von vorn. Sie nahm uns mit auf eine Körperreise. Wir sollten uns entspannen, so gut es denn ging, und versuchen, auch unsere Gedanken loszulassen. Wenn trotzdem welche kämen, sollten wir entspannt bleiben. Zum Denken sei unser Kopf schließlich da, das sei ganz natürlich, erklärte sie uns. Wir sollten sie uns ansehen und dann wie Wolken oben am Himmel weiterziehen lassen.

Gedanken wie Wolken ziehen lassen – das hörte sich machbar an, fand ich.

Als es ganz still im Raum war, begann sie schließlich mit ruhiger Stimme zu sprechen. Zuerst sollten wir ganz intensiv in unseren rechten Fuß spüren, Energie dorthin schicken. Die Zehen nacheinander wahrnehmen. Nach einer Weile fragte sie uns, ob sich dieser Fuß nun anders anfühlte als zuvor. Tatsächlich: Mein rechter Fuß war nun deutlich wärmer. Sie reihte weitere, ähnliche Übungen aneinander. Ich spürte mit, so gut es ging, und beobachtete intensiv, was dabei passierte. Ich war völlig fasziniert: Nur weil ich an meinen kleinen Finger dachte, begann er zu kribbeln.

Währenddessen hatte sich mein Gedankenkarussell verabschiedet, ganz leicht und unbemerkt. Ganz wenige Wolkenfetzen nur waren in der vergangenen Dreiviertelstunde durch meinen Kopf getrieben, ich hatte an nichts gedacht außer an die Aufgaben, die gestellt worden waren. Ich war baff, als ich das feststellte. Zum Abschluss lagen wir wieder auf dem Rücken wie zu Anfang der Stunde – ausgestreckt, locker und entspannt.

Die Yogalehrerin erhob langsam wieder ihre Stimme und wies uns an, ganz genau auf unsere Atmung zu achten. Nach einer Weile begann sie zu zählen: bei jeder Einatmung bis vier, bei jeder Ausatmung bis acht.

„Die Konzentration auf die eigene Atmung", erklärte sie, während wir, jeder still für sich, weiterzählten, „ermöglicht es uns zuverlässig, in Kontakt mit uns zu treten. Sie holt uns immer wieder zu uns selbst, in die Gegenwart zurück."

Einige Atemzüge verharrten wir weiter in dieser Atembeobachtung, bis sie uns schließlich sanft zurückholte. Von draußen schien die Sonne durch die Fensterwand, es waren keine Wolken mehr zu sehen. Auch mein Kopf war völlig klar. So ruhig war ich schon sehr, sehr lange nicht mehr gewesen und meinen Körper hatte ich schon seit Monaten nicht mehr so gespürt. Ich war vollkommen im Hier und Jetzt und fühlte mich wohl.

Mit dem Yoga hatte ich mein ärztlich verordnetes Tagessoll an Therapien erfüllt. Mit links, genau wie früher, hatte ich das geschafft. Das war der erste Tag seit langer Zeit, der richtig gut gewesen war. Ich war ruhig. Hatte alle meine Aufgaben erledigt und etwas Schönes erlebt.

Ausgerechnet in einer Psychiatrie.

DIE ERSTE KERZE

Nach dem Mittagessen am Dienstag brachen wir wieder zu einem Spaziergang auf. Diesmal sogar zu dritt: Gestern war eine neue Patientin auf unserer Station angekommen. Steffi war ungefähr so alt wie ich, deshalb hatte Johanna kurzerhand beschlossen, dass wir uns beim Essen zu ihr setzen würden. Im Gegensatz zu mir war meine Zimmergenossin kontaktfreudig und gesprächig, sie hatte ganz selbstverständlich die Begrüßung und Vorstellung übernommen.

Steffi ging es offenbar ähnlich wie mir. Zögerlich hatte sie erzählt, dass sie auch aus München käme und ebenfalls wegen einer Depression hier sei. Da keine von uns einen Therapietermin am Nachmittag hatte und die Sonne schien, beschlossen wir, die Zeit für einen langen Spaziergang zu nutzen. Es tat uns allen gut, draußen zu sein. Johannas lebendige Erzählungen von zu Hause waren eine willkommene Abwechslung und zwischendrin genossen wir schweigend die frische Luft und den Sonnenschein.

Auf dem Rückweg kamen wir an einer Kirche vorbei. Johanna fragte plötzlich, ob wir etwas dagegen hätten, wenn sie kurz hineingehen würde.

„Ich komme mit", antwortete ich kurz entschlossen und Steffi folgte uns beiden.

„Ich war daheim nie in der Kirche", erzählte Johanna, „aber irgendwie tut's mir hier gut. Ich zünd' oft eine Kerze an."

Es war ein modernes, rundes Kirchenschiff, für bayerische Kirchenverhältnisse ziemlich klein. Rechts am Rand, halb dem Altar, halb einer großen Heiligenfigur zugedreht, stand ein kleines gusseisernes Tischchen mit Opferlichtern. Johanna stellte gerade ein neues zu den wenigen, die brannten, ein paar waren schon ausgegangen. Direkt daneben, auf einem Holzpodest, lag ein schweres Buch, in der Mitte aufgeschlagen. Neugierig trat ich näher. Die linke Seite war beschrieben. Mit ausladender, energischer Handschrift hatte dort jemand seine Bitten hinterlassen. Die rechte Seite war noch frei, Platz für mich. Ich fischte ein Fünfzig-Cent-Stück aus der Hosentasche, warf es in die kleine Blechbüchse und zündete langsam und bedacht ein Opferlicht an. Im Falz des Buches lag ein Kugelschreiber. Ich begann zu schreiben.

Ich hatte schon öfter in ein solches Fürbittenbuch geschrieben. Und ich hatte schon sehr viele dieser Opferkerzen angezündet, vor allem als kleines Mädchen, meist mit einer Mark, die mir meine Oma in die Hand gedrückt hatte. Die letzten Kerzen, die ich vor wenigen Jahren erst in München angezündet hatte, waren einer meiner Tanten gewidmet, die nach einer Gehirnblutung sehr lange im Krankenhaus gelegen hatte. Ich zündete die Kerzen damals vor allen Dingen an, weil ich wusste, dass meine Tante felsenfest im Glauben stand. Und weil es das einzige war, was ich überhaupt tun konnte.

An diesem Dienstagnachmittag aber war etwas anders. Zum allerersten Mal zündete ich eine Kerze für mich an. Und zum allerersten Mal betete ich für mich selbst. Für meinen Kopf. Für mein Herz. Für mein Leben. Aus tiefster Seele.

Vielleicht betete ich zum allerersten Mal in meinem Leben richtig. Mir war nie bewusst gewesen, wie tief und intensiv der Glaube, mit dem ich erzogen worden war, noch in mir steckte, wie lebendig er noch war. Noch nie zuvor hatte ich bei einem Gebet dieses warme Gefühl verspürt, das sich langsam in mir ausbreitete. Je länger ich in das dicke Buch schrieb, je länger ich das Flackern meiner Kerze beobachtete und betete, desto mehr schien ich zu fallen. Je mehr ich aber fiel, desto aufgehobener, desto zuversichtlicher fühlte ich mich.

SENIORENGYMNASTIK

Am Mittwochmorgen stand zum ersten Mal richtiger Sport auf meinem Wochenplan: allgemeine Gymnastik. Ich erwartete kein aufregendes Programm, aber als zweite Einheit an diesem Tag – am Nachmittag sollte meine erste Psychotherapiestunde stattfinden – war die Gymnastik die beste Alternative. Pünktlich um neun versammelten sich in dem kleinen Raum nach und nach fast zwanzig Patienten. Ich war mit großem Abstand die Jüngste – außer mir waren alle zwischen vierzig und siebzig – und die Einzige, die Sportkleidung trug. Manche Patienten waren sogar im Kleid oder in Jeans und offenen Hausschuhen erschienen. Was aber tatsächlich gar nicht so tragisch war, wie ich bald feststellte, denn die allgemeine Gymnastik entpuppte sich als besseres Seniorenturnen. Ein paar Schritte links, die Arme nach rechts, nichts Anspruchsvolles. Trotzdem kam ich ins Schwitzen. Nach zehn Minuten fand ich diese Seniorengymnastik, die ich eben noch belächelt hatte, sogar ziemlich anstrengend. Das beunruhigte mich. Hatte ich wirklich so abgebaut? Unmöglich! Diese Frage beschäftigte mich noch bis zum Mittagessen, wo sie von Johanna und Steffi aus meinem Kopf vertrieben wurde.

Ein paar Stunden später lernte ich schließlich die Psychologin kennen, die mich betreuen würde. Sie war jung, bestimmt nicht älter als ich. Da ich nur wenige Wochen hier sein würde, erklärte sie mir, wollte sie keine tiefergehende Therapie mit mir durchführen, das würde keinen Sinn machen. Lieber wollte sie diese wenigen Stunden – eine pro Woche, um genau zu sein – nutzen, um an aktuellen Themen zu arbeiten. Mit mir darüber reden, was mich an diesem Tag eben beschäftigte oder mir Schwierigkeiten machte. Ich hatte ohnehin keine Ahnung, was sie mit „tiefergehender Therapie" meinte, ich war mit mir im Hier und Jetzt mehr als ausreichend beschäftigt. Im weiteren Gespräch wollte sie mich ein wenig kennenlernen, also erzählte ich ihr ein bisschen davon, weshalb ich hier war. Auch dieses Mal hatte ich alle meine Termine gut abgehakt. Ich war froh, einen weiteren Tag in der Psychiatrie gut überstanden zu haben.

Am nächsten Tag bekam ich prompt die Antwort auf die Frage, die mich am Vormittag so gequält hatte: Ja, ich hatte körperlich wirklich so extrem abgebaut. Die Treppe zwischen Erdgeschoss und erstem Stock kam ich kaum mehr hinab, so einen Muskelkater hatte ich von dem bisschen Seniorenturnen.

WOLKEN ZIEHEN LASSEN

Zum Yoga ging ich am Donnerstagmorgen trotzdem. Viele Patienten, die am Montag da gewesen waren, saßen auch diesmal auf den Matten. Die Lehrerin begann, Haltungen mit uns zu üben, die jeder im Raum hinbekam. Einfache, aber ungewohnte Bewegungen, die leichten Dehnungen taten sehr gut.

Gegen Ende der Stunde, als wir gerade eine einfach Umkehrhaltung übten, bot die Lehrerin an: „Wer's ein bisschen schwieriger mag, kann auch gerne ganz nach oben in die Kerze gehen."

Und, ich konnte es kaum glauben, grazil wie eine Katze reckte die bestimmt schon 70-jährige Dame die Beine und den Oberkörper bis zu den Schultern senkrecht in die Höhe.

„Und wer jetzt noch mag, darf die Beine ganz langsam gestreckt nach hinten über den Kopf absenken, bis die Zehenspitzen im Pflug den Boden berühren." Sie senkte sanft die Beine gen Boden, löste die Hände von ihrem Rücken und streckte sie weit hinter sich aus. „Und hier halten wir nun mehrere Atemzüge."

Ich war wirklich perplex. Als ehemalige Turnerin hatte ich in dieser Hinsicht schon viel gesehen, ich war selbst überdurchschnittlich beweglich. Aber so etwas in dem Alter? Selbst bei mir zogen und ziepten die Muskeln in dieser Position überall. Und ich war vierzig Jahre jünger!

Auch wenn diese Stunde ganz anders verlief als die erste: Wieder war ich voll da gewesen, vollständig in meinem Körper, nicht in der Wolke. Mein Gehirn war ruhig, es hatte nicht einmal versucht, abzuwandern. Die wenigen Gedanken anzuschauen und dann aber weiterziehen zu lassen wie Wolkenfetzen hatte erstaunlicherweise wunderbar funktioniert. Ich fühlte mich nach dem Yoga so gelassen wie selten im Moment. Hoffentlich würde ich dieses Gefühl möglichst lange mit mir tragen können.

MILIEUSTUDIEN

Langsam begann ich wieder mehr zu sprechen. Nicht wie früher, über alles und mit jedem, aber immer häufiger tauschte ich mich mit Johanna, Steffi und meiner zweiten Zimmergenossin Ruth aus. Gleichzeitig nahm ich meine Umgebung wieder bewusster wahr. Ich begann, zu beobachten. Johanna und Steffi waren wegen einer schweren Depression in Behandlung, wie ich auch und wohl die Hälfte der Patienten. Die andere Hälfte war wegen Suchtproblemen da. Ganz wenige Patienten nur sprengten diesen Rahmen. Ruth beispielsweise litt unter posttraumatischen Belastungsstörungen.

Außer nach ihren Diagnosen ließen sich die Patienten auch noch auf andere Art in zwei Lager aufteilen: Es gab diejenigen, die ihre Krankheit bis ins Detail analysierten und über nichts anderes sprachen: „Und, in welcher Dosierung bekommst du Mirtazapin?" Oder: „Welcher Schweregrad wurde bei deiner Depression diagnostiziert?" Der andere Teil – dazu zählte ich mich – wollte einfach möglichst wenig davon hören und so viel Normalität wie nur irgend möglich wahren. Überall jedoch war die vermeintlich harmloseste aller Fragen verpönt: „Wie geht's?" – und auch die, von der man denken sollte, dass sie zumindest in einer Psychiatrie von Mitpatienten gestellt werden dürfte (wenn man es nicht ohnehin schon wusste): „Weswegen bist du hier?"

Ich selbst habe mich erst nach etwas mehr als zwei Wochen getraut, Johanna zu fragen, warum sie eigentlich eingewiesen worden war und ob ihr kleiner Tick, eine Art Schluckauf, eigentlich ein Symptom war. Dabei verbrachte ich beinahe den ganzen Tag mit ihr.

Ich begann insgeheim eine kleine Milieustudie. Von Schülern und Studenten über Bankangestellte, Friseurinnen, Landschaftsgärtner, Hausfrauen, Bäuerinnen, Kindergärtnerinnen, Immobilienmakler, Vermögensberater, Hartz-4-Empfänger,

Berufssoldaten: Alle waren da. Total faszinierend fand ich, wie sich selbst in der tiefsten Depression oder unter heftigen Entzugserscheinungen ähnliche Gruppen zusammenfanden wie sonst auch überall, draußen, in der „normalen Welt". Abgesehen von diesen Beobachtungen und Gesprächen mit Johanna und Steffi hielt ich mich weiter ziemlich zurück. Sozialleben war zu anstrengend.

GEISTESBLITZ

Am zweiten Freitag, den ich in der Psychiatrie verbrachte, wachte ich auf und der Tag war schlecht. Ich bin mir nicht sicher, wann ich mir angewöhnt hatte, zuallererst, unmittelbar, oft sogar bevor ich meine Augen morgens aufschlug, zu checken, wie es um meine Stimmung stand: richtig schlecht, schlecht, okay, ganz selten vielleicht sogar gut? Ich schien damit nicht die einzige zu sein, das war wohl so ein Depressions-Ding. An diesem Freitag jedenfalls fühlte ich mich depressiv, völlig antriebslos. Am liebsten wäre ich im Bett liegen geblieben. Aber das ging nicht: Ich musste bis spätestens halb neun frühstücken (danach gab es ja nichts mehr), sonst würde ich verhungern, so viel Obst und Knäckebrot hatte ich nicht gebunkert. Also quälte ich mich aus dem Bett. Alles ödete mich an, man hielt sich besser fern von mir. Ich war genervt von diesem Rückfall. Trotzdem – ich musste ja mindestens zwei Therapien am Tag belegen – ging ich wie geplant zum autogenen Training. Anfangs nervte mich auch das. Aber die vollkommene Konzentration auf meinen Körper entspannte mich zusehends. Während der halben Stunde, in der ich abwechselnd in meinen rechten Arm und mein linkes Bein hineinspürte oder die Stuhllehne an meinem Rücken bewusst wahrnahm, fuhr mein Kopfkarussell ruhiger und die depressiven Gedanken verschwanden sogar. Im Anschluss mischte ich zum zweiten Mal die Damen und Herren der Allgemeinen Gymnastik auf, diesmal war es immerhin nicht mehr ganz so anstrengend wie beim erstem Mal. Siehe da: Nach den beiden Stunden ging es mir wieder richtig gut – keine Spur mehr von Depression oder Antriebslosigkeit. Fast schon fröhlich schlenderte ich zurück in mein Zimmer.

Johanna, die zeitgleich in der anstrengenderen Sportgruppe trainierte, war noch nicht wieder da, und Ruth saß wohl, wie eigentlich den ganzen Tag, unten im Innenhof, wo die Raucher abhingen. Ich nutzte die Gelegenheit, das Zimmer ausnahmsweise mal für mich allein zu haben, um ausgiebig zu duschen. Dieser niedrig hängende Duschkopf – die Stange hing so weit unten, damit man sich an dem kurzen Schlauch nicht erhängen konnte, hatte ich mittlerweile herausgefunden – nervte mich tierisch. Es war jedes Mal ein Act, sich damit die Haare zu waschen! Trotzdem, das warme Wasser tat gut.

Plötzlich hatte ich einen Geistesblitz: Schreib. Schreib alles auf. Schreib endlich einfach, Sophie.

Ich hatte immer schon gerne geschrieben. Warum nicht auch jetzt? Schließlich hatte ich so viel Zeit zur freien Verfügung wie noch nie zuvor. Vielleicht war das ohnehin die Lösung? Die Yogalehrerin hatte am Montag immer wieder von den Gedanken gesprochen, die wie Wolkenfetzen durch unser Gehirn flogen. Meine Gedanken glichen im Moment aber keinen possierlichen Wolkenfetzen, sondern oft eher einem Tornado.

Vor Wochen, noch bevor ich krankgeschrieben worden war, hatte ich einmal intuitiv versucht, diese wirren, zerrissenen Tornado-Gedanken in eine Form zu bringen, und die Satzteile und Worte in ganze Sätze, manchmal sogar kurze Gedichte gezwängt. Der Tornado war zwar noch da gewesen – aber er tanzte dann immerhin nach meinen Regeln durch mein Gehirn. Damit hatte ich ein winziges Stück weit die Kontrolle zurückgewonnen. Später hatte ich festgestellt, dass die Sätze und Fragmente sogar ganz aus meinem Kopf verschwanden, wenn ich sie aufschrieb – irgendwohin, auf eine alte Zeitung, ein altes Briefkuvert. Für ein paar Stunden waren dann die Gedanken, die mich tagelang gequält hatten, verschwunden.

Bis ich fertig geduscht hatte, entstand ein fester Plan. Ab sofort würde ich schreiben. Für mich, um meinen Kopf zu sortieren. Und um allen anderen Verrückten, die wie ich anfangs dachten, dass sie selbst viel zu stark und zu clever für einen Burn-out wären, ein abschreckendes Beispiel zu sein. Mir hatte niemand gesagt, wie scheiße Burn-out wirklich ist. Mir konnte ich mit dieser Erkenntnis nicht mehr helfen. Aber vielleicht irgendjemand anderem.

ALLES WIE IMMER

Bevor ich diesen neuen Plan jedoch in die Tat umsetzte, musste ich kurz telefonieren. Am Wochenende würde ich heimfahren und endlich meine beste Freundin Helene wiedersehen, die endlich aus Kalifornien zurückkam. Ein Jahr lang hatte sie in L.A. gelebt, am Freitagnachmittag würde der Flieger landen. Im Juli bereits hatte sie zu einer großen Welcome-Home-Party eingeladen. Da hatte ich sofort zugesagt – in einem Monat würde ich ja wohl wieder fit sein, dachte ich damals. Vergangene Woche hatte ich ihr abgesagt. Nach dem autogenen Training, dem Sport und mit der neuen Idee zum Schreiben im Kopf war ich aber plötzlich wieder voller Elan und Energie. Mir ging es gerade wunderbar und ich beschloss, wenigstens für ein, zwei Stunden hinzugehen. Deshalb telefonierte ich kurz mit einem gemeinsamen Freund, ich wollte herausfinden, ob es ein Willkommensgeschenk gab – und plötzlich fühlte sich alles an wie immer. Ich war vollkommen da und begann, mich von ganzem Herzen auf diese Party zu freuen. Mich erfasste eine riesige Vorfreude, so etwas hatte ich seit Monaten nicht mehr gespürt. Es ging mir unglaublich gut. Wie immer eben!

In den nächsten Stunden, während des EEGs und des wie üblich kaum genießbaren Mittagessens, überlegte ich hin und her, wie ich mein neues Projekt am besten angehen sollte. Ich beschloss, ab sofort Tagebuch zu schreiben und alles, was bisher passiert war, festzuhalten. In einem Blog. Am Nachmittag hatte ich dann endlich Zeit, mich an das kleine Tischchen vor dem Fenster zu setzen, ich klappte meinen Laptop auf und begann zu schreiben. Ich tippte ein paar Zeilen. Löschte sie wieder. Tippte erneut. Löschte wieder, so ging das ein paar Mal. Aber irgendwann hatte ich den Einstieg gefunden, ich war endlich drin in meiner Geschichte. Nach ein paar Zeilen hielt ich kurz inne. Ruth war nicht da, aber Johanna lag neben mir in ihrem Bett und las. Ich störte sie mit meinem Tastaturgeklapper jedoch offenbar nicht. Beruhigt arbeitete ich weiter. Ich schrieb zwei Stunden am Stück. So lange hatte meine Konzentration seit Monaten nicht mehr durchgehalten. Das Schreiben tat so gut, dass ich mich nach dem Abendessen gleich wieder vor den Laptop setzte.

20. August

Heute ist der 20. August. Genau eine Woche bin ich nun in der Psychiatrie. So unheimlich mir dieser Ort und vor allen Dingen die anderen Patienten anfangs gewesen sind, habe ich mich doch ziemlich schnell an all das gewöhnt. Das soll jetzt nicht heißen, dass hier alles wunderbar ist. Im Gegenteil: Ich kann es kaum erwarten, morgen nach Hause zu fahren. Aber jetzt im Moment ist die Psychiatrie eben der einzig richtige Ort für mich. Ich habe endlich meinen Schutzraum gefunden. Eigentlich verstehe ich jetzt erst, was die Psychologin im BOZM damit überhaupt meinte. Hierher kommt

niemand ohne meine ausdrückliche Einladung. Nicht mal meine El-
tern. Ich kann mich zurückziehen, ohne gleichzeitig alleine zu sein.
Ich muss nicht irgendwelchen gesellschaftlichen Gepflogenheiten
entsprechen. Ich kann so sein, wie ich gerade bin: kaputt. Aber das
ist hier okay oder besser sogar noch: erwünscht.

Die Wochen zu Hause habe ich vielleicht gebraucht, um wieder
mit mir auf Tuchfühlung zu gehen. Meine Familie und meine Hei-
mat sind wichtig gewesen. Dort habe ich überhaupt erst einen stabi-
len Ausgangspunkt für diesen Weg gefunden. Ich weiß wieder, wo
ich hingehöre, ich spüre es deutlicher denn je. Ich weiß, bei welchen
Menschen und an welchem Ort ich jederzeit innehalten und neue
Kraft sammeln kann. Ohne diese Sicherheit würde mir der lange
Weg, der vermutlich vor mir liegt, wohl sehr viel schwerer fallen.
Stehen bleiben ist aber ohnehin keine Option. Wenn ich mich selbst
wiederfinden will, dann muss diese Reise weitergehen. Ich weiß mitt-
lerweile immerhin wieder, wer ich früher einmal gewesen bin, zu
Schulzeiten, zu Uni-Zeiten. Was ich noch nicht weiß, ist, wer ich
jetzt bin.

Und gerade ist die Psychiatrie eben die am besten geeignete Zwi-
schenstation. Hier gibt es kein Meer. Aber viele Seen in der Umge-
bung. Hier gibt es keinen Strand. Aber Wälder, Wiesen und Felder.
Kein dolce vita. Aber Unterstützung.

Seit ich hier bin – das erste Wochenende mal ausgenommen –,
geht es mir gut. Vielleicht weil ich endlich in einem Krankenhaus bin
und ich es jetzt selbst endlich zulassen kann, krank zu sein. Ich habe
hier gar keine großartigen Möglichkeiten, etwas zu tun, deshalb ist
es auch gar nicht mehr so schlimm für mich, wirklich den ganzen Tag
nichts zu tun und unproduktiv zu sein. Ich tue hier, wie in den gan-
zen letzten Wochen, nichts, was irgendwelche konkreten Ergebnisse
hervorbringt, nicht mal Kuchen backe ich, aber ich fühle mich deshalb
nicht mehr schlecht. Gleichzeitig zwingen mich die Essenszeiten und
meine Therapieeinheiten dazu, einen geregelten Tagesablauf einzu-
halten. Und: Alle hier haben einen kleineren oder größeren

Dachschaden. Da ist auch meiner ganz okay. Ich muss mich nicht entschuldigen und ich muss mich nicht zusammenreißen.

Vielleicht geht es mir auch besser, weil ich endlich kapiert habe, dass es mit meinem „ich kann und ich will und ich muss" momentan einfach nicht mehr weitergeht. Dass ich alles, was war, was ich wollte und wovon ich träumte, erst mal loslassen muss. Ich stehe mit dem Rücken zur Wand, mir bleibt gar nichts anderes übrig. Entweder ich lasse mich auf alles ein, was noch kommen mag. Oder ich bleibe auf meinen Koffern voller Vergangenheit sitzen.

Vielleicht wirken aber auch einfach endlich die ganzen Tabletten.

ALIEN

Ich fühlte mich zwar momentan fit genug, um Auto zu fahren, aber ich durfte nicht. Also hatte ich meine Wochenend-Abholung für acht Uhr morgens, exakt zur Türöffnung, bestellt. Keine Minute länger als nötig wollte ich hier verbringen und auch frühstücken wollte ich lieber daheim. Um fünf vor acht stand ich also mit Johanna und Steffi schon unten im Foyer, die Patientenkarten hatten wir bereits abgegeben, aber die Tür war noch zu. Erst um Punkt acht ließ uns der Pförtner endlich nach draußen.

Johanna und Steffi hatten zwar genau wie ich unterschrieben, dass sie nicht Auto fahren würden – aber was der Arzt nicht wusste ... Wir verabschiedeten uns und die beiden gingen zu ihren Autos. Ich wartete. Zehn endlos lange Minuten. In dem Moment, in dem ich nach meinem Handy griff, um bei meinen Eltern anzurufen, bog der Wagen meines Vaters um die Kurve. Endlich!

Im Auto berichtete ich ein bisschen aus der Klinik, er erzählte mir, was es zu Hause so Neues gab, dann wurde ich still. Plötzlich bekam ich schlecht Luft, spürte einen heftigen Druck auf der Brust. Von einer Sekunde auf die andere war ich völlig angespannt. Meine Zähne bissen plötzlich fest aufeinander, meine Beine und Hände begannen, nervös zu zittern. Mittelschwere Angstzustände. Dabei war kaum Verkehr und mein Vater fuhr gemütlich auf der rechten Spur. Es bestand absolut keine Gefahr, ich verstand selbst nicht, woher das so plötzlich kam. Dank der tiefen Bauchatmung, die mal wieder zum Einsatz kam, wurde es zwar nicht schlimmer, so weit konnte ich mich im Zaum halten, aber die Angst ging auch nicht ganz weg. Zu meinem Vater sagte ich nichts. Wenn ich heim wollte, musste ich zumindest Beifahrer sein können. Und ich wollte unbedingt nach Hause. Also hielt ich es aus.

Als wir nach etwa einer Stunde in der Einfahrt parkten, waren Anspannung und Nervosität – schnipp – weg. Eigenartig. Vielleicht hatte es gar nicht an der Geschwindigkeit gelegen, sondern daran, dass ich nicht selbst fuhr, die Situation also nicht unter Kontrolle hatte, überlegte ich. Egal, ich war daheim, alles andere gerade nur fünftrangig. Die Katze stand zur Begrüßung vor der Haustür parat und tänzelte zwischen meinen Beinen umher. Meine Schwester begrüßte mich fröhlich, die Sonne schien – alles war perfekt.

Am Abend nahm ich mir viel Zeit, um mich für Helenes Party fertig zu machen. Wahrscheinlich doppelt so viel wie unter normalen Umständen. Ich freute mich immer noch riesig auf das Fest, aber mittlerweile war ich mindestens genauso nervös. Ich hatte nicht unbedingt Angst, eine Panikattacke oder einen Nervenzusammenbruch zu bekommen, dazu ging es mir im Moment zu gut. Aber ich war trotzdem nicht so wie immer. Vermutlich wusste außer Helene und vielleicht noch zwei anderen Gästen niemand von der Tatsache, dass ich seit Wochen nicht mehr arbeitete, geschweige denn, dass ich mich auf Heimaturlaub aus der Psychiatrie befand. Ich nahm mir vor, direkt zu sagen, was mit mir los war, wenn das Thema im

Gespräch irgendwie darauf käme. Irgendwie dachte ich wohl, dass es mir gut tun würde, mich zu zwingen, dieser Tatsache ins Auge zu blicken, es laut auszusprechen. Und sollte am Abend wirklich etwas Unvorhergesehenes passieren, hatte ich Helene. Auf sie konnte ich zählen, komme, was wolle.

Schließlich war ich mit meinem Make-Up und meiner Frisur sehr zufrieden und die Wiedersehensvorfreude überwog deutlich. Trotzdem war ich nervös. Als ich ankam, ein wenig früher als die restlichen Gäste, herrschte bereits hektisches Treiben, Helenes Familie wuselte hin und her und traf die letzten Vorbereitungen. Ich fühlte mich ungewohnt unsicher und ein wenig fehl am Platz, half hier und da, um beschäftigt zu sein. Da stieß ich auf das nächste Problem: Drinks. Ich durfte ja wegen der Medikamente nichts trinken, das würde auffallen. Daran hatte ich noch gar nicht gedacht. Wahrscheinlich würden alle denken, ich wäre schwanger.

„Kein Ding", meinte Helene und mischte mir einen alkoholfreien Cocktail. „Merkt sowieso keiner, dass da kein Alkohol drin ist."

Dankbar prostete ich ihr zu. Sie verschwand wieder in die Küche und ihr Bruder kam zu mir herüber. Wir hatten uns lange nicht gesehen und er wollte wissen, wie es mir ging und ob ich noch in München wohnte.

„Jein", ich druckste ein wenig herum. Es war doch nicht so einfach wie gedacht. „Mir geht's gerade nicht sonderlich gut. Ich bin seit fast zwei Monaten krankgeschrieben, wegen Burnout."

Er blickte mich schockiert an – aber es kam keine dumme Bemerkung. Dafür die Frage, ernsthaft und betroffen: „Und was machst du jetzt?"

Ich bin in einer Psychiatrie. Dachte ich, aber ich sprach es nicht laut aus. Sag: in einer Psychiatrie! Ich wollte mich selbst dazu zwingen. Komm schon! Wenn es ausgesprochen ist, dann ist es bestimmt nur noch halb so schlimm. Aber es ging nicht, ich brachte es nicht über die Lippen.

„Ich bin in einer Klinik", murmelte ich nur, irgendwie erleichtert, dass dieses Thema vom Tisch war. Die fröhliche Stimmung, die rund um mich herum geherrscht hatte, hatte ich damit aber gehörig getrübt. Und ich fühlte mich noch viel unsicherer und zerbrechlicher als vor zehn Minuten.

Nach und nach kamen die anderen Gäste. Auf Fragen, wie es mir gehe, antwortete ich nur noch lapidar mit „gut". Ich wollte nicht lügen. Aber ich hatte das Gefühl, dass die Wahrheit nicht hierher passte. Sie war – wie ich – fehl am Platz. Unbedingt hatte ich dabei sein wollen, so wie früher. Aber ich konnte die Party nicht genießen. Immer wieder flüchtete ich in die Küche, weg von den anderen, und beschäftigte mich mit den Ofenkartoffeln oder dem Abwasch. Der Geräuschpegel und der Druck, immerzu einem Gespräch folgen zu müssen, machten mir zu schaffen.

Drei Stunden hielt ich durch, bis ich mich schließlich geschlagen gab. Ich konnte nichts mehr aufnehmen, mein Kopf war kurz vorm Platzen und ich spürte, wie ich mich zusehends von mir selbst verabschiedete, wieder zur Wolke wurde. Ich sagte nur Helene auf Wiedersehen und verdrückte mich durch den Hintereingang. Im Auto (ausnahmsweise fuhr ich die zehn Kilometer selbst) atmete ich tief durch. Ich war in einer komischen Stimmung. Einerseits freute ich mich immer noch, schließlich hatte ich endlich Helene und all die anderen wiedergesehen. Außerdem war ich eine Stunde länger da gewesen als gedacht. Andererseits hatte ich beinahe den ganzen Abend den Eindruck, als käme ich von einem anderen Stern und würde nicht mehr dazugehören, kein schönes Gefühl. Es machte mir Angst.

Würde es je wieder so werden, wie es gewesen war?

Der Sonntag zu Hause verlief ziemlich ruhig, aber dennoch wunderbar – beinahe wie immer, ganz entspannt. Die Vorfreude auf die Rückkehr in die Psychiatrie hielt sich daher in Grenzen und entsprechend im Keller war meine Stimmung, als meine Schwester mich abends zurück in die Klinik brachte. Erst als ich in der Junkie-Schlange für die Nachtmedikation stand und Johanna entdeckte, die ihrerseits vom Heimaturlaub zurückkam, besserte sich meine Stimmung wieder etwas. In dieser Nacht schlief ich trotzdem sehr schlecht.

NÄCHSTER SCHRITT?

Am nächsten Morgen fühlte ich mich wie gerädert und konnte die Augen beim Frühstück kaum offen halten. Das entspannte Wochenende wirkte trotzdem noch nach, ich war gut gelaunt. Nach dem Seniorensport um halb zehn war ich endlich wach, holte mir brav meine Zehn-Uhr-Medikamente ab und wartete auf die Visite. Wie ich selbst zeigte sich auch die Stationsärztin erfreut, dass es mir so gut ging. Nach diesem ziemlich stabilen Wochenende traute ich mich endlich, zu fragen, wie lange ich noch würde bleiben müssen. Die Ärztin zu Hause hatte schließlich gemeint, dass ich nach ein, zwei Wochen die Psychiatrie wieder verlassen könnte, sobald ich stabil genug für eine psychosomatische Klinik wäre. Steffi war seit Freitag für eines der zwei Partnerhäuser angemeldet, Johanna schon lange für das andere – und aller Vorsicht um meine eigene Stabilität zum Trotz war die Angst mittlerweile größer, plötzlich allein, ohne die beiden hierbleiben zu müssen. Als ich vorsichtig nachfragte, antwortete die Ärztin, sie denke darüber nach und gäbe mir am Mittwoch Bescheid. Bis dahin sollte ich mich entscheiden, in welche der Kliniken ich wechseln wollte, fachlich seien beide für mich geeignet.

Das war leicht: Die, in die Johanna gehen würde, wirkte

sympathischer, aber vor allem war die Lage fast unschlagbar. „Ich würde gern in die Klinik am See gehen", antwortete ich deshalb sofort.

„Wunderbar. Dann ist das immerhin schon geklärt", meinte die Ärztin.

Bevor sie sich von mir verabschiedete, legte sie mir einen kleinen Zettel hin: eine Einladung für die Achtsamkeits- und Genusstherapie. Darunter konnte ich mir nichts vorstellen.

„Die Gruppe verfolgt einen ganz anderen Ansatz als die übrigen, die wir anbieten", erklärte sie, als sie meinen fragenden Blick auffing. „Es geht vor allem darum, die schönen Dinge wiederzuentdecken. Gerade Burn-out-Patienten profitieren sehr davon, deshalb habe ich Sie noch in dieser Gruppe untergebracht."

Vor dem Mittagessen steckte mir die Schwester im Stützpunkt auch noch jeweils eine Einladung zur Kunstthemengruppe am Mittwoch und zur Depressionsgruppe am Dienstag zu.

DIE BUNTE SEITE DER WAAGE

Johanna war auch für AGT, die Achtsamkeits- und Genusstherapie, angemeldet und so ließen wir Steffi um kurz vor drei allein und machten uns auf den Weg. Die Achtsamkeit war mir zuvor genau einmal begegnet: bei einer betrieblichen Schulung zum Thema „Stärkung persönlicher Ressourcen" vor über anderthalb Jahren. Ich hatte unter diesem Thema etwas ganz anderes erwartet und konnte mit den Inhalten des Workshops, ein zentraler Punkt war die Achtsamkeit, damals wenig anfangen.

Achtsamkeit bedeutete, so hatte es uns die Trainerin damals in etwa erklärt, ganz bewusst im Hier und Jetzt zu sein, mit dem ganzen Geist bei der Tätigkeit, die man gerade ausübte.

Also: Telefonieren, wenn man telefonierte, und nicht nebenbei noch zu versuchen, eine E-Mail zu schreiben. Eine einzige Übung dieses ganzen Tages war bei mir hängen geblieben: Ich hatte mir den kleinen gelben Smiley, den die Trainerin verteilt hatte, links oben an meinen Computerbildschirm geklebt. Immer wenn mein Blick auf ihn fiel und ich gerade eine kleine Pause brauchte, lächelte ich den Smiley an, schloss die Augen oder blickte aus dem Fenster zu einem weit entfernten Punkt und atmete dreimal tief durch. Das entspannte die Augen und auch ein bisschen den Kopf.

Der Tipp war ganz nett, aber ansonsten hatte ich damals das Gefühl gehabt, die falsche Schulung ausgewählt zu haben: Mit Stress hatte ich schließlich kein Problem, ich kam mit meinem durchaus immer wieder sehr anstrengenden Pensum gut klar. Im Gegenteil, ich brauchte die Herausforderung sogar, das war es doch, was den Tag interessant machte. Ob dieser Ironie musste ich lachen, Johanna schaute mich schief an. Was das Leben so bringt, oder? Ich und kein Stressproblem … Nicht einmal zwei Jahre war das jetzt her.

Zwei Therapeutinnen leiteten den Kurs, der im Aufenthaltsraum der Tagesklinik stattfand: Ich entdeckte dort, ganz anders als in dem nüchternen Aufenthaltsraum meiner Station, weiche, bunte Sitzgruppen, eine gemütliche Couch, einen großen Esstisch samt Eckbank und sogar ein Klavier. Wir waren spät dran, fünf Patienten aus anderen Stationen saßen bereits in einem Stuhlkreis. In der Mitte stand eine altmodische Kupferschalenwaage und zwei kleine, geöffnete Holzkästchen lagen auf dem Boden daneben. In dem einen Schächtelchen waren bunte Glassteine, in dem anderen ganz normale Kiesel.

Die zwei Leiterinnen, eine Psychotherapeutin und eine Kunsttherapeutin, schienen sich wirklich zu freuen, nach der Sommerpause wieder mit dieser Therapie fortfahren zu können. Sie erklärten uns kurz den Stundenablauf, der für jeden der fünf Termine galt: Auf das Eröffnungsblitzlicht, bei dem jeder Patient kurz mitteilte, wie er sich gerade fühlte, folge eine kurze Meditation, damit alle, und da schlossen sich die Leiterinnen bewusst ein, geistig in der Gruppe ankämen. Anschließend sollte etwas Theorie besprochen und mit einem unserer fünf Sinne gearbeitet werden, bevor ein passender Text und das Abschlussblitzlicht die Stunde abrundeten.

Ich fühlte mich auf Anhieb wohl in der Gruppe und im Raum, aber trotzdem ein wenig verunsichert. Das, was die Therapeutin da gerade aufzählte, hörte sich nach einem ziemlich anstrengenden Programm für nur anderthalb Stunden an. Ich hatte die Befürchtung, dass ich das nicht durchhalten würde, vorerst siegte jedoch meine Neugier. Nach dem kurzen Eröffnungsblitzlicht – mir ging es gut, ich war neugierig und entspannt – nahm uns die Kunsttherapeutin mit auf eine wunderbare Fantasiereise ans Meer.

Die Psychologin sammelte uns schließlich wieder an unseren Stränden ein und startete mit dem Theorieteil.

„Diese Therapie ist etwas anders als die, die Sie bereits kennen", eröffnete sie. „In den anderen Gruppen und Therapien beschäftigen Sie sich hauptsächlich mit Ihrer Erkrankung. Hier, in AGT, verfolgen wir einen ganz anderen Ansatz." Sie nahm die Waage, die am Boden gelegen hatte, zur Hand. „Sie alle haben ein Problem, das Sie schwer belastet", fuhr sie fort, „sonst wären Sie nicht hier."

Ihre Kollegin hob währenddessen das Kästchen mit den Kieseln vom Boden auf. Die Psychologin griff hinein und streute die grauen Steinchen in eine der Waagschalen.

„Diese Kiesel sind grau und belasten diese Waage einseitig, genau wie Ihre Probleme Ihre Seelenwage. Um sie wieder ins Gleichgewicht zu bringen, habe ich nun zwei Möglichkeiten: Ich kann die grauen Kiesel wieder herunternehmen – was Sie in den anderen Therapien gerade versuchen –, oder ich kann die zweite Waagschale belasten." Langsam ließ sie die bunten Glassteine aus dem zweiten Kistchen in die andere Waagschale rollen, bis die Waage wieder ausgeglichen war. „Genau das ist der Ansatz, den wir mit der Achtsamkeits- und Genusstherapie verfolgen. Wir wollen es Ihnen wieder ermöglichen, die schönen Dinge um Sie herum wahrzunehmen, sie zu erleben – und damit wieder ein Gleichgewicht herzustellen."

„Achtsamkeit, so sagt einer der bekanntesten Forscher auf diesem Gebiet – Jon Kabat-Zinn –, ist die pure Bewusstheit. Es geht darum", erklärte die Psychologin, „im Hier und Jetzt zu sein. Den Moment anzunehmen, in der Gegenwart zu leben. Sie mit all unseren Sinnen, so, wie sie ist, wahrzunehmen – aber, und das ist wichtig: ohne sie zu bewerten, sondern dabei einfach nur zu sein. An dieser Stelle kommen unsere Sinne und damit der Genuss ins Spiel: Um wahrnehmen zu können, benötigen wir unsere fünf Sinne – Sehen, Hören, Tasten, Schmecken, Riechen. Und nur wenn wir bewusst wahrnehmen, was unsere Sinne uns bieten, können wir genießen. Den Duft eines frischgebackenen Kuchens zum Beispiel oder wärmende Sonnenstrahlen auf unserer Haut. Gerade Burn-out-Patienten und Patienten mit Depressionen tun sich oft schwer, noch etwas genießen zu können. Nicht zuletzt trainieren wir auch das Genießen selbst. Genießen geht, das haben sicher die meisten von Ihnen schon bemerkt, nicht von allein. Es ist nicht selbstverständlich."

Daraufhin übernahm die Kunsttherapeutin die Leitung der Gruppe und führte uns zu einem der Tische. Verschiedene Duschgels und Deos, offener Tee, Spülmittel, Rosmarin-, Tannen- und Johannisbeerstrauchzweige, Kaffeebohnen, Erkältungsbalsam und vieles mehr waren darauf verteilt. Wir bekamen nun den Auftrag, an allen Dingen, die wir vor uns fanden, zu riechen – ganz gleich, ob wir den Geruch kannten, mochten oder nicht mochten. Ganz achtsam. Und in Ruhe.

Die Gegenstände wanderten reihum. Hin und wieder hörte man ein „Mmh" oder ein „Ih", aber ansonsten waren wir ziemlich konzentriert – sehr bemüht, aufmerksam zu riechen.

Mir hing besonders der lose Tee in der Nase. In dem Moment, in dem ich den Duft wahrnahm, wurde es mir warm ums Herz, ein Gefühl der Geborgenheit erfasste mich. Es war Früchtetee und er roch genauso wie der, den wir früher immer zu Hause gehabt hatten. Im Winter nach dem Schlittenfahren hatte meine Mutter immer so einen Tee für uns gekocht. Dazu gab es Lebkuchen und übrige Weihnachtsplätzchen. Allein der Geruch reichte aus, um diese Erinnerung und vor allem die dazugehörende Emotion in mir zu wecken. Als ich so dastand und genussvoll an dem Tee schnupperte, fiel mir eine andere, aber ganz ähnliche Szene wieder ein: An einem der Tage im Juli, in denen es mir schlechter gegangen war, hatte ich mehr durch Zufall und aus Langeweile ein Fotoalbum aus dem Regal gezogen. Allein das Betrachten der Bilder – wie glücklich diese lang vergangenen Tage gewesen waren! – hatte mit einem Mal Optimismus und Energie in mir ausgelöst, etwas, das ich monatelang vermisst hatte. Durch Zufall hatte ich hier ein paar leuchtend bunte Glassteine für meine Seelenwaage entdeckt.

25. August 2015

Heute begann neutral. Ich habe für meine Verhältnisse gut geschlafen und saß morgens auch halbwegs wach beim Frühstück. Mein Magen hat sich langsam daran gewöhnt, dass das Frühstück hier in Ermangelung eines guten Mittagessens größer ausfällt als früher. Eine Vollkornsemmel mit Honig, die ess ich immer zuerst. Dann noch eine Scheibe Vollkornbrot, auch mit Honig. Wenn ich Zeit habe, gibt es außerdem ein kleines Schälchen Müsli, das ich mit der Marmelade und dem Naturjoghurt mische. Das Päckchen Milch bleibt täglich übrig, das kommt leider automatisch mit dem Müsli und kann nicht abbestellt werden. Das Obst, heute war es eine grüne Birne, hebe ich mir meistens auf. Als Notration für zwischendurch oder um das Mittagessen zu strecken. Ich saß an meinem gewohnten Platz, mit Johanna und Steffi.

Um elf hatte ich heute zum ersten Mal Kunsttherapie. In der „Kreativthemengruppe" kam eine kleine bunte Runde zusammen. Johanna war mit dabei und sechs andere Patienten, beinahe alle aus unserer Station. Darunter Elvira. Sie ist mir bisher vor allem als laut und aufdringlich aufgefallen. Mittleres Alter, gute Figur, betont jugendliches, gepflegtes Aussehen, aber vor allen Dingen: laute Stimme und ein Hang zu blöden Sprüchen. Na gut. Man kann sich seine Gruppen eben nicht aussuchen.

Nach einer kurzen Eingangsrunde sollten wir uns aus einem Haufen Zeitungsschnipseln mit Überschriften einen aussuchen, der uns ansprach, und dazu unsere Gedanken zu Papier bringen. Wo ist der Ausgang? – Stunde null – Reise in die dunkle Seite der Seele … So und ähnlich lauteten die verschiedenen Headlines. Ich entschied mich für „Was wünscht du dir für diesen Sommer?". So, wie die Zeile aussah, stammte sie aus der Neon, die Ausgabe kannte ich aber nicht. Für diesen Sommer hatte ich mir alles Mögliche gewünscht, aber sicher nicht, in der Psychiatrie zu landen. Ein Urlaub war geplant gewesen, wir wollten ans Meer, nach Kroatien. Aus dem Urlaub wurde jedoch nichts mehr. Zeit am Meer hatte ich mir, obwohl ich sonst eher ein Bergfex bin und Aktivurlaube jeder Art einem reinen Badeurlaub vorziehe, schon lange vor der Krankschreibung gewünscht. Ich hatte eine regelrechte Sehnsucht entwickelt. Meer riecht nach Freiheit. Nach Faul-sein-Dürfen. Danach, nur das zu tun, worauf man Lust hat. Sich ins Wasser stürzen, die Kühle am ganzen Körper genießen. Wie das Wasser durch die Haare strömt, sie mitnimmt. Die eigene und die Kraft des Meeres spüren, während man durch die Wellen krault. Selbst das Brennen vom Salzwasser in den Augen würde ich gern spüren! Mich treiben und tragen lassen, die Sonne auf dem Bauch. Und am Strand schließlich den Sand genießen, der leicht unter den Füßen nachgibt, der die Beine und den Bauch kitzelt, wenn man ihn draufrieseln lässt. Den Wind in den Haaren, die einem ins Gesicht fliegen, und, natürlich, die Sonne im Gesicht. Und vor allem: währenddessen keinen einzigen Gedanken verschwenden. Einfach frei sein. Im Hier und Jetzt sein. Genau das wünsche ich mir. Mein Meer.

Also, entschied ich, würde ich ein Meer malen. Ich griff mir das größte Blatt Papier. Mein Meer war groß. Die Wasserfarben mussten es sein und ein großer, weicher Pinsel. Ich glaube, ich habe noch nie in meinem Leben mit so einem großen, schönen Pinsel gemalt. Ich tunkte ihn in das Wasserglas und drehte ihn dann in dem kleinen Töpfchen mit der dunkelblauen Farbe. Wie lange hatte ich schon keine Wasserfarben mehr benutzt! Ich setzte den Pinsel auf und malte eine lange Wellenlinie über das Blatt. Das Blau war schön wässrig und der Pinsel glitt leicht über das Papier. Ich wiederholte die Bewegung, wechselte zwischen Türkis und Dunkelblau ab und ließ den Pinsel gleiten. Von links nach rechts. Und dachte dabei an nichts anderes als an das Meer.

So blau. So still.

Ich wurde ruhiger, das Malen wirkte wie eine Meditation auf mich. Ein Pinselstrich nach dem anderen, die Wellen durchzogen das Blatt. Dann malte ich die Zwischenräume weiter aus, die zwischen den einzelnen Linien noch weiß geblieben waren. Strich für Strich. Schließlich war mein Blatt ein einziges großes Meer. Da musste ein Sonnenglitzern drauf, beschloss ich. Nicht ganz schlüssig, wie ich das Glitzern am besten auf meine Wellen bringen sollte, tauchte ich den Pinsel wieder in das Wasser. Ich strich die letzten Reste Blau heraus, tauchte ihn wieder ein und rührte im gelben Farbtöpfchen. Dann malte ich, immer noch mit dem dicken Pinsel, kleine, kurze Linien im mittleren Drittel des oberen Bildrands jeweils auf die Wellenspitze. Ich war nicht ganz zufrieden mit dem Ergebnis, also setzte ich den Pinsel noch mal an, um die einzelnen Glitzerlinien zu verbinden und die Farben etwas zu verwischen.

„Mei, das ist so beruhigend, dir zuzuschauen! Bei mir geht des nimmer!" Elvira riss mich aus meinem Gedanken.

Dahin waren die Ruhe und das Vertieftsein, das ich nur noch so selten spürte. Verstimmt antwortete ich: „Es beruhigt mich irgendwie." Aber der Flow war weg, ich war ziemlich sauer. Außer Elvira war jeder still und konzentrierte sich auf sein Blatt. Sie malte nichts, sie konnte heute nicht. Es ging ihr wirklich sichtlich schlecht. Aber dann sollte sie doch bitte schön schwarze Kreise oder sonst was auf ihr Blatt malen und nicht mich nerven! Ich unternahm einen neuen Anlauf. Schließlich entstanden ein halbwegs ansehnliches Sonnenglitzern und vier kleine, grüne Delfine aus Wachsmalkreide in meinem Meer. Außerdem ein paar Palmenblätter am Rand, weil ich gerade Lust auf Grün hatte. Das schöne meditative Gefühl war zwar dahin, aber immerhin blieb ich ruhig und konnte mich an meinem Meer erfreuen.

Mein Mittagessen sollte ein Germknödel sein. Dachte ich zumindest. Unter der Haube auf meinem Teller waren schließlich drei kleine Hefeknödel versteckt, die Vanillesoße von einer dicken Haut belegt. Kein Mohn, kein Zucker. Von der Größe her erinnerten sie mich an die eher mäßig gelungen Rohrnudeln, an denen ich mich im Auslandssemester in Chile einmal versucht hatte. Ich teilte eine der drei kleinen Kugeln. Kein Zwetschgenmus zu finden. Ich probierte den ersten Bissen. Schmeckte nicht nach Germknödeln, auch wenig nach Dampfnudeln. Aber wenn man sich dran gewöhnt hatte, dass es eben nicht nach dem schmeckte, was man erwartete, war es erstaunlich gut. Johanna, Steffi und ich ratschten über die verschiedenen Therapien vom Vormittag. Die Ruhe vom Malen war weg. Mein Kopf fühlte sich voll an. Wie immer, wenn ich in einer guten Phase zu viel gemacht hatte.

Ich hatte mittlerweile gelernt, die neuen Signale zu deuten, die mir mein Kopf sandte. Also verabschiedete ich mich, ich wollte mich vor der nächsten neuen Gruppe um halb zwei noch ein Weilchen dem Nichtstun widmen, um so meinen Kopf wieder zu beruhigen. Nun ist das mit dem Nichtstun so eine Sache: Ich konnte es noch nie, und auf Befehl nichts zu tun ist in etwa so schwer wie nicht an den grünen Elefanten zu denken, wenn jemand sagt, dass man nicht an den grünen Elefanten denken soll. Also hörte ich Musik, das kam meiner Meinung nach dem Nichtstun am nächsten. Bei Wandas Bussi Baby musste ich an einen lieben Kollegen denken. Spontan schrieb ich ihm eine Nachricht. Dann hatte ich das Handy ja schon in der Hand. Eine Freundin hatte mir ein Foto von einem Dirndl geschickt und fragte, ob sie das kaufen sollte. Es passte überhaupt nicht zu ihr – also googelte ich schönere. So lange, dass ich beinahe zu spät zur nächsten Therapie kam.

Die Depressionsgruppe war eine psychoedukative Veranstaltung. In drei Stunden lernte man Theoretisches zur Krankheit. Auslöser, Symptome, Behandlungsmöglichkeiten. Ich bin ein großer Fan von Ärzten, die mir nicht nur sagen, was ich habe, sondern auch, warum, und mir das Krankheitsbild umfassend erklären. Also war ich hier genau richtig. Eine Depression, das war mir neu, geht immer einher mit einer Veränderung des Hormonstoffwechsels im Gehirn. Bisher sind sich die Wissenschaftler noch nicht einig, was davon die Henne ist und was das Ei, dass dabei aber ein direkter Zusammenhang vorliegt, steht fest.

Einige der Auslöser, die wir in der Gruppe anhand eigener Erfahrungen zusammentrugen, waren mir bekannt, einige überraschten mich. Ich begann, mich zu hinterfragen: Was waren die Tröpfchen, die mein Fass zum Überlaufen gebracht hatten? Warum zum Teufel hatte meine Psyche derartige Hüftschmerzen ausgelöst, dass sie mich a) vom Sporttreiben abhielten und mir damit meinen Ausgleich nahmen und b) mir nur zusätzlich unnötiges Kopfzerbrechen und damit noch mehr Stress bereiteten? Das war doch völlig unsinnig! Aber ja, die liebe Depression, unser Freund, ist hinterhältig. Und ihr Verlauf eine Spirale. Und zwar keine lustig bunte, wie wir sie früher die Treppenstufen hinunterhüpfen ließen, sondern eine fiese, dunkle, steile Abwärtsspirale, der man kaum Einhalt gebieten kann.

Im Anschluss an die Stunde gingen Steffi und ich nach draußen, um gemeinsam wortlos in der Sonne zu liegen. Jede von uns schnappte sich einen der metallenen Liegestühle. Mein Kopf fühlte sich prallvoll an, als würde mein Hirn von innen Druck auf die Schädeldecke ausüben. Pochend, immer stärker. Als würden all die Gedanken, die ich in den letzten Tagen angesammelt und die mein Gehirn noch nicht verarbeitet hatte, sich zu Wortfetzen zersetzt wie in einer Zentrifuge im Kreis drehen. Ich war in einer Zwickmühle: Tat ich nichts und versuchte, jeden neuen Reiz zu vermeiden, tobte der Tornado in meinem Kopf. Beschäftigte ich mich jedoch mit etwas anderem, bekam er noch mehr Futter. Nichtstun ging nicht, etwas tun auch nicht. Ich lag auf dem Stuhl und versuchte, meinen Kopf zu bändigen. Aber je mehr ich es versuchte, desto schlimmer wurde es.

Ich wurde nervös und unruhig. Steffi neben mir schien zu schlafen. Ich hatte, wie so oft in den letzten zwei Juniwochen und in den schlimmsten Momenten im Juli, das Gefühl durchzudrehen. Den Kopf gegen die Wand schlagen, alles herausschreien – de facto: richtig durchzudrehen –, danach war mir. Ich konnte nicht mehr stillsitzen, stand auf, brachte mein Buch nach oben und beschloss, eine Runde im Wald zu drehen. Alleine, um Ruhe zu haben. Ich ging los, rannte beinahe, in der Hoffnung, die körperliche Bewegung würde meinem Kopf Ruhe verschaffen. Schon nach etwa 500 Metern befand ich mich auf dem kleinen Pfad im Unterholz, der Tornado tobte weiter. Ich suchte nach einem Ausweg, ging schneller, mittlerweile war ich auf dem breiten Waldweg unterwegs. Da bekam ich Angst: Ich war allein im Wald. Noch hatte ich mich unter Kontrolle, der Verstand die Oberhand. Aber was, wenn der Kopf gewann?

Das Panik-Notfall-Programm meiner Therapeutin fiel mir siedend heiß ein. Ich zwang mich, langsam zu gehen, drosselte das Tempo wie für einen gemächlichen Spaziergang. Zwang mich, in meine Fußsohlen zu spüren, konzentrierte mich darauf, wie ich sie abrollte, zwang mich, auf das Knirschen meiner Schritte auf dem Kieselweg zu achten. Ich zwang mich auch, tief in den Bauch ein- und *langsam, ganz langsam auszuatmen. Immer wieder. Ich zählte dabei wie bei der Atemmeditation aus der Yogastunde still mit. Immer wieder entwischten mir meine Gedanken. Immer wieder kämpfte ich mit dem Tornado. Achte auf die Schritte! Atme tief und langsam aus ...*

Ich versuchte es auch mit der Achtsamkeit: Spüre die Sonne auf der Haut! Wie sie deine Haut wärmt! Spüre den Wind in deinen Haaren! Zack, driftete mein Kopf wieder ab. Geh langsam! Spür hin! Fünf Sekunden funktionierte das, dann tobte der Tornado wieder. Schließlich ging ich dazu über, Dinge zu erfühlen. Fuhr sachte über die Rinde eines Baumes. Hob einen Tannenzapfen auf und achtete darauf, wie er sich in meiner Hand anfühlte. So im Kampf mit mir selbst, marschierte ich etwa eine halbe Stunde durch den Wald, betont langsam, immer wieder einen Baum oder eine andere Pflanze am Wegrand berührend. Immer wieder riss mein Kopf aus, aber es wurde seltener, die Fetzen wurden wieder Gedanken. Schließlich, als ich beinahe schon zurück an der Klinik war, gelang es mir endlich, aus den vielen Gedanken eine Art Gedicht zu konstruieren. Ich hielt mich daran fest. Ich ging schneller, eilte ins Gebäude. Ich wollte an meinen Laptop, es aufschreiben.

In der Klinik angekommen, entschied ich mich um. Das Schreiben war mein letztes Mittel zur Beruhigung, dazu würde das Gedicht nicht taugen, es war viel zu kurz. Ich schnappte mir den Laptop, immer noch zu hundert Prozent damit beschäftigt, den Tornado im Zaum zu halten, setzte mich an das kleine Tischchen und begann zu schreiben. Ich schrieb und schrieb und schrieb und schrieb, genau diesen Text. Ich schrieb mir den Tag von der Seele, ordnete meine Gedanken, holte mir das Meer aus der Kunsttherapie ein zweites Mal heran und wurde nach und nach ruhiger.

Plötzlich platzte Johanna ins Zimmer. Es gab Abendessen, ob ich mitkommen wollte?

Es war bereits kurz nach fünf. Ich hatte beinahe zwei Stunden geschrieben, ohne dass mir aufgefallen war, wie die Zeit verrann. Etwas unwillig ging ich mit Essen. Lieber hätte ich noch zu Ende geschrieben, ich hatte das Gefühl, dass ich das gerade brauchte. Aber genauso nötig brauchte ich auch etwas im Magen, das Mittagessen – die „Germknödel" – war nicht besonders sättigend gewesen. Zu Tisch war ich immer noch sehr in mich gekehrt. Sprach kaum, folgte auch nicht den Gesprächen, die zwischen den anderen hin- und herflogen, blieb immer auf der Hut, meine Gedanken sofort wieder einzufangen, wenn sie sich selbstständig machen wollten. Aber sie wollten gar nicht mehr, bemerkte ich erleichtert. Langsam entspannte ich mich. Eigentlich hatte ich fest vorgehabt, nach dem Abendessen weiterzuschreiben, um auch die Szenen im Wald zu sortieren. Aber in dem Moment fühlte ich mich ganz gut. Vermutlich war es besser, den schlimmen Teil des Nachmittags erst einmal ruhen zu lassen.

Ich ging also kurz entschlossen mit Johanna und Steffi spazieren, wieder durch den Wald, aber diesmal eine andere Runde. Im Gespräch mit den beiden wurde ich zusehends entspannter. Steffi hatte auch keinen besonders angenehmen Nachmittag verbracht. Ich hatte ja gedacht, sie würde neben mir auf ihrer Liege schlafen, aber sie hatte wohl ebenso ein größeres Gefecht mit ihrem Kopf ausgefochten. Und Johanna machte sich Sorgen. Ihre neuen Tabletten begannen wohl zu wirken – aber leider bekam sie erst mal nur deren Nebenwirkungen zu spüren. Ihre Hände zitterten permanent.

So spazierten wir durch den Wald: drei völlig normale junge Erwachsene, die das Leben kurzerhand mal eben in die Psychiatrie verfrachtet hatte. Und wir kämpften damit. Aber nicht mehr heute Abend. Nach einer Weile des gegenseitigen Tröstens sprachen wir lieber über schönere Dinge. Erzählten uns gegenseitig von unserem „alten" Leben. Davon, als alles noch gut gewesen war.

EIN SEHR GROßER FORTSCHRITT

Ich war heilfroh, dass sich der Tornado am Mittwoch end-gültig verzogen hatte und auch das Karussell stillstand. Aber die Fröhlichkeit, ja fast schon Überdrehtheit, die mich zu Wochenbeginn getragen hatte, war dahin. Ich war niedergeschlagen, erschöpft und wieder sehr vorsichtig; auch die Angst schlich sich erneut an. Meine Hüfte begann wieder zu zicken, wie immer, sobald es mir schlecht ging. Die Visite an diesem Vormittag kam genau richtig.

Die Ärztin bemerkte auf den ersten Blick, dass die Hochstimmung vom Montag passé war. Ich erzählte ihr, was passiert war. Meine Allgemeinärztin in München hatte mich nach der schlimmen Episode Ende Juli eindringlich gewarnt: Ich solle aufpassen, dass ich mich nicht in eine Art Mini-Burn-out hineinmanövrierte, indem ich zu aktiv wurde und meinen Kopf wieder überlastete.

„Das hab ich wohl wieder geschafft", schlussfolgerte ich traurig. „Genau so hat es sich angefühlt."

Ich brauchte offensichtlich noch mehr Ruhe als gedacht. Nach der Anmeldung für die psychosomatische Klinik fragte ich gar nicht mehr. So wie es mir nun wieder ging, machte das wohl keinen Sinn. Die nächste Etappe war zum Greifen nah gewesen – und doch wieder entwischt.

Die Psychiaterin sah mich nachdenklich an. „Sie müssen lernen, Pausen zu machen, Frau Blau", antwortete sie schließlich.

Wir besprachen also, welche Gruppen und Therapien ich in dieser Woche noch besuchen sollte, sodass ich nicht zu vielen Reizen und Denkanstößen ausgesetzt war. Außerdem trug sie mir auf, einen detaillierten Zeitplan fürs Wochenende aufzustellen – mit ausreichend Pausen. Sie machte Anstalten, aufzustehen, hielt dann aber noch mal inne.

„Vergessen Sie nicht, Frau Blau", sagte sie, „Sie haben selbst einen Weg gefunden, sich wieder zu fangen. Seien Sie darauf stolz! Das ist ein riesiger Schritt."

Damit verabschiedete sie sich, bat mich, den Raum zu verlassen und meine Zimmerkollegin Ruth hereinzurufen, die auch von ihr betreut wurde. Ich setzte mich draußen im Gang auf einen der an die Wand montierten Stühle und wartete, bis ich wieder hineindurfte. Langsam sickerten die Sätze, die sie zum Abschluss der Visite gesagt hatte, zu mir durch. Sie hatte recht. Zwar hatte es mich unglaublich viel Kraft, Energie und Zeit gekostet, aber zum ersten Mal hatte ich die Kontrolle über mein Gehirn behalten.

Später setzte ich mich hin und schrieb an der Stelle weiter, an der ich am Abend zuvor aufgehört hatte. Es war nicht einfach, mich selbst wieder in den Wald zu zwingen – aber es tat gut. Es nahm dem Nachmittag den Schrecken.

HOCHWASSER

Am Donnerstagnachmittag hatte ich meinen zweiten Termin bei der Psychologin. Es wäre naheliegend gewesen, mit ihr über die Szene vom Dienstag zu sprechen, aber ich wollte nicht mehr darüber reden. Ich hatte die Episode für mich eingeordnet: Ja, ich war noch immer krank. Aber ich hatte endlich Mittel und Wege gefunden, meinen Kopf in den Griff zu bekommen. Außerdem beschäftigte mich seit einigen Tagen auch etwas ganz anderes: Immer wieder ploppten plötzlich Erinnerungen auf, die ich schon lange aus meinem Bewusstsein verdrängt hatte. Selbstredend keine guten. Vornehmlich einer meiner Ex-Freunde spukte seit dieser Woche immer wieder in meinen Gedanken und Träumen herum. Damals hatte ich beschlossen, mir keinen einzigen weiteren Tag von dieser Person verderben zu lassen, so verletzt und am Boden zerstört war ich gewesen, und verdrängte, verpackte, versteckte alles, so gut es ging. Das hatte erstaunlicherweise funktioniert. Trotzdem war er nun wieder da.

„Warum? Wo kommt er her?", fragte ich die Psychologin.

„Das ist bei einer Depression ein ganz normaler Prozess", holte sie aus. „Stellen Sie sich eine Schlucht vor: Das Leben lässt nach Belieben immer wieder kleine Tröpfchen Stress und schlimme Erlebnisse hineinregnen. Die sammeln sich dort. Das macht auch gar nichts aus, solange genug Zeit bleibt, dass das alles wieder verdunsten kann. Dann verändert sich der Wasserspiegel nicht oder sinkt vielleicht sogar. Manchmal aber regnet es zu viel auf einmal und die Schlucht schwappt über – der berühmte Tropfen, der das Fass zum Überlaufen bringt. Diese Überschwemmung treibt dann eben auch Erinnerungen mit an die Oberfläche. Das ist genau das, was bei Ihnen momentan passiert: Gerade einschneidende, schlimme Erlebnisse verdrängen wir oft und verstecken sie so tief wie möglich in unserer Schlucht. So weit unten können sie aber nicht verdunsten, um bei diesem Bild zu bleiben. Sie versickern auch nicht. Stattdessen überdauern sie Monate, Jahre und Jahrzehnte, manchmal ein ganzes Leben in der Tiefe."

Während sie erklärte, malte sie auf einem Block die Schlucht, den ursprünglichen Wasserspiegel, den Stress-Regen und die Überschwemmung.

„Das zugehörige Konzept nennt man das Vulnerabilitäts-Stress-Modell", erläuterte sie schließlich. „Wissen Sie, was Vulnerabilität bedeutet?"

Ich nickte. „Verletzlichkeit."

„Genau. Hier", und sie zog einen geraden Strich ein wenig oberhalb der Wellenlinie mit dem ursprünglichen Füllungszustand der Schlucht, „befindet sich Ihr Vulnerabilitätsspiegel. Solange das Stresslevel darunterbleibt, der Wasserspiegel also nicht höher steigt, ist alles in Ordnung. Steigt er über diese Linie, haben Sie Stress."

Sie griff sich einen roten Stift und zog einen weiteren dicken Strich, quer über das obere Ende der Schlucht. „Und das, Frau Blau, ist die Schwelle, an der Ihr Körper mit einer psychischen Reaktion antwortet, weil er mit dem ganzen Stress, mit dem Regen und dem Müll, der über die Jahre in der Schlucht abgelagert wurde, nicht mehr klarkommt. Die Schlucht läuft über und Sie erleben das als Depression und Angststörung. Andere Menschen entwickeln eine Sucht, Wahnvorstellungen oder Zwänge. Wie genau sich diese innere Überschwemmung äußert, ist bei jedem unterschiedlich, genauso, wie die Höhe dieser Schwelle von Mensch zu Mensch variiert."

Es war also ganz normal, dass plötzlich alles Mögliche aufploppte? Das machte die Erinnerungen nicht sympathischer. Aber so war es für mich hoffentlich relativ leicht, die Altlasten, die in meiner Schlucht untergetaucht waren, abzutragen. Sie trieben nun ohnehin an der Oberfläche, und anstatt sie erneut zu versenken, konnte ich die Gelegenheit nutzen, sie so gut es ging aus meinem Hochwasser herauszufischen und aufzuräumen – dorthin, wohin sie wirklich gehörten.

BEZIEHUNGSPROBLEME

Johanna, Steffi und ich waren ein eingeschworenes Team geworden. Wir hatten es geschafft, uns eine kleine Festung an Normalität und, soweit sie überhaupt durch die grauen Nebelgeschwader um uns herum dringen konnte, Fröhlichkeit aufzubauen. Ich weiß nicht, wie ich die Tage in der Psychiatrie ohne die beiden nur hätte aushalten sollen.

Am Abend hatten die zwei gleichzeitig erfahren, dass sie in der darauffolgenden Woche am selben Tag die Klinik wechseln durften. Am Montag hatte ich noch die Hoffnung gehabt, ebenfalls nächste Woche wechseln zu können. Mittlerweile war Donnerstag und ich nicht einmal angemeldet. Zwischen

Anmeldung und Aufnahme verging normalerweise mindestens noch eine Woche. Ich freute mich sehr für die beiden – insbesondere für Steffi, die noch mehr als Johanna und ich an der Tatsache zu knabbern hatte, dass sie in einer Psychiatrie war. Gleichzeitig versuchte ich den Gedanken zu verdrängen, ab der nächsten Woche allein hier sein zu müssen. Das war das Kreuz mit Freundschaften und Beziehungen hier: Allein würde ich es hier auf Dauer nicht aushalten. Aber wenn ich mich zu sehr von den anderen abhängig machte, hatte ich, wenn ich dann auf mich allein gestellt war, ein mindestens genauso großes Problem.

Johanna hatte Angst vor ihrem Klinikwechsel. Ihr ging es immer schlechter. Vor wenigen Wochen war ihre Medikation neu eingestellt worden, das heißt, sie hatte die Tabletten, die sie bisher genommen hatte, abgesetzt und eine neue Kombination verschrieben bekommen. Obwohl alle gehofft hatten, dass es ihr damit besser gehen würde, spürte sie bisher nur die Nebenwirkungen. Johanna sah plötzlich schlecht und ihre Hände zitterten so, dass sie kaum noch eine Tasse Tee halten konnte. Meine beste Freundin hier war nur mehr ein Häufchen Elend und ich konnte nichts dagegen tun.

Diese Hilflosigkeit machte mir zu schaffen. Wenn es Johanna schlecht ging, ging es mir auch schlechter. Ich merkte immer deutlicher, dass ich im Moment sehr stark überlegen musste, wen ich wie nahe an mich heranließ. Ich hatte immer noch nicht die Kraft, mich emotional abzugrenzen. Johanna und Steffi gaben mir so viel, dass es das wert war. Alle anderen mussten mir im Moment egal sein.

27. August 2015
Warum Burn-out nicht vom Job kommt – ein Buch mit diesem Titel stand im Regal meiner Therapeutin in München. Was. Für. Ein. Schwachsinn. Dachte ich, als ich dort bei ihr im Büro saß.

Knapp zwei Monate später, mit ein wenig Abstand, denke ich (ohne das Buch je gelesen zu haben): Vielleicht hat der oder die Autorin doch gar nicht so unrecht? Meinen Job habe ich schließlich schon eine ganze Weile gemacht, drei Jahre, im gleichen Unternehmen mit den gleichen Kollegen und Chefs. Auch in diesen drei ersten Jahren hatte ich immer wieder Stress, der Job war oft sehr intensiv. Aber ich ging damals gern in die Arbeit. Oft hatte ich den Eindruck, dass ich diesen Stress regelrecht brauchte, er tat mir gut, er kitzelte die besten Leistungen und Ideen erst aus mir heraus, ich lernte, mit schwierigen Situationen umzugehen. Was ist also passiert?

Meine Frustration wich im Juli einem riesigen Zorn auf meine Chefs und zu einem nicht geringen Teil auch auf mich selbst. Seit einigen Tagen habe ich das Gefühl, dass an diese Stelle Akzeptanz getreten ist. Mittlerweile habe ich die Kraft und auch die Zeit, mich auf die Suche nach den einzelnen Puzzlestücken zu machen. Nach wie vor ist mir immer noch schleierhaft, was genau dazu geführt hat, dass ich nun hier sitze. In einer Psychiatrie.

Es lief tatsächlich beruflich vieles nicht optimal in den vergangenen anderthalb Jahren, das lässt sich nicht schönreden. Ich habe mich sehr oft geärgert, meistens über den Umgang von und mit Kollegen, Dienstleistern, mir selbst. Die Wertschätzung, die mir in der Arbeit entgegengebracht wurde, verschwand immer mehr. Der Freiraum, in dem ich mich anfangs bewegen konnte, ist immer schmaler geworden. Das Arbeitspensum dagegen beträchtlich angewachsen. Aber hat allein das mich in die Psychiatrie gebracht?

Nein. Mir schwant langsam, dass ich irgendwo die berühmte Leichtigkeit verloren habe. Bislang weiß ich aber weder wann noch warum. „Ich kann, weil ich will, was ich muss", findet man (angeblich) schon bei Kant. Genau dieses „ich will" hat bei mir zuletzt gefehlt: Ich kann, was ich muss. Ich musste alles schaffen, ich musste alles hinkriegen. Ganz egal, dass in meiner WG Krieg ausgebrochen war. Ganz egal, dass mein Vater plötzlich im Krankenhaus lag.

JETSET AM STRAND

Es war der dritte Freitag, den ich in der Psychiatrie verbrachte. Es ging mir besser als am Tag meiner Einlieferung, aber sehr viel schlechter als am zweiten Freitag. Meine Waldepisode hatte mich unwahrscheinlich viel Kraft gekostet. Tags zuvor hatte ich wieder Herzstechen gehabt und die alten Stress-Symptome an mir bemerkt. Ich war mit der Bewältigung des Klinikalltags momentan beinahe überfordert. Zudem wuchs die Angst, ab der nächsten Woche allein in diesem Irrenhaus zu sein, ohne Steffi – und ohne Johanna, die mir nun schon seit zwei Tagen mehrere Stunden täglich heulend gegenübersaß. Ich fühlte mich wieder schwach, sehr schwach. Ich fühlte mich allein. Und ich hatte Angst vor dem Wochenende.

Meine Eltern waren im Urlaub, nur meine Schwester war zu Hause. Lange Jahre hatten Caro und ich kein besonders enges Verhältnis gehabt. Als ich zum Studium ausgezogen war, hatte es sich ein wenig gebessert. „Freunde", wenn man es denn unter Geschwistern so nennen mag, wurden wir aber erst in London, vor nicht einmal einem Jahr. Weit weg von zu Hause schien plötzlich möglich zu sein, was vorher nie funktionierte. Im Moment wohnte Caro bei unseren Eltern. Darüber war ich unendlich dankbar: So konnte ich auch an diesem Wochenende für einen Heimaturlaub die Psychiatrie verlassen, obwohl Mama und Papa verreist waren. Am Montag hatten Caro und ich telefoniert. Ob es für mich okay wäre, wenn sie am Samstag mit ihren Freundinnen an den See fahren würde, hatte sie wissen wollen.

„Klar, das passt schon", hatte ich ihr geantwortet. Da ging es mir noch gut.

Vier Tage danach hatte sich die Situation allerdings wieder gedreht. Ich lag in meinem Psychiatriebett und kämpfte gegen die Angst, die immer mehr von mir Besitz ergriff. Die mir die

Brust eindrückte, mich klein machte, mir die Kehle zuschnürte. Ich wollte nicht, dass Caro meinetwegen nicht wegfahren konnte. Ich fühlte mich schlecht dabei, sie einzuschränken, ihr vorzugeben, was sie tun und lassen durfte. Aber mir fiel auch keine andere Alternative ein: Ich hatte solche Angst davor, allein zu sein! Ich fürchtete, wieder komplett zu kippen – und dass ich dabei dann vielleicht nicht wie am Dienstag die Kontrolle behalten würde, dass ich mir selbst etwas antun könnte. Deshalb konnte und wollte ich nicht allein sein.

Schließlich schrieb ich Helene. Sie war eigentlich mit ihrem Umzug nach Mannheim (viel zu weit weg, fand ich) mehr als beschäftigt. Trotzdem hatte sie ein wenig Zeit für mich, sodass ich Caro einen halben Tag Pause gönnen konnte. Helene würde für ein paar Stunden vorbeikommen, während meine Schwester mit Freundinnen zum Baden fuhr.

Dass dieser Punkt geklärt war, beruhigte mich ein kleines bisschen. Das Gedankenkarussell in meinem Kopf drehte sich nichtsdestotrotz turbulent weiter. Ich war traurig, fühlte mich von der Welt verlassen; dass ich das ganze Wochenende mit meiner Schwester und meiner besten Freundin verbringen würde, dass sie für mich da waren, drang nicht mehr zu meiner Seele und meinem Herzen durch.

Nach dem Mittagessen legte ich mich wieder ins Bett, immerhin konnte ich mich dazu durchringen, Musik zu hören. Johanna war in einer ihrer Therapiestunden, Ruth saß in ihrem Bett und strickte Herzchen-Socken. So dazuliegen, mit dem Gesicht zur Wand, war das Maximum, was ich im Moment an Privatsphäre bekommen konnte. Das Lied, das gerade lief, machte mich traurig und ich begann zu weinen. Es gab keinen expliziten Grund. Draußen herrschte strahlender Sonnenschein, aber meine Welt war grau. Freudlos. Der Schleier war wieder da. Ich lag einfach im Bett und schluchzte. Zum ersten Mal, seit ich hier war.

Plötzlich legte sich sanft eine Hand auf meine Schulter. Ich erschrak, aber es war nur Ruth. Sie beugte sich besorgt, beinahe schon mütterlich über mich.

„Sophie", flüsterte sie, „was ist denn los?"

„Nichts", murmelte ich. „Nichts ... eigentlich. Das Lied ist so traurig."

Ruth streichelte noch ein paar Mal über den Arm. „Kann ich was für dich tun?", fragte sie leise.

„Nein, es geht schon", schüttelte ich den Kopf.

Später am Tag versuchte ich es dann mit einem der freien Entspannungsangebote: Fantasiereisen. Normalerweise funktionierten die bei mir wunderbar, ich konnte mich auf diese kleinen Abenteuer im Kopf einfach einlassen und abschalten. Aber diesmal nicht. Mein Kopf kam aus dem ewigen Karussell nicht heraus; ich konnte mich nicht entscheiden, an welchem Strand ich gerade sein wollte. Ich jettete von Bibione nach Heiligendamm, von Neuseeland nach Panama. An all diesen Orten war ich entspannt und glücklich gewesen – aber an diesem Nachmittag konnten mich nicht einmal diese wunderbaren Erinnerungen für eine Sekunde zur Ruhe bringen. Zwar drehte sich das Karussell während der Fantasiereise mit Strandbildern, aber immer noch ohne Unterlass auf Hochtouren.

BEERENZEIT

Für den Abend hatten sich Hanni und Marlene angekündigt. Sie würden nach dem Abendessen – also gegen sechs – vorbeikommen. Auch wenn ich nicht zu viel Besuch haben wollte, weil sozial sein sehr anstrengend war: Ich freute mich riesig über jeden, der vorbeikam oder auch nur fragte, ob er mich besuchen könnte. Denn das bedeutete, dass sich jemand Zeit für mich nahm, obwohl ich gerade zu rein gar nichts, was annähernd unterhaltsam war, zu gebrauchen war. Nicht alle

Patienten hatten in dieser Hinsicht so viel Glück wie ich. Manche bekamen nicht nur keinen Besuch, sondern blieben auch am Wochenende freiwillig in der Klinik – weil es zu Hause noch schlimmer zuging.

Leider war mein Kopf schon wieder viel zu voll, als Hanni und Marlene sich schließlich beim Empfang meldeten. Also spazierten wir nur eine Runde, aßen den Kuchen, den sie mitgebracht hatten, und dann fuhren die beiden auch schon zurück. Ich hatte Angst, dass mein Kopf bei noch mehr Input als am vergangenen Dienstag implodieren würde.

Am folgenden Morgen holte Caro mich um Punkt acht ab. Vehement hatte ich auf der frühen Uhrzeit bestanden, keine Minute länger als nötig wollte ich in der Psychiatrie verbringen. Diesmal brachte ich die Fahrt gut hinter mich, ganz ohne Angstzustände. Vielleicht war ich einfach zu erledigt dafür.

Es tat unendlich gut, zu Hause zu sein, die letzten Augusttage weit weg von der Klinik zu genießen: mit einem gemütlichen und vor allem leckeren Frühstück samt frischer Brezen und Himbeeren direkt vom Strauch. Vor allem aber hatte ich endlich Ruhe und Zeit, um mit meiner Schwester zu sprechen. Klar wusste sie, dass ich krankgeschrieben war, dass es mir nicht gut ging und ich in der Psychiatrie war. Aber mehr nicht, ich hatte seit der Krankschreibung schließlich kaum noch telefoniert oder Nachrichten geschrieben, und auch meine Eltern hatten ihr offenbar nicht viel erzählt. Vielleicht, weil sie dachten, dass wir sowieso in Kontakt stünden. Vielleicht, weil sie meiner Schwester, die während meiner schlimmsten Wochen gerade in Sri Lanka unterwegs war, die Reise nicht verderben wollten. Vielleicht aber auch einfach, weil sie selbst gar nicht wussten, wie sie das alles hätten ausdrücken sollen. Mir ging es schließlich oft nicht anders.

So richtig begriffen, wie schlimm es um mich stand, hatte

Caro erst, als meine Mutter ihr nach der Rückkehr aus Sri Lanka – das war just der Tag, an dem ich in die Psychiatrie eingewiesen worden war – klipp und klar eröffnet hatte, dass sie zu Hause gebraucht wurde. Meine Schwester berichtete, dass sie noch nie zuvor eine derart deutliche, in keinster Weise verhandelbare Ansage bei uns zu Hause erlebt hatte. Die Masterarbeit könnte schließlich genauso gut in der oberbayerischen Provinz fertiggestellt werden wie in London, Punkt, hatte mein Vater noch während der Autofahrt vom Münchner Flughafen nach Hause den etwas anderen Willkommensgruß meiner Mutter bekräftigt.

Caro wollte nun endlich genau wissen, was passiert war und warum. Mehrmals in diesen drei Stunden, die wir draußen am Frühstückstisch saßen, standen uns beiden Tränen in den Augen und mir versagte die Stimme. Es tat unglaublich gut, ihr endlich alles erzählen zu können und auch zu sehen, wie sie sich bemühte, zu verstehen, zu sehen, dass sie sich sorgte und ich ihr alles andere als egal war. Natürlich wusste ich das eigentlich – aber in den vergangenen Tagen war ich wieder das kleine Häufchen Elend voller Depression und Angst gewesen. Da bedeutete diese Bestätigung nun umso mehr. Ich sollte Caro später am Nachmittag einfach anrufen, wenn Helene wieder weg war. Sie würde sofort kommen, versprach sie mir, vom See bräuchte sie nur eine knappe halbe Stunde zurück nach Hause.

Ich hatte noch ein wenig Zeit, bis Helene kam. Also widmete ich mich meiner neuen bevorzugten Sommertätigkeit zu Hause: Beeren pflücken. Ganz langsam. Achtsam. Bereits im vergangenen Jahr hatte ich fast alle unsere Sträucher abgeerntet, da hatten mich die ersten Vorboten des Burn-outs, wiederholte Kehlkopfentzündungen, immer wieder ausgeknockt. Die Zeit hatte ich damals damit verbracht, abwechselnd meine Katze und die Eichhörnchen in unserem Nussbaum zu beobachten und Beeren zu pflücken. Johannisbeeren, Himbeeren, Brombeeren, Walderdbeeren, Holunderbeeren – es gab einiges zu tun. Ich holte also eine Schüssel aus der Küche und pflückte, langsam und sorgfältig, eine Himbeere nach der anderen. Die waren richtig schön dunkelrot.

Den restlichen Tag verbrachte ich wunderbar entspannt mit Helene im Garten und später wieder mit meiner Schwester. Was für ein entspannter, friedlicher Tag.

Trotzdem kam die Angst wieder, als ich nachts allein in meinem Bett lag. Ich war heilfroh, dass ich meine Mirtazapin hatte.

SPUREN IM SAND

Der Sonntag verlief ähnlich ruhig. Mir ging es gut, solange ich nicht viel tun musste. Am Nachmittag wagte ich mich mit Caro sogar zum Baden an den See. Zu spüren, wie das Wasser meinen Körper umfing und wie später die Sonne meine Haut wärmte, fühlte sich wunderbar an. Ganz real. Ich war da, der graue Schleier nur kaum merklich, das Karussell stand still.

Als ich zu Hause die nassen Handtücher und Bikinis über den Gartenzaun in die Abendsonne zum Trocknen hängte, kam mein Nachbar auf mich zu. Wir kannten uns schon, solange ich denken konnte, und unsere Familien pflegten von jeher ein freundschaftliches, wenngleich auch kein besonders enges Verhältnis. Es wunderte mich, dass er so zielstrebig in meine Richtung marschierte, aber außer mir war niemand hier, offenbar wollte er wirklich mit mir sprechen. Sicher wusste er, dass ich in der Psychiatrie war.

„Sophie, schön, dich zu sehen! Wie geht's dir?"

Die Frage hatte nicht neugierig geklungen, sondern ehrlich interessiert und besorgt. Ich erzählte in wenigen Sätzen, was passiert war, aber vor allem, dass ich mich mittlerweile ein wenig gefangen hatte. Unversehens entwickelte sich eine längere Unterhaltung am Gartenzaun. Jahrelang war Bruno mit einem hoch dotierten Job um die Welt gereist, oft genug war ich als kleines Mädchen neidisch auf die vielen Mitbringsel aus aller Herren Länder gewesen, die seine Tochter, damals meine beste Freundin, immer wieder geschenkt bekommen hatte. Ganz besonders auf Minki – ihre Katze, die aus Polen kam.

Er erzählte, dass er, obwohl er seine Arbeit immer geliebt hatte, heilfroh gewesen war, als er vor gut einem Jahr in Rente gehen konnte. Seine Magenprobleme seien seitdem einfach verschwunden. Ein junger Kollege aus seinem Team – ein wirklich motivierter – sei vor ein paar Jahren, ganz ähnlich wohl wie ich, einfach „verheizt" worden.

„Dieser vermaledeite Druck, der in der Wirtschaft immer größer wird. Wir sind doch keine Maschinen. Irgendwann ist einfach ausoptimiert!", echauffierte sich der sonst so gelassene Bruno. Plötzlich wurde er ernst. Mit leiser Stimme fuhr er fort: „Ich hab dich damals an dem Samstag gesehen. Und dich auch gehört. Wie du den Ball oder was das war gegen die Wand gedonnert hast. Die Schreie …! Ich war drauf und dran, zu euch rüberzugehen, als es plötzlich ruhiger wurde. Deine Mutter kam dann aber gerade nach Hause, deshalb bin ich erst mal hiergeblieben." Er atmete tief durch. „Keine Ahnung, ob du das weißt, Sophie, es ist schon lange her. Vor fast dreißig Jahren hat sich mein Bruder umgebracht. Ganz plötzlich. Niemand in der Familie hat bemerkt, dass es ihm nicht gut ging. Und auch kein Außenstehender, wenn denn überhaupt wer damals etwas mitbekommen haben sollte, hat irgendwie reagiert oder etwas gesagt, weder zu ihm noch zu uns." Wieder hielt er inne, machte eine Pause. „Ich hab mir damals geschworen: Ich werde in Zukunft den Mund aufmachen, wenn's nötig ist. Auch wenn es weh tut, und auch, wenn ich mich vielleicht irgendwo einmische. Weil … so etwas … das muss nicht noch mal passieren."

Der Gartenzaun und die abendliche Sonne waren plötzlich ganz weit weg. Tränen stiegen mir in die Augen. Ich fand keine Worte.

Nach einer kurzen Stille verabschiedete sich Bruno. „Alles Gute, Sophie. Wenn mal irgendwas sein sollte und du dich allein fühlst – komm gern zu uns. Wir sind immer für dich da."

Zurück in der Klinik schnappte ich mir mein Tagebuch und einen Stift, als die Angst und das Gefühl des Verlassenseins wieder mehr Raum forderten. Ich musste etwas niederschreiben, es Schwarz auf Weiß sehen, weil ich mir diesen positiven Gedanken selbst nicht mehr glaubte, so sehr hatte mich die Spirale wieder im Griff.

Ich bin nicht allein. Ich bin es nie gewesen. Selbst in dem Moment, in dem ich glaubte, die ganze Welt hätte mich verlassen, war jemand für mich da und hat auf mich achtgegeben. Ich hab's nur nicht bemerkt.

Eine Zeile aus einem Gedicht aus der Kommunionsvorbereitung fiel mir plötzlich ein: „Dort, wo du nur eine Spur gesehen hast, da habe ich dich getragen."

DIE MACHT DER GEDANKEN

Meine Stimmung war auch am nächsten Tag noch gedrückt und wie immer am Montagmorgen fühlte ich mich hundemüde. Die Visite bot jedoch unerwartet einen großen Lichtblick: Die Ärztin hatte mich endlich für die psychosomatische Klinik angemeldet. Sie hoffte, mir bald einen Aufnahmetermin nennen zu können. Außerdem schob sie mir einen weiteren

kleinen Zettel zu: Anmeldung zur kognitiven Therapie, dienstags von 9–10 Uhr.

Im Anschluss an die Visite stand Laufen auf dem Programm. In der Empfangshalle wurde die Teilnehmerliste überprüft und wir gaben die Patientenkarten bei der Rezeptionistin
ab. Erst dann ging die Tür auf und wir durften nach draußen.
Eigentlich war Joggen alles andere als mein Lieblingssport,
aber es bot schließlich die einzige Gelegenheit, morgens die
Psychiatrie verlassen zu können – wenngleich wir unterwegs
ständig bei der Gruppe und damit in Sichtweite der Trainerin-
nen bleiben mussten. Außerdem machte mir das Intervalltrai-
ning, das ich gemeinsam mit Johanna und Steffi nun schon seit
drei Wochen absolvierte, mittlerweile tatsächlich Spaß. Und:
Meine Stimmung war nach dem Laufen immer deutlich besser
als davor. Inzwischen hatte ich auch herausgefunden, weshalb: Ausdauersport kurbelt die Ausschüttung von Serotonin
an, einem Glückshormon. Und davon hatte ich im Moment
eindeutig zu wenig. Auch diesmal lief ich mit Johanna und
Steffi ein Stück weit vor der Gruppe, nicht so locker jedoch wie
die letzten Male: Meine Hüfte zickte seit dem Wochenende
wieder herum. Ich wollte trotzdem mitlaufen, denn ich hoffte,
dass sich bei Bewegung die heftige Verspannung lockern
würde. Dieser Plan ging tatsächlich auf und nach einer Viertelstunde wurde der Schmerz endlich erträglicher. Während
des letzten Gehintervalls fragte mich die Trainerin, ob ich
wüsste, woher diese Hüftschmerzen kamen.

„Es ist eigentlich einfach nur eine fiese Verspannung der
tief liegenden Hüftmuskulatur", erklärte ich ihr. „Also eigentlich nichts Schlimmes. Woher der Schmerz genau kommt,
weiß ich auch nicht. Aber je schlechter es mir geht oder je mehr
Stress ich habe, desto schlimmer wird es. Manchmal so
schlimm, dass ich nicht mal mehr hundert Meter gehen kann."

Die Trainerin warf mir einen Seitenblick zu. „Gab es denn

schon mal einen Punkt, an dem Sie im übertragenen Sinn keinen Schritt mehr weitergehen wollten?"

Ich stockte in meinem gleichmäßigen Walking-Schritt. War das wirklich möglich? Während ich weiter durch den Wald lief und darüber nachdachte, ob beziehungsweise wann es bei mir einen solchen Punkt gegeben hatte, fiel mir meine Logopädin wieder ein. Als ich ihr ein paar Wochen zuvor von meiner Krankschreibung erzählt hatte, hatte sie überhaupt nicht erstaunt oder überrascht gewirkt, im Gegenteil: Unaufgeregt meinte sie damals lediglich, dass sie das häufig erleben würde. Diese Schwierigkeiten mit der Stimme, gerade Kehlkopfentzündungen, würden oft bei Burn-out-Patienten auftreten. Wenn man das Gefühl hatte, nicht mehr gehört zu werden oder nichts mehr zu sagen zu haben, versagte die Stimme oft tatsächlich.

Das passte genau zu den Gedanken, die mich seit meiner ersten Yogastunde in der Klinik nicht mehr losließen: Ich habe die Macht, die Gedanken und mein Unterbewusstsein auf mich ausüben, so was von unterschätzt.

Und ein Gedanke war fast noch schlimmer: Ich habe verlernt, meinem eigenen Körper zuzuhören und zu vertrauen. Wie kann es denn sonst sein, dass ich vier Sprachen fließend spreche, aber die Signale meines eigenen Körpers nicht mehr richtig deuten kann?

ZWIEBACK DELUXE

Am Nachmittag fand wieder die AGT statt. Diesmal war der Hörsinn an der Reihe. Auf dem kleinen Tisch, auf welchem immer die Objekte für unsere Sinnes-Entdeckungsreise aufgebaut waren, lagen diesmal Klangstäbe, ein Regenmacher und Kastagnetten, aber auch Alltagsgegenstände wie Besteck. Wie jedes Mal versammelten wir uns im Kreis um den Tisch und sollten intensiv und achtsam hinhorchen – als ob wir die jeweiligen Geräusche zum allerersten Mal in unserem Leben hören würden.

Das tiefe Rauschen des Regenmachers empfand ich als wunderbar angenehm, auch das leise, tiefe Rasseln der schweren Gliederkette oder das Klackern der Murmeln im Beutel. Alles andere: Lärm. Langsam aber sicher rückte ich unbewusst aus dem Kreis heraus, immer weiter in den Hintergrund. Die anderen schien nichts zu stören, sie waren engagiert bei der Sache, aber mir war das alles viel zu laut. Die Geräusche taten mir regelrecht in den Ohren weh, ich war heilfroh, als wir uns für den Kreativteil an den Tisch setzen durften. Jeder erhielt einige Blätter, auf dem Tisch lagen auch eine Menge Wachsmalkreiden bereit.

„Ich habe nun fünf verschiedene Geräusche vorbereitet, die Sie malen sollen", erklärte uns die Therapeutin. „Für jedes Geräusch je ein Blatt. Eine Form. Ein Bild. Was Sie möchten."

Nicht schon wieder Geräusche, stöhnte ich innerlich.

Dann spielte sie die CD-Titel ab: Wellenrauschen. Vogelgezwitscher. Das Muhen von Kühen. Klassische Orchestermusik. Das typische Freibad- und Spielplatz-Stimmen-Gewirr. Das Stimmengewirr war uns allen sehr unangenehm. Bei sämtlichen anderen Geräuschen fiel ich aus dem Rahmen: Das Meeresrauschen war viel zu laut, ich malte tiefschwarze, donnernde, eckige Wellen. Danach mit schnellen Strichen das riesige Maul einer Kuh. Das Gezwitscher war einfach nur grell, sodass ich es kaum aushielt und mir nach wenigen Sekunden die Ohren zuhielt. Orangefarbene Blitze. Das Orchester. Wieder Blitze. Mein Kopf fühlte sich an, als wollte er explodieren, ich war wahnsinnig erleichtert, als ich den Raum nach der Abschlussrunde verlassen durfte. Zum ersten Mal nach einer Gruppenstunde ging es mir deutlich schlechter als zuvor.

Eine halbe Stunde blieb noch bis zum Abendessen. Die

hatte ich auch bitter nötig. Ich ging allein im Wald spazieren und versuchte, mein überreiztes Gehirn mit den Achtsamkeitstechniken zu beruhigen. Ich war ganz darauf bedacht, nur zu gehen und den Wald zu riechen, die Sonne, den Wind zu spüren, möglichst nichts zu denken. Und wenn sich doch ein Gedanke in meinen Kopf verirrte, was so einige taten, versuchte ich, ihn nur zu betrachten wie einen Wolkenfetzen, von allen Seiten. Ihn mir aber nicht zu eigen zu machen, ihm keinen Platz zu geben, sondern ihn weiterzuschicken, ganz langsam. Mittlerweile hatte ich darin ein wenig Übung und es klappte immer häufiger. Gedanken anschauen, loslassen, weiterschicken, und dann wieder voll und ganz den Wald um mich herum spüren. Mein Plan ging auf – langsam beruhigte sich mein Kopf wieder, er schien leichter zu werden, ich konnte die Restmenge an Gedanken und Reizen wieder aushalten.

Beim Abendessen genossen Johanna, Steffi und ich unser neuestes kulinarisches Highlight: Butterzwieback. Man konnte abends nicht nur Brot, Semmeln oder Knäckebrot bestellen, hatten wir vor ein paar Tagen herausgefunden. Und tatsächlich brachte der Essensservice nun täglich ein paar Zwiebacke an, sogar die guten, von Brandt! Mmh, waren die lecker! Unsere kulinarischen Ansprüche hatten sich nach zwei Wochen in dieser Klinik drastisch reduziert.

QUERSUMMEN-BINGO

Am Dienstagmorgen war ich schon deutlich wacher als tags zuvor, das lieb gewonnene Yoga musste ich jedoch ausfallen lassen, denn um neun stand zum ersten Mal kognitives Training auf dem Programm. Ich war neugierig, herauszufinden, was hinter dieser rätselhaften Therapie steckte. Ein paar Arbeitsblätter dazu hatte ich im Stationszimmer liegen sehen, aber ich konnte mir nicht vorstellen, dass solche Inhalte wirklich Teil einer Therapie sein sollten. Beispielsweise zehn Obstsorten zu nennen, die mit „A" begannen – das war doch Kindergartenniveau?

Um neun also fand ich mich mit Johanna, die auch zum ersten Mal dabei war, in dem kleinen Therapieraum ein, alle anderen waren schon da: die den Kurs betreuende Psychologin und sechs weitere Patienten. Die ältere, sehr depressive Dame meiner Station. Der Inder, der den ganzen Tag kein Wort sagte. Der junge Mann mit der Glatze, der eigentlich sympathisch aussah, aber sichtlich aggressiv war und sich ritzte. Eine weitere junge Frau, die so dünn und blass aussah, dass sie fast verschwand, und zwei, die ich nicht kannte: eine ältere Frau und ein jüngerer Kerl um die zwanzig. Ein bunt zusammengewürfelter Haufen, wie immer.

Dann teilte die Psychologin doch tatsächlich eines dieser Arbeitsblätter aus. Man musste binnen zehn Minuten herausfinden, wie oft sich ein Q, ein C und O nebeneinander in einer endlosen Buchstabenreihe befanden, und sie einkreisen.

Na gut, dachte ich. Irgendjemand wird sich schon was dabei gedacht haben, mich in diese Therapie zu stecken. Also sollte ich mir das zumindest mal anschauen und nicht gleich bei der ersten Aufgabe meckern.

Die Buchstaben-Kombinationen waren schnell gefunden, das Zählen fiel mir nicht ganz so leicht wie sonst, trotzdem war ich recht schnell fertig, fünf Minuten später dann auch endlich die Letzten in der Gruppe. Die Ergebnisse wurden überprüft, fehlten nur noch die roten oder grünen Stempel wie in der Grundschule. Fast alle von uns hatten die richtige Zahl an Q-C-O-Kombinationen ermittelt.

Die Psychologin teilte das nächste Arbeitsblatt aus. Ein Affe hatte die an den Olympischen Spielen teilnehmenden Länder durcheinandergebracht, Anpama stand dort. Man musste den

Buchstabensalat in Ordnung bringen. Panama lautete die Lösung, wie einfach. Ich war in nicht einmal einer Minute fertig und beschloss, mich direkt im Anschluss an diese Stunde von der Therapie abzumelden. Die übrigen neun Minuten, die wir für die Bearbeitung der Aufgabe Zeit hatten, verbrachte ich mit der eingehenden Betrachtung des Therapieraums.

Die Stunde war leider noch nicht vorbei, es wurde ein drittes Arbeitsblatt voller Zahlen ausgeteilt, die man nach einem bestimmten Muster verbinden sollte: Die Quersumme führte von einer zur nächsten, bis am Ende aus dem Zahlensalat ein Bild entstand.

Zahlen. Mochte ich noch nie besonders und werde ich auch nie besonders mögen. Klar konnte ich die Quersumme von 115 berechnen – 1 + 1 + 5 machte 7 –, aber diese eine Rechnung kam mir weitaus anspruchsvoller vor als die gesamte Bearbeitung der beiden ersten Blätter. Ich musste meinen Kopf richtig verbiegen, meine Hirnwindungen verknoteten sich regelrecht. Dann machte ich sogar noch einen Fehler, sodass ich bei Johanna spicken musste, um weiterzukommen. Nicht nur sie war schon fertig – im Gegensatz zu mir auch fehlerfrei –, sondern auch die Jungs. Dem dünnen Mädchen war alles egal, es umkringelte nur lustlos immer wieder eine Zahl. Ich hatte noch nicht einmal ein vollständiges Bild auf dem vermaledeiten Arbeitsblatt, trotzdem fühlte sich mein Kopf an, als wäre er kurz vorm Platzen. Wegen eines Grundschularbeitsblattes! Ich hatte mich mit Buchstaben schon immer leichter getan als mit Zahlen, das war nichts Neues. Aber dass der Unterschied momentan so extrem war? Dass ich quasi nicht mehr rechnen konnte? Krass. Denksport brauchte ich an diesem Tag sicher nicht mehr, vielmehr eine Pause für mein geschundenes Hirn.

Dieses Erlebnis beunruhigte mich mehr als jede Matheklausur früher. Ob sich das von ganz allein bessern würde, wenn es mir selbst auch wieder besser ging? Dass es für diese kognitiven Defizite extra eine Therapie gab, sprach allerdings eher dafür, dass man das alles wieder trainieren musste. Vielleicht sollte ich mir hin und wieder ein Sudoku schnappen.

1. September

Ich sitze auf einer alten Holzbank in der Sonne und sinniere vor mich hin. Es geht mir gerade gut. Und ich habe hier viel Zeit zum Nachdenken. Ich bin 27. Jung, würden die meisten wohl sagen. Und trotzdem fühle ich mich gerade uralt.

In den letzten zehn Jahren habe ich mehr von der Welt gesehen, als ich mir je hätte träumen lassen. Ich habe ein halbes Jahr am anderen Ende der Welt gelebt und in der Magellanstraße Pinguine beobachtet. Ich bin weit gereist, alleine, auf mich gestellt. Ich habe Menschen kennengelernt, die von allen Ecken und Enden der Welt stammen und unterschiedlicher nicht sein könnten. Ich habe Olympische Spiele miterlebt. Blitzlichtgewitter auf roten Teppichen war mein Alltag geworden. Ich habe gelacht, gefeiert, geliebt, geweint, getrauert, gekämpft. Ich habe gelebt; das Leben – mein Leben – geliebt. In den letzten Wochen nun habe ich Tiefen entdeckt, von denen ich nicht einmal ahnte, dass es sie überhaupt gibt. Erst recht nicht, dass es sie in mir gibt.

Ich war lange Zeit meine eigene Pippi Langstrumpf gewesen. Unaufhaltsam bin ich durch die Welt gezogen, frei, glücklich und wunderbar. Mit 27 Jahren habe ich mir die meisten Träume, die ich als Kind hatte, erfüllt. Viel mehr noch: Ich habe Dinge erlebt, gesehen und gelernt, von denen ich nicht einmal zu träumen gewagt hätte. In diesen Momenten, wenn ich mich an all das erinnere, fühle ich mich, als wäre ich bereits uralt. Was soll da noch kommen?

Und dann, keinen Augenblick später, fühle ich mich wieder wie nach dem Abi. Ich befinde mich an einer Weggabelung. Mir stehen vielleicht sogar noch mehr Türen offen als vor knapp zehn Jahren. Die Entscheidung ist leider nicht leichter geworden. Mittlerweile habe ich gelernt, dass es nicht nur den einen richtigen Weg gibt. Dass

Umwege manchmal die schöneren, besseren, bunteren Wege sind.
Aber nach wie vor stellt sich dieselbe Frage: Welchen Weg will ich
gehen? Welche Umwege lohnen sich?

Wenn das Leben ein Monopoly-Spiel wäre, stünde ich gerade wieder auf „Los": Begib dich direkt dorthin. Ziehe nicht DM 4.000 ein.
Ob mir das nun passt oder nicht.

EINS ZU NULL

Am Nachmittag ging ich wieder zur Depressionsgruppe. Diese Woche besprachen wir die Symptome der Krankheit. Gemeinsam sammelten wir also, was auf uns alle zutraf: Verlust der Tagesstruktur. Passivität. Zynismus. Rückzug. Abwehr. Verlangsamung. Interessensveränderung. Antriebslosigkeit. Einsamkeitsgefühl. Aggressivität. Angst. Gefühlskälte und innere Leere. Trauer. Aufbau eines emotionalen Panzers. Überreizung. Appetitstörung. Verlust des Selbstwertgefühls bzw. eigene Abwertung. Konzentrationsschwäche. Gedankenkarussell. Entscheidungs-/Entschlussunfähigkeit. Negativität. Schlaflosigkeit bzw. Schlafstörungen. Albträume. Müdigkeit. Schmerzen. Schreckhaftigkeit. Kraftlosigkeit.

Ich betrachtete die Formulierungen an der Tafel. Ich betrachtete meine Mitschrift. Ich hatte jedes einzelne dieser verdammten Symptome gehabt. Jedes. Einzelne.

Als ich mir anhörte, was die anderen zu den Symptomen zu sagen wussten, konnte ich es kaum fassen. War ich der einzige Depp hier im Raum, der wirklich jedes einzelne Symptom gehabt hatte?

Dann hielt ich inne. Und lächelte. Der jedes einzelne Symptom gehabt hatte. Hatte. Vergangenheit! Das war keine Einbildung gewesen vergangene Woche. Ich hatte die Abwärtsspirale also wirklich gestoppt!

Vorn zeichnete die Psychologin eine Abwärtsspirale an die

Tafel. „Man kann sich die Entwicklung einer Depression wie eine Spirale vorstellen", sagte sie.

Ich musste grinsen. Intuitiv hatte ich sogar das richtige Wort erwischt.

„Die Abwärtsspirale", fuhr sie fort, „beginnt in der Regel mit einer großen Belastung, ergreift zuerst die Gefühle, dann die Gedanken, schließlich den Körper und zuletzt unser Verhalten. Nach unten hin dreht sie sich immer schneller und ist immer schwieriger zu stoppen. Der Weg nach oben, raus aus der Depression, ist kräftezehrend und dauert sehr viel länger. Stellen Sie sich ein Treppenhaus vor. Nach oben zu laufen ist sehr viel mühsamer als nach unten!"

Als sie weitersprach, hörte ich ihr schon nicht mehr zu. Stattdessen malte ich eine Aufwärtsspirale in meinen Kalender, der gerade als Notizbuch dienen musste. Eine dicke. Ein Triumphgefühl erfasste mich. Hatte! Ich war schon wieder auf dem Weg nach oben. Vielleicht stand ich erst auf der untersten Treppenstufe. Aber die Talsohle hatte ich schon wieder verlassen. Es ging wieder aufwärts!

Eins zu null für mich, liebe Depression!

2. September

Diese Generation Y. Angeblich bin ich auch eine von denen. Was uns auszeichnet? Ich bin mir nicht sicher. Ich habe viele Artikel dazu gelesen. Angeblich könnten wir es uns leisten, auf der Work-Life-Balance zu beharren, da die Wirtschaft sich um uns reißt.

Zwei Fragen: Wirklich? Und was ist eine „Work-Life-Balance" eigentlich? Sich zum Ausgleich des stressigen Berufslebens noch ein stressiges Privatleben anzuschaffen? Das habe ich ganz gut hingekriegt. Klar, ich habe viel erlebt. Eine Zeit lang hat mir das auch gutgetan, ganz nach dem Prinzip der Genuss- und Achtsamkeitstherapie: Man kann die Seelenwaage mit vielen schönen Momenten wieder ins Gleichgewicht bringen. Das hilft zwar, jedoch nicht langfristig.

Zurück zur Generation Y. Ich glaube, es ist vor allen Dingen eines, das sie eint: Wir haben alle Möglichkeiten – die Welt liegt uns zu Füßen. Unsere Eltern haben vielen von uns eine schöne Kindheit geboten, wir sind behütet aufgewachsen – und sie besitzen die finanziellen Mittel, uns eine gute Ausbildung zu ermöglichen. Uns stehen nun alle Türen offen. Und das ist der eigentliche Unterschied, meine ich: Wir haben die Qual der Wahl. Woher soll man wissen, welche Ausbildung, welcher Studiengang der richtige ist? Ist es richtig, die Heimat zu verlassen? Oder doch zu Hause zu bleiben? Wie kann man denn noch mithalten, wenn Auslandserfahrung, zahllose Praktika und Mehrsprachigkeit beinahe jeder vorweisen kann in einer Gesellschaft, in der es schlecht ist, Durchschnitt zu sein?

Ich habe mein Abi mit 1,4 bestanden, hätte Medizin oder Jura studieren können. Ich entschied mich für Kulturmanagement. An einer FH. Eigentlich hätte ich lieber Germanistik oder Romanistik studiert. Aber – Jobaussichten für Germanisten und Romanisten? Eher schlecht. Also wurde es der Kompromiss – Wissenschaft mit Wirtschaft. Ich habe das Studium genossen und im Anschluss, wenn auch zugegebenermaßen mit Glück, den perfekten Job gefunden. Trotzdem: In manchen Momenten, in denen ich nachdenklich wurde, in denen es mir vielleicht gerade nicht so gut ging, fragte ich mich damals und tue es auch heute noch immer wieder: Hätte ich nicht mehr aus mir machen können?

Das, so denke ich heute, macht die Generation Y aus: Uns stehen alle Türen offen, doch damit liegt auch unser Lebensglück komplett in der eigenen Hand. Wir müssen – und wollen! – unsere Lebensentscheidungen selbst treffen. Und können dann jedoch in der Konsequenz niemanden außer uns selbst für Misserfolge verantwortlich machen. Keine Eltern. Kaum noch gesellschaftliche Konventionen. Und schon gar keinen Krieg oder Diktaturen. Wir sind für uns verantwortlich. Im Guten wie im Schlechten. Diese Last wiegt schwerer auf uns, als wir alle denken.

Theoretisch haben wir die besten Voraussetzungen dazu, ein

perfektes, glückliches Leben zu führen. Wir optimieren und optimie-
ren. Und vergessen dabei, dass wir trotz aller offen stehenden Türen
und Möglichkeiten nur Menschen sind. Eben nicht perfekt.

GUTE NACHRICHTEN

Steffi und Johanna waren mit Packen und den Abschluss-
gesprächen mit ihren Psychologinnen beschäftigt, draußen
war das Wetter schlecht – also setzte ich mich, wie mittlerweile
in jeder freien Minute, vor den Laptop und sortierte meine Gedanken. So, wie ich meine Sinne draußen mit den Achtsamkeitsübungen erdete, so beruhigte ich immer öfter die Stürme
in meinem Kopf mit Laptop oder Stift. Ich zog plötzlich klare
Ideen, Schlussfolgerungen, oft auch Lösungen und Erklärungen aus den sonst so wirren Tornados; Satzanfänge fanden
ihre Satzenden, Fragen ihre Antworten, vage Ideen verknüpf-
ten sich mit handfesten Erlebnissen. Oft machten sich meine
Hände und Gedanken selbstständig; ich tippte, ohne groß zu
denken. Gerade dann verstand ich oft plötzlich, was so lange
keinen Sinn ergeben hatte.

An diesem Dienstag war wieder unglaublich viel passiert,
dabei hatte ich mich nicht einmal 500 Meter von meinem Bett
wegbewegt. Ich hatte so viel im Kopf, dass ich gar nicht dazu
kam, darüber traurig zu sein, dass Steffi und Johanna am
nächsten Tag die Klinik verlassen würden. Die beiden aber
waren ganz schön aufgeregt. Johanna zusätzlich, weil es ihr
immer noch nicht besser ging – ihre Medikamente wurden wegen der starken Nebenwirkungen erst mal wieder ausgeschlichen. Steffi war auch aufgeregt, aber heilfroh darüber, endlich
aus der Psychiatrie herauszukommen.

Als am späten Nachmittag Johannas Pinnwand und ihr
Fensterbrett komplett leer geräumt waren, gelang es mir
schließlich nicht mehr, ruhig zu bleiben. Was würde ich nur

ohne die beiden tun? Noch dazu, da immer noch nicht absehbar war, wie lange ich nun noch hierbleiben musste. Am Donnerstag hatte ich einen kleinen Ausflug mit meiner Schwester geplant, das Wochenende würde ich natürlich wieder zu Hause verbringen. Aber sonst?

Passend zur Stimmung kippte auch das Wetter. Es wurde immer kälter und als die beiden am Abend ihre Koffer nach draußen brachten, begann es zu regnen. Wir hatten eigentlich einen gemütlichen letzten Abend im Park geplant gehabt, mit der Slackline und Pizza. Jetzt saßen wir mit unserer Pizza, die uns direkt vor die Eingangstür geliefert worden war, auf der Bankgruppe im recht ungemütlichen Eingangsbereich. Wir ratschten ein wenig beim Essen. In den letzten Tagen hatten wir die neuen Kliniken bis ins kleinste Detail auseinandergenommen. Die zwei hatten ihre Packlisten verglichen, wir hatten gegenseitige Besuchspläne gemacht, es war alles für den Abschied vorbereitet. Ich blieb übrig. Als Einzige von uns dreien würde ich in der Psychiatrie bleiben, noch war nicht absehbar, wie lange.

Plötzlich stand Ruth hinter mir. Ich solle zum Stationszimmer kommen, die Schwester wollte mich sprechen. Mit ihrem breitesten Lächeln plapperte sie – ungewohnt fröhlich – weiter: „Bestimmt eine Nachricht von der anderen Klinik!"

Ich wollte es nicht glauben, mich nicht zu früh über etwas freuen, was am Ende womöglich gar nicht stimmte. Steffi und Johanna aber brachte das nicht davon ab, Ruth heiter zuzustimmen: „Oh bestimmt! Du kommst mit uns mit!"

Schwester Uta hatte heute Dienst, die mochte ich. Als sie mich sah, setzte sie bereits ein breites Lächeln auf und überbrachte mir tatsächlich die heiß ersehnte Nachricht aus der Klinik: Ich würde nächsten Dienstag erwartet. Endlich! Mit einem festen Abreisetermin würden sich die Tage hier allein aushalten lassen.

JEANETTE

Der Abschied von Johanna und Steffi am nächsten Tag war recht unspektakulär. Wir frühstückten noch gemeinsam, und zwischen zwei Therapien umarmten wir uns zum vorerst letzten Mal.

Nach dem Abschied ging ich zum Sport. Als ich wieder zurückkam, war Johannas Bett schon neu belegt. Sie war noch keine halbe Stunde weg! Ich war zu diesem Zeitpunkt vielleicht etwas übersensibel, das schreibe ich nicht nur rückblickend, das war mir auch damals schon bewusst. Aber diese Menschen, die mit einer unsichtbaren Welle alles um sich herum erdrücken, einfach nur, indem sie da sind – die finde ich unglaublich unangenehm. Und das war auch jetzt so, erst recht natürlich, da ich im Moment so viel Raum und Platz für mich brauchte wie nie zuvor. Ich hatte die neue Zimmergenossin noch nicht einmal gesehen, da spürte ich bereits diese Aura. Eine Aura, die das ganze Zimmer ausfüllte. Für mich und meinen aktuell größeren persönlichen Raumbedarf war da kein Platz mehr.

Aber nicht nur meine psychische Wohlfühldistanz wurde bedrängt, auch der tatsächliche Raum im Zimmer: Zwei riesige, teils noch mit braunem Paketband umwickelte Koffer lagen im Zimmer herum, Tupperboxen in den verschiedensten Größen stapelten sich auf dem Fensterbretter, Taschen und Jacken lagen auf zweien der drei Stühle – unter anderem auf meinem Handtuch! –, und mittendrin stand Johannas Nachfolgerin, so wenig Johanna wie nur irgend möglich. Sie war in etwa so groß wie ich, also gewiss eins fünfundsiebzig, trug eine altmodische Kurzhaarfrisur und flatternde Kleidung, die am ehesten noch an einen Thailand-Rucksack-Trip erinnerte. Auf ihrer Nase saß eine merkwürdige Brille, insgesamt wirkte die Neue recht plump.

„Hallihallo, ich bin Jeanette!", schleuderte sie mir mit einer tiefen, voluminösen Stimme entgegen, noch bevor ich überhaupt bis zu meinem Bett vorgedrungen war.

Ich wich zurück. Ich hatte das Gefühl, als würde das Zimmer beben, so laut und durchdringend war ihr Organ. Viel zu laut.

„Ähm, hallo", murmelte ich überfordert.

Johanna hatte vor nicht einmal einer Stunde die Klinik verlassen und nun herrschte hier dieses – mein Blick schweifte noch einmal fassungslos über das Chaos, das diese Person innerhalb von maximal dreißig Minuten angerichtet hatte – Monstrum?!! Hilfe suchend drehte ich mich zum dritten Bett hinüber, doch Ruth war nicht da.

„Kann ich ins Bad?", fragte ich nur, wartete aber die Antwort gar nicht erst ab, sondern flüchtete mich umgehend ins Badezimmer. Hier hatte die Neue noch keine Spuren hinterlassen. Ich duschte recht ausgiebig – langsam hatte ich auch für diesen suizidsicheren Duschkopf eine Taktik entwickelt – und versuchte, meine Gedanken neu zu ordnen und Zeit zu gewinnen … Verdammt. Ich hatte vergessen, andere Klamotten mit ins Bad zu nehmen. Jeanette war immer noch da, deutlich zu hören. Offenbar machte sie auch keinerlei Anstalten, das Zimmer demnächst zu verlassen.

Als ich, in mein Handtuch gewickelt, kurz aus dem Bad hüpfte, um Unterwäsche und zumindest meine Jogginghose aus der Tasche am Bett herauszufischen, hallte es umgehend „Und, wie lange bist du schon da?" von rechts. „Ich habe gehört, hier soll's gut sein. Ich habe mich hier selbst eingewiesen. Wirkt auch alles viel freundlicher als in Haar!"

„Zwei Wochen", antwortete ich verschreckt und huschte wieder zurück ins Bad. Hilfe! Sie war in Haar gewesen? Dem Haar? Als Kinder hatten wir uns damit immer gegenseitig aufgezogen: Wenn du dich weiter so aufführst, dann bringen die Männer mit den weißen Kitteln dich nach Haar, in die Klappe!

Ja gut, das hier war auch eine Psychiatrie. Aber Haar war irgendwie eine andere Nummer. In meinem Kopf zumindest.

Ich rief mich selbst zur Vernunft, ließ mir Zeit, aber schließlich musste ich doch wieder nach draußen, in dem kleinen dampfigen Bad war es nach dem Föhnen nicht länger auszuhalten. Ich hatte die Tür noch nicht ganz geöffnet, da dröhnte diese Stimme schon weiter.

„Weißt du schon, wie lange du noch bleiben wirst?"

Heilfroh brummte ich „eine Woche noch" und nannte ihr die Klinik, in die ich wechseln würde.

„Ach toll, deswegen bin ich eigentlich hier, da will ich auch unbedingt hin! Hab gehört, dass man von hier aus echt schnell einen Platz kriegt!"

Ach so? Schön. Verzweifelt schnappte ich mir Laptop, Handy und Wasserflasche und flüchtete aus dem Zimmer. Hilfe! Wie sollte ich das bitte eine ganze Woche überleben?

Hinter dem Aufenthaltsraum auf der anderen Seite der Treppe gab es ein kleines Eckchen, in dem der Fernseher und der Billardtisch standen (die Queues waren mittlerweile wieder ganz), außerdem zwei kleine runde Tische und ein paar Stühle aus hellem Holz. Der Fernseher lief beinahe den ganzen Tag, aber gerade war er aus. Ich setzte mich also dorthin und begann zu schreiben.

Nach einer Weile tippte mir jemand auf die Schulter, ich zuckte zusammen. Nur Ruth, Gott sei Dank.

„Hat sie dich auch aus dem Zimmer verjagt?", fragte sie mich sichtlich verstimmt. So hatte ich die sonst so ruhige Ruth noch gar nicht erlebt. Sie war eigentlich eine Seele von Mensch, gutmütig und gelassen.

„Nein", brummte ich. „Ich bin freiwillig gegangen. Hab's da drin nicht mehr ausgehalten."

„Hm." Ruth nickte. „Ich auch. Ich vermisse Johanna jetzt schon …"

Sie verabschiedete sich brummelnd und ging wieder nach unten, vermutlich in Richtung Raucherecke, und ich schrieb weiter.

Wie konnte ein eigentlich geräumiges und sogar halbwegs gemütliches Zimmer – wir hatten sogar eine Orchidee und eine riesige Sonnenblume auf dem Fensterbrett, die man nun hinter den Tupperdosen allerdings kaum mehr sah – binnen Minuten zu einem winzigen Käfig zusammenschrumpfen, aus dem alle freiwillig flüchteten?

3. September

Heute Nachmittag bin ich zum dritten Mal bei der jungen Psychologin gewesen. Ich erzählte ihr von dem Monstrum, das gestern in mein Zimmer eingefallen ist. Daraus entstand ein Thema, mit dem wir die ganzen fünfzig Minuten füllten: Was stresst mich? Und wie kann ich am besten entspannen?

Wir begannen bei heute Morgen. Was genau an Jeanette setzte mich unter Strom? Und dann wanderten wir gedanklich zurück, bis wir wieder bei der Arbeit, bei den alten Problemen ankamen: Zeitdruck. Meiner eigenen Unzufriedenheit über den Job (was in sehr engem Zusammenhang mit ersterem stand). Fehlendem (Gestaltungs-)Freiraum. Jemandem absagen zu müssen. Unmenschlichkeit. Machtlosigkeit.

Je länger ich überlegte, desto länger wurde die Liste. Bis ich feststellte, dass die meisten Punkte in eine ganz ähnliche Richtung abzielen: Sie betreffen immer Situationen, in denen man mir mein eigenständiges Denken verbieten will, Harmonie und Menschlichkeit von sinnlosem Kontra und unmenschlichen Erwartungen abgelöst werden. Und, sehr wichtig: Wenn ich meinen eigenen Erwartungen nicht gerecht werde, aus welchem Grund auch immer, dann bin ich gestresst.

Schließlich fragte mich die Psychologin, wie ich denn entspanne, ob ich eine Methode gefunden hätte, die zuverlässig funktioniert.

Turnen, Tanzen und auch das Yoga hier würden bei mir immer gut funktionieren, antwortete ich ihr, ohne dass ich groß darüber nachdenken musste. Da bin ich völlig bei mir. Ich konzentriere mich nur auf meinen Körper, ich spüre die Bewegungen, Anspannung und Entspannung und meine eigene Kraft so deutlich und intensiv wie sonst selten. Ich liebe dieses Gefühl. Wenn ich in die Turnhalle gehe oder wenn ich tanze, verschwindet alles andere aus meinem Kopf, dann gehe ich ganz in der Bewegung auf.

Daraufhin fragte sie mich, wie oft ich noch turne oder tanze. Die Antwort hatte ich nicht so schnell parat. In den letzten Monaten, ja sogar Jahren – kaum noch. Wann habe ich das letzte Mal wirklich geturnt? Wann das letzte Mal getanzt?

Ich habe einen kapitalen Fehler begangen, erkannte ich. Das beste Gegenmittel, das ich persönlich gegen Stress in der Hand hielt und immer noch halte – ich habe es nicht genutzt. Ich habe, mal wieder, einfach keine Zeit für mich gehabt: Die Arbeit, Freunde, die Beziehung – alles andere ist wichtiger.

„Fangen Sie wieder damit an! Sie sind für sich selbst verantwortlich: Sie müssen sich die Zeit nehmen. Die schenkt Ihnen keiner. Kümmern Sie sich um sich, wie Sie sich um Ihre beste Freundin kümmern würden", antwortete die Psychologin.

Diesen Appell habe ich dringend nötig. Wie oft habe ich mich erledigt oder krank zu Verabredungen oder in die Arbeit geschleppt? Von einer Freundin oder einem Kollegen hätte ich das nie erwartet. Sobald ich zu Hause bin, gehe ich wieder turnen oder tanzen. Mindestens einmal die Woche. Das ist machbar und das muss machbar sein. Ich tanze wieder. Ich turne wieder. Und dann fliege ich wieder!

MORGENDLICHES MANTRA

Im Stillen dankte ich meiner Mutter, die mir zu Hause Ohropax in den Waschbeutel geschoben hatte. Nachdem Jeanette den ersten Teil der Nacht im 30-Minuten-Takt abwechselnd ins Bad und zum Stützpunkt gelaufen war, sich die 29 Minuten dazwischen geräuschvoll in ihrem Bett mir gegenüber hin- und hergewälzt hatte, war sie nun endlich eingeschlafen. Und schnarchte wie ein Walross. Man hörte sie vermutlich auch noch drei Zimmer weiter.

Ich schob die Ohropax tiefer, drückte mir mein zweites Kissen aufs Ohr und versuchte einmal mehr zu schlafen. Zwischendrin hörte ich auch Ruth rascheln, sie konnte wohl auch kein Auge zutun. Irgendwann schlief ich schließlich endlich ein. Bis jemand in aller Herrgottsfrühe ein „Guten Morgen!" durchs Zimmer schmetterte und Ruth, die immer sehr früh aufstand, in ein Gespräch verwickelte. Es dämmerte gerade erst, ich war hundemüde. Gereizt zeterte ich, dass sie gefälligst leise sein sollten!

Stille. Ich hörte, wie sich die Tür öffnete und schloss, wahrscheinlich Ruth, die zum Rauchen ging. Jeanette war offensichtlich im Bad verschwunden, da dort der Wasserhahn aufgedreht wurde. Ich drehte mich zur Wand, schnaufte verzweifelt und versuchte, wieder einzuschlafen. So still war es in diesem Zimmer die ganze Nacht nicht gewesen. Bis Jeanette im Bad anfing, laut, in einem gleichbleibenden Rhythmus zu sprechen. Es war nicht wirklich zu verstehen, was sie sagte, es war wohl eine Art Mantra. Offensichtlich ging es ihr nicht nur diesen Sommer scheiße, so wie mir, sondern wohl schon immer. Aber ich hielt es nicht aus. Keine Chance. Ich konnte kein Fünkchen Emotion für sie finden, hatte kein Mitleid für eine vollkommen Fremde, die noch dazu in meinen heiligen Schutzraum eingebrochen war wie ein Elefant. Ich musste mich wirklich sehr zusammenreißen, um weder vor Wut noch mit einem verzweifelten Lachanfall zu explodieren. Nach einer gefühlten Ewigkeit war es wieder still. Ich stellte mich schlafend, bis sie endlich das Zimmer verlassen hatte, dann schlief ich sogar wieder ein.

Als ich zwei Stunden später aufstand, entdeckte ich im Bad den Ursprung des morgendlichen Mantras: eine bunte Postkarte neben dem Spiegel, auf der stand: Du bist ... gefolgt von circa zwanzig positiven Adjektiven wie freundlich, klug und schön. Ich starrte die Karte ungläubig an. Dass es das wirklich gab! Dieses ausdauernde Selbstwert-Mantra würde ich nun wohl jeden Morgen hören. Seufzend beendete ich meine Morgentoilette, zog mich an, schnappte mir die Wasserflasche und ging zum Stützpunkt, um das morgendliche Messen, Wiegen und Medikamentenehmen hinter mich zu bringen. Um halb neun begann bereits die Yoga-Stunde, die ich auf gar keinen Fall verpassen wollte, ich musste mich beeilen. Mittlerweile gehörte ich zu den „alten Hasen" und gesellte mich, meine Essensgefährtinnen Johanna und Steffi waren schließlich nicht mehr da, zur Damenrunde. Elvira aus der Kunsttherapie saß an dem Tisch, wieder besser gelaunt, dann eine Neue, die meistens heulte, sonst aber nett war – und die andere Burnout-Patientin: eine Bänkerin, die mit mir in die AGT-Gruppe ging. Obwohl ich die vergangenen zwei Wochen ausschließlich mit Johanna und Steffi verbracht hatte, gehörte ich irgendwie dazu.

Am Nachmittag unternahm ich einen Ausflug mit meiner Schwester. Mit ihr unterwegs zu sein war noch tausendmal besser als nur mit ihr zu telefonieren. Außerdem genoss ich ohnehin jede Minute, die ich außerhalb der Psychiatrie (und neuerdings auch weit weg von Jeanette) verbrachte. Umso mehr, wenn sich jemand, der einen großen Platz in meinem Herz hatte, für mich Zeit nahm.

DER SOMMER DES JAHRHUNDERTS

Wie jeden Tag lagen ein paar Zeitungen vom Vortag, diesmal dem dritten September, im Aufenthaltsraum herum. Auf allen prangte der gleiche Aufmacher: das Foto von dem kleinen syrischen Jungen, Aylan Kurdi, der tot an einen türkischen Badestrand angespült worden war. Angela Merkels historische „Wir schaffen das!"-Rede auf der Bundespressekonferenz war drei Tage alt. Am Rande hatte ich das mitbekommen.

Dieser Sommer, den ich in der Psychiatrie verbrachte, veränderte Deutschland, veränderte Europa, veränderte die Welt, wie ich sie kannte. Alles war im Umbruch. Es schien, als hätte die Erde im Laufe weniger Monate ihre Umlaufgeschwindigkeit vervielfacht, die Ereignisse überschlugen sich, waren nicht fest- oder aufzuhalten. Ich hingegen steckte in einem Zeitvakuum. Während sich alles um mich herum nicht nur weiter-, sondern immer schneller drehte, stand meine Welt still. Meine Welt bestand nur noch aus mir selbst.

Hin und wieder, wenn ich doch mal auf Facebook unterwegs war, tauchten von Freunden geteilte Nachrichten oder Videobeiträge in meinem Facebook-Feed auf. Trotz meiner dürftigen Nachrichtenlage war mir klar, dass es spätestens jetzt an der Zeit wäre, selbst aktiv zu werden, die Veränderungen mitzugestalten. Doch ich schaffte es nicht einmal, mehr als die Titelblätter der alten Zeitungen zu lesen, geschweige denn Nachrichten zu schauen. Mein Kopf funktionierte, ich wusste, was diese Ereignisse für meine, unsere Welt bedeuteten. Aber ich ließ nicht zu, dass die Gedanken sich dort auch setzten.

Ich kann mich sehr gut an den Moment erinnern, in dem ich das Bild sah. In den wenigen Sekunden, die ich benötigte, um zu begreifen, was darauf abgebildet war, brannte es sich in meinem Gehirn ein. Und ich kann mich erinnern, wie ich im selben Moment intuitiv die Mauer um mich herum höher zog, das Vakuum verdichtete. Ich war raus. Und ich musste raus bleiben, abseits von der Welt. Dieses Bild zeigte wie kein anderes, wie in diesem Sommer die Menschlichkeit plötzlich in Frage gestellt wurde.

Ich hatte mich nicht bewusst von der Außenwelt abgekapselt. Dieses Vakuum war irgendwann einfach da gewesen, was ich weder gut noch schlecht fand. Rückblickend erkannte ich, dass dieses Vakuum überlebenswichtig für mich gewesen war. Wie hätte ich je wieder aus einer Depression herauskommen sollen, während meine Welt in Chaos, Elend, Grauen und Gefühllosigkeit aufging? Der Niedergang der Menschlichkeit machte mir Angst – und diese Angst würde mich auffressen, ließe ich die Emotionen an mich heran. Also ließ ich auch die Nachrichten nicht an mich heran. Ich hielt mich von Zeitungen und Gesprächen über die aktuelle politische Lage fern. Solche gab es auch in der Psychiatrie, wenn auch nur sehr vereinzelt. Der Sommer des Jahrhunderts, der Flüchtlingssommer – er zog an mir vorbei.

4. September

Heute bin ich genau drei Wochen in der Psychiatrie. Es geht mir sehr viel besser als am Anfang. Zum einen haben die Tabletten, die mir die Ärztin in München noch verschrieben hat, beinahe zeitgleich mit der Einlieferung angefangen zu wirken – und mittlerweile weiß ich, dass es alles andere als selbstverständlich ist, dass die ersten Medikamente anschlagen UND keine Nebenwirkungen verursachen. Zum anderen fühle ich mich gut aufgehoben.

Dennoch: Die kleinste Überanstrengung oder Stress bemerke ich sofort. Ich habe gelernt, wie ich dagegen ankämpfen kann, und rutsche nicht mehr ab. Aber das kostet mich unheimlich viel Kraft. Nach wie vor gibt es Tage, an denen ich grundlos schlecht gelaunt bin, oder solche, an denen ich einfach keine Energie habe. Ich muss mich erst langsam an meinen „neuen" Körper und vor allem an meinen „neuen" Kopf gewöhnen.

Es ist wie beim Turnen: Ich habe bestimmt Tausende von Rädern geschlagen. Mein Kopf und meine Nervenbahnen wissen genau, was sie tun sollen. Wenn ich jetzt ein Rad turnen will, reagiert mein

Körper also genau so wie schon die letzten tausend Male. Aber meine Muskeln und Sehnen sind schon lange nicht mehr so dehnbar wie früher. Das Ergebnis: Ich turne zwar das Rad immer noch sauber, spüre aber sehr deutlich, dass die Bewegung an meinen Oberschenkeln zieht, und manchmal, wenn ich völlig eingerostet bin, gerät das Rad sogar ein bisschen schief.

Genau so fühlt sich im Moment sehr vieles an: Ich weiß, dass ich, wie zuletzt in der kognitiven Therapie gefordert, eine Quersumme berechnen kann. Aber es kostet mich so viel mehr Energie, als ich es gewöhnt bin, meine Nervenbahnen scheinen sich dabei regelrecht zu verknoten. Ich weiß auch, dass ich meinem Körper eine halbe Stunde Fitnesstraining eigentlich locker zumuten kann. Im Moment aber fällt es mir sehr schwer, meine eigene körperliche Belastbarkeit richtig einzuschätzen, so wechselhaft ist sie geworden. Und ich weiß natürlich genauso, dass mir in einer vollen Kirche wie vergangenen Sonntag mit Caro oder in einem vollen Café keinerlei Gefahr droht. Die Angst- und Fluchtgedanken im Zaum zu halten, kostet mich jedoch meine ganze Konzentrationsfähigkeit.

Mein Kopf und auch mein Körper brauchen nach solchen Momenten eine lange Ruhepause. Auch dieses Bedürfnis kenne ich so bisher nicht.

Nicht zum ersten Mal beschleicht mich das Gefühl, dass Gesundwerden in meinem Fall heißt, mich neu auf mich einzulassen. In einem schlauen Artikel, ich weiß leider nicht mehr, in welchem, habe ich kürzlich einen sehr klugen Satz gelesen: Reisen bedeutet, sich selbst fremd zu werden.

Ich denke, das sollten wir alle öfter tun. Nicht unbedingt Reisen. Das ist zwar schön, aber nicht notwendig. Wir sollten öfter einfach mal einen Schritt zurücktreten von dem, was wir glauben zu sein, und uns ganz neutral analysieren. Ohne Wertung alle Regeln und Voreingenommenheiten über Bord werfen und uns fragen: Bin ich wirklich der Mensch, der ich aus tiefstem Herzen sein will?

KOTELETT FÜR DEN KOPF

Wochenende! Keine Schnarcher im Zimmer! Gutes Essen! Was für Kleinigkeiten mittlerweile reichten, um mich in Hochstimmung zu versetzen. Ich stand bereit – es war schließlich bereits kurz nach acht –, um zum letzten Mal von meinem Wochenend-Taxi abgeholt zu werden. Jeanette sei Dank hatte ich nun die dritte Nacht in Folge mehr als schlecht geschlafen und war tagsüber nicht mehr wie zuvor hauptsächlich mit mir selbst und meiner Genesung beschäftigt, sondern vor allem damit, gewissen Personen aus dem Weg zu gehen, dank des plötzlich kühlen Herbstwetters nicht unbedingt einfach. Zudem machte sich eine leichte Erkältung bemerkbar, ich hatte den Temperaturumschwung unterschätzt. Folglich war ich nicht besonders gut aufgelegt, sondern ziemlich müde, fühlte mich mal wieder schwach und unsicher. Aber die Aussicht auf das Wochenende zu Hause hellte meine Stimmung deutlich auf.

Wie auch am vergangenen Wochenende hatte meine Ärztin mich dazu angehalten, mir einen detaillierten Plan mit Pausen für die beiden Tage zu Hause zu notieren. Ich war im Moment sowieso überhaupt nicht motiviert, irgendetwas zu tun, ich wollte einfach zu Hause sein, mit der Katze auf dem Bauch auf dem Sofa sitzen und meiner Familie bei dem zusehen, was sie so taten, und wenn es nur Putzen und Kochen war. Vor allem wollte ich eins: in Ruhe schlafen. Der Plan lautete also wie folgt:

Samstag: Frühstück bis zehn, anschließend Wäsche waschen, Pause machen bis Mittag, Essen, wieder Pause, grillen mit den Mädels nachmittags um vier.

Sonntag: ausschlafen, Mittagessen, Pause, packen für die neue Klinik gegen drei, danach selbst (!) nach München in meine Wohnung fahren, Pause und Abendessen gegen sechs; dann fertig packen, weiter in die Psychiatrie fahren.

Hoch spannendes Programm also. Das Highlight war ganz eindeutig das Grillen am Samstagabend, Helenes letztes Wochenende in der alten Heimat. Die Mädels wussten Bescheid, wie es mir ging, ich hatte von vornherein angekündigt, dass ich nicht lange bleiben würde, nur zum Essen. Wie bei Helenes Willkommensparty empfand ich die Situation als eigenartig: Es war schön, sie alle wiederzusehen. Aber das fröhliche Durcheinander überlastete mein Gehirn. Ich fühlte mich verloren. Wie ein Schatten meiner selbst. Ich musste mich unglaublich anstrengen, um einem Gespräch – und an diesem Tisch liefen immer mehrere gleichzeitig – folgen zu können. Mein Kopf setzte immer wieder einfach aus. Ich war froh, als ich mein Kotelett vom Grill holen konnte. Das war real, damit konnte ich mich beschäftigen, es holte mich ins Hier und Jetzt zurück. Wenn ich aß, konnte mein Kopf nicht in die Wolke abdriften. Damit ich nämlich überhaupt essen konnte, musste mein Gehirn an Ort und Stelle seine Arbeit verrichten, also in meinem Körper sein. Der volle Teller beschäftigte mich dann aber so sehr, dass ich gar nicht mitbekam, wie ich gebeten wurde, die Schüssel mit dem grünen Salat weiterzureichen. Erst auf den kleinen Rempler von links reagierte ich schließlich doch noch.

Nach dem Essen flirrte das Gespräch weiter und ich bemerkte, wie mein Kopf sich immer häufiger in Richtung Wolke zu verselbstständigen schien oder einfach pausierte.

Schokomuffins! Ein gutes Mittel, ihn wieder zurückzubeordern, außerdem hatte ich Hunger – der Abend kostete mich gerade unwahrscheinlich viel Energie, viel Zucker schien da ideal. Irgendwann sah ich schließlich ein, dass es besser war, nach Hause zu gehen. Ich bekam sowieso nichts mehr mit von dem, was erzählt wurde, und mein Zustand verschlechterte sich rapide, ich wollte noch sicher zu Hause ankommen. Eine der Mädels hatte mich schon mehrfach besorgt angesehen, von den anderen schien niemand etwas gemerkt zu haben. Am liebsten hätte ich mich einfach in Luft aufgelöst. Ich hatte keine Kraft mehr, jetzt noch ein Gespräch oder gar eine Diskussion zu beginnen. Ich wollte einfach nur weg, nach Hause, zur schnurrenden Katze, keine Gespräche, kein Lärm – ich wollte nicht jemand sein müssen. Nicht mal ich selbst.

Kurz und knapp brach ich jede Diskussion ab, den Tränen nahe verabschiedete ich mich. Ob ich mir sicher sei, noch Autofahren zu können, fragten sie. Jaja, das ginge schon noch für die kurze Strecke. Ich beeilte mich, aus dem Blickfeld zu verschwinden. Im Auto begann ich hemmungslos zu heulen. Zu viele Emotionen für mich Nervenbündel. Schließlich schluckte ich den letzten Rest der Tränen hinunter, startete den Motor und fuhr die kurze Strecke zurück zu meinen Eltern, ein Dorf weiter. Es war wirklich nicht weit, das Fahren lenkte mich ab, trotzdem war ich froh, als ich endlich daheim war.

Im Haus war es still, niemand da. Gut so, ich wollte einfach nur mit meiner Traurigkeit allein sein. Die Katze streicheln vielleicht. So schön weich und das Schnurren so angenehm. Ja, das wäre gut.

Sie war tatsächlich da und protestierte nicht, als ich sie zu mir auf den Schoß zog. Ich weinte eine Weile weiter, bis die Tränen versiegt und alle Emotionen aufgeräumt waren. Dann schaltete ich den Fernseher ein in der Hoffnung, etwas zu finden, das mich ablenkte, das langsam genug geschnitten war. Ich drehte den Ton auf die unterste Stufe. Laut genug für den Moment. „102 Dalmatiner" lief gerade im Disney Channel. Danach war ich ganz ruhig, aber auch irgendwie leer. Als wäre ich weg. Nicht mal mehr in der Wolke. Einfach weg. Alle Gedanken, alle Gefühle – weg.

Sonntag ging es mir nicht gut. Die Stimmung war gerade noch okay, aber ich war müde, hatte keinerlei Antrieb und fühlte mich noch immer so seltsam leer. Mamas Mittagessen schmeckte trotzdem lecker. Danach packte ich ohne besondere Motivation meine Sachen für die neue Klinik. Langsam schlich sich das Gefühl von Einsamkeit wieder bei mir ein. Unten im Wohnzimmer ertappte ich mich schließlich dabei, dass ich dachte, ich wäre allen egal. Nicht einmal meine Schwester kümmerte sich um mich. Aber mittlerweile schaffte ich es, mich von diesen Gedanken zu distanzieren: Das war nicht ich, sondern die Depression. Caro war schließlich oben in ihrem Kinderzimmer, telefonierend auf dem Bett, nicht einmal zehn Meter von mir entfernt. Woher sollte sie wissen, dass ich sie gerade brauchte, ich hatte es ihr schließlich nicht gesagt … Ich zwang mich, nach oben zu gehen, reden konnte ich da schon nicht mehr.

Ich setzte mich einfach zu ihr aufs Bett. Sie unterbrach ihr Telefonat sofort und wollte wissen, was los sei - ich murmelte nur leise „weiß nicht" und rollte mich auf ihrer Bettdecke zusammen. Wie durch einen Schleier hörte ich, wie sie sich von ihrer Freundin verabschiedete, die Tränen liefen mir bereits über die Wangen. Caro nahm mich in den Arm und hielt mich fest.

Es dauerte eine Weile, bis ich mich wieder gefangen hatte. Ich dachte nach. Ich musste noch nach München, in meine Wohnung, ich brauchte für die neue Klinik dringend ein paar Sachen von dort. Aber ich hatte Angst, dort alleine zu sein. Nicht vor dem Autofahren – das täte mir mit Sicherheit gut, außerdem wollte ich mobil sein, wenn ich in die neue Klinik wechselte. Aber in München alleine zu Abend essen? Was, wenn ich dort wieder kippen würde? Da wäre niemand, der mich auffangen würde. Ich hatte wieder Angst vor mir selbst. Ich raffte mich schließlich auf und bat Caro, mitzukommen.

So fuhren wir dann, jede im eigenen Auto, nach München. Das Fahren drängte die Angst in den Hintergrund, und es tat gut, zu wissen, dass meine Schwester da war, ich sah sie im Rückspiegel. Als wir ankamen, ging es mir deutlich besser, ich fühlte mich wieder halbwegs sicher und schob schnell die wärmeren Sportsachen und zwei Pullis in meine Tasche. Wir machten gemeinsam Brotzeit, dann fuhr sie wieder nach Hause und ich zurück in Richtung Münchner Süden in die Klinik. Zum letzten Mal. Zwei Nächte noch. Und mir war es noch an keinem Sonntagabend so beschissen gegangen.

KRANK IM KRANKENHAUS

Zu meiner grundsätzlich schlechten Montagmorgenstimmung gesellte sich an diesem letzten Wochenanfang in der Psychiatrie dann auch noch eine Erkältung. Die letzte Visite verlief ganz normal: Die Ärztin fragte mich nach meinem Befinden und wie jeden Montag antwortete ich, dass es mir nicht besonders gut ging. Diesmal aber auch, dass ich erkältet war und mich entsprechend auch körperlich nicht gut fühlte.

„Wie steht es denn im Hinblick auf den Klinikwechsel?", wollte die Ärztin wissen, ohne auf meine Antwort einzugehen.

Ich hätte etwas Angst, gestand ich. Ich wollte nicht in der Psychiatrie bleiben, auf gar keinen Fall, aber ich fühlte mich gerade krank und schwach.

Darüber solle ich mir keine Sorgen machen, beruhigte sie mich. Auch die psychosomatische Klinik sei ein Krankenhaus, da könne ich meine Erkältung auskurieren. Es werde sicher ein, zwei Wochen dauern, bis ich dort richtig ankäme. Bevor sie mir noch ein paar letzte Notizzettelchen mit den Terminen für die Abschlussuntersuchungen aushändigte, ergänzte sie: „Sie werden es schaffen, Frau Blau, davon bin ich überzeugt."

Einerseits bin ich heilfroh, endlich diese Klinik verlassen zu können. Andererseits habe ich Angst: Die Psychiatrie ist mein Schutzraum, hier bin ich sicher, hier habe ich mich endlich wieder gefangen, bin die ersten Treppenstufen nach oben geklettert.

In der Psychosomatik wird alles neu sein. Ich muss wieder ankommen. Ein paar der Damen, mit denen ich in den letzten Tagen beim Essen am Tisch gesessen habe, sind schon mal in psychosomatischen Kliniken gewesen. Sie erzählen, dass das Therapieprogramm dort sehr stressig ist. Ständig hetzt man wohl von einer Therapie in die nächste, nicht so wie hier. Was, wenn ich das nicht schaffe? Wenn es noch zu viel ist? Abgesehen davon, dass ich jetzt auch noch erkältet bin, hapert es bei mir noch so ziemlich an allem: Konzentration, Energie, ich vertrage immer noch keinen Lärm und nach wie vor auch nicht das kleinste bisschen Stress.

Vor allen Dingen hoffe ich inständig, gute Zimmerkolleginnen zu erwischen. Dass das das Wichtigste überhaupt ist, habe ich, seit Jeanette hier in meinen Schutzraum eingedrungen ist, schmerzhaft festgestellt. Schlimmer wird es wohl kaum kommen. Aber schon eine Schnarcherin – und wenn sie auch noch so nett ist – wäre problematisch, mein Schlaf ist mir heiliger denn je. So dicht sind keine Ohropax. Aber egal wie schlimm meine Zimmergenossinnen sein werden und wie anstrengend der Therapieplan wird: Johanna ist dort!

VOM ÜBERWINDEN EINER DEPRESSION

Da ich die letzte Einheit der Depressionsgruppe verpassen würde, besprach ich deren Inhalte im letzten Einzelgespräch mit meiner Psychologin. Es fehlte schließlich noch der wichtigste Teil: Das Überwinden einer Depression. Dafür stellte die Psychologin Regeln auf, an die man sich tunlichst halten sollte, um die eigene Genesung einzuleiten, damit eine Therapie auf einer stabilen Grundlage aufgebaut werden kann. Die meisten dieser Regeln liegen auf der Hand und lesen sich verdammt einfach. Aber zum Beispiel nicht im Bett liegen zu bleiben – wenn es doch auf der ganzen Welt keinen einzigen, nicht einmal einen schlechten Grund gibt, aufzustehen – ist verdammt, verdammt schwer. Hier ist also die Liste:

1. Setzen Sie sich kleine, überschaubare (und konkrete!) Ziele.

2. Seien Sie auch auf kleine Fortschritte stolz (z.B. Einhaltung des Tagesablaufs).

3. Bleiben Sie tagsüber nicht im Bett liegen (der Schlaf-Wach-Rhythmus muss unbedingt erhalten bleiben).

4. Bewegen Sie sich täglich.

5. Bekämpfen Sie Ihre Neigung, sich zurückzuziehen, und sorgen Sie dafür, dass Sie Kontakt zu anderen Menschen haben.

6. Finden Sie heraus, wie Sie sich am besten entspannen können, und integrieren Sie das in Ihren Alltag.

7. Ernähren Sie sich regelmäßig und gesund.

8. Planen Sie Ihre Tage im Voraus – achten Sie dabei auf einen ausgewogenen Mix aus angenehmen und unangenehmen Aufgaben.

9. Nehmen Sie depressive Gedanken nicht für bare Münze!

10. Nehmen Sie Ihre Medikamente genau nach ärztlicher Anordnung.

AUF NIMMERWIEDERSEHEN

Viele der Patienten, die länger hier waren, bestellten an ihrem letzten Abend Pizza für die große Runde – ein kulinarischer Hochgenuss, verglichen mit dem normalen Essen. Aber ich hatte keine Lust und keine Energie, mich um irgendetwas zu kümmern, viel Kontakt hatte ich zu den anderen ohnehin nicht gehabt. Ich begnügte mich also mit meinem letzten Butterzwieback und einer Tafel Schokolade, allein, und war froh, meine Ruhe zu haben. Ich hatte so viel im Kopf, da sollte besser nicht noch mehr hinzukommen, schon gar kein unwichtiges Getratsche.

Der letzte Morgen in der Psychiatrie verlief unspektakulär. Draußen war es regnerisch und ziemlich kalt. Die Shorts, die ich bei meiner Ankunft angehabt hatte, hatte ich am Wochenende zu Hause gelassen und gegen eine lange Jeans getauscht, die ich nun anzog. Ich schnupfte und schniefte noch mehr als am Montag, fühlte mich fiebrig und krank, aber immerhin war meine Stimmung ein ganzes Stück besser als in den vergangenen Tagen. Das letzte Frühstück, das letzte Wiegen und Messen liefen wie immer. Danach verabschiedete ich mich – vermutlich auf Nimmerwiedersehen – von Ruth. Sie war von den Mitpatienten, die mir ans Herz gewachsen waren, die einzige, die noch hier blieb.

Nach dem Frühstück fand das Abschlussgespräch mit der Stationsärztin statt. Sie sprach mit mir den Arztbrief durch. Mittlerweile war aus meiner Erschöpfungsdepression eine dreifache Diagnose geworden: eine schwere depressive Episode, Angststörung und Erschöpfungszustand schlugen bei mir nun zu Buche. Ich erhielt außerdem eine Zwei-Tages-Ration aller meiner Medikamente, bevor die Ärztin mir alles Gute wünschte. Zuletzt packte ich meine wenigen Habseligkeiten zusammen, verabschiedete mich am Stützpunkt von den Schwestern und Pflegern und verließ die Station. Wenig später summte der Türöffner, die Glasschiebetür öffnete sich und ich verließ die Psychiatrie.

PSYCHOSOMATIK

8. September bis 12. November

Ein bisschen hilflos,
doch eigentlich euphorisch froh, zu gehen.
(Reise, Ansa Sauermann)

ICH WILL DOCH NUR TEE!

Ich spürte keinerlei Freude, als ich die Psychiatrie hinter mir im Rückspiegel kleiner werden sah, aber unglaubliche Erleichterung. Die Fahrt verlief wie erhofft reibungslos, es war nicht weit, eine halbe Stunde nur. Schließlich verließ ich die Autobahn und folgte einer langen, von Einfamilienhäusern gesäumten Straße, die schließlich in eine Art Allee mündete, die zu der großen Klinik führte. Das Gebäude sah genauso aus wie auf den Bildern im Internet: groß, aber kompakt, vier Stockwerke hoch, die Fassade wirkte fröhlich, sie war mit roten Schindeln verkleidet. Auf der einen Seite umgaben die Klinik Felder und Wiesen, die bis zum Horizont reichten, auf der anderen trennten sie große Schutzwände und ein schmaler Feldweg von der Autobahn. Lärm hörte man kaum.

Ich stellte mein Auto ab, schnappte mir meine Tasche und schritt die schräge Rampe zum Eingang hoch. Dort fand ich mich unversehens in einer Art Hotellobby wieder. Neben der Rezeption schloss sich, durch raumhohe Fenster getrennt, ein großzügiger Aufenthaltsbereich mit einer gemütlich wirkenden Cafeteria an. In den Sesseln und an den Tischen saßen viele junge Erwachsene und sogar Jugendliche, die alle total normal aussahen. Nicht „psychiatrie-normal", sondern „normal-normal". Ich war überrascht. Hier würde ich mich bestimmt wohlfühlen, dachte ich.

Die Dame hinter dem Rezeptionstresen begrüßte mich freundlich, nahm meine Daten auf und bat mich dann, auf die

Kollegin vom Empfangsservice zu warten. Also setzte ich mich in einen der roten Sessel. Kaum, dass ich richtig saß, trat eine ältere, sympathische wirkende Frau im Kostüm in die Eingangshalle. Sie stellte sich vor, fragte mich, wo mein Gepäck sei, und war fast gleichzeitig schon auf dem Weg zum Aufzug. Sie wolle mir als Erstes mein Zimmer zeigen, erklärte sie. Ich atmete auf: endlich ein Bett. Ein Bett und ein Tee waren alles, was ich gerade wollte. Die Erkältung erledigte mich gerade ziemlich.

Im dritten Stockwerk – dem obersten – traten wir auf einen Gang, der weniger nach Klinik, sondern wie der Eingangsbereich eher nach Hotel aussah. In dem Flur mit roten Türen lag ein dunkler Teppich, an weißen Wänden hingen zahlreiche Bilder, die, wie ich wenige Tage später erfuhr, alle von Teilnehmern aus der Kunsttherapie stammten. Station V, las ich auf einem Schild.

„Wie viele Patienten sind denn hier in der Klinik?", wollte ich wissen.

„Bis zu hundertachtzig, aber während der Urlaubszeit sind wir nie voll belegt", antwortete mir die nette Dame.

Schließlich stoppte sie vor einer Zimmertür, zog einen kleinen Papierstreifen aus ihren Unterlagen hervor und schob ihn in das längliche Schild links neben der Tür, auf dem schon zwei andere Namen prangten. „Das Zimmer ist voll belegt. Ihnen gehört das mittlere Bett", erklärte sie mir, öffnete die Tür, betrat den Raum, begrüßte meine beiden zukünftigen Zimmerkolleginnen und kündigte an, dass sie „die Neue" mitbrächte.

Ich schüttelte die beiden Hände, die Namen vergaß ich im gleichen Augenblick wieder. Die, die an meinem Kopfende schlief, war in etwa fünfzig Jahre alt und wirkte ein bisschen griesgrämig, die andere schien deutlich jünger als ich zu sein und machte einen sehr schüchternen, aber netten Eindruck.

Mein Bett wirkte wie eine kleine Koje. Am Kopf- und am Fußende waren etwa vierzig Zentimeter hohe Holztrennwände angebracht, die es von den anderen beiden abschirmten, gegenüber stand der Schrank. Mir gehörten das mittlere Bett und entsprechend auch der mittlere Schrank, sogar ein Regalbrett war für mich frei. Der Raum war zwar kleiner als der in der Psychiatrie, wirkte aber viel gemütlicher. Und: Er besaß einen riesengroßen Balkon mit zwei Liegen, von denen aus man über die Wiesen hinter dem Haus bis hin zu den Alpen sehen konnte. Ich hatte ein Zimmer mit Bergblick!

Meine beiden neuen Mitbewohnerinnen hatten sich in ihre Kojen zurückgezogen, die Klinik-Führung ging gleich weiter. Zu gern hätte ich mich endlich hingelegt, Kopf und Hals taten mir weh, wenn überhaupt, wollte ich wissen, wo es Tee gab. Aber nein, der Auftrag der Empfangsdame lautete offenbar, mir das ganze Haus zu zeigen.

„Lassen Sie sich nicht verwirren! Ihr Zimmer ist zwar hier im dritten Stock, gegenüber dem Stationszimmer der Station V, aber Sie gehören der Station II an."

Aha. Ich war zu müde, um nachzufragen, was denn besagte Station II genau war. Ich würde es schon irgendwann herausfinden.

Die Empfangsdame zeigte mir den Gruppen- und Fernsehraum im selben Stockwerk, dann gingen wir zwei Etagen nach unten, wo sich „mein" Stationszimmer befand. Vor der Tür entnahm sie einen Fragebogen aus einer Halterung und drückte ihn mir in die Hand. Den sollte ich von nun mittwochs ausfüllen und in den dafür vorgesehenen Briefkasten neben dem Stationszimmer werfen. Im Erdgeschoss stand ein Wasserspender, die Flaschen dafür gab es in der Cafeteria zu kaufen. In der medizinischen Zentrale, wo ich mich im Notfall melden konnte, gab es auch die Medikamente. Der Redefluss der Empfangsdame strömte munter weiter, sie fand kein Ende.

Ich war vollkommen erschlagen von der Vielzahl an Informationen. In einem Sprint – zumindest fühlte es sich für mich so an – klapperten wir das komplette Gebäude ab. Speisesaal, weitere Aufenthaltsräume, Büros, physikalische Therapie, große und kleine Turnhalle, Hallenbad, Saunabereich, weder zu Fuß noch gedanklich konnte ich folgen. Die einzige Frage, die mich in diesem Moment brennend interessierte, nämlich die nach Wasser oder einem Tee, hatte die Dame jedoch bis zuletzt nicht geklärt. Schließlich fragte ich am Ende der Führung danach.

„Ja, natürlich", kam die prompte Antwort. „Den ganzen Tag über gibt es in der Cafeteria kostenfreien Tee."

Wunderbar, mehr brauchte ich heute nicht, um zufrieden zu sein. Sie erklärte mir noch, dass man mir im Laufe des Tages die Termine für die Aufnahmeuntersuchungen und das Aufnahmegespräch mit meiner Therapeutin „unter der Tür durchschieben" werde. Als sie sich in der Cafeteria vor den Teekesseln endlich von mir verabschiedete, konnte ich mich kaum noch auf den Beinen halten. Ich wollte einfach nur ins Bett.

Müde schnappte ich mir eine Tasse Tee und entführte sie vermutlich illegal aus der Cafeteria in mein Zimmer. Die ältere Dame von vorhin war nicht mehr da, das Mädchen lag auf seinem Bett, offenbar schlafend. Ich trank den Tee, sandte eine knappe Antwort an Johanna, die via WhatsApp gefragt hatte, ob ich gut angekommen wäre, und kuschelte mich in mein Bett. In einer Stunde musste ich schon wieder zum Mittagessen. Bis dahin würde ich mich nicht mehr bewegen.

KNALLERTISCH

Der Speisesaal war ein Traum! Lichtdurchflutet, mit langen Vorhängen, Holztischen und -stühlen ausgestattet, einer fast schon urigen Holzdecke – einfach das komplette Gegenteil des sterilen Essbereiches in der Psychiatrie. Die Tische waren rund; der, an dem ich sitzen sollte, bot Platz für sechs Personen. Noch war niemand da, ich war die Erste. Die Namen auf dem Schild sagten mir gar nichts, niemand, den ich aus dem Zimmer oder aus der Psychiatrie kannte. Ich blieb gespannt.

Es dauerte nicht lange, bis alle eingetrudelt waren und ich feststellte, dass ich mal wieder das große Los gezogen hatte: ein Knallertisch. Warum immer ich?, verzweifelte ich ein wenig. Eine derart wilde Kombination gab es in dem Speisesaal sicherlich kein zweites Mal.

Rechts von mir saß ein junges Mädel, vermutlich Anfang zwanzig. Ganz in Schwarz gekleidet, schwarz gefärbte lange Haare, dunkel getuschte Augen, sehr blasser Teint. Sie aß quasi nichts, sprach quasi nichts und verließ den Tisch so schnell wie möglich wieder. Mir gegenüber saß auch eine Neue, die offenbar wie ich am Vormittag angekommen war. Sie schien um die vierzig zu sein und sah aus, als wäre sie direkt einem Aerobic-Video der Achtziger entsprungen: die kurzen blonden Haare zu einer Art Vokuhila-Fransen-Frisur toupiert, stark geschminkt und ein hoch motiviertes Lächeln im Gesicht. Und tatsächlich: Sie war zwar nicht Aerobic-, aber immerhin Zumbatrainerin. Zwischen den beiden Damen blickte mich eine neugierige Oma erwartungsvoll an, inklusive Brille mit Goldrand, dicken Goldringen an den Fingern und Perlenkette um den Hals. Der knallrote Lippenstift war verschmiert.

„Und, Sophie, wissen Sie, ich bin schon ganz neugierig: Wo kommen Sie denn nun genau her?", begann die Befragung unmittelbar, nachdem ich mich vorgestellt hatte.

Gott sei Dank ist München groß, dachte ich, als ich ein wenig unwillig eine Antwort brummelte. Dabei musste ich mir bei ihrem Anblick ein Lachen verkneifen: Die dicken Brillengläser vergrößerten ihre hellblauen Augen um ein Vielfaches. Ab und zu starrte sie um sich wie ein Fisch. Das sah unglaublich absurd aus. Links neben mir, direkt vor der Terrasse, blieb der Platz leer.

„Die ist schon so lange hier, die kommt selten zum Essen. Meistens isst sie woanders", antwortete die Oma auf meine gar nicht gestellte Frage.

Ich sprach nicht viel, mich beschäftigte das Beobachten genug. Was für eine groteske Kombination hier an diesem Tisch. Jemand Normales, so wie Johanna, wäre mir recht gewesen, aber gut. Die hatte ich im Speisesaal ohnehin nirgendwo entdecken können. Wo sie wohl war? Das Essen selbst war ein Hochgenuss – im Vergleich zu dem Fraß aus der Psychiatrie sowieso. Und es war endlich auch genügend, ich wurde richtig satt: Drei Gänge wurden an den Tisch serviert: Suppe, ein Hauptgang mit Salat sowie eine Nachspeise.

WIEDERSEHEN

Als ich zurück ins Zimmer kam, lagen fünf Zettel hinter der Tür auf dem Boden. Das bedeutete „unter der Tür durchschieben" also. Auf allen stand mein Name. Ein Termin für Blutentnahme, einer für ein EKG und ein Termin bei einer Ärztin am nächsten Tag. Ein Termin bei einer Therapeutin, heute Nachmittag um halb vier. Und ein Termin bei der Basisdokumentation, zur Aufnahmeerfassung um drei. Das war ja wirklich fast schon Stress, dabei wollte ich doch einfach nur endlich krank sein dürfen und meine Ruhe. Unweigerlich musste ich an Elvira denken, die mich in der Psychiatrie genau davor gewarnt hatte.

Meine jüngere Mitbewohnerin war nicht da, die ältere zog sich gerade Sportkleidung an. Ich war zu erledigt, um irgendwelche Höflichkeitsgespräche zu führen, aber sie wirkte ohnehin nicht besonders redselig, grummelte nur ein wenig vor sich hin. In meinem Kojen-Bett kuschelte ich mich unter die

Wolldecke, schnappte mir mein Handy und schrieb Johanna eine Nachricht: Ob sie am Nachmittag kurz Zeit hätte, einen Tee zu trinken? Zu mehr war ich gerade nicht fähig. Sie schrieb gleich zurück, um halb drei wäre gut. Passte perfekt. Dann hatte ich jetzt anderthalb Stunden, um zu schlafen (oder so zu tun, als ob, ohne die Mirtazapin schlief ich immer noch nicht ein). Bis es fast halb drei war, vegetierte ich also vor mich hin. Dann schnappte ich mir die zwei Zettel mit den Terminen für heute Nachmittag und dachte sogar noch daran, die Schlüsselkarte für das Zimmer einzustecken, bevor ich die Tür hinter mir ins Schloss zog.

Es war so schön, Johanna wiederzusehen! Sie strahlte richtig. Die Umstellung auf die neue Klinik war ihr leichtgefallen, die neuen Medikamente schlugen an und sie hatte tolle neue Mitbewohnerinnen auf dem Zimmer, die sie sehr nett aufgenommen hatten. Ich erzählte ihr ein bisschen, was in der letzten Woche in der Psychiatrie passiert war, von Jeanette und dem übrigen Tratsch. Die halbe Stunde verging schnell und wir verabredeten uns, nach dem Abendessen eine kleine Runde spazieren zu gehen. Frische Luft würde mir sicher guttun. Außerdem musste ich meine neu gewonnene Bewegungsfreiheit ausnutzen: Nach 18 Uhr das Gebäude wieder verlassen zu dürfen – welch Luxus!

HINTER DER ORANGEFARBENEN TÜR

Den Weg zur Basisdokumentation fand ich erstaunlicherweise auf Anhieb. Dort setzte man mich vor einen PC, an dem ich einen Fragebogen ausfüllen musste. Meist sollte man angeben, wie zutreffend Aussagen wie „Ich fühle mich oft grundlos traurig", „Ich habe Existenzängste", „Ich fühle mich schlecht, wenn ich esse" oder „Panikattacken schränken mich in meinem Alltag ein" waren. Insgesamt deckte sich das ziemlich mit dem Fragebogen, den die Ärztin beim Aufnahmegespräch in der Psychiatrie vor wenigen Wochen mit mir durchgegangen war. Immerhin litt ich nach wie vor nicht an Wahnvorstellungen, Zwängen oder Essstörungen, es war schön, wenigstens irgendwo „trifft überhaupt nicht zu" ankreuzen zu können. Nach circa zwanzig Minuten war ich fertig, verließ den Raum, erwischte beim zweiten Versuch dann auch die richtige Treppe in den anderen Teil des Kellers und setzte mich auf einen der fünf orangefarbenen Wartestühle, die im Eingangsbereich zur physikalischen Therapie aufgestellt waren. Dort befanden sich neben den Behandlungszimmern der Physiotherapeuten auch die Büros einiger Psychotherapeutinnen, unter anderem das von meiner Therapeutin, Frau Hilmer. Es saßen bereits zwei andere Patienten auf den Stühlen. Ich grüßte kurz und starrte, wie die anderen zwei auch, die Tür an. Ich war früh dran und nachdem sich die Tür nicht bewegte, sah ich mich schließlich neugierig um. Rechts an der Wand entdeckte ich eine weiße Tafel, auf der man sich zur Nutzung der Sauna und der Infrarotkabinen eintragen konnte. Auf der anderen Seite hing ein wesentlich größeres Board, auf dem u.a. eine Straßenkarte mit den Walkingstrecken angebracht war. Drei verschiedene Wege führten im Bogen um die Klinik herum, das sah alles ein wenig verwirrend aus. Hoffentlich musste ich nicht alleine laufen. Schließlich öffnete sich endlich die orangefarbene Tür. Ein Mann um die vierzig trat aus dem Raum, der Patient neben mir stand auf, die beiden begrüßten sich gut gelaunt – und die Tür ging wieder zu. Es dauerte nicht lange, bis sie wieder aufschwang. Eine junge, blonde Frau hielt die Klinke fest in der Hand.

„Frau Blau?", fragend blickte sie direkt zu mir.

„Das bin ich", antwortete ich und stand auf.

Ich trat in einen Gang, auch hier war Orange eindeutig die dominierende Farbe, und in das Büro der neuen Therapeutin.

Es war mit einem Schreibtisch, einem Schrank und zwei bequemen Sesseln sowie einem Magnetboard eingerichtet. Außerdem hatte das Zimmer ein breites Fenster, durch das man auf die weiten Wiesen hinter der Klinik blicken konnte. Frau Hilmer bat mich, auf einem Sessel Platz zu nehmen, und setzte sich mir gegenüber.

Sie war etwas älter als ich, vermutlich Anfang dreißig, und sah sympathisch aus. Nach einer herzlichen Begrüßung bat sie mich zu erzählen, warum ich hier war. Nicht ganz sicher, was sie mit ihrer Frage genau meinte, begann ich also bei der Überweisung aus der Psychiatrie und schwenkte dann zu allem, was sich davor ereignet hatte. Die Geschichte erzählte ich nun schon zum fünften Mal, sie war fast schon Routine. Die Enttäuschung über manche Situationen steckte aber trotzdem noch sehr, sehr tief und sofort waren diese riesige Angst und diese tiefe Verzweiflung in mir wieder da. Innerhalb weniger Minuten kippte meine anfangs eher neutrale Stimmung. Ich begann zu weinen. Frau Hilmer schob mir Taschentücher hin und sprach mir tröstend zu. Sie ließ mich noch ein wenig weitererzählen, dann unterbrach sie mich sanft: Sie wolle mir gerne noch ein paar grundsätzliche Dinge erklären, bevor meine erste Einheit bei ihr vorüber wäre. Ich war es nicht gewohnt, von einer Therapeutin unterbrochen zu werden, und sah überrascht auf.

„Solange Sie hier stationär sind, sehen wir uns wöchentlich zwei Mal, jeweils fünfzig Minuten. Wir werden, wie Sie das bereits kennen, an tagesaktuellen Themen arbeiten, aber, und das ist der große Unterschied, vor allen Dingen mit Ihrer emotionalen Biografie und verschiedenen psychotherapeutischen Schemata. Wie alle Angstpatienten sind Sie der Station II zugeteilt, das wissen Sie bereits, oder?"

„Das ist die Angststation?", stellte ich ihr erstaunt die Gegenfrage.

„Die Einteilung wird gemäß des Anmeldebogens vorgenommen, in Ihrem Fall in Rücksprache mit der Psychiatrie. Die Kollegen haben sich eindeutig für die Angststation ausgesprochen." Sie fing meinen skeptischen Blick auf. „Wenn es gar nicht passen sollte, könnte man natürlich die Station wechseln", fügte sie eilig an. „Aber Sie haben doch sehr starke Angstsymptome, Frau Blau?"

„Na ja, schon", gab ich zu, „aber nur wegen des Burn-outs. Ich glaube, dass die Panikattacken und diese nervigen Angstzustände von allein wieder weggehen, sobald ich fitter bin. Schließlich sind sie auch erst gekommen, als es mir so schlecht ging."

„Das kann durchaus sein. Ich hatte in der Tat vergangenes Jahr einen Patienten, bei dem es so war. Generell aber ist es immer besser, direkt an der Angst zu arbeiten, da man die in der Regel auch aus einem bestimmten Grund entwickelt."

Darauf hatte ich nichts mehr zu erwidern. Die werden hier schon wissen, was sie tun, dachte ich.

Anschließend händigte mir die Therapeutin ein mehrseitiges Schriftstück aus, den Behandlungsvertrag. Bis zur nächsten Woche sollte ich diesen durchlesen, unterzeichnen und wieder mitbringen. Wenn ich dazu Fragen hätte, würde sie die gern in der nächsten Stunde mit mir klären. Außerdem übergab Frau Hilmer mir einen sehr langen, fast zehnseitigen Anamnesebogen. Den sollte ich auch spätestens zur vierten Stunde ausgefüllt mitbringen, da er die Grundlage für den ersten Therapieblock bildete. Dann wiederholte sie ihre Frage vom Anfang, die ich, so ihre Ansicht, immer noch nicht beantwortet hatte. Meine Verwirrung stand mir wohl ins Gesicht geschrieben, denn sie versuchte es mit anderen Worten:

„Na ja, was möchten Sie hier lernen? Was versprechen Sie sich von dem Aufenthalt in dieser Klinik? Was ist Ihr Ziel?"

Ich zögerte.

Diese Frage hatte mir bisher noch niemand gestellt, ich mir auch nicht. Was wollte ich eigentlich?

„Ich wäre gern wieder ich selbst", antwortete ich langsam. „Glücklich. Keine Depression, keine Ängste, wieder voller Energie. Ich will verstehen, warum mir das alles passiert ist." Nach einer kurzen Pause setzte ich nach: „Und lernen, wie ich's hinkriege, dass mir so was nie wieder passiert."

„Gut. Das lassen wir erst mal so stehen", antwortete sie mit einem sanften Lächeln, „das reicht für heute." Wir vereinbarten noch die nächsten Termine, immer dienstags und donnerstags sollte ich vorbeikommen.

Das Abendessen, es gab ein großes kaltes Buffet, war sehr lecker. Einzig Zwieback gab es keinen, aber das konnte ich verschmerzen – schließlich hatte ich eine riesige Auswahl an Semmeln und verschiedensten Brotsorten. Das Tischgespräch führten wieder die Kur-Oma und die Aerobic-Trainerin. Letztere machte eigentlich einen sympathischen Eindruck. Sonst saß im Moment ohnehin nur noch ich am Tisch, und mir war nicht nach Reden, der Tag hatte mich vollkommen erschöpft. Überhaupt kam es mir in dem Speisesaal sehr laut vor. Daher verabschiedete ich mich rasch wieder und wartete bei der Rezeption auf Johanna.

Wir gingen eine kleine Runde spazieren. Das Wetter war nicht besonders gut, es war kalt und der Himmel wolkenverhangen, aber wir hatten die frische Luft beide dringend nötig. Johanna wusste viel von der Klinik zu berichten und ich konnte einfach zuhören, das tat gut. Der Forstweg folgte einem Bach, der ganz ungezwungen durch ein kleines Wäldchen mäanderte, und zog an einer kleinen Schafherde und zahlreichen Maisfeldern vorbei. Es war wunderschön hier – und so ruhig. Zurück in der Klinik, fiel ich direkt ins Bett. Die Uhr zeigte gerade mal halb neun, als ich dann auch mein Buch zuklappte. Der Tag hatte mich geschafft. Ich fühlte mich immer noch krank, erkältet und hundemüde – für so viel Neues, wie heute auf mich eingeprasselt war, definitiv noch nicht fit genug.

INSPEKTION

Ausnahmsweise Glück gehabt – keine meiner beiden Bettnachbarinnen schnarchte. Weder die Nachtschwester noch sonst irgendetwas oder irgendjemanden hörte ich, bis morgens um kurz nach sechs mein Wecker klingelte. Ich konnte aber nicht aufstehen, so krank fühlte ich mich, also blieb ich liegen. Bis mich um zwanzig nach sechs jemand unsanft wachrüttelte.

„Die sind stinksauer, wenn du nicht spätestens um halb sieben zum Blutabnehmen unten stehst!", bellte meine Bettnachbarin mir ins Gesicht.

Seufzend wälzte ich mich aus dem Bett, putzte mir schnell noch die Zähne, bändigte halbherzig meine Haare und trottete nach unten zur Medizinischen Zentrale. Dort wartete schon eine ganze Meute. Die meisten wollten aber glücklicherweise zur Medikamentenausgabe, nur zwei standen vor mir in der Blutentnahme-Schlange. Schließlich war ich dran, mittlerweile die reinste Routine. Die Schwester versorgte mich mit einem kleinen Pflaster und drückte mir zum Abschied noch einen Becher für die Urinprobe in die Hand, den hätte ich bis neun Uhr an der „MZ", wie sie die Medizinische Zentrale nannte, abzugeben.

Wenn ich nun schon mal wach war, konnte ich auch gleich frühstücken gehen, beschloss ich. Schnell stellte ich fest, dass sich das Frühstück hier sogar lohnte. Nach gut drei Wochen mit dem exakt gleichen, armseligen Frühstückstablett erschien das Buffet hier wie aus einem Traum: Es gab frische Semmeln, sogar Brezen und Brot sowie Müsli und Cornflakes, es gab Obstsalat, Wurst, Käse, Marmelade, Eier … Die Auswahl war

sogar bedeutend besser, als ich es von den klassischen Dienst-
reise-Hotels her gewohnt war. Mhmm! Ich holte mir einen Tee
und probierte das Bircher-Müsli sowie ein bisschen Obstsalat.
Viel Hunger hatte ich nicht, trotzdem genoss ich das Frühstück
und die einladende Atmosphäre um mich herum. Und das sogar, obwohl mich die Oma, bereits bevor ich mich überhaupt
gesetzt hatte, mit der ersten Frage bombardierte:

„Na, Sophie, wie hast du denn die erste Nacht geschlafen?"

Außer uns beiden war leider gerade niemand am Tisch. Da
musste ich also durch, doch selbst mit dieser Begleiterschei-
nung war das Frühstück hier immer noch besser als jedes in
der Psychiatrie.

Wenig später saß ich dann schon zum zweiten Mal vor der-
selben Tür in der Warteschlange, nun satt, ordentlich frisiert
und mit dem gefüllten Urinbecher bewaffnet. Diesmal wurde
ich namentlich von einer Ärztin aufgerufen. Sie war vielleicht
vierzig, schick gekleidet, trug hohe Pumps und trat sehr bestimmt auf.

Zuallererst diagnostizierte sie eine Erkältung und setzte
Halsschmerztabletten sowie Nasentropfen auf die Liste meiner Bedarfsmedikation – der Medikamente also, die ich mir jederzeit an der MZ holen konnte. Dann führte sie die gleichen
Reaktions- und Reflextests durch wie die Ärztin in der Psychiatrie. Ich wurde gewogen – trotz des miserablen Essens in den
letzten Wochen hatte ich erstaunlicherweise kaum abgenom-
men –, der Blutdruck wurde mal wieder gemessen, alles wie
immer. Dann ging ich gemeinsam mit der Ärztin den Arztbrief
aus der Psychiatrie und die Medikamentenliste durch. Ich
nahm nach wie vor lediglich die beiden Psychopharmaka ein,
die mir meine Hausärztin in München verschrieben hatte:
Escitalopram und Mirtazapin. Die Dosierung aber war offensichtlich erhöht worden, ohne dass ich das mitbekommen
hatte. Nun gut, es ging mir besser. Begeistert war ich über

diese Feststellung jedoch nicht. Ab dem nächsten Tag konnte ich dann meine tägliche Medikation um sieben in der Früh in der MZ abholen. Anders als in der Psychiatrie, wo ich jede einzelne Tablette separat hatte holen müssen, würde ich hier alle gleichzeitig erhalten und selbst für die korrekte Einnahme verantwortlich sein, erklärte mir die Ärztin. Man schaute mir also nicht mehr dabei zu, wie ich sie schluckte, ich war anscheinend wieder vertrauenswürdig.

Außerdem erklärte sie mir, dass erneut, standardmäßig, meine Blutwerte überprüft werden würden. Wenn nötig, würde die Medikation entsprechend angepasst. Schließlich drückte sie mir ein Aufklärungsblatt zum Thema Psychopharmaka in die Hand, das ich lesen und anschließend unterschrieben wieder abgeben musste – ein bisschen spät, kommentierte ich unhörbar, schließlich nahm ich die seit fast einem Monat.

Zuletzt musste bzw. durfte ich noch zwischen den verschiedenen Sportangeboten wählen, für jeden Tag eines. Angeboten wurden morgendliches Kreislauftraining, Walken, individuelles Gerätetraining, Rücken- und Wassergymnastik. Im Gegensatz zum Frühstücksbuffet war das ein wenig dürftig, ich fand es kaum besser als in der Psychiatrie, vor allem vermisste ich Yoga. Ich war fest davon ausgegangen, dass das in solchen Kliniken zum Standardangebot gehörte. Ich fragte also, ob das alles sei.

„Nicht ganz. Die Physikalische Therapie bietet seit Kurzem auch Pilates an, außerdem Bewegungstanz", ergänzte die Ärztin. Außerdem könne man die Sporthallen und das Schwimmbad jederzeit nutzen, wenn nicht gerade ein Kurs stattfand. Ich sollte aber erst mal meine Erkältung auskurieren, bevor ich an Sport dachte.

Ich entschied mich für dreimal Walken – Montag, Mittwoch und Freitag – sowie zweimal Wassergymnastik, dienstags und donnerstags. Genau wie Johanna. Das Laufen bzw. Walken machte mir mittlerweile tatsächlich Spaß und die Wassergymnastik war dann die nächstbeste Alternative: mal etwas ganz anderes und, was ich liebte, im Wasser. Immer noch kein Meer, aber immerhin … Pilates hörte sich auch gut an, das hatte ich irgendwann schon mal ausprobiert. Da würde ich mich auch anmelden, es kam dem Yoga immerhin halbwegs nahe.

Die Ärztin notierte alles sorgfältig in meiner Akte, erklärte mir aber gleichzeitig: „Sie müssen sich dann morgen früh zwischen acht und neun für all diese Kurse in der physikalischen Therapie anmelden, im Keller finden Sie die Kollegen."

Der nächste Termin in meinem Kalender. Sie verabschiedete sich und schickte mich zurück auf den Gang, wo ich mich wieder in eine Schlange einreihte, diesmal für das EKG. Auch das war mittlerweile reine Routine. Die kalten Saugnäpfe kitzelten wie immer ein bisschen und nach zehn Minuten war alles vorbei. Den Großteil meines offiziellen Tagesprogramms hatte ich um halb elf erledigt, nur die diversen Bögen und Formulare warteten in meinem Zimmer noch auf ihre Bearbeitung. Aber das hatte Zeit. Erst mal holte ich mir Halsschmerztabletten in der MZ und dann einen Tee, bevor ich mich wieder ins Bett legte. Dort blieb ich die nächsten Stunden. Endlich durfte ich krank sein.

ICH HAB DOCH KEINE ANGST!

Um halb fünf erwartete mich die Psychologin zur zweiten Sitzung. Diese Stunde verlief für mich ziemlich entspannt. Dafür war ich äußerst dankbar, denn die Erkältung hatte mich nun vollends im Griff. Mit Frau Hilmer besprach ich ganz grundlegende Dinge, unter anderem die Gruppentherapien, in die ich gehen sollte. Auf jeden Fall in die „Schematherapie Angst", hatte sie schon beschlossen.

„Dazu gehört eigentlich auch das Expositionstraining. Das

sind die Stunden, in denen Sie mit einem Therapeuten direkt an den Angstauslösern arbeiten. Wenn Sie beispielsweise Angst hätten, Aufzug zu fahren, würden wir mit Ihnen üben, Aufzug zu fahren." Die Therapeutin fing meinen mehr als skeptischen Blick auf, denn Sie beeilte sich, fortzufahren: „Aber wir haben ja schon am Dienstag darüber gesprochen, dass Sie auch gern an der Burn-out-Symptomatik arbeiten möchten. Die Burn-out-Gruppe und das Expositionstraining überschneiden sich – wofür soll ich Sie eintragen?"

Ohne weiter zu überlegen, entschied ich mich für die Burn-out-Gruppe. Ich fand es ziemlich übertrieben, dass die Angst hier so in den Vordergrund gestellt wurde, meine letzte Panikattacke war Wochen her, seitdem ging es mir besser. Für mich war diese ganze Symptomatik kaum noch ein Thema. Da Frau Hilmer aber nicht weiter darauf einging, behielt ich diese Gedanken für mich.

Sie wechselte das Thema und zeichnete eine Kurve an das Whiteboard hinter sich: „Das ist eine Stimmungskurve", erklärte sie. „Den meisten Patienten geht es richtig gut, wenn sie sich in der Klinik eingewöhnt haben, sie haben ein Hoch." Mit dem Zeigefinger fuhr sie die Kurve entlang bis zu deren höchstem Punkt. „Dann aber folgt, in so gut wie allen Fällen, ein sehr deutliches Tief." Und sie ließ den Finger weiter die Kurve entlangwandern bis zum niedrigsten Punkt. „Das dauert unterschiedlich lange an, bis ungefähr ein bis zwei Wochen vor der Entlassung die Stimmung wieder steigt." Sie blickte mich ernst an. „Dieser Aufenthalt, die Therapien hier, sind harte Arbeit, das wird sich bemerkbar machen. Aber in den allermeisten Fällen, Frau Blau, lohnt es sich."

Ich nickte, das hatte ich verstanden. Die Zeit war fast um, ich fragte, ob es denn möglich sei, am Wochenende nach Hause zu fahren, da meine Cousine heiratete.

„Ach ja, stimmt, das hätte ich beinahe vergessen. Generell

können Sie an den Wochenenden bei mir eine Nacht Ausgang beantragen. Am ersten Wochenende haben es die Krankenkassen aber ganz gern, wenn die Patienten in der Klinik bleiben", bekam ich zur Antwort. „Aber wenn Sie stattdessen das folgende Wochenende hier verbringen, müsste es gehen. Passen Sie auf sich auf und übertreiben Sie es nicht. Dass Sie keinen Alkohol trinken sollten, wissen Sie ja." Sie drückte mir ein Formular in die Hand, den Urlaubsschein. „Den füllen Sie bitte aus und bringen ihn mir morgen früh im Stationszimmer vorbei." Dann verabschiedete sie mich.

LEBER LÄSST GRÜßEN

Am Freitag ging es mir viel besser. Keine Spur mehr von der Erkältung und dem Gefühl des Verlorenseins, mit dem ich mich in den Schlaf geweint hatte. Vielleicht weil das Wochenende nahte und ich mich trotz allem auf die Hochzeit meiner Cousine freute. Außerdem schien endlich wieder die Sonne. Aber lieber beschloss ich, es einfach anzunehmen, nichts zu hinterfragen.

Nach dem Frühstück absolvierte ich einen kleinen Marathon: Zwischen acht und neun musste ich mich im Keller beim Sport einschreiben. Im Stationszimmer im ersten Stock wollte ich dann das Formular für die Wochenendbeurlaubung abgeben. An der Tür stand deutlich, dass man nur während der Sprechzeiten klopfen durfte – also zwischen viertel und fünf vor neun am Morgen. Kein Witz, laut Johanna meinten die das ernst. Zu keiner anderen Zeit – Notfälle natürlich ausgenommen – war da jemand zu sprechen.

Außer mir standen mittlerweile fünf andere Patienten vor dem Zimmer herum. Meine Psychologin war wohl noch gar nicht da, obwohl es schon fünf vor neun war.

Stattdessen blieb plötzlich die Ärztin, die mich am Mittwoch untersucht hatte, vor mir stehen: „Gut, dass ich Sie treffe, Frau Blau. Ihre Leberwerte sind nicht in Ordnung, ist Ihnen das bekannt?"

Bitte was? Leberwerte? Die waren meines Wissens überhaupt noch nie getestet worden.

„Nein", murmelte ich verwirrt. „Keine Ahnung."

„Dann liegt das wohl an den Medikamenten, die Sie gerade nehmen", fuhr sie sachlich fort. „Das hätte den Kollegen in der Psychiatrie auffallen sollen. Die Werte passen gerade eher zu einem starken Alkoholiker als zu Ihnen. Wir prüfen gerade die Medikamente, die Sie aktuell nehmen."

Und bevor ich, total perplex, noch ein Wort erwidern konnte, hatte sie mich schon stehen gelassen und war im Stationszimmer verschwunden. In meinem Kopf ploppten tausend Fragen auf. Was bedeutete das nun? Schlechte Leberwerte waren nicht gut, keine Frage. Aber ich wollte meine Medikamente nicht absetzen! Es ging selbst mit Tabletten im Moment nur gerade so. Wie es ohne wäre, wollte ich mir gar nicht vorstellen. Wie lange würde es dauern, bis wieder welche gefunden wurden, die ich vertrug? Was diese Ein- und Ausschleicherei auslöste, hatte ich bei Johanna oft genug beobachtet. Das konnte ich beim besten Willen nicht brauchen.

Endlich kam Frau Hilmer. Ich händigte ihr den Urlaubsschein aus, sie checkte kurz, ob ich alles richtig eingetragen hatte. Auch sie riet mir, auf gar keinen Fall Alkohol auf der Hochzeit zu trinken, wegen der schlechten Leberwerte.

„Ja, und was bedeutet das denn nun?", konnte ich zumindest sie fragen.

„Da muss ich erst mit der Ärztin sprechen, tut mir leid", und weg war sie.

Ich war verärgert – was sollten denn diese Mini-Sprechstunden hier zwischen zwanzig anderen Leuten und mit nur halbherzigen Informationen?

Zwei Stunden später hatte ich die Leberwerte aber wieder vergessen, ich konnte schließlich ohnehin nichts daran ändern. Wie schön das Leben doch sein konnte! Draußen schien die Sonne, das Mittagessen war wirklich lecker gewesen, und sogar mein Knallertisch entwickelte sich richtig positiv. Wir hatten eine Neue dazubekommen, sie hieß Karen. Auch so ganz und gar nicht der Typ Mensch, mit dem ich normalerweise zu tun hatte. Sie gab sich ganz anders als die Oma, die Aerobic-Trainerin und die beiden anderen stillen Gäste am Tisch. Aber wahrscheinlich hatten all meine Tischpartnerinnen gerade deshalb so unglaublich unterschiedliche Dinge zu erzählen. Ich begann, die Unterhaltungen richtig zu genießen, und kam mir manchmal sogar vor wie auf Reisen. Unterwegs trifft man oft auf Leute, mit denen man zu Hause einfach nie ins Gespräch käme. Mit jedem Menschen, mit jeder neuen Perspektive lernt man dazu, verändert sich die eigene Wirklichkeit; man begreift Neues oder rückt eigene Ansichten zurecht. Das ist es eigentlich, was mich am Reisen so fasziniert. Und es war auch an diesem Tisch meist wirklich spannend und interessant, zu hören, was die anderen zu erzählen wussten. Zu meiner eigenen Überraschung begeisterte mich mittlerweile vor allem die alte Dame, die oft ihre Geschichten aus einem ziemlich bewegten Leben zum Besten gab.

10. September

Nach dem zweiten Gespräch mit der Therapeutin gestern bin ich nach draußen, vor dem Haupteingang steht eine Schaukel. Ich schaukelte nicht richtig, dazu war ich gedanklich zu abwesend. Mit dem sanften Auf und Ab wanderten meine Gedanken zum Auf und Ab der Stimmungskurve. Die Aussicht auf ein nächstes Tief fand ich wenig erbaulich – andererseits: Wie viel schlimmer als bisher konnte es überhaupt noch werden? So viel Luft war da nicht nach unten. Viel mehr beschäftigte mich, dass bisher noch mit keinem Wort erwähnt worden war, wie lange ich bleiben sollte. Weder die Ärztin noch die Therapeutin hatten mir einen voraussichtlichen Entlassungstermin genannt, er stand auch in keinem bürokratischen Wisch. Ich wollte hier nicht schnellstmöglich weg, ich wollte Zeit haben – aber die drei Monate, die ich in der Arbeit angekündigt hatte, waren beinahe um. Es war fast schon Oktoberfestzeit, der Sommer definitiv vorüber. Wie lange würde es noch dauern, bis ich wieder ich war?

Seit über zwei Monaten bin ich nun schon krankgeschrieben. Vor einem halben Jahr wäre das noch eine Ewigkeit gewesen. Aber Zeit hat mittlerweile jede Bedeutung verloren. Die Tage verschwimmen ineinander.

Zwei Monate. Und ich bin immer noch so weit von mir selbst entfernt. Beim Grillen mit den Mädels am vergangenen Wochenende war wieder so ein Moment, in dem mir klar wurde, wie scheiße es mir eigentlich immer noch geht – obwohl es schon so viel besser ist. So gern ich selbst da bleiben wollte: Ich habe immer noch nichts gegen meinen Kopf zu melden. Ich musste gehen, ich konnte nicht mehr. Wenn ich weine, weine ich gerade nicht, weil mir was weh tut. Ich weine um mich. Wie lange wird das Leben noch an mir vorbeiziehen? Und wie lange kann ich das noch aushalten?

Gestern habe ich mich in den Schlaf geweint. Ich habe mich so sehr vermisst. So sehr, dass ich es gar nicht aussprechen, es niemandem erzählen kann, weil der Schmerz sonst noch größer wird. Es ist schlimmer als der schlimmste Liebeskummer. Damals, das ist mittlerweile Jahre her, lief die Zeit ja weiter, Studium, Praktikum – ich konnte schließlich nicht einfach zu Hause bleiben. Mechanisch habe ich mein Leben gelebt – als hätte ich einfach vergessen, wie es ist, glücklich zu sein. Oder überhaupt etwas zu fühlen. Da hat das Leben selbst eigentlich meinem Leben gefehlt.

Und jetzt laufen mir schon wieder die Tränen über die Wangen. Dabei ging es mir gerade noch gut. Meine Stimmung kippt im Minutentakt im Moment.

Ich vermisse mich so sehr, ich halte es kaum mehr aus.

DIE MAUER

Ich hatte alle meine Termine in dieser ersten halben Woche in der Psychosomatik erfolgreich absolviert. Genau wie ich hatten Johanna und ihre Zimmernachbarin Tina am Freitagnachmittag frei. Die Sonne schien und so beschlossen wir drei spontan, einen Ausflug in die kleine Kreisstadt in der Nähe zu machen. Ein bisschen in der Sonne bummeln und Eis essen, so was hatte ich seit Monaten nicht mehr getan.

Das Städtchen war wunderbar malerisch, mit vielen kleinen mittelalterlich geprägten Gässchen, tollen Altbauten, einem Fluss mittendrin – und vielen Geschäften! Direkt am Hauptplatz begann die kleine Einkaufsstraße. Johanna hatte, seit es ihr besser ging, das Einkaufsfieber gepackt. Sie kostete es so richtig aus, wieder Freude an etwas zu haben – und shoppen machte ihr nun mal Spaß. Zielstrebig steuerten Tina und sie also das erste Klamottengeschäft an. Ich folgte den beiden mit ein wenig Abstand, sie verschwanden im Laden zwischen den ersten Kleiderständern und Regalen – ich blieb wie angewurzelt vor der Türschwelle stehen. Es war, als sei soeben eine Wand vor mir heruntergefahren. Ich konnte dieses Geschäft nicht betreten. Es tat mir nichts weh, ich hatte kein Herzrasen. Ich wollte in den Laden hinein, aber es ging nicht. Ich hatte absolut keine Ahnung, wo diese Mauer herkam. Völlig perplex stand ich da. Was war das? Ich wartete ein wenig, doch die Mauer verschwand nicht, ich kam nicht an ihr vorbei. Schließlich gab ich mich geschlagen. Fünfzig Meter weiter entdeckte ich eine Buchhandlung, eine ganze Reihe Bücherregale und Ständer mit Postkarten standen davor, draußen auf dem Gehweg, unter einer Markise. Ich rief Johanna und Tina zu, dass ich dort auf sie warten würde. Johanna hatte ich irgendwann einmal erzählt, dass ich mit dem Einkaufen Schwierigkeiten hatte, aber Tina drehte sich um und war mir einen überraschten Blick zu. Sie stellte jedoch keine weiteren Fragen und nickte. Ich stöberte also ein wenig in den Bücherkisten, bis Johanna und Tina kamen. Vor anderen Geschäften stand faszinierenderweise keine Mauer, wie ich schnell herausfand. Ein paar hundert Meter weiter entdeckte ich sogar eines, das mein neuer Lieblingsladen werden sollte: eine liebevoll und großzügig eingerichtete Buchhandlung mit sehr gut ausgewähltem Buchsortiment und einigen Dekoartikeln, Schreibwaren sowie Künstlerbedarf. Ich konnte mich gar nicht sattsehen. Ganz hinten fand ich dann auch, wonach ich insgeheim gesucht hatte: ein Malbuch, mit Tieren natürlich, und um die Ecke erstand ich sogar noch bunte Gelstifte. Irgendwie musste ich die viele freie Zeit, die ich momentan hatte, schließlich vertrödeln.

Nach der Shoppingtour gönnten wir uns einen Eiskaffee, direkt am Flussufer. Es war so ungewohnt leicht mit Johanna und Tina. Ich musste mich nicht ständig erklären, wir verstanden uns gut und unterhielten uns über völlig normale Dinge, aber auch über die Klinik und Mitpatienten. Und dazwischen saßen wir minutenlang einfach stumm da und betrachteten das glitzernde Wasserspiel zwischen Sonne und Stauwehr. Ein wunderschöner Nachmittag. Die Mauer und damit die Tatsache, dass meine Ängste offenbar doch viel intensiver waren, als ich mir selbst und auch der Psychologin gegenüber zugeben wollte, hatte ich längst vergessen.

HOCHZEIT!

Am Samstag stand ich früh auf. Die Sonne schien wieder und ich freute mich riesig auf die Hochzeit. Vielleicht war ich heute ein wenig stabiler und kippte nicht ständig hin und her, hoffte ich, im Moment war meine Stimmung jedenfalls gut. Rasch frühstückte ich, holte meine Wochenendration Tabletten in der MZ ab und fuhr nach Hause.

Dort herrschte Trubel: Meine Eltern und Caro liefen

durcheinander, verpackten noch das Geschenk, richteten sich die Haare, fütterten die Katze, alles war hektisch. Ab zehn Uhr waren wir ein paar Ortschaften weiter beim Brautpaar zum Weißwurstfrühstück eingeladen, die Trauung war auf zwölf Uhr angesetzt. Wir würden mit zwei Autos fahren, sodass ich jederzeit nach Hause konnte und genügend Zeit hatte, mich fertig zu machen, ohne Stress. Für meine Einkaufsproblematik hatte ich eine elegante Lösung gefunden: Online-Shopping. Ich war höchst zufrieden mit meinem Outfit. Meine Schwester nahm sich die Zeit, mir die Haare zu glätten, ich konnte das immer noch nicht so gut – schließlich bändigte ich meine Naturlocken erst seit wenigen Wochen, seit ich dieses „Engelshaar" nicht mehr sehen konnte. Das neue blaue Plissée-Kleid und die kurzen Haare saßen perfekt, ich sah gut aus.

Beim Brautpaar erwartete uns die große Version einer bayerischen Bauernhochzeit: Sogar eine Blaskapelle spielte zum Weißwurstfrühstück, ein ganzes Zelt war im Hof aufgebaut. Die Bläser waren allerdings verdammt laut. Viel zu laut. Ich schnappte mir also zwei Weißwürste, mit süßem Senf und Breze versteht sich, setzte mich an einen abgelegenen Tisch zu meiner Senior-Verwandtschaft, also den Tanten und Onkeln über sechzig, und bemühte mich, die Musik zu ignorieren. Glücklicherweise legte die Kapelle bald eine Pause ein. Bis zum nächsten Einsatz der Musik hatte ich fertig gegessen. Währenddessen war es jedoch im Zelt immer voller und damit natürlich auch lauter und enger geworden. Ich beschloss, erst mal auf die Toilette zu gehen. Die war wunderbar weit weg von dem ganzen Trubel. Auf dem Weg dorthin schnappte ich auf, dass einer meiner vielen Cousins seinen neuen Hund dabeihatte, einen jungen Border Collie. Der Welpe musste bestimmt beschäftigt werden. Ideal! Also suchte ich kurz darauf den Hof nach dem Hund ab, fand ihn (und meinen Cousin am anderen Ende der Leine) schon halb auf dem Feldweg hinter dem Kuhstall, ignorierte mein absolut gelände-untaugliches Schuhwerk und beschäftigte mich in der nächsten halben Stunde nur mit dem Hund. So in der Art ging der Tag weiter: Die Hochzeit war wirklich wunderschön, fast schon kitschig perfekt, die Stimmung toll, das Wetter ein Traum, und ich schaffte es, in einer Mischung aus Dabeisein und Mich-doch-immer-wieder-ausreichend-abseits-Halten, relativ lange relativ gut durch den Tag. Ich tanzte sogar mit meinem Vater und als es zum Brautstehlen in den sonnigen Biergarten mit den alten, knorrigen Kastanien- und Obstbäumen ging, war mir alles egal. Ich war schließlich schon viel länger auf der Hochzeit als gedacht! Ich wollte endlich mal nicht mehr nur am Rand stehen und zusehen! Gegen die ohrenbetäubende Lautstärke der Band hatte ich Ohropax, trotzdem konnte ich noch mitsingen und stand wie alle anderen auf den Stühlen, feuerte den Bräutigam an, bis er seine Braut endlich wieder ausgelöst hatte, und genoss es!

Inmitten meiner ganzen großen Verwandtschaft fühlte ich mich so sicher und geborgen, dass mir zwischendrin, als mir dieser Gedanke durch den Kopf schoss, beinahe vor lauter Glück die Tränen kamen. Ich war nicht allein. Nein, ich konnte auf jeden Einzelnen hier zählen: meine Tanten, meine Onkel, meine Cousinen und Cousins. Und vor allen Dingen auf meine Schwester und meine Eltern. Ich hätte die Welt umarmen mögen, so glücklich war ich plötzlich. Zum Schluss sattelte die Band auf AC/DC um, was dann leider trotz Ohropax nicht auszuhalten war. Das Brautstehlen hatte schon über eine Stunde gedauert, erschöpft verdrückte ich mich einmal mehr in Richtung Toilette und dann in einen eher abseits gelegenen Teil des Biergartens. Meine Belastungsgrenze hatte ich mehr als überschritten, mehr war nicht drin. Bis zum Abendessen dauerte es nicht mehr lange, danach wollte ich fahren.

FILMRISS OHNE KATER

Als die Band verstummt und die Hochzeitsgesellschaft wieder in den großen Saal gewandert war, zog ich mir die Stöpsel aus den Ohren. Wenige Sekunden später, als ich ebenfalls wieder drinnen stand, stopfte ich sie wieder rein. Selbst die normale Gesprächslautstärke war mir zu viel. Viel zu viel.

Wie erwartet schmeckten Vorspeise und Hauptgang köstlich, das Dessert konnte ich aber nicht mehr abwarten, mein Gehirn brauchte ganz dringend eine Auszeit, ich musste nach Hause. Glücklicherweise musste ich mit niemandem diskutieren, warum ich denn schon ging, es wussten schließlich alle Bescheid. Meine Schwester kam sogar mit. Ich hatte sie nicht dazu überreden können, mich allein fahren zu lassen. Die Gastwirtschaft, in der die Hochzeit stattfand, lag etwa fünfzehn Minuten von zu Hause entfernt, eine Strecke, die ich schon viele hundert Male gefahren war. Trotzdem war es dieses Mal eine fast zu große Herausforderung für mich. Meine Konzentration sank so rapide, dass ich nach fünf Minuten Fahrt das Gefühl hatte, mich nicht länger als hundert Meter am Stück auf die Fahrbahn konzentrieren zu können. Auf Caro konnte ich auch nicht zählen. Sie saß zwar neben mir, aber abgesehen davon, dass das Weintrinken während des Brautstehlens Spuren hinterlassen hatte, hatte sie ihre Brille nicht mit.

„Ich seh den Baum erst, wenn wir schon drinhängen, sorry, Sophie", sang sie belustigt vor sich hin. „Das schaffst du schon!"

Ich fuhr also langsamer, immer langsamer. Stehen bleiben wollte ich, nur zwei Kilometer von daheim entfernt, nicht mehr. Ich brachte uns heil nach Hause, ich weiß nicht, wie.

Am Sonntag war ich – wie erwartet – zu gar nichts zu gebrauchen und ehrlich gesagt ziemlich neidisch auf den Kater meiner Schwester. Da wusste man wenigstens, dass es am nächsten Tag wieder gut sein würde und man entsprechend gefeiert hatte! Immerhin einen Filmriss hatte ich: Ich konnte mich zwar schemenhaft an meine Heimfahrt erinnern. Doch nicht daran, dass meine Schwester mitgefahren war.

Als ich irgendwann fragte, wie sie denn heimgekommen wäre, sahen Caro und auch meine Eltern mich ein wenig schief an und antworteten verwundert: „Mit dir …?!"

Wie war das möglich? Ich hatte doch keinen einzigen Schluck Alkohol getrunken. Die feine Linie in meinem Kopf hatte ich gestern wohl nicht nur angekratzt, sondern weit über-schritten. Das mit dem Filmriss war neu und machte mir Angst.

Als Caro von unserer Heimfahrt erzählte, kam die Erinne-rung daran immerhin zurück. Ich versuchte, zu Hause so we-nige Sinnesreize wie irgend möglich an mich heranzulassen, schließlich musste ich es am Nachmittag wieder in die Klinik schaffen. Selbst das Mittagessen war eigentlich zu viel, das Tel-lerklappern und das Gespräch extrem anstrengend. Ich sehnte mich nach meinem Dreibettzimmer. Innerhalb der wenigen Tage, die ich dort verbracht hatte, war die Klinik nicht nur mein neuer Schutzort, sondern unbemerkt auch der Ort mei-ner Sehnsüchte geworden. Ich fühlte mich dort sicher und im Gegensatz zur Psychiatrie auch wohl. Dort hatte ich Ruhe, wunderbar viel davon, mit dem Blick vom Balkon in die Weite, ohne auch nur ein einziges Haus vor dem Horizont zu sehen. Wenn ich mein Handy ausschaltete, war ich unerreichbar, so unerreichbar, wie ich es zu Hause nie sein würde; aber trotz-dem nicht allein.

Die knapp einstündige Fahrt zog sich, aber ich kam auch diesmal gut an. Nachmittags um drei Uhr war der Tag bereits gelaufen, mein Kopf hatte sich ausgeschaltet, nur ein bisschen Malen im neuen Malbuch im vollkommen stillen Zimmer war noch drin.

SCHLAF, KINDLEIN, SCHLAF

Montagnachmittag schlief ich ein.

Nach dem Mittagessen hatte ich mich wie so oft ins Bett gelegt, um wenigstens so zu tun, als ob ich schlief, wenn ich tagsüber schon nicht wirklich schlafen konnte. Aber diesmal schlief ich tatsächlich ein, es passierte einfach so, ganz unbeabsichtigt. Als ich aufwachte, war ich vollkommen verwirrt. Ich hatte über eine Stunde geschlafen!

Während ich schlief (was für ein schöner Satzbeginn!), wurden drei Zettel unter der Zimmertür durchgeschoben, alle drei für mich. Ich hatte eine Einladung zur „Schematherapie Angst", eine zur Burn-out-Gruppe und eine für die Kunsttherapie erhalten, jede Gruppe fand offensichtlich zweimal in der Woche statt. Ich atmete gerade tief durch und trug die vielen neuen Termine in meinen Wochenplan ein, als die ältere meiner beiden Mitbewohnerinnen hereingestürmt kam.

Brigitte – oder Birgit?, ich konnte mir den Namen beim besten Willen nicht merken – warf einen Blick auf die vielen Zettel, die auf meinem Bett herumlagen, und reagierte schnippisch: „Na, da schau an – so viele Termine hatt' ich noch nicht, seit ich hier bin." Tauschen, scherzhaft bot ich ihr das an, wollte sie dann allerdings auch nicht.

14. September

Heute kamen die Einladungen für die Therapiegruppen. Zusätzlich zu sechsmal Sport und zweimal Einzeltherapie pro Woche habe ich nun noch sechs weitere Gruppentherapien, jede Woche. Nur noch Montagvormittag und Freitagnachmittag bleiben zu meiner freien Verfügung. Dienstags und donnerstags ist noch dazu nur eine Stunde Zeit zwischen der Wassergymnastik und der Burn-out-Gruppe. In dieser Stunde soll ich duschen und auch noch Mittag essen. Ich weiß beim besten Willen nicht, wie das – entspannt – funktionieren soll. Die Griesgrämin war vorhin richtig neidisch, als meine vielen Einladungen eintrudelten. Ihr wäre langweilig, behauptete sie. Ich bin mir gar nicht sicher, ob mein voller Tagesplan ein Grund zur Freude ist. Von mir aus könnte sie gern die ein oder andere Stunde übernehmen. Und dann dauern manche Therapien auch noch richtig lang: Die Burn-out-Gruppe geht beinahe zwei Stunden. Am Stück. Ich kann mich noch gar nicht so lange konzentrieren! Das macht mein Kopf im Moment gar nicht mit.

So ganz kann ich das noch nicht abschätzen, dafür hatte ich bisher zu wenig Kontakt mit anderen hier, aber ich habe das Gefühl, dass die meisten viel fitter sind als ich. Die scheinen es richtig zu genießen, unter Leute zu kommen. Die Cafeteria und die Terrasse sind fast immer voll, es ist laut, alle ratschen, spielen Karten, trinken Kaffee oder auch mal Bier und Wein. Ganz unabhängig davon, ob ich das gerade will oder nicht – ich könnte nicht. Mein Kopf ist bei solchen Dingen einfach immer noch raus, auch nach fast drei Monaten noch. Das bisschen Spielraum, das ich habe, muss ich mir gut einteilen. Keine Ahnung, ob ich zwei Stunden Therapie am Stück überhaupt aushalte. Und auch nicht, wie die Gruppentherapien hier aussehen. Mir fällt es schwer genug, mit Frau Hilmer über Dinge zu sprechen, die tatsächlich tief liegen. Und da bin ich allein mit ihr, da breite ich diese Themen nicht vor einer ganzen Gruppe wildfremder Leute aus.

Ich bin wirklich gespannt, wie das alles wird. Hoffentlich geht es gut. Denn zurück will ich nicht.

ALLERERSTE GRUPPENTHERAPIE

Nach dem Mittagessen machte ich mich, eher nervös als neugierig, auf zu meinem ersten Termin der Burn-out-Gruppe. Praktischerweise lag der Gruppenraum in meinem Stockwerk. Ich war nicht die Erste, zwei Männer saßen schon in einem vorbereiteten Stuhlkreis. Ob ich hier richtig wäre, fragte ich. Das käme ganz drauf an – wenn ich nett sei, dürfte ich bleiben, witzelten sie. Wir schäkerten kurz hin und her. Oh, wie lange hatte ich keinen so lockeren, witzigen Wortwechsel mehr geführt! Ich war als nett befunden worden und durfte bleiben. Die beiden Männer scherzten weiter, andere Gruppenmitglieder, die in den Raum kamen, wurden in das Geplänkel integriert. Ich fühlte mich auf Anhieb richtig wohl und entspannte mich. Als hätte ich den dünnen grauen Schleier, der mich seit Sonntag wieder umgab, an der Tür abgelegt. Inzwischen waren ungefähr acht andere Patienten zu uns gestoßen, die Therapeutin hatte eine weiße Leinwand heruntergelassen und einen Beamer angeschaltet.

Weil ich neu zur Gruppe kam, bat die Psychologin die Teilnehmer, zusätzlich zur üblichen Willkommensrunde eine kurze Vorstellung hinzuzufügen. „Normalerweise", erklärte sie mir, „sagt jeder zu Beginn der Stunde, wie er sich fühlt" – das kannte ich schon aus der Psychiatrie – „und", das war neu, „was er sich heute schon Gutes getan hat oder noch Gutes tun wird."

Zu zehnt saßen wir im Halbkreis, etwas mehr Männer als Frauen. Eine junge Dame, etwas älter als ich, erzählte, dass sie die Klinik in zwei Wochen bereits verlassen würde. Mit dem Skript wäre sie fast durch, deshalb sei das ihre vorletzte Stunde in der Gruppe.

Skript? Das Wort hatte mich verwirrt, aber Cornelia, so hieß sie, war schon weiter im Text, bevor ich dazwischenfragen konnte.

Sie wollte sich später noch ein gutes Stück Kuchen in der Cafeteria gönnen. Thomas, einer von den beiden, die mich am Anfang so scherzhaft begrüßt hatten, hatte heute die letzte Stunde in der Burn-out-Gruppe und würde sich abends in der Turnhalle mit ein paar Leuten zum Volleyball treffen.

Ich horchte auf – Volleyball! Das musste ich mir merken! – und stellte mich vor: „Ich bin seit einer Woche hier, wegen Burn-out, Depression und Angstzuständen, und gerade etwas aufgeregt, weil ich nicht weiß, was mich erwartet. Vor allem bin ich mir ehrlich gesagt nicht sicher, ob ich eine so lange Gruppenstunde überhaupt schon aushalte", gestand ich. „Sonst geht's mir ganz gut. Nachher gehe ich mit einer Freundin spazieren."

Die Therapeutin reagierte unmittelbar: „Schön, dass Sie hier sind, Frau Blau. Wenn es Ihnen zu viel wird, dürfen Sie die Therapie jederzeit verlassen, das ist eine unserer Gruppenregeln hier."

Sie stellte die weiteren Regeln gleich mit vor: andere ausreden lassen; was hier im Raum besprochen wurde, blieb hier im Raum – die üblichen Klassiker. Ausgefallen fand ich lediglich folgende Regelungen: Wer zu spät kam, durfte sich nicht entschuldigen. Und: Die fünfminütige Pause musste immer eingehalten werden.

Anschließend ergriff die Co-Therapeutin das Wort. Wie in jeder Stunde sollte mit einer kleinen Meditation begonnen werden. Weil jeder von uns sich auf unterschiedliche Weise entspannte, bereitete sie für jede Stunde eine andere Übung vor, sodass hoffentlich jeder von uns mindestens eine entdecken würde, die für ihn persönlich gut funktionierte und die er dann auch zu Hause weiter umsetzen konnte. „Passend zum heutigen Thema versuchen wir es mit einer kleinen Achtsamkeitsübung", fuhr sie fort.

Wir sollten alle die Augen schließen und uns nur auf unsere Atmung konzentrieren, dann auf die Geräusche, die wir in unserem Körper wahrnahmen. Das rhythmische Pulsieren des Blutes zum Beispiel. Oder die ruhig fließende Atmung. Nach einer Weile sollten wir unsere Aufmerksamkeit wieder nach außen lenken und auf die Umgebung hören. Ich nahm das Surren des Beamers wahr. Eine Fliege, die immer wieder gegen die geschlossene Fensterscheibe dotzte. Die Atemzüge der anderen. Schließlich wurden wir aufgefordert, wieder die Augen zu öffnen und bewusst in unsere Runde zurückzufinden. Im Anschluss reflektierten wir die kurze Meditation gemeinsam. Hatten wir den Anweisungen folgen können, hatte die Meditation funktioniert? War uns etwas Besonderes aufgefallen? Ich war beeindruckt. Nie im Leben hätte ich mir vorstellen können, so viele Geräusche in meinem Körper hören zu können. Gleichzeitig war alles andere, was ich danach im Raum wahrnahm – wie der Beamer oder die Fliege – komplett ausgeblendet gewesen. In meinem Körper tobte offensichtlich doch noch Leben. Und ich hatte mich ausschließlich darauf konzentrieren können.

Im Anschluss händigte die Psychologin mir das ominöse Skript aus, von dem in der Begrüßungsrunde schon die Rede gewesen war, in einen hässlichen senfgelben Schnellhefter gebunden. Und ganz schön dick, dicker als das Skript so mancher meiner Vorlesungen in der Uni.

„Diese Therapie hat einen stark psycho-edukativen Fokus", erläuterte mir die Therapeutin. „Wir gehen dieses Skript von Anfang bis Ende durch, das dauert im Schnitt vier Wochen. Neue Patienten stoßen einfach hinzu, wenn ein Platz frei ist, und wohnen dann eben vier Wochen der Therapie bei, bis sie das ganze Skript einmal durchgearbeitet haben. Sie haben heute die letzte Stunde im Turnus erwischt, übermorgen geht es von vorne los."

Die restliche Stunde fühlte ich mich wie in einer Vorlesung: Die Therapeutin erläuterte Fakten und gab Tipps rund um das Thema gesunde Lebensführung – gemäß dem Motto: mens sana in corpore sano: Ein gesunder Geist wohnt in einem gesunden Körper. Es drehte sich viel um Schlafhygiene – also die Frage, wo man wann wie lange und wie am besten einschlafen sollte –, um regelmäßige, strukturierte Tagesabläufe, ausreichend Bewegung und frische Luft sowie gesunde Ernährung. Der Grundtenor lautete: Nur wenn ich anfange, mich selbst besser zu behandeln, werde ich auch anfangen, mich besser zu fühlen.

Das war wichtig, wohl mit das Wichtigste überhaupt, aber nichts Neues für mich. In der Psychiatrie hatte schließlich die komplette Achtsamkeits- und Genusstherapie auf diesem Gedanken aufgebaut. Ich war ein wenig enttäuscht, denn bisher hatten mir gerade die edukativen Therapien gefallen. Je mehr ich wusste, desto besser konnte ich schließlich verstehen, was mit mir passiert war. Das hatte mir Stück für Stück die Angst vor der unbekannten Krankheit genommen und ermöglichte es mir mittlerweile sogar, Strategien zu entwickeln, um mich und sämtliche Symptome langsam wieder in den Griff zu bekommen.

Um kurz vor drei hatte ich meine erste Gruppentherapie überstanden. Sie war fast schon enttäuschend unspektakulär verlaufen, selbst die knapp zweistündige Konzentrationsphase hatte ich überraschenderweise gut ausgehalten.

MIT PLATZANGST IM KINO

Bewaffnet mit einem dicken Stapel Papier – Anamnesebogen, Behandlungsvertrag, Infoschreiben zu den Psychopharmaka, alles vorbildlich ausgefüllt – stieg ich fast direkt im Anschluss an meine erste Gruppentherapie die drei Stockwerke hinab bis in den Keller zu meinem Einzelgespräch. Ich studierte gerade intensiv den Aushang mit den drei Walking-strecken, als Frau Hilmer die orangefarbene Tür öffnete und mich bat, ihr ins Büro zu folgen.

„Sind Sie schon fertig mit den ganzen Fragebögen und Verträgen? Wunderbar", stellte sie fest, als sie den Stapel Papier bemerkte, den ich umhertrug. „Dann können wir am Donnerstag gleich mit Ihrer Biografie beginnen." Sie nahm mir die Bögen ab und bat mich, Platz zu nehmen. „Wie war denn Ihre erste Gruppentherapie heute?", wollte sie wissen, als sie mir dann gegenübersaß.

„Wenig spektakulär, aber ganz gut eigentlich."

„Und die Hochzeit?"

„Schön", antwortete ich und spürte richtig, wie ich bei der Erinnerung daran zu strahlen begann. „Es tat so gut, dabei zu sein. Ich hab sogar getanzt und ich war beim Brautstehlen dabei, mittendrin. Mit Ohropax zwar", fügte ich hinzu, „aber es ging gut." In meinem Kopf tauchte unwillkürlich meine 72 Jahre alte Tante auf, die ausgelassen mit meiner Schwester und mir barfuß auf der Bierbank zu Sweet Home Alabama getanzt hatte. Unwillkürlich musste ich schmunzeln. „Und ich war so glücklich! So sicher und geborgen habe ich mich schon lange nicht mehr gefühlt."

Frau Hilmer freute sich sichtlich mit mir. Als sie wissen wollte, ob ich den ganzen Tag dabei gewesen war, musste ich jedoch gestehen, dass ich nach dem Abendessen die Reißleine hatte ziehen müssen.

„Was heißt das genau: Länger ging es nicht mehr?"

Ich überlegte kurz. „Die Musik war zu laut, selbst mit Ohropax. Ich hielt es einfach nicht mehr aus. Es war kein Tornado wie sonst oft, sondern mein Kopf war einfach zu voll und hat sich geweigert, weiterzuarbeiten. Es fühlte sich an, als würde mein Gehirn gleich meinen Schädel sprengen."

„Was haben Sie dann zu Hause gemacht?"

„Nichts. Ich bin gleich ins Bett und auch am Sonntag war es nicht besser. Das Mittagessen war eigentlich schon zu anstrengend, deswegen bin ich auch am Nachmittag schon wieder hergekommen. Ich hab hier ein bisschen in meinem Malbuch gemalt und gelesen. Mehr ging bis gestern Abend nicht." Ich machte eine kurze Pause. „Heute ist es wieder okay."

Während wir uns unterhielten, machte sich die Therapeutin Notizen.

Als sie wieder aufschaute, fragte sie mich: „Aber Angst hatten Sie keine?"

„Nein, gar nicht. Der Saal war groß und ohnehin fand viel draußen statt."

Frau Hilmer blickte mich erwartungsvoll an, sie gab mir Zeit, über ihre Frage nachzudenken.

„Aber am Freitag ist mir was Komisches passiert." Die Mauer war mir plötzlich wieder eingefallen. „Ich wollte in so einen kleineren Klamottenladen, aber es ging nicht, da war auf einmal eine Mauer. Ich konnte einfach nicht hinein in das Geschäft. Herzstechen oder weiche Knie hatte ich aber überhaupt nicht. Kann das auch durch die Angst kommen?"

Die Therapeutin hatte mich, während ich das schilderte, aufmerksam beobachtet. Schließlich spielte sie mir meine eigene Frage zurück: „Was glauben Sie denn, was es war?"

„Vermutlich wohl doch Angst", gab ich kleinlaut zu. „Aber komisch, dass ich bei allen anderen Geschäften, bei der Buchhandlung zum Beispiel, gar kein Problem hatte. Da war alles wie immer."

Frau Hilmer lächelte verschmitzt, als sie mir antwortete. „Unser Gehirn ist viel raffinierter, als wir denken. Oft werden die Sachen, die Patienten lieben, von der Angst ausgespart. Ich hatte einmal eine Patientin mit Platzangst. Die erzählte mir in der ersten Stunde, dass sie nicht mehr U-Bahn fahren konnte, keine fensterlosen Toiletten mehr benutzte, nicht mehr in Einkaufszentren einkaufen ging und so weiter. Als ich sie dann fragte, was sie denn in ihrer Freizeit gerne macht, sagte sie: Kino, ich liebe Filme! Lassen Sie sich das mal auf der Zunge zergehen! Die Patientin mit Platzangst verbrachte ihre Freizeit liebend gern im Kino. Im dunklen, geschlossenen Kinosaal. Offenbar war das der Patientin so wichtig war, dass sie diesen Bereich unbewusst beschützt hat. Da hatte die Angst nicht die geringste Chance. Vielleicht ist das bei Ihnen ähnlich."

„Das kann schon sein", murmelte ich. „Ich bin noch nie besonders gerne shoppen gegangen. Aber in Buchhandlungen – da könnte ich Tage verbringen."

„Na, sehen Sie. Das mit der Angst ist kompliziert. Und offenbar haben Sie doch noch deutlich größere Probleme, als Sie sich selbst eingestehen, Frau Blau. Deshalb sähe ich es sehr gern, wenn Sie in den nächsten Wochen selbst daran arbeiten würden. Üben Sie bitte weiter, gehen Sie einkaufen, vermeiden Sie nichts. Machen Sie alles so wie immer und beobachten Sie einfach, was passiert, was die Angst macht. Schaffen Sie das allein?"

„Ja, klar", brummte ich wenig begeistert. Ich ärgerte mich, überhaupt davon erzählt zu haben. Mein Hauptproblem war gerade nicht das bisschen Angst. Die Stunde war beinahe schon um, die Unterhaltung darüber hatte schließlich noch deutlich länger gedauert, als mir lieb gewesen war, ich musste sogar noch einen kurzen Fragebogen dazu ausfüllen. Endlich schien Frau Hilmer dieses leidige Thema abgehakt zu haben. Ich nutzte die Gelegenheit, ein viel drängenderes Problem anzusprechen: meine schlechten Leberwerte.

„Wir gehen davon aus, dass die Kombination Ihrer Medikamente nicht passt, und würden daher das Mirtazapin absetzen. Wir hoffen, dass das ausreicht, damit sich die Leberwerte wieder normalisieren. Ist das in Ordnung für Sie?" Die Therapeutin sah mich an.

Genügend Wissen, um diese Entscheidung in Frage stellen zu können, hatte ich ohnehin nicht. Und wissen, was passierte, wenn das Ausschleichen nicht half, wollte ich erst gar nicht. Außerdem: „Ich bin gestern zum ersten Mal seit Monaten nachmittags eingeschlafen, einfach so", antwortete ich, „vielleicht passt das vom Zeitpunkt also ganz gut."

Ich erntete einen strengen Blick.

„Sie wissen, dass Sie tagsüber nicht schlafen sollten?", kam prompt der – wenn auch sanfte – Rüffel. Für Depressionspatienten war es sehr wichtig, einen richtigen Tag-Nacht-Rhythmus aufrechtzuerhalten, das wusste ich. Und Frau Hilmer wusste, dass ich das wusste.

„Ja, ich weiß. Aber wie gesagt, ich bin seit Monaten nicht mehr einfach so eingeschlafen. Ich hatte gar nicht damit gerechnet, dass das passieren könnte", verteidigte ich mich.

„Schon gut, Frau Blau. Es ist doch etwas Positives, wenn Sie wieder von allein einschlafen können. Sie erhalten dann gleich ab morgen eine geringere Dosis Mirtazapin als üblich. Haben Sie noch Fragen?"

Die hatte ich nicht.

KLEINE SCHWESTER

Der zweite Mittwoch in der Psychosomatik war mein erster richtig vollgepackter Tag: Nach einem kurzen Frühstück startete ich mit Joggen. Es tat verdammt gut, wieder mit Johanna zu laufen, ich hatte das wirklich vermisst. Und es tat auch gut, keinen Aufpasser mehr dabeizuhaben – unsere Namen wurden nur auf einer Liste abgehakt, bevor wir die Klinik verließen. Danach holte ich meine Morgenration Tabletten an der MZ und ging zurück in mein Zimmer, um zu duschen. Um 9:20 Uhr begann schon die Angstgruppe, ich wollte in der ersten Stunde nicht zu spät kommen.

Die Runde war etwas kleiner als tags zuvor die der Burnout-Gruppe, die Atmosphäre sogar noch ein Stück herzlicher. Auch hier stellten sich wieder alle vor und erklärten, wie es ihnen im Moment gerade ging. Anstatt zu erzählen, was sie sich heute Gutes tun würden, fügten sie an, ob sie ein Thema für die Gruppe hatten. Als Erste ergriff Gabi, eine rundliche Fünfzigerin mit einem unglaublich herzlichen Lachen, das Wort. Ihr folgte Chris, etwa so alt wie ich, wegen Agoraphobie

(Angst vor öffentlichen Plätzen und Menschen) hier. In einer schwarzen Jogginghose, die Kapuze seines Pullis über das dunkle Cap tief ins Gesicht gezogen, fläzte er im Stuhlkreis, verdammt cool und unnahbar. Er sah nicht nur aus wie ein echter Gangsta – ein bisschen Slang, weißt du, Frau Therapeutin? –, sondern war bestimmt in seinem früheren Leben auch einer gewesen. In diesem aber traute er sich allein nicht mal mehr aus der Klinik heraus. Neben ihm saß Tabea, eine sehr taff wirkende Blondine, definitiv nicht auf den Mund gefallen, sie litt ebenso an Agoraphobie. Gerade arbeitete sie daran, wieder allein Auto fahren zu können. Außerdem gehörten zu meiner neuen Gruppe Tina, Johannas Zimmernachbarin, auch mit Agoraphobie, und Julia, mit posttraumatischen Belastungsstörungen. Julia hatte als Einzige für heute ein Thema – was auch immer das genau bedeutete. Geleitet wurde die Gruppe von zwei Therapeutinnen der Station II, nämlich meiner Therapeutin und einer Frau Veller. Letztere war in etwa genauso alt wie Frau Hilmer und hatte eine sehr angenehm lebenslustige, manchmal auch selbstironische Art. Auch die beiden stellten sich vor und erklärten mir als Neuling, was es mit dem „Thema" auf sich hatte: Ganz anders als die Burn-out-Gruppe befasste sich diese hier offenbar nur selten mit Theorien, sondern meist mit dem persönlichen Thema eines Teilnehmers. Das konnte ganz einfach in einer lockeren Gesprächsrunde geschehen oder, so wie ich es heute erleben würde, mit einer speziellen Technik aus der Schematherapie – schon wieder ein Fragezeichen für mich. Anschließend erläuterten die Gruppenteilnehmer mir die Gruppenregeln, die da lauteten: andere ausreden lassen, respektvollen Umgang pflegen, den Raum während der Sitzung nur nach Absprache verlassen. Die wichtigste Regel von allen: Alles blieb in diesem Raum.

„What happens in Angstgruppe, stays in Angstgruppe", bekräftige Chris.

Frau Veller erklärte mir kurz, was nun passieren würde. Offenbar stand Julias Thema schon länger im Raum und war in der Einzeltherapie bereits vorbesprochen worden. Julia selbst würde die übrigen Gruppenmitglieder in einer Art „Familienskulptur" aufstellen, also mit uns eine Situation aus ihrer Kindheit nachbauen. Das sollte Julia bei der Bewältigung einer schwierigen Situation helfen. Ich war skeptisch. Wie, bitte schön, sollte sich einfach durch das Positionieren fremder Leute eine Situation verändern, die Jahrzehnte zurücklag? Aber gut – wenn ich mich nicht auf solchen Hokuspokus einließ, konnte ich vermutlich gleich wieder nach Hause gehen. Schließlich überwog meine Neugierde – irgendetwas musste da doch dran sein, sonst würden sie das wohl nicht machen.

Nur Julia, die sichtlich nervös von einem Fuß auf den anderen wechselte, und Frau Veller sprachen, alle anderen standen still und folgten der Aufstellung hoch konzentriert. Den damaligen Beziehungsverhältnissen entsprechend, positionierte Julia uns bedacht im Raum. Ich wurde für die Rolle der kleinen Schwester ausgewählt, fand mich schließlich neben der Skulptur-Julia wieder und hielt deren Hand. Meinen Blick hatte ich aber von ihr abgewandt, nach rechts, und schaute zur Mutter, die mir den Rücken zudrehte. Wie jedem von uns wurde auch mir ein kurzer Satz zugeteilt – einer, der typisch für die kleine Schwester in dieser Situation gewesen war, mitsamt exaktem Wortlaut und Tonfall. In der Szenerie verharrend, sagten wir alle in einer bestimmten Reihenfolge unsere Sätze auf, dreimal hintereinander. Mein Satz bestand aus vier Worten, an die ich mich leider nicht mehr erinnern kann. Sehr wohl aber weiß ich noch, wie verloren ich mich plötzlich auf meiner Position fühlte, als ich mich diese vier Worte sagen hörte. Es war unfassbar, welche Emotionen diese kurzen Sätze, die durch den Raum schwangen, und unsere Positionen innerhalb der Skulptur auslösten.

Nichts davon, was hier in diesem Raum passierte, hatte etwas mit mir oder meinem Leben zu tun. Dennoch fühlte ich mich plötzlich wirklich wie die kleine Schwester, die ich darstellte: klein, hilflos, voller Angst.

Dann wurde Julia selbst Teil der Skulptur. Sie wechselte sich selbst an der Stelle ihrer eigenen Figur ein. Wir wiederholten unsere Sätze – inklusive Julia. Ihre Nervosität wandelte sich in Angst, Verletztheit, Verlassenheit. Völlig aufgelöst und verzweifelt schluchzend, stand sie zwischen uns und konnte kaum noch ihren Satz sprechen. Sie tat mir so unendlich leid, es zerriss mir fast das Herz, sie so zu sehen; dabei kannte ich sie erst seit einer halben Stunde. Aber ich durfte mich nicht aus meiner Position herausbewegen, nicht einmal meinen Tonfall verändern. Die Therapeutin reichte ihr schließlich wenigstens die Box mit den Taschentüchern. Ich bemerkte, dass auch die anderen aus der Gruppe kämpften. Alle aber bemühten sich sehr, ihre Rollen beizubehalten, um die Skulptur nicht zu zerstören. Es war wirklich ungeheuerlich, welch intensive Emotionen plötzlich in dem kleinen Gruppenraum herrschten, in dem vor nur zwanzig Minuten noch fast jeder behauptet hatte, dass es ihm gut ging und er oder sie innerlich ruhig und gelassen war.

Im letzten Schritt durfte sich Julia schließlich neu ausrichten und einen neuen Satz wählen, einen, der sie stärkte. Ihre halbe Drehung um die eigene Achse veränderte plötzlich das ganze Gefüge: Sie wirkte selbstbewusster. Erneut sagten wir alle unsere Sätze auf, behielten unseren Tonfall bei, so gut es ging. Doch wir reagierten automatisch auf den neuen Bezugsrahmen: Die vorher so dominanten Stimmen von Vater und Großmutter wurden weicher, ich, die kleine Schwester, schöpfte nun regelrecht Kraft aus Julias neuem Satz. Deren Stimme wiederum wurde fester, sie fing sich und hörte auf zu schluchzen. Noch dreimal wiederholten wir alle unsere Worte und mit jedem Mal schien Julia zu wachsen, an Kraft und vor allem an Selbstbewusstsein zu gewinnen. Schließlich lösten wir uns aus der Skulptur. Auf Aufforderung der Therapeutin gaben wir unmittelbar eine Rückmeldung an Julia. Wir berichteten, wie wir uns selbst auf unseren Positionen gefühlt hatten und wie wir sie wahrgenommen hatten.

Diese Aufstellung hatte sehr lange gedauert. Auch die anderen hatten in der Feedbackrunde berichtet, dass es schwer für sie gewesen war. Aber niemanden, ausgenommen Julia natürlich, hatte diese halbe Stunde anscheinend so sehr mitgenommen wie mich, das irritierte mich. Gut, ich hatte so etwas noch nie gemacht und in den letzten Monaten schon öfter festgestellt, dass ich mich kaum noch von den Emotionen anderer abgrenzen konnte. Aber dass es mich so sehr berührte? Nein, ich war mir sicher, dass das nicht die einzige Erklärung sein konnte. Die Therapeutin setzte die Stunde fort, während ich weiter rätselte. War es, weil ich überrascht und fasziniert davon gewesen war, wie ein paar Positionen und Sätze Stimmungen auslösen und verändern konnten?

Nach der Stunde verzog ich mich auf mein Zimmer, setzte mich in einen der Liegestühle auf dem Balkon in die Sonne. Ich versuchte, meine Gedanken zu sortieren, wollte sie aus dem Kopf haben – sie aber auf gar keinen Fall vergessen. Kurz entschlossen schnappte ich mir mein Tagebuch.

16. September

Eben war ich zum ersten Mal in der Angstgruppe. Die war so, wie man sich eine richtige psychische Therapiegruppe vorstellt: verrückte Techniken, alles ein bisschen transzendent und esoterisch angehaucht – mit dem Verstand, mit Händen und Füßen nur sehr schwer greifbar. Und dann aber so intensiv, dass man die Veränderung mit Haut und Haaren spürt und wohl ein Holzklotz sein müsste, um dem zu entfliehen.

Obwohl ich gar nicht die Hauptperson war, nur Statistin, hat mich die Stunde total mitgenommen. Ich konnte meine Stimmung und meine Gefühle anfangs nicht deuten. Es hat gedauert, bis ich kapiert habe, warum mich diese Familienskulptur so belastet hat: Ich hatte mich, so unterschiedlich die Situationen auch waren, in Julia erkannt. Vor anderthalb Jahren hatte ich aus dem Nichts heraus und völlig unerwartet eine SMS von meiner Mutter erhalten: Papa ist in der Notaufnahme. Verdacht auf Aorta-Riss.

Als ich damals diese Nachricht las, fiel ich aus allen Wolken. Mein Vater im Krankenhaus? Vielleicht sogar in Lebensgefahr? Bis zu diesem Moment war er doch kerngesund gewesen, aktiv und fit – viel fitter als die meisten in seinem Alter! Keinen einzigen Gedanken hatte ich bis dato daran verschwendet, dass sich das in absehbarer Zeit ändern würde. Nach einer kurzen Schockstarre brach eine Gedankenkaskade über mich herein: Was, wenn er wirklich …? Meine Mutter bräuchte Unterstützung zu Hause. Caro steckte mitten im Studium. Das Haus. Der Wald. Ich hatte keinen Überblick über Konten oder Versicherungen, konnte nicht einmal eine Nebenkostenabrechnung machen. Ich hatte keine Ahnung, welcher Baum Papierholz und welcher Hackschnitzel werden sollte, ich konnte nicht einmal mit der Motorsäge umgehen geschweige denn meine eigenen Autoreifen wechseln. Wie und wann sollte ich mich um alles kümmern? Ich war die Große, das war meine Aufgabe. Keine Sekunde stellte ich das in Frage. Aber: Wie sollte ich gleichzeitig für alle da sein können und ausreichend, am besten sogar mehr Geld verdienen? Mein Gehalt allein würde nie ausreichen.

Den ganzen Nachmittag hatte diese Gedankenkaskade, die Panik, Zeit, sich in mir auszubreiten, meine Mutter war aus unerfindlichen Gründen unerreichbar, Caro wusste genauso wenig wie ich. Schließlich, Stunden später, meldete die Mama sich endlich. Wegen der Strahlung hatte sie das Handy im Krankenhaus ausgemacht. Am Ende des Tages war alles nur halb so schlimm wie gedacht. Mein Vater würde einige Tage im Krankenhaus sein, vermutlich ein, zwei

Stents bekommen, er würde wieder gesund werden. Alles war wieder
normal, wie früher. Dachte ich.

Aber das war der Anfang. Das muss es gewesen sein. Ich habe den
Schock, die Panik, nie verwunden. Stattdessen konnte sie sich unter-
bewusst immer weiter ausbreiten. Die Was-wäre-Wenns wurde ich
von diesem Tag an nicht mehr los. Was wäre, wenn ich plötzlich
schwanger wäre? Wie sollte ich von meinem Gehalt mich und ein
Kind finanzieren? Was wäre, wenn der IS immer stärker wurde?
Wenn es einen dritten Weltkrieg gab? Ich kann nicht einmal Socken
stricken, ich kann nichts, was mir im Zweifel das Überleben sichert.

Mit der SMS meiner Mutter hatte ich mein Grundvertrauen
komplett verloren. Die wichtigste und vollkommen unangefochtene
der Säulen, die mich durch mein Leben trugen, hatte von einer Se-
kunde auf die andere heftigste Risse bekommen. Ich war ins Wanken
geraten.

Als ich den Füller absetzte, war ich selbst erstaunt über das,
was ich da niedergeschrieben hatte, als hätte sich das Schreib-
gerät selbstständig gemacht. Aber ich hatte es auf den Punkt
getroffen. Julias Familienskulptur hatte mir geholfen, den Anfang des Knotens zu finden. Ich starrte eine ganze Weile auf
die Zeilen in meinem Tagebuch, dann rief ich meine Eltern an.
Zum nächstmöglichen Zeitpunkt wollte ich alles über Haus,
Wald, Finanzen und Versicherungen wissen. Ich wollte wissen, was im Schlimmsten aller Fälle bald und sowieso sicher
irgendwann einmal auf mich zukäme. Ich wollte gewappnet
sein, ich wollte dem großen Ungeheuer einen Namen geben,
eine Strategie entwickeln. Und vor allem: Ich wollte nicht mehr
alleine mit meinen Sorgen sein.

Meine Eltern waren gelinde gesagt überrascht, dass ich mir
gerade jetzt, wo ich doch mit mir selbst genug Probleme hatte,
auch noch über so etwas Gedanken machte – und vor allen
Dingen, dass ich jemals auf die Idee gekommen war, alles

würde auf meinen Schultern lasten. Aber „freilich, das können wir gern zusammen durchgehen, wenn du möchtest und dir das hilft", war die Antwort meines Vaters.

Innerhalb nur weniger Stunden war ein großer Teil des riesigen Knäuels in meinem Kopf, das seit sage und schreibe anderthalb Jahren viele meiner Gehirnwindungen blockierte, nicht nur entwirrt, sondern auch aufgeräumt worden. Wenn es doch nur mit allem so einfach wäre.

DICKES ELEFANTENFELL

Direkt nach dem Mittagessen fand meine erste Kunsttherapiestunde statt. Auf dem Tisch vor uns hatte die Kunsttherapeutin, die tatsächlich genauso war, wie man sich eine Kunsttherapeutin vorstellt – alternativ, verplant, mit wirrer Frisur – zahlreiche Papierschnipsel ausgebreitet: Zeitungsauschnitte. Wir sollten uns denjenigen aussuchen, der uns am meisten ansprach. Ich war zum wiederholten Male fasziniert davon, wie ich innerhalb von wenigen Augenblicken und ohne nachzudenken den passendsten Spruch fand. Es gab keinerlei Streitigkeiten zwischen den Teilnehmern, nur selten wollten zwei das gleiche Bild oder Zitat. Ich entschied mich in Sekundenschnelle für die Schlagzeile „Everyday Amazing – Jeden Tag wunderbar". Aus Protest! So langsam hatte ich die Schnauze voll. Das alles dauerte schon viel zu lange, ich wollte endlich wieder zurück zu meinem Everyday Amazing!

Als alle einen Schnipsel in der Hand hielten, hievte die Therapeutin mehrere Stapel Zeitschriften auf den Tisch. Jeder von uns sollte eine Collage anfertigen, die zum ausgewählten Spruch passte. Es war wie im Kunstunterricht in der Schule, nur ohne Noten, also viel besser, ich freute mich richtig darauf. Ich blätterte in den Zeitschriften, fand einige gute Headlines, die ich ausschnitt, stolperte über einige Gesichter in Illustrierten, mit denen ich in der Vergangenheit zusammengearbeitet hatte. Je länger ich herumblätterte, desto dünner schien die Luft zu werden, bis ich schließlich Herzstechen bekam und mein Kreislauf beinahe wegsackte.

Verdammt. Ich war mittlerweile vor allen Dingen genervt von diesen Anfällen. Inzwischen wusste ich, dass mir nicht wirklich etwas passieren würde, dass diese Attacken harmlos waren – dass mir meine Psyche einfach mal wieder einen Streich spielte. Natürlich hätte ich einfach die Therapeutin informieren und die Gruppe verlassen können, um Abstand zu gewinnen zu den Cathy (damals noch) Fischers und Sophia Thomallas. Aber der Gedanke kam mir gar nicht, das fiel mir tatsächlich erst Monate später auf, als ich die erste Version dieses Texts für den Blog schrieb. Stattdessen atmete ich tief ein und aus, legte alle Zeitungen und Schnipsel beiseite, sodass ich sie nicht mehr sah, stand auf und versuchte, etwas Abstand zum Auslöser zu gewinnen. Betont langsam und bedacht – die Yogalehrerin würde sagen: achtsam – holte ich mir Papier und Kleber, setzte mich wieder und begann, meine Ausschnitte aufzukleben, die Collage zu erstellen. Das Herzstechen ließ nach, mein Kreislauf kam wieder auf Touren. Als ich später weitere Ausschnitte suchte, nahm ich bewusst nur Zeitschriften in die Hand, mit denen ich in der Arbeit nie zu tun gehabt hatte. Das ging viel besser. Am Ende war ich richtig stolz auf meine Collage. Im Zentrum: ein Dickhäuter, dem ich mit Edding ein dickes Fell verpasst hatte. Abschließend mussten wir der Therapeutin unsere Bilder erklären, obschon sie sowieso alle ziemlich selbsterklärend waren. Damit war die Therapie nach zwei Stunden vorbei. Fünfzehn Uhr, ich hatte endlich Feierabend – und den brauchte ich nach diesem Tag dringend. Unglaublich, was an diesem einen Mittwoch alles passiert war. Und dabei hatte ich noch nicht mal das Klinikgelände verlassen.

21. September

Montag. Woche Nummer sechs in einer Klinik. Woche Nummer drei in der Psychosomatik. Nach dem Mittagessen: wie immer Kunsttherapie. Die erste Stunde ist recht gut gewesen, aber heute ging mir alles dermaßen auf die Nerven ... Ich sollte meinen Seelengarten malen. Was für ein dämliches Thema! Ich würde mich lieber einfach mit den Farben austoben, ohne irgendwelche Vorgaben. Und dann sitzen in der Gruppe außer mir jetzt nur noch ältere Damen Mitte fünfzig, die ausschließlich bemüht sind, mit feinsten Kreiden sorgsam schöne Bilder zu malen. Schon im Skikurs in der ersten Klasse habe ich diejenigen nicht leiden können, die immer „schön", aber eben auch „schön langsam" – und vor allem langweilig – gefahren sind. In der Kunsttherapie fühle ich mich total fehl am Platz. Nicht dass ich nicht Lust hätte, zu malen oder vielleicht zu töpfern. Aber bitte so, wie ich will! Ohne Vorgabe und vor allem nicht mit diesen ganzen Perfektionisten um mich herum. Aus Trotz kleckste ich vorhin mit dem größten Pinsel und den knalligsten Acrylfarben auf dem größten Blatt herum, das ich finden konnte – und zwar so, dass garantiert niemand aus meinem Bild etwas herauslesen konnte. Geht ja auch niemanden was an. Der Rest arbeitete währenddessen auf kleinen Blättern fein säuberlich mit Aquarellkreiden kleinste Details aus. Mein „Seelengarten" stach am Ende der Stunde jedenfalls ziemlich zwischen den ganzen anderen Gärten heraus, genau wie ich selbst in dieser sonst homogenen Gruppe. Und dann musste ich auch noch erklären, was meine Kleckse bedeuten sollten. Dumme Gruppe.

Danach habe ich mich in mein Zimmer zurückgezogen, ich wollte niemanden sehen. Ich malte im Malbuch und schrieb. Ich brauche immer noch so viel Ruhe, so viel Zeit für mich allein. Vor ein paar Minuten habe ich mir sogar die Ohropax reingewuzelt, weil es von der Terrasse der Cafeteria, die genau unter dem Balkon liegt, so heraufhallt. Es ist vermutlich nicht wirklich laut, aber einfach mal wieder zu laut für mich.

Mit meinen Therapien bin ich vollauf beschäftigt. Die freie Zeit zwischendrin verbringe ich hauptsächlich mit Johanna und Tina. Wir turnen auf der Slackline herum oder gehen spazieren. Abends spiele ich oft mit Chris und ein paar anderen in der kleinen Turnhalle Volleyball. Das reicht mir völlig. Nach wie vor ist es mir viel zu anstrengend, irgendwelche Bekanntschaften zu vertiefen oder mich gar abends in die Cafeteria zu einer der vielen Gruppen zu setzen, die dort Karten spielen, ratschen oder auch mal ein Bier trinken. Viele hier genießen es offensichtlich richtig, so viele neue Leute kennenzulernen. Ich dagegen bin froh um die Ruhe auf meinem Zimmer, schreibe, lese, male und gehe oft schon um neun ins Bett. Auch wenn ich meistens für mich bleibe, habe ich mich eingelebt, bin gern hier. Von meiner Lärmempfindlichkeit abgesehen geht es mir im Moment richtig gut. Die Depression ist verflogen. Hin und wieder kommt noch die Angst, aber nur in kleinen Wellen. Nervig zwar, aber nicht mehr der Rede wert. Ich finde, ich habe das alles mittlerweile ganz gut im Griff.

IN DER ANDEREN MATRIX

Einen Tag später nicht mehr. Ich fühlte mich unwohl, irgendwie eingeengt.

Zwischen meiner ersten Wassergymnastikstunde, dem Mittagessen und der Burn-out-Gruppe hatte ich mich abgehetzt. Innerhalb einer Stunde raus aus dem Becken, ab zum Mittagessen, dann schnell fertig geschniegelt, gestriegelt und aufnahmebereit in der Burn-out-Gruppe sitzen – das ging einfach nicht so richtig entspannt. So viel zum Thema „Versuchen Sie, Stress soweit möglich zu vermeiden".

In dieser Gruppe, dienstags und donnerstags, trafen wir uns mittlerweile nur noch zu fünft. Keiner der anderen tat mir da etwas zuleide, jeder verhielt sich freundlich. Aber alle, die ich sympathisch fand oder mit denen ich mich zumindest halbwegs identifizieren konnte – die zwei Volleyballer und

Cornelia – hatten das Skript schon vollständig durchgearbeitet und waren damit raus aus der Burn-out-Gruppe. Mit deutlichem Abstand – um zwanzig Jahre vermutlich – drückte ich nun den Altersdurchschnitt. Was die theoretische Auseinandersetzung, das Wissen zum Thema Burn-out betraf – vielleicht weil ich im Gegensatz zu den anderen aus der Psychiatrie kam, also schon als ein wenig „vortherapiert" galt –, war ich den anderen weit voraus. Das war ich jedoch auch, was den Erschöpfungszustand an sich betraf. Körperlich und seelisch fühlte ich mich deutlich kaputter: Wenn die anderen erzählten, was sie rund um ihre Therapien in der Klinik hier alles unternahmen – davon konnte ich im Moment nur träumen.

Nach dieser Gruppensitzung musste ich raus. Ich fühlte mich dort so unwohl, das ging mir alles so auf die Nerven! Die Leute. Die Therapeutin. Die Inhalte. Überhaupt. Ich wollte endlich wieder Leben! Ein bisschen zumindest. Normal sein. Soweit es eben gerade geht zumindest, dachte ich verzweifelt und beschloss, in die Stadt zu fahren. Allein. Ich fragte nicht einmal Johanna. Sie hatte ohnehin gerade noch Therapie und mein Kopf konnte wirklich, wirklich, wirklich gerade überhaupt keinen Input von außen vertragen. Ich wollte nichts, aber rein gar nichts von Therapien, Burn-out oder Kliniken hören. Ich hatte die Schnauze voll. Klar, ich konnte noch kein normales Leben führen. Aber ich konnte einen Nachmittag lang so tun als ob.

In der Stadt schlenderte ich durch die kleine Fußgängerzone, ließ Kleidergeschäfte gleich links liegen, ich hatte keinen Nerv für Expositionstraining, sollte sich Frau Hilmer doch beschweren. Stattdessen steuerte ich den schönen Buchladen am Ende der Straße an. Umgeben von so vielen Möglichkeiten, mich in Geschichten zu verlieren, vergaß ich alles, was mich in den vergangenen beiden Tagen so genervt hatte. Ich las ein paar Bücher an. Besorgte mir endlich einen Ordner für die

Zettelwirtschaft, die die Pinnwand über meinem Bett mittlerweile sprengte. Einen blauen, auch wenn er daheim dann farblich nicht ins Regal passen würde. Egal! Außerdem erstand ich eine kleine Leinwand. Wenn man in der eigentlichen Kunsttherapie nur blöde Seelengärten malen durfte, würde ich eben ab sofort abends den Kunst-Freizeitbereich nutzen. Und zwar wie ich wollte, ohne dass jemand neben mir schöne Blümchen zeichnete. Ich schnappte mir noch zwei Magazine, eine Nähzeitschrift – ich hatte schon ewig nichts mehr genäht – und die „flow", außerdem drei neue Bücher, darunter Michael Endes „Momo" (Der Untertitel „Die seltsame Geschichte von den Zeit-Dieben und von dem Kind, das den Menschen die gestohlene Zeit zurückbrachte" hörte sich gerade sehr passend an) und ein Anti-Stress-Yogabuch. Nur weil in der Klinik kein Yoga angeboten wurde, hieß das schließlich nicht, dass ich das nicht selbst tun konnte. Fast eine Stunde stöberte ich in dem Laden, bevor ich ihn voll bepackt wieder verließ. Gleich um die Ecke fand ich schließlich ein kleines Café. Ich setzte mich allein an einen kleinen Tisch, bestellte mein Lieblingsheißgetränk, einen Chai Latte, ausgerechnet das Einzige, das es in der Klinik-Cafeteria nicht gab, und genoss es einfach, mitten in der richtigen Welt zu sitzen. Ein wenig fühlte ich mich, als sei ich ausgebüchst, als würde ich verbotenerweise in eine fremde Realität, eine andere Matrix hineinschnuppern, dauernd auf der Hut, nicht ertappt zu werden. Oder dass man mir ansehen konnte, dass ich gerade nicht dazugehörte. Ähnlich wie so zu tun, als ob ich schlief, funktionierte es unglaublich gut, so zu tun, als wäre alles so wie immer.

CHAI

Ich sog die Normalität ein, trank genüsslich den Chai und blätterte in einem der eben erstandenen Hefte. Ich könnte ja, wenn ich jemals aus diesen Kliniken rauskam, mal wieder etwas nähen. Der Mantel auf der ersten Seite sah ganz gut aus, nicht so kompliziert. Dann griff ich mir die „flow", eine dieser Happiness-Glücks-Zeitschriften, die unter den Klinikpatienten der Renner waren. Für solchen Hokuspokus hatte ich früher gar keine Zeit gehabt, nie hatte ich mich mit so was beschäftigt. Dieses, wie ich fand, esoterisch angehauchte Themengebiet war mir immer noch ein wenig suspekt. Trotzdem hatte ich die „flow" nun gekauft, auf dem Cover wurde nämlich ein Gespräch mit Jon Kabat-Zinn angepriesen. Den kannte ich aus der AGT. Das Thema Achtsamkeit faszinierte mich immer mehr. Hatte ich anfangs, in der Psychiatrie, eher zufällig und mehr nach dem Trial-and-error-Prinzip immer wieder versucht, mithilfe von Achtsamkeitsübungen, die ich aus dem Yoga oder eben der AGT kannte, meinen Kopf zu bändigen, so setzte ich diese Techniken mittlerweile bewusster ein: Sie waren einfach, jederzeit umsetzbar und funktionierten so gut, dass es mich selbst immer wieder erstaunte.

Ich blätterte durch die liebevoll gestaltete Zeitschrift, bis ich schließlich das Porträt fand, das ich gesucht hatte. Der Artikel erzählte, wie Kabat-Zinn durch Zufall mit der buddhistischen Zen-Meditation in Berührung kam und schließlich die Achtsamkeit für sich entdeckte. Im Laufe der Jahre entwickelte er ein wissenschaftlich fundiertes, nicht-religiöses Programm, das mittlerweile weltweit unterrichtet wird – unter anderem hier in der Klinik, die Zumbatrainerin hatte hin und wieder von diesen Stunden erzählt. Das Prinzip basiert darauf, mittels Meditation und Achtsamkeitsübungen wieder Zugang zum eigenen Körper und damit auch zu den uns innewohnenden Selbstheilungskräften, zur eigenen Selbstwirksamkeit, zu finden. Interessiert las ich den Artikel und sann bei meinem Chai über den Text nach. Vielleicht war es sogar einen Versuch wert, das Meditieren zu versuchen.

HEIMLICHER ROSENKRANZ

Schließlich war das Glas leer. Mir ging es deutlich besser als noch zwei Stunden zuvor, aber so ganz wohl fühlte ich mich immer noch nicht. Ein wenig widerwillig machte ich mich schließlich auf den Rückweg zum Auto und passierte dabei die barocke, weiß getünchte Stadtpfarrkirche. Spontan hielt ich inne, drehte mich um, ging auf die Pforte zu und betrat die Kirche. Wo würde ich gerade mehr Ruhe finden als hier? Ich wollte beten, allein, ganz bei mir sein, vielleicht eine Kerze anzünden. Als ich feststellte, dass sich jemand in der Kirche aufhielt, war ich ein bisschen enttäuscht: In den vordersten Bänken saß eine Gruppe älterer Damen und betete einen Rosenkranz. Ich ging leise zum rechten Seitenaltar und zündete vorsichtig, um nicht bemerkt zu werden, eine der roten Opferkerzen an. Eigentlich wollte ich wieder gehen, aber der gleichmäßige Singsang der Frauen zog mich in seinen Bann. Ich spürte, wie sich dieselbe Ruhe, die in der Kirche herrschte, langsam in mir ausbreitete. Einem Impuls folgend, setzte ich mich in eine der letzten Bänke. Ich betete selbst nicht mit, stattdessen wiegte ich in dem angenehmen Wechselrhythmus ganz einfach und natürlich mit. Ich hörte auf zu denken. Und irgendwann begann ich dann doch mitzubeten, fast wie von selbst, ganz leise, sodass mich keiner hörte. Die Worte kannte ich in- und auswendig, oft genug hatte ich sie wiederholt, vor dem Gräberumgang an Allerheiligen oder bei Sterberosenkränzen. Gegrüßet seist du, Maria, voll der Gnade, der Herr ist mit dir. Du bist gebenedeit unter den Frauen … Ich wurde ruhiger und ruhiger, versank in dem Wechsel zwischen Beten und Zuhören, dem leisen Wiederholen der immer gleichen Zeilen. Schließlich ging ich, bevor der Rosenkranz zu Ende war, damit mich niemand sah. Auf gar keinen Fall wollte ich von den Damen in ein Gespräch verwickelt werden. Der gleichmäßige Singsang trug mich nach draußen. So, wie ich momentan oft versuchte, Ursachen für meine Emotionen zu ergründen, versuchte ich nun, auch dieser Ruhe nachzuspüren. Sie kam der nahe, die ich nach dem Yoga in der Psychiatrie manchmal gespürt hatte. Ich hatte noch nie richtig meditiert, im Schneidersitz sitzend, mit Om. Aber so ähnlich musste sich das anfühlen. Und je länger ich darüber nachdachte – war der Rosenkranz, dieses rhythmische Wiederholen der gleichen Worte, nicht auch eine Art Meditation?

22. September

Heute habe ich zum zweiten Mal eine Kerze für mich selbst angezündet. Ich habe Ruhe gesucht heute Nachmittag; ich habe mich gesucht – mal wieder, oder besser gesagt, immer noch. Und wenn ich ehrlich bin, auch Trost. Trost, den mir gerade niemand geben kann. Weil kaum jemand wirklich versteht, wie es mir geht. Weil es sogar für Johanna, die ja in einer sehr ähnlichen Lage ist, unglaublich schwer ist, zu umfassen, was das alles für mich bedeutet. Ich kann oft selbst nicht in Worte kleiden, was mit mir passiert und wie es mir geht – wie soll da jemand anderes die richtigen finden?

Ich versuche, den Gefühlen und Erlebnissen Begriffe zuzuordnen, sie zu erklären, um sie für mich selbst greifbarer, verständlicher zu machen. Ich schreibe, um eine Brücke zu bauen zwischen mir und den anderen. Aber es gelingt nicht immer.

Was in mir vorging, als ich vor vier Wochen diese erste Kerze für mich selbst anzündete – auch das ist eines dieser intensiven Gefühle, für die ich sehr lange keine Worte fand. Viel unaussprechlicher noch als jetzt waren die Dinge, die in meinem Kopf, meinem Herzen und meiner Seele damals vor sich gingen. Ich stand in dieser Kapelle, vollkommen am Ende. Ich hatte alles versucht, lange gekämpft und trotzdem verloren. Ich konnte nicht mehr weiter, wusste weder ein noch aus. Da zündete ich plötzlich, einem Impuls folgend, diese erste Kerze an. Mit dem Gebet, das ich mit der kleinen Flamme mitschickte, übergab ich die Führung. Und konnte mit einem Mal loslassen. Alles.

Einfach so, ohne dass ich groß darüber nachgedacht hatte, war Gott wieder da, ganz selbstverständlich, also ob es nie anders gewesen wäre, so präsent wie nie zuvor. In dem Moment, in dem ich nicht mehr weiterwusste, in dem Moment, in dem ich losließ und in dem ich fiel – fing er mich auf. Und ich konnte alles loslassen, was geschehen war, alles, was so schwer auf mir lastete. Ab diesem Augenblick suchte ich nicht mehr nach Auswegen, sondern ich folgte. Dorthin, wohin mich mein Herz und mein Bauchgefühl führen wollten, mit einem nie gekannten Gottvertrauen. Ich weiß selbst nicht so genau, woher dieses Gefühl mit einem Mal so selbstverständlich kam.

Ganz abgesehen von aller Religion: Durch dieses Loslassen hatte ich plötzlich Raum für den nächsten, vielleicht wichtigsten Schritt: mich auf meine Krankheit und mich selbst einzulassen. Ich hatte es endlich geschafft, mit der neuen Situation Frieden zu schließen. Der viele Ärger, die unbändige Wut waren ab diesem Zeitpunkt wie weggeblasen. Ich habe viel verloren in den letzten Monaten, ja. Aber ich besitze immer noch so viel! Und streng genommen habe ich durch diese Krankheit sogar etwas dazugewonnen: Die Bande zu meiner Familie und meinen engsten Freunden sind viel enger geworden.

DAS WÜTENDE KIND

Nach einem kurzen Frühstück trabten Johanna und ich los. Wir waren dank unseres Intervalltrainings schneller als der Großteil der Morgensportler, die aus der Klinik strömten, und so setzten wir uns nach wenigen hundert Metern an die Spitze der langen Schlange. Gleichmäßig nebeneinander herlaufend, brachten wir uns auf den aktuellen Stand. Zwar hatten wir uns erst am Abend zuvor gesehen, aber wie erholsam oder unerholsam die Nacht gewesen war, konnte ein längeres Thema werden. Schließlich fokussierten wir uns auf die wirklich wichtigen Dinge des Lebens: Höchst geheim planten wir, aufgeregt wie zwei Vierzehnjährige, die von zu Hause ausbüchsen, einen Wiesn-Ausflug. Freitagnachmittags hatten wir beide frei und die Wettervorhersage war gut, die Dirndl hingen seit dem letzten Heimaturlaub im Schrank bereit. Natürlich war die Idee auf meinem Mist gewachsen. Genauso wenig, wie ich ohne Berge konnte, konnte ich ohne Wiesn. Schweren Herzens hatte ich vor drei Wochen erst die letzten Einladungen abgesagt, ein volles Festzelt würde in diesem Jahr eine Tortur für mich sein. Aber ein Wiesn-Spaziergang bei schönem Wetter, einmal Rutschen auf der Toboggan und ein Früchtespieß mussten, mussten, mussten einfach drin sein! Ich plante dieses Abenteuer mit meiner Schwester seit drei Wochen und hatte schließlich auch Johanna überredet. Vorsichtshalber verschwieg ich diesen Ausflug vor meiner Therapeutin. Dass die Aktion ein bisschen wahnsinnig war, wusste ich gut genug.

Vor lauter Vorfreude waren wir so aufgedreht, dass wir zum ersten Mal die große Runde komplett durchliefen, ohne Probleme. Endlich! Danach stand wie jeden Mittwoch um kurz vor halb zehn die Angstgruppe auf dem Programm. An ihrem letzten Tag, es würde ihre letzte Therapiestunde sein, war Tina an der Reihe. Sie hatte ein Thema – und ich vor lauter Wiesn-Vorfreude beinahe vergessen, dass an diesem Tag Tinas Abschied bevorstand. Nach der Begrüßungsrunde – ich war heute ruhig und entspannt, Tina jedoch ganz im Gegensatz zu ihrer sonst sehr coolen Art sehr aufgeregt und nervös – verteilte die Therapeutin Stühle im Raum, ganz offensichtlich nach einem bestimmten System. Währenddessen erklärte sie, dass Tina nun eine bestimmte Lebenssituation anhand eines schematherapeutischen Modells (langsam akzeptierte ich diesen Begriff) selbst analysieren sollte. Jeder der fünf Stühle hatte einen Namen: Einer stand für den „gesunden Erwachsenen", einer für den „Kritiker", einer symbolisierte die „Schutzmauer", einer das „wütende Kind" und der letzte schließlich das „verletzte Kind". Die beiden „Kinder" standen nebeneinander hinter der Schutzmauer, der Kritiker war seitlich davon positioniert und der gesunde Erwachsene stand ganz vorn, als ginge er vorweg und würde die Gruppe der Stühle anführen.

„Jeder dieser Stühle stellt einen Verhaltensmodus dar, also so etwas wie ein typisches Reaktionsmuster", erklärte Frau Hilmer. „Im Idealfall befinden wir uns im Modus des gesunden Erwachsenen. Dann handeln wir bewusst und vernunftgesteuert, überprüfen unsere Gefühle auf Angemessenheit oder auch Verhältnismäßigkeit und reagieren entsprechend überlegt. Fast alle therapeutischen Maßnahmen, die wir hier in dieser Klinik anwenden, zielen übrigens darauf ab, den gesunden Erwachsenen zu stärken. In manchen Situationen rutschen wir jedoch, meist unbewusst, in einen der anderen Modi, in die Schutzmauer zum Beispiel. Sie heißt so, weil sie eine ist: eine emotionale Schutzmauer. Mit ihr bauen wir eine Festung um uns, halten Emotionen und Menschen von uns fern. Der Kritiker, der nächste Modus, ist der Kritiker, den wir in uns sitzen haben, ganz ähnlich dem Freud'schen Über-Ich. Er stellt die ganze Ansammlung von Glaubenssätzen und Grundsätzen dar, die wir im Laufe der Zeit angesammelt haben – all jene Anforderungen, an denen wir uns automatisch und unterbewusst selbst messen. Immer pünktlich sein, nicht jammern, erst die Arbeit, dann das Vergnügen zum Bespiel. Die beiden letzten Stühle stehen für die Kinder. Die sind im wahrsten Sinne des Wortes auch solche: Das wütende Kind reagiert wütend, eben wie in den Momenten, in denen ein kleines Kind außer Rand und Band ist. Das verletzte Kind ist traurig, fühlt sich im Stich gelassen. Mit Vernunft kommt man ihnen beiden nur schwer bei."

Tina stand nun also vor diesen Stühlen und sollte selbst entscheiden, welcher Modus in ihr am stärksten aktiv war. Es ging um eine unschöne Trennung, Fremdgehen inklusive. Die Gruppe sollte ihr, wie schon bei Julia, anschließend Feedback geben, deshalb hatte sie uns erzählt, was passiert war. Ich fand ganz eindeutig, dass er sich wie ein Arsch verhielt, Tina hatte jedes Recht, wütend und verletzt zu sein.

Sie überlegte nur ganz kurz, bevor sie sich auf den ersten Stuhl setzte. Nicht für das wütende Kind entschied Tina sich. Auch nicht für das traurige, verletzte Kind. Nicht einmal für die Schutzmauer, wie ich vermutet hatte. Stattdessen setzte sie sich auf den Kritiker. „Wenn ich anders wäre", erklärte sie uns, „hätte er mich nicht betrogen. Wer will schon mit jemandem zusammen sein, der seit Wochen in Kliniken rumhängt und nicht mal mehr Autofahren kann vor lauter Angst?"

Ihre Worte blieben im Raum stehen, niemand kommentierte sie. Stattdessen forderte die Therapeutin Tina nun auf, zu dem Stuhl zu wechseln, dessen Modus in ihr gerade am zweitstärksten arbeitete. Tina wählte die Schutzmauer. So ging es weiter, bis sie auf jedem Stuhl einmal Platz genommen hatte. Abschließend waren schließlich wir „Zuschauer" an der Reihe und gaben ihr Rückmeldung: Wie hatten wir sie gerade empfunden – und war etwas anders gewesen als erwartet?

Genau wie meine allererste Stunde in dieser Gruppe war auch diese verdammt intensiv. In erster Linie natürlich für Tina, aber auch für mich, obwohl ich diesmal kein Teil der Aufstellung gewesen war. Es tat mir regelrecht weh, zu erkennen, wie weit sich die sonst so sicher und überlegt wirkende Tina vom gesunden Erwachsenen wegbewegt hatte. Mich erstaunte besonders, dass sie anfangs eine so große Distanz zu den aus meiner Sicht naheliegendsten aller Modi, den beiden Kindern, eingenommen hatte. Als zuletzt nur noch diese beiden Stühle übrig waren, hatte sie sich für das traurige Kind entschieden. Zum ersten Mal, seit sie auf den Stühlen Platz genommen hatte, zeigte Tina eine Gefühlsregung. Sie weinte. Leise, so beherrscht wie möglich. Ganz zum Schluss erst, und auch nur, weil sie ihn nicht auslassen durfte, hatte sie schließlich auf dem Stuhl Platz genommen, der das wütende Kind symbolisierte. Es war noch keine Woche her, dass Tina herausgefunden hatte, dass ihr Freund etwas mit einer anderen am Laufen hatte – und das wütende Kind war der letzte Stuhl, den sie auswählte. Ich konnte es nicht fassen. Wie war das möglich? Woran lag es denn, dass verschiedene Menschen auf dieselbe Situation so unterschiedlich reagierten?

Die ganze Feedbackrunde lang brannte diese Frage mir auf der Zunge. Als ich sie endlich stellen konnte, erhielt ich eine ausführliche Antwort: Die Muster, nach denen unsere Reaktionen unbewusst ablaufen, bilden sich in der Kindheit. Zu diesem Zeitpunkt sind sie in der Regel Schutzmechanismen, manchmal sogar ein Überlebensautomatismus. Tina erzählte, dass sie schon als kleines Mädchen gelernt hatte, die eigene Wut zu unterdrücken. Ihr Leben sei so um einiges leichter zu bewerkstelligen gewesen.

„Unsere Lebensumstände und auch wir verändern uns jedoch", erklärte Frau Hilmer weiter, „sodass dieser einstige Schutzmechanismus über die Jahre hinweg möglicherweise eine geradezu gegenteilige Wirkung entwickelt. Manchmal hemmt er nur, wie bei Tina, manchmal bringt er uns jedoch auch in verzwickte Situationen."

Das Problem an diesen Mechanismen: Die Reaktion läuft so automatisch ab, dass sie uns normal und „richtig" vorkommt und sich auch so anfühlt. Ganz automatisch, vollkommen unbewusst, rutschen wir in den entsprechenden Verhaltensmodus. So zeigte Tina sich völlig überrascht, dass wir durch die Bank alle erstaunt oder sogar regelrecht entgeistert darüber waren, dass sie sich ausschließlich selbst die Schuld für das Verhalten ihres Partners gab und den wütenden Stuhl als letzten besetzte.

Abschließend ergriff schließlich die zweite Therapeutin, Frau Veller, das Wort. „Alle Modi, die Sie heute kennengelernt haben, besitzen ihre Daseinsberechtigung. Wir brauchen sie, um im Gleichgewicht zu bleiben." An Tina gerichtet, fuhr sie sanft fort: „Auch das wütende Kind brauchen wir. Ringen Sie Ihrem Kritiker Raum ab und lassen Sie das Kind toben – ein klein wenig zumindest. Sie müssen nicht unbedingt gleich ausrasten oder herumschreien. Aber erlauben Sie sich zumindest ein bisschen Wut. Dann hat es der gesunde Erwachsene leichter, die Balance zu halten."

Ungewohnt ruhig und nachdenklich verließen wir schließlich den kleinen Konferenzraum. Tina machte sich auf den Weg zu ihrem Abschluss-Einzelgespräch, ich hing eine Weile oben im Sonnenstuhl auf dem Balkon meinen Gedanken nach. Plötzlich war es zehn nach zwölf, Zeit fürs Mittagessen. Am Nachmittag verabschiedete ich mich schließlich von Tina, die sich wieder ganz cool gab. Von Ärger, Wut, Unsicherheit, Vorfreude auf zu Hause oder Abschiedstränen keine Spur. Da war sie wieder, die Schutzmauer. Veränderungen brauchten eben Zeit.

23. September

„Und dann bin ich wieder einen Schritt zurück. Plötzlich war's ganz logisch, dass ich mich doch nicht vor den Zug werfe."

Zack. Der Federball schoss zu mir zurück.

Eigentlich hatte ich gehofft, dass sich heute wieder ein paar Leute zum Volleyball zusammentun würden. Aber es war niemand da, es war Champions-League-Abend, die anderen schauten alle Fußball. Auf dem Gang vor der Turnhalle traf ich eine Mitpatientin, die unbedingt Badminton spielen wollte. Ich weiß nicht einmal ihren Namen, einmal war sie beim Volleyball dabei gewesen. Ich hatte keine Lust. Dachte, ich würde stattdessen lieber mit Johanna ratschen. Aber ich wollte nicht unhöflich sein und schließlich war die Frau auch einfach schneller als ich, hatte ihre Federballschläger aus der Umkleide geholt und ich spielte also plötzlich mit.

„Warum bist du eigentlich da?"

Burn-out. Depression. Panikattacken, meine alte Leier.

„Auch Burn-out", kam mit dem nächsten Schlag zurück.

Sie war sehr, sehr dünn.

„Hab irgendwann aufgehört zu essen. Weil's einfach keinen Sinn mehr gemacht hat. Es hat ja nix mehr geschmeckt."

„Die haben gedacht, sie könnten alles mit mir machen", bam, knallte ich ihr den Federball mit aller Kraft quer durch die ganze Halle zurück.

„Mein Hund is' gestorben, da ging's mit dem Frauli bergab." Bam, knallte sie den Ball zurück zu mir. „Ich hab nimmer gewusst, wo anfangen, wo aufhören. Ich bin völlig durchgedreht, hab Angst g'habt, ich werd verrückt."

„Krieg an allen Fronten", bam, schleuderte ich ihr den Ball entgegen. Alle Wut, alle Angst schoss durch die Turnhalle.

„Ich bin schon am Bahngleis g'standen. Dann bin ich wieder umdreht. Weil's auf einmal wieder logisch war." Zasch, schoss der Ball durch die Halle.

Ich kannte die Frau nicht. Vorher einmal gesehen. Sie war am Bahngleis gestanden. Und war wieder umgedreht, weil es plötzlich logischer gewesen war. Logischer, umzudrehen, als sich umzubringen. Im letzten Moment. Konnte es überhaupt jemals logisch sein, ob jemand lebte oder tot war?Meine Angst vor mir selbst war mehr als begründet gewesen. Auch Johanna hatte mir von einer Bekannten mit Depression erzählt. Die sei spazieren gewesen. Und dann in eine Schlucht gesprungen. Einfach so. Weil es sie plötzlich dorthin gezogen hatte. Nicht, weil es von langer Hand geplant war. Sondern weil es einfach plötzlich so viel Sinn machte. Es geht so verdammt schnell, bis wir nichts mehr unter Kontrolle haben, nicht mal uns selbst. Vier Wochen dauerte es bei mir. Nur vier Wochen. Von einfach nur total erschöpft bis kurz vor dem Abgrund.

Wir beide standen da, schlugen uns den Federball mit aller Kraft,
mit aller Wut, Angst, Zorn, Verwirrtheit und Hoffnungslosigkeit
um die Ohren. Mit jedem Schlag kotzten wir uns aus. Ohne Zusam-
menhang. Wutminton. Wir waren beide nur noch ein Schatten un-
serer selbst. Und warum? Wegen Stress. Einfach nur wegen Stress.
Überforderung. Da war niemand gewesen, der auf uns schaute.
Nicht einmal wir selbst.

Und dann stehst du plötzlich am Bahngleis. Gott sei Dank gibt es
bei mir zu Hause keins.

TOPSCORER

Das Beste an meinem dichten Zeitplan am Donnerstag:
keine Zeit, mich in negativen Gedanken zu verlieren. Aber das
war es dann auch schon. Ohne Pause eilte ich von der Wassergymnastik zum Mittagessen, danach direkt zur Burn-out-
Gruppe. Von dort ging es dann zum ersten Mal zum Pilates
und schließlich weiter, mit einer Mini-Pause zum Umziehen,
zu meinem Einzelgespräch. Es war also tatsächlich genauso,
wie Elvira in der Psychiatrie prophezeit hatte: In der Psychosomatik hetzte man den ganzen Tag von einer Therapie zur
nächsten. Es war zwar anstrengend und ich jeden Tag abends
hundemüde – aber es tat mir gut. Und bis halb elf hatte ich
donnerstags außerdem frei, das wäre in einem anderen Leben
beinahe schon ein halber Tag Urlaub gewesen. Ich entschied
mich, bis dahin ins Atrium zu gehen, das war einer der wenigen Orte, an denen es in der Klinik WLAN gab. Nachdem ich
meine Mails und Nachrichten gecheckt hatte – viele waren es
nicht, das ging schnell –, befreite ich mein neues Yogabuch von
seiner dünnen Folie und schlug es auf. Anti-Stress-Yoga von
Anna Trökes. Nach einigem Blättern landete ich beim ersten
Kapitel: Was ist Stress und wie äußert er sich in unserem Körper? Ich hielt inne. Damit hatte ich nicht gerechnet. Mit

Yogaübungen, klar, aber nicht mit einer theoretischen Abhandlung – die noch dazu den deutlich größeren Anteil ausmachte. Andererseits: Genau diese Frage interessierte mich seit Wochen brennend. Warum war Stress eigentlich so schädlich für uns? Was machte Stress eigentlich? Die ersten Zeilen gleich zogen mich in ihren Bann: Leicht verständlich und medizinisch fundiert erklärte die Autorin exakt das, was ich wissen wollte. Die Yogaübungen wurden plötzlich zweitrangig. Ich brauchte einen Stift. Das war kein Text, den man mal so überflog, ich wollte ihn studieren. Also ging ich in mein Zimmer zurück, und – bewaffnet mit dem einzigen Textmarker, den ich dabeihatte – vertiefte mich in die medizinische Stresstheorie, bis es Zeit für die Wassergymnastik war.

Pünktlich um eins fand sich die Burn-out-Gruppe im Gruppenraum der Station V ein. Nach Willkommensrunde und Meditation stieg die Therapeutin diesmal – ganz am Anfang des Skripts – mit dem „Bericht einer Betroffenen" ein. Schnell schaltete ich ab. Solche Berichte saßen in sechsfacher Ausführung um mich herum. Ich sehnte mich nach meinem Yogabuch, das ein paar Zimmer weiter auf meinem Bett auf mich wartete. Die Therapeutin war in der Zwischenzeit zum nächsten Thema gewechselt, stellte ich fest, als ich wieder zuhörte: Warnsignale.

„In dem Prozess, der dem Burn-out vorausgeht, gibt es individuelle Warnsignale", erläuterte sie in dem Moment, „meistens aber werden diese so lange ignoriert, bis es zum Zusammenbruch kommt." Sie schaute uns bedeutsam an. „Deshalb sind Sie hier. Sie haben die Warnsignale Ihres Körpers nicht wahrgenommen."

Herzlichen Glückwunsch, dachte ich ironisch, was für eine Erkenntnis. Wer das bis hierher immer noch nicht kapiert hatte, bei dem war grundsätzlich etwas verkehrt. Dabei ist es bei mir gar nicht so gewesen, dass ich diese Warnsignale nicht wahrgenommen hatte – ich hatte einfach keine Ahnung gehabt, dass es welche sein sollten. Zwar hatte ich bemerkt, dass mit mir irgendetwas nicht stimmte. Aber ich wusste einfach nicht, was. Genau das triggerte die Spirale immer noch weiter. Mit jeder Kehlkopfentzündung, jedem Stechen in der Brust hatte ich doch noch mehr Grund, mir Sorgen zu machen. Hatte ich etwa eine Herzmuskelentzündung? Was stimmte mit meiner Hüfte nicht, wieso konnte ich kaum mehr gehen? Wieso vertrug ich plötzlich keine Milch mehr? Selbst nach meinem Kreislaufzusammenbruch im Büro – und das war kein kleines Anzeichen mehr gewesen, sondern eher ein überdimensionaler Zaunpfahl – war ich immer noch nicht im Entferntesten auf die Idee gekommen, ich könnte ein Stressproblem, geschweige denn einen Burn-out haben. Wenn mich damals jemand darauf angesprochen und mich auf einen möglichen Burn-out hingewiesen hätte – ich bin mir nicht sicher, wie ich reagiert hätte. Immerhin bekamen wir nun eine Aufgabe, ich konnte etwas tun und war vom Zuhören erlöst. Im Skript fand sich eine lange Checkliste, drei DIN-A4-Seiten mit 39 einzelnen Warnsignalen, unterteilt in körperliche, kognitive, emotionale, motivationale und solche, die das Verhalten betrafen. Unter anderem: Herzstiche, Atembeklemmungen, Zittern, Zähneknirschen, Schlafstörungen und Albträume, Schwindel, Verdauungsbeschwerden, vermehrte Infekte, Leere im Kopf, Konzentrationsstörungen, Tagträume, Nervosität, Versagensängste, Wut bei kleinen Anlässen, Resignation, sexuelle Inappetenz (also keine Lust), Zynismus, Aggressivität, Nicht-zuhören-Können, Veränderungen im Essverhalten, Konsum von Alkohol/Medikamenten, Vernachlässigung privater Kontakte. Wir sollten diese Checkliste durchgehen, festhalten, wie stark wir die einzelnen Warnsignale bei ihrer jeweils stärksten Ausprägung verspürt hatten, und zwei, einen oder eben auch null Punkte verteilen. Ab elf Punkten stand die Ampel auf Gelb:

Man war bereits dabei, in ein Burn-out-Syndrom abzurutschen, und sollte den Teufelskreis unterbrechen. Ab 21 Punkten galt man als „schwer belastet durch seelischen Stress und seine gesundheitlichen Folgen", stand also mittendrin in der Abwärtsspirale, von der bereits auch bei der Depression die Rede war. Dann galt: „Holen Sie sich professionelle Hilfe." Ich hatte über 60 Punkte.

Über 60.

Als ich diese Liste ausgefüllt vor mir sah, meine 60 Punkte unter den 21 notiert, ab denen es schon grenzwertig wurde – ich war schockiert. Dass ich einige Warnungen meines Körpers ignoriert hatte, wusste ich spätestens seit meiner Einweisung in die Psychiatrie. Aber so viele?! Sie aufgelistet zu sehen, schwarz auf weiß vor Augen zu haben, war heftig. Was ich alles hingenommen hatte, bevor ich mich endlich um mich kümmerte! Wie konnte man sich selbst so etwas antun?

Auch die Ergebnisse der anderen lagen recht deutlich über den 21 Punkten, aber ich hatte den zweifelhaften ersten Platz gewonnen, gefolgt von einem 35-Jährigen, der ganz neu in der Gruppe war, allerdings mit klarem Abstand. Die Punktezahl schien mit dem Alter abzunehmen. Mein haushoher Sieg bestätigte nun auch ein wenig meine Theorie: Ich hatte mich viel, viel tiefer in das ganze Schlamassel hineinmanövriert als die meisten hier in der Gruppe.

PILATES

Eine Viertelstunde später, mit dem Kopf noch bei meinen 60 Punkten, stand ich in der Turnhalle. Johanna war wie fast immer mit dabei, auch in ihren Therapieplan passte Pilates am Donnerstag perfekt hinein. Wir meldeten uns bei einer jungen Physiotherapeutin an. Als alle fünfzehn Teilnehmer anwesend waren, dirigierte sie uns mit unseren Matten im Raum herum, bis wir uns so verteilt hatten, wie sie es sich wünschte. Offenbar nahmen diesmal viele Neulinge teil, nicht nur Johanna und ich, und ganz offenbar fanden es manche gar nicht so einfach, sich geradeaus, zur Stirnseite der Halle hin auszurichten. Immerhin trugen alle – im Unterschied zur Psychiatrie – dem Anlass angemessene Sportkleidung. Schließlich hatten wir es geschafft und standen bzw. lagen in Reih und Glied auf den Matten.

„Wir atmen ein. Und tief wieder aus. Wir atmen ein. Und tief wieder aus." Dann begann die Physiotherapeutin mit lauter, fester Stimme, uns von Joseph Pilates, dem Begründer dieser Trainingsform, zu erzählen.

Zwischendrin erinnerte sie uns wieder an die Atmung. Aus. Und Ein.

„Das Wichtigste am Pilates ist die Atmung." Ein. Aus. „Zu allen Übungen, die ich in der kommenden Stunde anleite, gehört die Atmung fest dazu."

Der Tonfall, ihre Ansprache und auch ihr Auftreten – sie ließ keinen Zweifel, wer in der Turnhalle das Kommando hatte – waren ganz anders als das der Yogalehrerin in der Psychiatrie. Trotzdem – oder gerade deshalb – fühlte ich mich wohl. Ich konnte mich fallen lassen, mich fest auf meine Atmung konzentrieren und musste nichts anderes tun, als den exakten Anweisungen der Übungen zu folgen. Die Anstrengung, aber vor allem die Konzentration auf die Atmung und meinen Körper hielt meinen Geist eine Stunde lang fest im Hier und Jetzt. Ich spürte meinen Körper so deutlich wie lange nicht mehr. Anders als beim Walken, bei der Allgemeinen Gymnastik oder auch beim Schwimmen konnte ich vollkommen bei mir sein, musste nicht auf die Leute rechts und links von mir oder den unebenen Waldboden achten. Alles andere, meine Umgebung oder was ich gerade noch im Kopf gehabt hatte, verschwand, selbst die 60 Punkte. Ich blieb da, voll und ganz in meinem Körper. Diese eine Stunde hatte mich physisch ziemlich erschöpft, obwohl ich die Matte nicht einmal verlassen hatte. Mein Kopf aber fühlte sich so entspannt an wie momentan sehr selten. Die einstündige Konzentration auf mich hatte ihn leer gefegt. Es war jetzt Platz für Ruhe.

LANGE NASE

Entsprechend gelassen saß ich dann wenige Minuten später in Frau Hilmers Büro.

„Frau Blau, wäre es in Ordnung für Sie, ausnahmsweise zehn Minuten früher Schluss zu machen?", begann sie. Am Abend würde der Betriebsausflug auf die Wiesn stattfinden, sie schaffte es sonst nicht rechtzeitig zum Bus, erklärte sie.

Ich musste mir ein Lachen verkneifen. Selbst in der Klinik war es wie überall in München: Während der Wiesn herrschte Ausnahmezustand.

„Kein Thema, können wir gerne machen", antwortete ich. Und morgen gehe ich auch!, freute ich mich innerlich, verlor darüber aber natürlich kein Wort.

Frau Hilmer ging rasch zur Tagesordnung über, wir arbeiteten immer noch an meiner Biografie. Uns am Anamnesebogen entlanghangelnd, nahmen wir nun schon seit drei Sitzungen gemeinsam meine Kindheit und Schulzeit auseinander. Was war ich für eine Schülerin gewesen? Warum hatte ich mich für welches Hobby entschieden? Hatte ich gute Freunde gehabt? Aber vor allem: Welche Erlebnisse, gute wie schlechte, hatten mich geprägt? Wie hatten sie mich und mein Leben verändert? Frau Hilmer gab die Stichpunkte vor und ließ mich weitgehend frei erzählen. Manchmal diskutierten wir ein wenig – „Wollten Sie selbst turnen oder haben Ihre Eltern Sie dazu motiviert?" – „Ich selbst wollte unbedingt, schon immer." – „Also kommt der Leistungsdruck von Ihnen selbst?" –

„Welcher Leistungsdruck?" – „Das Turnen auf Wettkampfniveau, mehrmals pro Woche Training, und dann waren Sie auch noch eine gute Schülerin, das ist doch sehr eindeutig?" – Ich musste grinsen. „Meine Turnerei war eher das Gegenteil davon, da war ich nie die Beste, eher im Mittelfeld. Bei meinen letzten Wettkämpfen war mein Ziel nur noch, nicht Letzte zu werden. Ich liebe Turnen einfach, mit Leistungsdruck hat das gar nichts zu tun!" – „Wie Sie meinen, Frau Blau ..." Aber in der Regel kommentierte Frau Hilmer kaum etwas. Sie fragte oft genauer nach, forschte ein wenig, wertete jedoch so gut wie nichts. Einerseits ging es darum, denke ich, mich erst mal gut kennenzulernen. Andererseits aber betrieb sie Spurensuche: Gab es eine tiefere Ursache für meine Erkrankung und wenn ja, welche? Nach wie vor sprachen wir kaum über die Themen, die mich hierhergebracht hatten. Das Graben in der Vergangenheit war manchmal schön – wenn es um schöne Erlebnisse ging. Aber sehr oft erregten gerade die Situationen, die ich nicht so einfach weggesteckt hatte, Frau Hilmers Aufmerksamkeit. Obwohl es mir im Moment sonst ziemlich gut ging, empfand ich das als sehr anstrengend und es machte wenig Spaß. Es war eine Sache, solche Themen anzugehen, wenn sie ohnehin schon auf der Oberfläche trieben, wie mein Ex-Freund vor ein paar Wochen in der Psychiatrie. Aber sie selbst ans Tageslicht zu heben, kostete mich Überwindung. Wenn ich aber nun schon einmal in dieser Klinik die Gelegenheit hatte, vieles von dem, was mich mein Leben lang belastet hatte, aufzuarbeiten, dann wollte ich sie auch nutzen. Also hob ich Therapiesitzung um Therapiesitzung Situationen, Menschen und vor allem Emotionen aus meinen dunkelsten Gräben. Einmal bisher hatte ich eine Hausaufgabe bekommen: Ich sollte einen Brief an mich selbst schreiben. Darüber, was ich an mir am meisten mochte und auf welche meiner Leistungen ich stolz war. Eine ganz neue Erfahrung, so hatte ich mich noch nie mit mir selbst und auch nicht mit meinem Lebenslauf auseinandergesetzt. Zugegebenermaßen dauerte es ein wenig, bis das schale Gefühl des Eigenlobs verschwand. Dann aber schwarz auf weiß zu sehen, welche Situationen ich in meinem Leben bereits gemeistert hatte; aufzulisten, auf welche Leistungen oder Fähigkeiten ich stolz war, fühlte sich toll an. In den letzten Monaten hatte ich sehr oft das Gefühl gehabt, dass mir nichts gelänge – dieser Brief strafte diesen Gedanken Lügen. Und zwar mit Tatsachen. Ich hatte, wenn ich so darüber nachdachte, in meinem doch noch eher kurzen Leben viel geschafft und viel geleistet. Es gab, genau betrachtet, doch einiges, worauf ich stolz war, und allein diese Liste gab mir Kraft. Eigentlich sollte ich doch dieses Wissen immer präsent haben, würde man meinen. Aber manchmal, im alltäglichen Trubel, wenn von so vielen Seiten nur zu hören ist, was man alles noch sollte und müsste und könnte und was man schon wieder alles falsch gemacht hat, vergisst man das. Ich habe es zumindest vergessen.

Gegen Ende unserer Stunde eröffnete Frau Hilmer mir, dass sie ab sofort zwei Wochen in Urlaub ging. „Ihre Ärztin, Frau Dr. Nauberger, wird die Stunden übernehmen, die kennen Sie ja schon. Sie wird Ihnen morgen noch Zettel mit Terminen unter der Tür durchschieben."

Diese Neuigkeit erfreute mich nicht sonderlich, schließlich bedeutete das vor allen Dingen, dass meine Therapie gehörig ins Stocken geraten würde. Aber ich hatte keine Wahl, also nickte ich. Abschließend bemerkte Frau Hilmer dann auch noch, dass ich ein wenig aufgeregt und besser gelaunt wirkte als sonst. Ob es dafür einen Grund gäbe, wollte sie wissen. Ich fühlte mich ertappt.

„Oh, eigentlich nichts Besonderes. Ich treffe mich morgen mit meiner Schwester, die habe ich seit zwei Wochen nicht mehr gesehen." Bewusst ließ ich ein wenig von der Wahrheit weg. Ich spürte regelrecht, wie mir die Röte ins Gesicht stieg, Schwindeln war definitiv nicht meine Stärke.

Frau Hilmer schien aber nichts zu bemerken, vermutlich war sie in Gedanken schon auf der Wiesn – genau wie ich.

„Na dann, viel Spaß mit Ihrer Schwester, Frau Blau!"

24. September

Nach wie vor rede ich mir selbst gern ein, dass ich einfach so viel Kraft habe, mehr als die meisten, dass es einfach mehr gebraucht hat, um mich schließlich umzuhauen. Nüchtern betrachtet war es tatsächlich nicht wenig gewesen, was da in kurzer Zeit so alles auf mich einprasselte. Dennoch lässt sich auf diese Weise natürlich einfacher damit umgehen. Schließlich bin ich in dieser Version, auch wenn ich am Boden liege, immer noch die Starke. Aber tief in mir drin ist in den letzten Wochen langsam eine ganz andere Erkenntnis gereift: Ganz egal, wie viel Energie und Kraft jemand hat – wer nicht auf sich selbst hört, den zwingen Körper, Seele und Geist irgendwann dazu. Kompromisslos. Ich hätte viel früher reagieren müssen und auch können – aber meine eigene Erwartungshaltung hat viel zu lange alles, was mein Körper und mein Unterbewusstsein aufgeboten haben, einfach wortlos erstickt. Ich sollte mir also lieber von denen, die frühzeitig die Reißleine gezogen haben, etwas abschauen. Nicht andersrum.

FREUDE, FROHSINN, HEITERKEIT?

„Heute gehen wir auf die Wiesn, Johanna! Endlich! Und die Sonne scheint!" Freudestrahlend hopste ich vor ihr auf und ab, während wir darauf warteten, dass die Physiotherapeutin unsere Namen auf der langen Walkingliste abhakte.

Wir waren beide in Hochstimmung und liefen die komplette Laufstrecke durch. Während der vierzig Minuten gab es nur ein einziges Thema: unseren geplanten Ausflug. In der

Angstgruppe musste ich meine Vorfreude allerdings ein wenig zügeln. Ich wollte Frau Hilmer keinen erneuten Anlass bieten, mich nach dem Grund für meine Hochstimmung zu befragen. Sie betrat den Gruppenraum diesmal alleine. Ob die zweite Therapeutin einfach das Duell um den Urlaubstag nach der Firmenwiesn gewonnen hatte oder ob sie spontan „krank" war, hätte ich zu gern gewusst – aber ich traute mich nicht, zu fragen. Auch nicht, wie der Wiesn-Abend gewesen war.

Niemand hatte diesmal ein Thema vorzubringen, den meisten ging es „gut" – was Frau Hilmer schließlich zu einem Thema veranlasste, denn wie sie sagte: „Gut" und „schlecht" waren schließlich keine Gefühle!

Aus einem grauen Leitzordner fischte sie Arbeitsblätter heraus, die sie an uns verteilte. Darauf war ein großer Kreis abgebildet, in dem wie auf einer Uhr von Freude über Trauer, Angst und Wut das ganze Spektrum der Gefühle aufgelistet war.

„Sehen Sie sich bitte den Kreisel an und horchen Sie noch einmal genau in sich hinein. Wie fühlen Sie sich?"

Ich war definitiv im Bereich Freude angesiedelt. Also erst mal Freude, die richtige Oberkategorie hatte ich nun, das war nicht schwer gewesen. Aber welches der zahlreichen Wörter im Freude-Bereich beschrieb mein „gutes" Gefühl an diesem Morgen am besten? Eher Heiterkeit? Oder Übermut? Oder Glück, Begeisterung, Zufriedenheit, Selbstvertrauen, Stolz, Lust, Freundlichkeit, Engagiertheit, Verliebtheit, Leidenschaft, Gelassenheit, Dankbarkeit, Vertrauen, Zuneigung, Rührung, Erleichterung, Zärtlichkeit, Nähe oder doch Vertrautheit?

„Ich fühle mich gerade heiter und sogar ein wenig übermütig", vermeldete ich also in der zweiten Runde in fröhlichem Gehorsam. Den Wiesn-Ausflug erwähnte ich natürlich weiterhin mit keinem Wort.

WIESN!

Nach der Angstgruppe konnte es dann endlich losgehen. Zurück im Zimmer begann ich, mich aufzubrezeln: Ich flocht mir die Haare am Kopf entlang, schminkte mich mit großer Sorgfalt und nahm voller Vorfreude mein Dirndl aus dem Schrank. Nicht für die farbenfrohen blauen, grünen und lilafarbenen Dirndl, die zu Hause auch hingen, hatte ich mich entschieden. Sondern für das schwarz-rote. Ohne auch nur kurz zu überlegen. Sonst trug ich es eher selten, es war so dunkel und wirkte so streng. Ganz konnten sämtliche Psychopharmaka meine Stimmung also doch nicht übertünchen, schoss es mir durch den Kopf. Während ich mich umzog, wurde ich immer hibbeliger. Zum einen, weil ich mich so sehr auf die Wiesn und meine Schwester freute, zum anderen, weil ich, je näher der Ausflug rückte, Angst bekam, dass die ganze Aktion doch nach hinten losgehen könnte. Es würde laut werden. Es würden sehr viele Leute am gleichen Fleck sein. Ich musste mit dem Zug hinfahren. Aber: Ich hatte meine Schwester dabei. Und Johanna.

Und ich musste einfach auf die Wiesn! Zumindest einmal drüberbummeln. Schließlich war ich fertig, schluckte vorsichtshalber noch ein paar der beruhigenden Pulsatilla-Globuli, die ich für Notfälle immer noch bei mir hatte, und ging zum Mittagessen. Ich war so nervös und aufgeregt, dass ich überhaupt nichts hinunterbrachte, zwang mich jedoch, zumindest eine halbe Portion zu essen. Ein wenig fühlte es sich an wie Lampenfieber. Johanna war noch nie auf dem Oktoberfest gewesen, sie wirkte deutlich entspannter als ich, ihr ging es im Moment ohnehin blendend. Sobald die Nachspeise abgeräumt war, machten wir uns auf den Weg. Mit dem Auto zum nächsten Bahnhof, dort in den Zug. Als er sich in Bewegung setzte, legte sich meine Nervosität. Mein Magen beruhigte sich halbwegs, und die Fahrigkeit meiner Gesten nahm langsam ab.

Wir waren auf dem Weg zur Wiesn! Im Dirndl! Ich hatte befürchtet, dass das enge Mieder mir so sehr die Luft abschnüren würde, dass ich Panik bekäme. Aber das war überhaupt kein Problem. Am Hauptbahnhof trafen wir uns mit meiner Schwester und Max, Johannas Freund. Zu Fuß machten wir uns auf den Weg zur Theresienwiese. Alle vier waren wir richtig fesch aufgemaschelt für unseren nachmittäglichen Wiesnspaziergang. Die Sonne schien, noch war es ruhig, alles perfekt. Ich sog die Luft ein und konnte mich gar nicht satt sehen an dem prächtigen Brauereigespann mit den übermannsgroßen Pferden vor uns, auch nicht an den großen Zelten, den bunten Fahrgeschäften, die über unseren Köpfen kreisten – einfach am Leben, das hier so überschäumte. Wir leisteten uns im wahrsten Sinne des Wortes im Biergarten der Fischer-Vroni einen Fisch und eine Mass Bier beziehungsweise Spezi.

Ich konnte gar nicht glauben, dass ich wirklich hier war. Dass ich es tatsächlich genießen konnte, mit netten Leuten in der Sonne dort zu sitzen, mitten im Biergarten der Fischer-Vroni auf dem Oktoberfest. War das Leben nicht wunderbar?

Nachdem wir auch den letzten Bissen des sündhaft teuren Fischs von den Gräten abgefieselt hatten und die Massen geleert waren, schlenderten wir los. Ich wollte Johanna unbedingt die alte Münchner Rutsche zeigen und sie natürlich auch rutschen. Wir spazierten also einmal bis zum Ende der Zelt-Straße, bogen dann vor dem Weinzelt nach links ab und liefen bis zur Rutsche. Wie immer hatte sich davor eine Menschentraube gesammelt. Es war lustig anzusehen, wie Männer, die sich nicht die Blöße geben wollten, von einem Angestellten mit vollem Körpereinsatz das schnelle Förderband hinauf zur Turmspitze gesichert zu werden, rückwärts und vorwärts und seitwärts und über Kopf eben dieses steile Förderband wieder herunterpurzelten. Noch lustiger war das abends, wenn die Männer betrunken waren. Aber auch am Nachmittag gab es genügend, die dann liegend, vom Toboggan-Meister am Hemdkragen festgehalten, zurück nach oben zur Rutsche bugsiert wurden. Die vielen unterschiedlichen Musik-Kulissen der Fahrgeschäfte fand ich wahnsinnig anstrengend, aber mit der Menschenmenge hatte ich überhaupt kein Problem. Ich war einfach glücklich dabei zu sein. Wir kauften also jeder ein Ticket, fuhren nacheinander mit dem rasanten Förderband – wir drei Mädels begleitet, Max schaffte es allein – auf die erste Plattform und stiegen dann die immer enger werdende Holzwendeltreppe nach oben.

Ganz an der Spitze, auf der obersten Plattform, hat man einen grandiosen Blick, da liegt einem die Wiesn zu Füßen. Auf dem uralten Holzturm stehend, ist man beinahe auf Augenhöhe mit der Bavaria, die genau gegenüber am anderen Ende der Wein- und Schützenzelt-Straße steht. Sicher, es gibt höhere Fahrgeschäfte. Aber hier hat man den schönsten Ausblick. Ich sog alles in mich auf, als wäre ich nicht zum zwanzigsten, sondern zum allerersten Mal dort oben. Ich fühlte mich wie das kleine Mädchen, das damals aufgeregt an der Turmbrüstung gestanden hatte. Oder vielmehr: Ich war in diesem Moment das kleine Mädchen. Ich erlebte diesen ganzen Wiesnbesuch so intensiv, so unmittelbar wie keinen zuvor. Ein eigenartiges Gefühl, ich wusste es nicht so recht zu deuten. Aber irgendwie auch schön.

„Los, auf geht's!", riss mich der Anschieber plötzlich aus meinem Tagtraum. „Sonst kommt keiner mehr hoch!"

Er richtete mir einen der alten Teppiche hin, auf denen man die Toboggan hinunterrutschte, half mir, mich richtig daraufzusetzen, und schob an. Gar nicht beschaulich, sondern ziemlich rasant ging es dann rund um den Rutschenturm zurück in den Trubel. Ein kleines bisschen war es wie fliegen.

Wir schlenderten weiter, fuhren noch Kettenkarussell und ich kaufte noch eine Tüte gebrannte Mandeln. Die Sonne stand nach wie vor hoch am strahlend blauen Himmel, es war angenehm warm, ein Traum-Wiesnwetter. Wie erwartet hatte sich die Festwiese mehr und mehr gefüllt und mittlerweile, um kurz vor vier, war es ziemlich voll. Die ständig wechselnde Musik der Fahrgeschäfte empfand ich nun nicht mehr nur als anstrengend, sondern als nervtötend. Ich steckte mir die Ohropax ins Ohr, das half ein bisschen. Ich wollte nach Hause. Bis hierher war es schön gewesen, aber nun spürte ich, dass ich kurz davor war, zu kippen, die Aufnahmefähigkeit von Gehirn und Nervensystem war ausgereizt. Johanna reichte es auch, also machten wir uns auf den Rückweg. Aber um zurück zur S-Bahn zu kommen, mussten wir noch einmal über die komplette Theresienwiese. Wie meist verschlechterte sich mein Kopfzustand nicht nach und nach, sondern von jetzt auf gleich. Rapide ging es abwärts, ich hatte mal wieder viel zu spät bemerkt oder wahrhaben wollen, dass es reichte. Unsicher hakte mich bei Caro unter, hielt mich regelrecht an ihr fest. Sie legte schützend einen Arm um mich. Das hatte ich auch dringend nötig.

Langsam, aber sicher stieg die mittlerweile bekannte Angst in mir hoch. Was war ich froh, dass meine Schwester da war! Ich ging schneller, wollte weg, meine Schritte wurden zittriger, die Knie schwächer. Ich bemühte mich, im Hier zu bleiben, nicht abzudriften.

„Kein Grund zur Panik", redete ich mir selbst zu. „Wir sind bereits auf dem Heimweg, ich bin nicht allein, es wird nichts passieren."

Schließlich hatten wir endlich das Festgelände verlassen. Der S-Bahnhof an der Hackerbrücke war voll, aber im Vergleich zur Theresienwiese geradezu ruhig, eine Wohltat. Ich entspannte mich wieder ein wenig. Johanna und ich verabschiedeten uns von Caro und Max, als unsere S-Bahn wenige Minuten später einfuhr.

„Oh, war das schön", seufzte Johanna, als wir die Tüte mit den gebrannten Mandeln aufmachten.

„Ja, sehr sogar", stimmte ich ihr zu. „Auch wenn ich jetzt total k.o. bin." Aber das war es wert gewesen, dachte ich.

Wir waren pünktlich zum Abendessen wieder zurück. Ich schmierte mir zwei Scheiben Brot, aß sie schweigend und verzog mich bald auf mein Zimmer. Es war mir viel zu laut im Speisesaal, meine Ohren (oder wohl eher mein Kopf) eskalierten wieder einmal. Im halbdunklen Zimmer sitzend, immer noch mit Ohropax im Ohr, malte ich einen Hasen aus. In meinem Kopf drehte sich zwar kein Tornado, keine Gedanken wühlten mich auf, aber er war viel zu voll, wummerte vor sich hin. Anderthalb Stunden auf dem Oktoberfest boten mehr als genug Reize, um ihn für eine Woche an den Rand seines derzeitigen Fassungsvermögens zu bringen. Ich wusste genau, mehr als mit der Katze auf dem Sofa zu liegen würde am Wochenende nicht mehr drin sein. Aber: Ich hatte meinem Kopf ein großes Stück Leben abgetrotzt! Ich war auf der Wiesn gewesen!

27. September

Meinen 28. Geburtstag habe ich mir definitiv anders vorgestellt.

28. Früher war 28 alt. Mit 28 hat man Haus und Kinder. Oder zumindest einen Mann natürlich. Ich habe nichts davon.

In keinem Universum dieser und aller Welten hätte ich auch nur im schlimmsten Fall befürchtet, meinen 28. Geburtstag in einer Klinik, geschweige denn einer psychosomatischen Klinik, zu verbringen. Das wäre auch gar nicht möglich gewesen, schließlich hätte ich dazu erst mal wissen müssen, dass es solche Kliniken überhaupt gibt. Immerhin, ein kleiner Trost: Ich bin nicht mehr in der Psychiatrie. Das wäre definitiv noch trauriger gewesen. So wenig Grund zu feiern wie in diesem Jahr habe ich trotzdem wohl noch nie gehabt. Und deshalb ignoriere ich, zum ersten Mal überhaupt, meinen Geburtstag einfach

komplett. Ich habe niemanden eingeladen und in der Klinik weiß au-
ßer Johanna niemand, dass ich Geburtstag habe. Die besten Voraus-
setzungen also, um diesen besonderen Tag so gut wie möglich zu ig-
norieren.

HAPPY BIRTHDAY!

Als ich an diesem Montagmorgen die Augen aufschlug, blendete mich die Sonne fast, die wie zum Trotz von einem leuchtend blauen Herbsthimmel strahlte. Der Wind trieb die ersten bunten Blätter durch die Luft. Es war ein perfekter Herbsttag, ganz genauso, wie ich es am liebsten mochte. Am Frühstückstisch saß ich ganz allein. Die anderen kamen meist erst später. Zum Glück: Johanna begnügte sich nämlich nicht mit unauffälligen Glückwünschen, nein, ich hörte sie schon, bevor ich sie sah.

„Sophie!", rief sie, während sie durch den Speisesaal sprintete und mir schließlich mit einem überschwänglichen „Alles Gute dir zum Geburtstag!" um den Hals fiel.

Ich versuchte, ihre Begeisterung etwas zu dämpfen, damit niemand etwas mitbekam, musste aber dann doch lachen.

„Nicht so laut, sonst gratulieren mir hier noch alle", beschwerte ich mich halbherzig bei ihr.

„Na und? Es ist schließlich dein Geburtstag, der ist nur einmal im Jahr! Aber gut, du musst sowieso gleich mitkommen, ich hab dein Geschenk oben im Zimmer." Sie wurde plötzlich ernst und ergänzte mit dem gleichen, leicht nörglerischen Tonfall wie ich eine Sekunde zuvor: „Dann sieht's auch keiner!"

Oh nein, dachte ich, jetzt ist sie sauer, so war das nicht gemeint. Aber Johanna prustete vor Lachen los, als sie meinen Blick auffing.

„Du bist so komisch, Sophie! Man muss die Feste eben feiern, wie sie fallen! Also komm jetzt!"

Ihr Lachen war ansteckend. Während sie sich immer noch königlich über mich amüsierte, folgte ich ihr nach oben. Sie überreichte mir ihr kleines Geschenk – eine tolle Karte und einen Labello –, und obwohl ich mich an diesem Tag gar nicht hatte freuen wollen, freute ich mich sehr. Nachdem das nun abgehakt war, konnte ich meinen Geburtstag jetzt aber hoffentlich wirklich ignorieren, dachte ich. Das ging notfalls auch nicht ganz so schlecht gelaunt, wie ich das ursprünglich geplant hatte.

Die Wassergymnastik begann erst um elf, ich hatte noch fast zwei Stunden frei bis dahin. Also beschloss ich, draußen das schöne Herbstwetter zu genießen. Ein paar hundert Meter von der Klinik entfernt befand sich eine Pferdekoppel, davor stand eine kleine Bank. Ab und zu, wenn ich kurz raus und alleine sein wollte, ging ich dorthin und beobachtete die beeindruckenden, tiefschwarzen, riesengroßen Pferde, die einem Oktoberfest-Brauereigespann alle Ehre gemacht hätten. Ich beobachtete diese stolzen Tiere dann einfach minutenlang. Es entspannte mich, ein bisschen wie bei den Enten an der Isar, nur waren die Tiere hier viel größer. Ich hatte das Bänkchen noch nicht ganz erreicht, als mein Handy klingelte. Meine Oma. Sie hatte extra für mich zum ersten Mal in fast neunzig Lebensjahren eine Handynummer gewählt.

„So lang! Dreimal hab ich absetzen müssen, so viele Zahlen hat deine Nummer", bemerkte sie fasziniert, noch bevor sie mir gratulierte.

Vielleicht war dieser Geburtstag doch nicht so verkehrt.

Bei der Wassergymnastik, die sonst eher weniger spaßig ausfiel – und vor allem wurde mir in diesem lauwarmen Wasser schnell kalt –, entbrannte dann gegen Ende ein wildes Spiel. Wie kleine Kinder bolzten wir mit Poolnudeln einen Wasserball kreuz und quer durch das Becken, es spritzte und schäumte. So viel hatte ich im ganzen vergangenen halben Jahr nicht gelacht. Fröhlich, im Bademantel und mit nassen Haaren kehrte ich danach in mein Zimmer zurück. Ich föhnte mir gerade die Haare, als die griesgrämige Bettnachbarin hereinkam.

Ich solle bitte dringend das riesige Paket an der Rezeption abholen, sie hätten dort keinen Platz dafür, richtete sie mir pflichtbewusst, ohne jede Gefühlsregung aus.

„Für mich? Ein riesiges Paket?" Verwundert sah ich sie an. Zugegebenermaßen, die Rezeption unten war nicht sonderlich groß. Aber dass ein Paket dort keinen Platz fand? Konnte ich mir nicht vorstellen. Außerdem – wer sollte mir etwas geschickt haben? Nur meinen Eltern hatte ich die Adresse der Klinik gegeben und die wären eher extra hergekommen, als etwas, das größer als ein Schuhkarton war, per Post zu schicken. Als ich dann unten stand, traute ich meinen Augen nicht: Das Paket hatte wirklich gigantische Ausmaße. Es war höher als der Schreibtisch, an dem die Empfangsdame saß, und bestimmt einen Meter breit und tief. Ich fragte dreimal nach, ob es sicher für mich sei.

„Ja, ist es, oder gibt's hier noch eine zweite Sophie Blau?!", pampte mich die sichtlich genervte Rezeptionistin an.

Ich fragte mich schon, wie ich das Paket in den dritten Stock hinaufbringen sollte, und machte Anstalten, hinter die Theke zu treten, um tragen zu helfen, aber um meine Verwirrung perfekt zu machen, hob die zierliche Empfangsdame das immense Paket an einem der schwarzen Paketbänder einfach mit einer Hand hoch. Was zum Teufel war denn da bitte drin? Wer hatte mir das geschickt? Immerhin, letzteres Rätsel war rasch gelöst: Eine Kollegin stand auf dem Absender. Sie hatten meinen Geburtstag nicht vergessen. Obwohl ich seit drei Monaten nicht mehr da gewesen war. Schon ein bisschen unglaublich. Ich bugsierte also das Paket so vorsichtig wie möglich nach oben, da es sogar die Maße des Fahrstuhls sprengte. Auf halbem Weg schlug ich trotzdem mit der Paketkante gegen das

Treppengeländer. Plötzlich sang der Riesenkarton eine Rock-version von „Happy Birthday". Was zum …? Vorsichtig stellte ich das Paket schließlich in meinem Zimmer auf den Boden, es war gerade genug Platz dafür, und öffnete es. Als ich die bei-den Pappdeckel aufklappte, stieg ein riesiger Happy-Birthday-Gasluftballon empor! Ich war baff. „Tap to play" stand drauf, antippen, um loszuspielen – ich drückte – und wieder ertönte ein mitreißend-rockiges „It's your birthday!". Ich freute mich wie ein Schnitzel über dieses perfekte Gute-Laune-Geschenk! Ganz genau, perfekt – das Richtige für mich und heute! Der Tag war alles, alles andere als verkehrt. Es war mein Geburts-tag, der beste Tag des ganzen Jahres! Ich rief Johanna an, sie müsse sofort hochkommen, konnte es dann aber nicht erwar-ten und lief ihr mit dem singenden Ballon an der Hand durchs Treppenhaus entgegen. Und schließlich schleppte ich ihn auch mit in die Burn-out-Gruppe. Die anderen sollten schließlich auch ihren Spaß damit haben! Mein Geburtstag war sowas von gerettet, egal wie langweilig die nächsten knapp zwei Stunden sein würden.

STRESS-TIGER

Die Therapeutin dozierte zum Thema: „Was ist Stress ei-gentlich?" Ich stellte mich trotz des Luftballons auf eine lang-weilige Stunde ein. Den Theorieteil des Yogabuches hatte ich zwar noch nicht ganz durch, aber besser erklären oder mehr ins Detail gehen würde die Psychologin mit Sicherheit nicht. Die Kernaussage: Stress entsteht, wenn ich das Gefühl habe, eine unangenehme Situation nicht bewältigen zu können. Ausgehend von meinen bisherigen Erfahrungen und Erleb-nissen, sind also für mich Situationen stressig, die für andere geradezu entspannend sind. Ich wiederum finde Situationen entspannend, die für andere Stress bedeuten. Stress ist quasi personalisiert. Ganz unwillkürlich bewerten wir jede Situation. Entscheidet unser Unterbewusstsein sich für Stress, dann laufen im Körper komplexe Prozesse ab, um uns gut durch diese anstrengende Zeit zu bringen: Wenn wir Stress haben, sind wir in Alarmbereitschaft, wir mobilisieren alle Kräfte und können so Höchstleistungen vollbringen. Was in grauer Vorzeit bei der Flucht vor dem Säbelzahntiger auch mehr als notwendig war. Heute steht Stress zwar nicht mehr in Form von wilden Tieren vor unserer Nase, trotzdem funktionieren wir noch so wie vor zehntausend Jahren. Der wichtige, für die Entstehung von Burn-out ganz entscheidende Unterschied: Der Säbelzahntiger war irgendwann tot oder weg – und der Stress damit auch. Heute aber, wo sich der Stress-Tiger als E-Mail-Postfach, Chef, Perfektions- und Leistungsdruck verkleidet, fällt er nicht mehr einfach tot um, sondern er ist immer da. Stress wird so chronisch. Und dann wird es gefährlich: Wir bleiben dauerhaft im Angriffsmodus, Körper und Geist sind permanent in Habachtstellung. Die Verdauung und Wundheilungsprozesse zum Beispiel werden so über weite Zeiträume gestört. Das richtet langfristig schweren Schaden an. Im Extremfall: Herzinfarkte, Schlaganfälle, Magengeschwüre oder eben psychische Erkrankungen wie depressive Episoden, Angststörungen, Somatisierungsstörungen, Erschöpfungszustände – also genau das, was man unter dem Burn-out-Syndrom zusammenfasst. Um Stress abzubauen, genügt oftmals ein einfaches Mittel: Bewegung. Früher rannten wir vor dem Tiger davon, die Stresshormone wurden abgebaut. Aber heute? Bleiben wir vor unseren Schreibtischen sitzen, fressen vielleicht sogar noch den Frust in uns hinein.

Auch wenn ich mich nach der Burn-out-Gruppe schweren Herzens von meinem Ballon trennte – ich wollte bei der ersten Stunde mit der Urlaubsvertretung meiner Psychologin, Frau Dr. Nauberger, nicht komplett verrückt wirken – blieb die

Hochstimmung den ganzen Tag. Der Luftballon schwebte nun über meinem Bett. Bevor ich das Zimmer verließ, tippte ich ihn noch einmal an. „Happy Birthday!", sang er laut für mich. Was waren Geburtstage doch schön! Man muss die Feste wohl tatsächlich einfach feiern, wie sie fallen. Nicht einmal die Tatsache, dass mir Jeanette, meine furchtbare Zimmernachbarin aus der Psychiatrie, auf dem Weg zum Abendessen über den Weg lief, konnte mir etwas anhaben. Sie war zumindest nicht wieder in meinem Zimmer gelandet.

28. September

Das Leben ist wunderschön – wer könnte da widerstehen?

(aus: Glücklich, Schein)

Diesen Geburtstag werde ich sicher nie vergessen. Zum einen, weil er hoffentlich der einzige bleibt, den ich in einem Krankenhaus feiern muss. Zum anderen, weil es vollkommen wider Erwarten der vermutlich beste Geburtstag meines Lebens war. Mit dem besten Geschenk. Und weil mir der ganze Tag, von frühmorgens bis spätabends, endlich einmal wieder gezeigt hat, wie liebenswert diese Welt ist. Ich hatte mir fest vorgenommen, diesen Tag zu ignorieren, sodass er als der schlimmste Geburtstag aller Zeiten in meine Tagebücher eingehen würde. Aber ich hatte keine Chance, keine fünf Minuten lang. Diese Welt ist es wert, geliebt zu werden. Und wenn du sie liebst, liebt sie dich zurück, ob du nun willst oder nicht. Erkennen muss man das eben. Auch gestern waren es wieder einmal die kleinen Dinge, die den Boden für die Hochstimmung gelegt haben: der Sonnenschein; der Herbstwind, der durch das Laub fegte; die Oma, die extra für mich die längste Telefonnummer ihres Lebens gewählt hat; die Kollegen – zu denen ich kaum Kontakt hatte, die mich genauso gut einfach hätten vergessen können –, die nicht nur überhaupt an mich dachten, sondern das beste Geschenk aller Zeiten schickten.

Egal, wie beschissen manchmal alles scheinen mag: Irgendwo gibt es immer einen Goldrand. Selbst die dunkelsten Tage haben mindestens einen kleinen. Erst wenn man den nicht mehr findet, wird es wirklich brenzlig.

ICH WILL DOCH NUR SPIELEN!

Auch am Tag nach meinem Geburtstag war meine Stimmung ausgesprochen fröhlich, zum ersten Mal seit Wochen musste ich einen guten Tag nicht unmittelbar mit einem schlechten bezahlen – was meine Stimmung zusätzlich aufbesserte. Das morgendliche Laufen machte Spaß, die Stunde in der Angstgruppe gestaltete sich entspannt (meine Therapeutin war im Urlaub, da ersparte ich mir sogar den regelmäßigen vorwurfsvollen Blick, wenn ich behauptete, kein Thema zu haben). Und sogar die Kunsttherapie verlief richtig positiv: Die Aufgaben, die uns die Therapeutin stellte, fand ich zwar immer noch dämlich, aber die Zusammensetzung der Gruppe hatte sich endlich verändert. Die Damen, die so sorgfältig malten, befanden sich mittlerweile deutlich in der Unterzahl. Stattdessen waren ein paar weitere Unperfektionisten und Ausprobierer zu uns gestoßen. Die feinen Kreidezeichnerinnen hatten sich in eine Ecke des großen Arbeitstisches zurückgezogen. An den übrigen drei Tischseiten tobten wir uns aus: mit Fingerfarben. Mit Acrylfarben. Mit Edding. Mit Wasserfarben. Mit Kleber und Schere, mit Teppich, Karton, Filz, Draht – mit allem, was wir fanden. Ich hatte riesige Freude am sinnlosen, oft gar nicht so sehr zielgerichteten Ausprobieren und Entdecken.

Oben im Zimmer nahm ich danach wieder einmal die „flow" in die Hand. Beim Durchblättern sprang mir der Leitartikel ins Auge, Thema: Spielen. Ich wurde neugierig, schnappte mir mein Handy und wechselte in die Cafeteria – dort gab es WLAN –, um mir den TED-Talk anzusehen, der die

Basis für den Artikel bildete. Nach kurzer Suche hatte ich ihn gefunden: „Serious Play" vom kalifornischen Psychiater und Spielforscher Stuart Brown. „The opposite of play is depression", stellt er darin plakativ fest: Das Gegenteil von Spiel ist Depression. Spielen sei uns Menschen angeboren und ähnlich überlebenswichtig für uns wie Schlafen oder Träumen. Jahrelang getrimmt auf Glaubenssätze wie „erst die Arbeit, dann das Vergnügen" verlernen wir als Erwachsene über die Jahre hinweg leider oft genau das: zu spielen, uns einer Tätigkeit hinzugeben, die wir um ihrer selbst Willen tun. Ohne damit ein Ziel erreichen zu wollen.

Nicht ohne Grund also haben die Aufforderungen „Tun Sie das, wonach Ihnen der Sinn steht" und „Probieren Sie doch einfach mal wieder Dinge aus, die Sie früher gern gemacht haben" meiner Ärztin in München funktioniert. Genau genommen basierte auch ein großer Teil der Therapie auf dieser Spieltheorie, was wiederum Hand in Hand mit den Achtsamkeitsprinzipien geht: Tu Dinge um ihrer selbst willen, dann bist du auch anwesend, voll da, mit Körper, Kopf und Seele. Dann lebst du.

30. September

Beim Mittagessen heute erzählte Karen am Tisch, dass sie in vier Wochen gehen wird. Dabei ist sie erst eine gute Woche nach mir gekommen. Die Aerobic-Trainerin, die am gleichen Tag wie ich angekommen ist, weiß bereits seit einiger Zeit, dass sie exakt sechs Wochen in der Klinik bleiben wird. Das ist die Mindest- und gleichzeitig Standarddauer für einen Aufenthalt in einer psychosomatischen Klinik, alles Weitere muss extra beantragt werden. Ich bin nun schon in der vierten Woche hier und habe noch nicht mal ein Datum genannt bekommen, nicht mal eins im Januar. Das scheint unüblich zu sein. Sicher, ich bin aus der Psychiatrie überwiesen worden, vielleicht wird da generell ein längerer Aufenthalt genehmigt. Trotzdem nagt das ein wenig an mir. Alle, wirklich alle, die länger als eine Woche hier sind, haben bereits ein Entlassungsdatum genannt bekommen. Auch Johanna. In der Regel bleibt man eben die sechs Wochen, bei schwereren Fällen auch mal etwas länger. Bei Johanna zum Beispiel haben die Ärzte sieben geplant. Anders ist das nur bei den Patienten, die wegen posttraumatischen Belastungsstörungen behandelt werden: Die verbringen teils ein halbes Jahr am Stück in der Klinik. Aber selbst die wissen, wie lange sie hierbleiben werden. Nur ich habe keine Ahnung. Vielleicht bin ich ein derart schwerer Fall, dass man es bei mir noch gar nicht abschätzen kann? Kein schöner Gedanke. Egal. Das ist gerade nicht die Hauptsache. Die Hauptsache ist, gesund zu werden, und das werde ich nicht, wenn ich mir über solche Dinge Gedanken mache. Es kommt, wie es kommt, sagt die Oma immer.

UNPERFEKTIONISMUS

Am Dienstag in meiner überfliegenden Stimmung hatte mich die Burn-out-Gruppe gar nicht gekratzt. Zwei Tage später nun fiel mir umso mehr auf, wie fehl am Platz ich mich in dieser Gruppe fühlte. Wir waren nur noch zu viert. Ein älterer Herr, um die fünfzig, Krankenpfleger. Er war sehr nett, aber was die Symptome und den Krankheitsverlauf betraf, hatten wir beinahe nichts gemeinsam. Neu dabei waren zwei Frauen, beide auch ungefähr fünfzig Jahre alt. Eine herzensgute, liebe Apothekerin und eine völlig abgemagerte Sozialdienstleisterin mit langen dürren Fingern und einer Kurzhaarfrisur, die ihre harten, krähenartigen Gesichtszüge zusätzlich betonte. Sie trug eine unförmige, unmodische Hose sowie ein ebenso unförmiges Shirt, die knochigen Füße in Trekkingsandalen. Die Augen waren ständig in Bewegung, wie die eines Greifvogels, der stets auf der Suche war nach dem nächsten Opfer, auf das er picken konnte. Dabei war sie nicht einmal unleidig. Mit uns anderen meinte sie es meistens gut und wollte helfen; am meisten hackte sie auf sich selbst ein. Ein hoch perfektionistischer Greifvogel.

Die Gruppenstunden vergingen nur zäh. Es kam kein Gespräch, keine Diskussion zustande, weil die Apothekerin und der Krankenpfleger sich sehr zurücknahmen und Frau Greifvogel das Wort oft an sich riss. Ich fand es anstrengend, weil sie dabei ständig in eine Lehrerrolle rutschte und versuchte, uns die Welt und in diesem speziellen Setting insbesondere Burn-out zu erklären – wobei, Burn-out gäbe es ja eigentlich gar nicht, das sei ja nur ein Modewort, wie sie gleich zu Beginn feststellte. (Tatsächlich wurde Burn-out erst wenige Jahre später – nämlich 2019 – von der WHO als eigenständige Diagnose anerkannt.) Mich nervte dieses Belehrende tierisch. Vor allem, da die Sozialdienstleisterin selbst offensichtlich noch viel schwerwiegendere Probleme hatte als wir anderen. Zum Beispiel eine Essstörung. Oder dass sie bislang keine einzige der Anfangsmeditationen hatte mitmachen können, weil sie so sehr unter Strom stand, dass sie durchdrehte, wenn sie zur Ruhe kommen sollte. Ich konnte schon verstehen, dass das tatsächlich einfach nicht möglich war. Aber es zeigte eben auch, wie tief die Frau in diesem Krankheitskomplex steckte. Wie sehr sie am Rad drehte. Ich hatte keine Lust, irgendwelche Details zu meinem Leben mit den drei anderen zu teilen, was aber dummerweise die Grundvoraussetzung für eine funktionierende Therapiegruppe war.

Wie auch immer, ich konnte den Gruppensitzungen nicht einfach fernbleiben. Also hatte ich mich nach Wassergymnastik und Mittagessen wieder pünktlich um eins im Stationsgruppenraum der Station V eingefunden. Thema des Tages war laut Skript Burn-out und Persönlichkeit. Wunderbar. Schon recht früh, noch bevor ich in die Psychiatrie kam, hatte ich für mich beschlossen, dass in meinem Fall die Diagnose ganz sicher nicht auf „übertriebenen Perfektionismus", oft einer der Hauptgründe für Burn-out, zurückzuführen sein würde. Wenn es bei mir an der Persönlichkeit lag, dann eher an einem unrealistischen Idealismus oder einem sehr ausgeprägten Gerechtigkeitssinn. Aber eine Perfektionistin? – Ich bestimmt nicht. Die letzten zwanzig Prozent zur Perfektion, die achtzig Prozent der Zeit fraßen – die waren bei mir schon immer zu kurz gekommen, aus besagtem Grund. Meine erste Drei im Zeugnis kassierte ich in der dritten Klasse in „Schönschrift", das sagt wohl genug über meinen „Perfektionismus" aus. Perfektionismus war nicht effizient, dafür hatte ich meist schlichtweg keine Zeit (und keine Lust). In den nächsten anderthalb Stunden durfte ich mich nun also – zusätzlich zum unangenehmen Publikum – auch noch mit einem Thema befassen, das ich, wie fast alles in dieser Gruppe, schon mehrfach durchgekaut hatte und welches, in diesem speziellen Fall, für mich nicht relevant war. Immerhin konnte ich mich auf die Pilatesstunde freuen, die mit jeder Minute näher rückte. Einmal mehr also durfte ich in dieser Gruppe einen Fragebogen ausfüllen, diesmal zu den „inneren Antreibern". Wir sollten verschiedene Aussagen bewerten wie: Am liebsten mache ich alles selbst, ich darf nicht versagen, auf mich muss zu hundert Prozent Verlass sein oder wenn man Schwäche zeigt, wird man nicht respektiert – insgesamt 25. Dachten wir häufig so? Oft? Oder selten? Die Auswertung resultierte dann in einer Grafik, die anzeigte, wie stark ausgeprägt auf einer Skala von eins bis zehn die Antreiber Sei perfekt!, Sei beliebt!, Sei stark!, Hab alles unter Kontrolle! und Streng dich an! bei jedem waren. Diesmal gewann ich, wie erwartet, das Ranking nicht, sondern riss als Einzige bei keiner Kategorie die Zehn-Punkte-Marke. Ich hatte immerhin eine Acht bei Sei stark! und eine Sechs bei Sei beliebt! Die Therapeutin fügte dann, bevor wir in die Auswertung gingen, einen kurzen Theorieteil ein: Ähnlich wie schon beim Schema mit dem wütenden Kind und wie bei eigentlich fast allem, worauf ich in der Therapie hier stieß, liegen die Ursachen für diese Antreiber in unserer Vergangenheit. Irgendwann waren diese Mechanismen hilfreich für uns und wir speicherten sie ab. Bis sie so verinnerlicht waren, dass sie zu Automatismen wurden, wir also gar nicht mehr mitbekamen, dass sie überhaupt wirkten. Wenn wir nun an ihnen arbeiten wollen, müssen wir im ersten Schritt also erst einmal feststellen, welchen inneren Antreibern wir unterbewusst gehorchen. Dann erst können wir versuchen, sie zu hinterfragen: Früher war das sinnvoll, aber was bringt mir das im Moment eigentlich?

FROH ZU SEIN BEDARF ES WENIG

Wieder Freitag. Traumwetter. Johanna war nicht da, sondern diesmal schon von Freitag auf Samstag nach Hause gefahren. Und ich wollte in die Berge. Ich hatte keine große Tour im Sinn, die Erinnerung an meinen Ausflug zur Tegernseer Hütte war dafür noch zu lebendig. Aber ich wollte raus aus der Klinik und meinen freien Freitagnachmittag genießen. Die Sonne strahlte vom wunderbar blauen Himmel, es war warm und eine ganz leichte Brise wehte. Im Radio lief entspannende Musik, die Autofenster waren offen, meine immer noch recht kurzen Haare wehten im Fahrtwind: So schlängelte sich mein kleiner Golf gemütlich durch eine sanfte grüne Hügellandschaft, in die kleine Dörfer mit malerischen Bauernhöfen, Kuhweiden, Wiesen, Wäldern und Klöstern eingebettet lagen. Ich kam mit dem Schauen beinahe nicht hinterher, es sah alles so schön aus! Ich fühlte mich glücklich und zufrieden, richtig gelassen trotz allem, was hinter mir lag und vermutlich noch kommen würde. So, wie es gerade war, war es gut.

Schließlich parkte ich das Auto und spazierte los. Der Weg führte erst durch Wald, dann an Feldern vorbei bis auf den

Hohen Peißenberg. Dort befanden sich eine Wallfahrtskirche, eine Wirtschaft und – warum auch immer – ein Küchenstudio. Man hätte auch hinauffahren können, zwei Reisebusse standen da, der Peißenberg war nicht sonderlich hoch. Für ein wunderbares Panorama genügte es jedoch: Vor mir ragte die Kette der Ammergauer Alpen in den Himmel. Ich streckte mich der Länge nach auf einer Bank aus, schloss die Augen und genoss die Ruhe und die warme Herbstsonne.

Ich war am Leben. Was morgen sein würde, kümmerte mich gerade nicht, auch nicht, was gestern passierte. Ich war zufrieden. Ich war ruhig, ich war bei mir. Alles, was ich brauchte, hatte ich um mich. Was für ein wunderschöner Tag! Was für ein Glück!

Nach einer Weile stand ich schließlich auf und beschloss, mich ein wenig genauer umzusehen. Ich spazierte zwischen Friedhof und Gasthaus entlang, inspizierte verwundert das Küchenstudio und folgte dem Fußweg schließlich bis zur Kirche. Die imposante Wallfahrtsstätte mit dem typischen Zwiebelturm wurde gerade renoviert, nur die kleine Marienkapelle im hinteren Teil durfte betreten werden. Ich ging hinein, zündete – mittlerweile fast eine Gewohnheit – eine Kerze an und setzte mich in eine der Bänke. Außer mir saß niemand in den kühlen Sitzreihen. Ich genoss die Ruhe, die sich zwar ähnlich, aber gleichzeitig doch ganz anders anfühlte als die zuvor draußen auf der Bank. Von klein auf hatten mich meine Eltern christlich erzogen: Ein Gute-Nacht-Gebet, der sonntägliche Gottesdienstbesuch – das alles war ein selbstverständlicher Teil meiner Kindheit gewesen, ein schöner. Und doch verschwand der Glaube (das Wort mag ich nicht, aber ich finde kein besseres) in den vergangenen zehn Jahren immer weiter aus meinem Leben. Nie hätte ich mir vorstellen können, dass er mit einer solchen Intensität, Unmittelbarkeit und sogar Greifbarkeit plötzlich zurückkäme; dass er zu einem so wichtigen Rettungsanker werden könnte, zu etwas, das mich tatsächlich trug – besser als alles und jeder andere in diesen schweren Tagen. Aber so war es, auch wenn ich es nicht erklären konnte. Es fühlte sich gut an, deshalb hielt ich daran fest. Ich genoss den Moment und sog diese Kraft in mich auf. Dann zog es mich aber wieder nach draußen in die Sonne und schließlich zurück zum Auto.

Abends trafen wir uns wieder zum Volleyball. Es war immer beinahe die gleiche Runde, unterschiedlichste Niveaus. Ich brauchte das einfach manchmal, mich auszutoben, erstaunlich oft sogar brachten wir richtig gute Spielzüge zustande. Besonders Chris, der Gangster aus der Angstgruppe, tat sich hervor – nicht nur als harter, cooler Player, sondern vor allem auch als erstklassiger Organisator und Motivator. Er trommelte die Leute zusammen, zog uns mit, war gerecht und fair, kümmerte sich. Der schwarze Gangsta mit der Kapuze, dem ich, würde ich ihn nicht kennen, nicht nachts am Bahnhof begegnen wollte. Ich war jedes Mal wieder fasziniert von dieser Verwandlung. Wie der äußere Eindruck, in diesem Fall eine dicke Schutzmauer, doch täuschen konnte.

2. Oktober

Je länger ich über Religionen im Allgemeinen und meine neue Glaubenserfahrung im Besonderen nachdenke, desto mehr Sinn ergibt das Ganze: Es ist nicht nur irgendein unwirkliches Phänomen, für das ich, weil gerade psychisch labil, anfällig bin. Fast alles, was ich in der Therapie lerne, die meisten Hilfsmittel, die mir an die Hand gegeben werden – ich hätte sie, wenn ich dort danach gesucht hätte, ganz ähnlich im Glauben gefunden. Nicht nur im katholischen Christentum. Sondern vermutlich in jeder Religion. Ein Rosenkranz ist nichts anderes als eine Meditation. Eine Stunde Gottesdienst ist eine Auszeit vom Alltag. Das Vergeben, die oft zitierte christliche

Kernkompetenz, bedeutet für den Vergebenden auch und vor allem Loslassen; sich selbst von oft unendlich schweren Ballast zu befreien, ohne dem ein vorwärtsgerichtetes Leben nicht möglich ist. Vor allem aber bleibe ich immer wieder bei dieser berühmten Bibelstelle hängen: „Liebe deinen Nächsten wie dich selbst" (Mt 22,34-40). Tausende Jahre, bevor sämtliche Selbsthilfegurus und Yoga-Hypes Milliarden Bücher und Videos verkauften, bevor ganze Generationen von Teenagern durch zu wenig und Staatspräsidenten durch zu viel Selbstliebe sich selbst und ihre Mitmenschen ruinierten, hielt Matthäus diesen kurzen Satz fest. Dieses Dreifachgebot der Liebe (vor der Nächsten- und Selbstliebe steht noch „Du sollst deinen Gott lieben und ehren"), das gewissermaßen die Corporate Identity des Christentums darstellt, so formulierte es zumindest der Dorfpfarrer zu Hause einige Zeit später in seiner Predigt, ist der elementare Grundbaustein unseres gemeinschaftlichen, ganzheitlichen Seins: Liebe etwas, das größer ist als du, übe dich in Demut. Liebe deine Mitmenschen. Aber vergiss dabei nicht, dich selbst zu lieben, denn wer sich selbst nicht liebt, kann keine Liebe geben. Daraus leitet sich ein ganz einfacher, alltagstauglicher Satz ab: Behandle dich selbst so, wie du deine beste Freundin oder deinen besten Freund behandeln würdest.

Ich spüre für mich, wie ungeahnt kraftvoll mein Glaube sein kann, wenn ich ihm Raum gebe. Ich habe so endlich wieder meine innere Mitte gefunden: Ich bin gut so, wie ich bin. Und so, wie ich bin, bin ich es wert, hier zu sein und geliebt zu werden, ich muss dafür nichts tun und nichts erreichen. Es gibt keinen Gedanken auf der Welt, der befreiender ist.

Am erstaunlichsten aber finde ich immer noch: Es fühlt sich nicht so an, als hätte ich meinen Glauben gesucht, sondern vielmehr, als hätte mein Glaube mich gesucht. Vielleicht war es aber auch einfach der naheliegendste Rettungsanker, den ich unterbewusst ansteuerte.

Ich bin mir sicher, dass es nicht nur diesen, meinen, Weg gibt, zu seiner inneren Mitte zurückzufinden. Ich bin mir aber auch sicher, dass irgendeine Weise von Glauben zum Menschsein dazugehört.

SCHEIß BERLIN

Caro war dieses Wochenende zum letzten Mal zu Hause. Am Sonntag würde sie endgültig nach Berlin ziehen, am Montag hatte sie dort ihren ersten Arbeitstag.

Ich war k.o., hatte aber gute Laune und freute mich auf meine Eltern, genauso wie natürlich auf die Katze. Im Laufe des Sonntags aber beschlich mich ein mulmiges Gefühl. Meine Schwester war in den letzten Wochen immer für mich da gewesen. Sie hatte stets Zeit gehabt, ich hatte sie jederzeit anrufen können. Nun würde sie nicht nur in Vollzeit arbeiten, also telefonisch nicht ständig erreichbar sein, sondern auch noch in Berlin wohnen, unendlich weit weg. Der Abschied am Sonntag war traurig. Wie Abschiede eben oft sind. Ich blieb dann auch nicht mehr lange, packte noch meine Sachen und machte mich auf den Weg zurück in die Klinik.

4. Oktober

Irgendwie bin ich in den letzten Monaten wieder zum Kind geworden. Nicht nur, dass ich ein Malbuch habe oder wie ein Schulkind mit den leichten Sudokus der tz mein Zahlengedächtnis trainiere. Ich empfinde momentan in manchen Situationen wieder wie ein Kind. Ganz besonders, wenn ich mich klein und unsicher fühle. Der gesunde Erwachsene in mir ist dann komplett auf Urlaub.

Auch dass ich so fixiert auf meine Katze bin, ist so ein Zeichen, glaube ich. Ich mag Katzen, ja. Immer schon. Und ganz besonders meine. Aber so wichtig, wie sie für mich in den letzten Monaten gewesen ist, war sie vorher nie – beinahe schon ein Halt, meine beste Gesellschaft, weil sie nicht redet, keine Forderungen stellt und ihr beim Putzen zuzusehen einen noch besseren Tranquilizer-Effekt für mein Hirn hat als Enten zu beobachten. Wie ein kleines Kind spiele ich wieder mit ihr, mit der alten, schon fast fünfzehnjährigen Katze. Das arme Vieh.

Ich kann mich minutenlang von Regentropfen, die in eine Pfütze

platschen, faszinieren lassen. Ich genieße es, wenn ich im Wasser to-
ben, umherspringen und spritzen kann. Ich weiß nicht, was es ist,
ich weiß auch nicht, ob alle so fühlen. Irgendwo habe ich jedenfalls
mal davon gelesen, dass eine Depression durchaus öfter diesen Effekt
hat. Ich fühle mich ja, wenn es mir schlecht geht, klein und hilflos.
Vielleicht kommt eben auch diese andere Dimension des Kindseins
dabei durch. Ich bin de facto vorübergehend wieder bei meinen Eltern
eingezogen, Mama und Papa kümmern sich um mich. Ich habe alle
Verantwortung abgegeben und damit die Welt der Erwachsenen ver-
lassen. Die liegt irgendwo hinter den Treppenstufen zu meiner eige-
nen Wohnung. Im vierten Stock. Ohne Aufzug.

Ein Kind sieht alles neu, zum ersten Mal, ohne Vorurteile, erlebt
die Welt um sich herum bewusst, nichts ist selbstverständlich. Ein
Kind unterdrückt Emotionen nicht. Ein Kind zeigt Begeisterung.
Ein Kind ist ehrlich, zu sich selbst und anderen. Vielleicht ist dieses
Kindsein doch gar kein so großer Rückschritt, sondern sogar ein gro-
ßer, notwendiger Schritt nach vorn?

ALLEIN

Es war so weit: In dem blauen Tablettenschächtelchen, das
mir wie jeden Morgen in der MZ ausgehändigt wurde, befand
sich in dem Fach für abends keine Pille mehr. Nicht mal mehr
eine halbe. Die Mirtazapin waren also ausgeschlichen. Bisher
hatte das ohne Probleme funktioniert, ich hatte trotz der gerin-
geren Dosis keinerlei Veränderung an mir bemerkt. Inständig
hoffte ich, dass das auch weiterhin so sein würde.

Um kurz nach neun war mein montägliches Morgenpro-
gramm – Frühstück, Laufen, Tabletten holen, Duschen – beendet. Danach hatte ich bis zum Mittagessen frei, genauso wie
Johanna. Sie fühlte sich heute nicht besonders wohl. Ihr Wochenende war ziemlich durchwachsen gewesen, vielleicht er-
reichte sie gerade das Zwischentief, das Frau Hilmer in der

ersten Stunde prophezeit hatte. Wir fuhren also nicht in die Stadt oder an den See, sondern verließen die Klinik zu einem langen Spaziergang zu den Pferden, den Hasen, den Schafen, an dem malerischen Flüsschen entlang. Sonst verlief der Tag wie gewöhnlich. Ich schrieb abends mit meiner Schwester, um zu hören, wie der erste Tag in Berlin gelaufen war, und ging früh schlafen. Meine Laune hatte sich über den Tag hinweg ein wenig Johannas angepasst. Aber ich schlief auch ohne Tabletten ein und durch. Trotzdem war ich am nächsten Morgen depri. Nicht so schlimm wie im Sommer, doch deutlich. Dass ich Johanna mittags, nachdem sie nicht zur Wassergymnastik aufgetaucht war, völlig verzweifelt und verheult in ihrem Zimmer fand, steigerte meine Laune auch eher wenig. Ich war zwar besser dran als sie, aber Johanna ging es gerade auch verdammt scheiße. Warum, konnte sie nicht sagen. Ebenso wenig wie ich konnte sie festmachen, was das Tief heraufbeschworen hatte. Die Burn-out-Gruppe am Nachmittag trug auch nicht zu einer Besserung bei. Immerhin hatte ich danach mein Einzelgespräch, wenn auch nur bei der Urlaubsvertretung. Von meiner ärztlichen Eingangsuntersuchung hatte ich Frau Dr. Nauberger ziemlich schroff in Erinnerung gehabt, aber das war sie bei unserem ersten Therapiegespräch an meinem Geburtstag vergangene Woche dann doch nicht gewesen. Die Stunde am Donnerstag hatte dann gar nicht stattgefunden, da sie einen Notfall einschieben musste. Ich hatte mich sicher und stabil gefühlt, das war schon in Ordnung so. Anders heute. Fast schon sehnsüchtig hatte ich während der Gruppenstunde auf das Einzelgespräch am Nachmittag gewartet. Was mich am meisten an meiner unsäglichen Stimmung nervte: Ich hatte keine Ahnung, woher sie kam. Ich konnte mich an keinen außergewöhnlichen Vorfall erinnern. Schließlich saß ich um vier wieder bei der Ärztin.

„Wie geht es Ihnen, Frau Blau?", wollte sie wissen.

„Na ja … nicht so super", begann ich leise. „Und ich weiß nicht, warum."

Frau Dr. Nauberger bat mich, zu erzählen, was in den vergangenen Tagen so passiert war, was ich am Wochenende gemacht hatte. Und ich berichtete. Vor allem von meiner Schwester: Dass Caro am Sonntag nach Berlin gezogen war, den ganzen Tag arbeitete. Dass nun der wichtigste Mensch für mich unerreichbar war. Und dass ich mir Sorgen machte. Sie war in den ersten Tagen wohl sehr einsam gewesen.

„Ich bin mir zwar sicher, dass Berlin für sie gerade die richtige Entscheidung ist – und schon gar keine gegen mich –, aber trotzdem fühle ich mich alleingelassen", murmelte ich, „wie früher immer …"

Die Ärztin war einigermaßen erstaunt. Nicht darüber, dass ich meine Schwester vermisste, sondern über meinen leisen Nachsatz. Schließlich war ich nur eine Woche zuvor ganz beseelt gewesen von dem tollen Geschenk, den vielen lieben Anrufen und Nachrichten, die ich – auch von meiner Schwester – zu meinem Geburtstag erhalten hatte. Einen einsamen Eindruck hatte ich da sicher nicht abgegeben.

„Aber Sie haben doch ein wunderbares Verhältnis zu Ihrer Schwester und Ihren Eltern, offenbar haben Sie auch gute Freunde, die an Sie denken, und man mag und schätzt Sie auch als Kollegin. Weshalb sollte Ihre Schwester Sie gerade jetzt alleinlassen?", forschte Frau Dr. Nauberger nach.

„Das war nicht immer so", gab ich zu. „Caro und ich, wir verstehen uns erst seit einem knappen Jahr so gut. Früher haben wir uns nur gestritten, ich glaube, zwischendurch hat sie mich regelrecht gehasst. Ich sie auch. Dabei wollte ich immer nur auf sie aufpassen, alles richtig machen. Sie ist doch meine kleine Schwester."

Ich machte eine Pause, aber Frau Dr. Nauberger sagte nichts, nur durch die Tür hörte man gedämpft etwas Lärm vom Gang. Ich kämpfte mit den Tränen. „Manchmal kann ich's kaum fassen, dass sie nun so für mich da ist."

Ich wurde wieder still.

Auch die Therapeutin sagte eine Weile nichts, gab mir Zeit. Ich heulte, völlig verloren, war nur noch ein Häufchen Elend.

„Ich bin mir ziemlich sicher", begann die Therapeutin schließlich mit sanfter Stimme, „dass Ihre Schwester stolz auf Sie ist. Geschwister-Beziehungen sind oft sehr kompliziert. Und auch wenn sie nun in Berlin ist – Sie haben doch auch hier viele gute Freunde."

Mit einem Mal sprudelten plötzlich schlechte Erinnerungen aus mir heraus, Momente, in denen ich mich allein gefühlt hatte. Nichts war mehr da von der Sophie, die letzte Woche ein wenig aufgeblitzt war, von der Sophie, die ich vor dem Burnout gewesen war: fröhlich, selbstsicher und alles andere als einsam. Mit einer sanften Stimme, die ich ihr nie zugetraut hätte, sprach Frau Dr. Nauberger auf mich ein und versuchte, mich wiederaufzubauen. Es dauerte, aber schließlich schaffte sie es tatsächlich. Meine Tränen versiegten, ich fühlte mich wieder besser. Sie gab mir eine Aufgabe bis zur nächsten Stunde: Ich sollte meine Eltern, meine Schwester, meine beste Freundin und – wenn ich denn noch ausreichend guten Kontakt hätte – meine Ex-Partner bitten, mir in Stichworten kurz zu schreiben, was sie an mir lieben oder geliebt haben. Ich nickte.

Erst als ich die Bürotür hinter mir schloss, wurde mir die Ungeheuerlichkeit dieser Aufgabe bewusst. Ich sollte andere Menschen bitten, mir zu sagen, was sie an mir mochten. Nach Komplimenten haschen. Ich konnte doch nicht einfach meine Schwester anrufen und sagen: „Hey, zähl doch bitte mal auf, was findest du an mir toll?" Oder schlimmer noch, meinen Ex-Freund? Zu meinem ersten Freund hatte ich tatsächlich noch Kontakt, guten sogar, aber konnte ich das bringen? Wie würde denn das bitte schön wirken? Die Ärztin hatte allerdings ganz und gar nicht danach ausgesehen, als könnte ich ihr am Donnerstag mit einem „Ich hab mich nicht getraut" kommen.

Also setzte ich mich nach dem Abendessen an meinen Laptop. Ich hatte mich für E-Mails entschieden. Das war einfacher, weniger direkt. Ich schrieb meiner Mutter, meinem Vater, meiner Schwester, meiner besten Freundin und meinem ersten Freund. Sie wussten alle, dass ich seit mittlerweile Monaten krankgeschrieben und in Therapie war. Das machte es ein bisschen einfacher, ich konnte mich hinter dem – ja tatsächlich echten – Vorwand verstecken. Nicht von mir stammte diese Idee, ich wollte nicht fragen, was alle so an mir liebten. Sondern ich musste. Ein himmelweiter Unterschied. Noch nie in meinem Leben hatte ich so etwas gemacht. Was, wenn ihnen nichts einfallen würde? Oder sie meine E-Mail einfach ignorierten? Ich drückte auf Senden. Und brauchte Ablenkung. Also schrieb ich. An schlechten Tagen hatte ich immer mindestens doppelt so viele Gedanken im Kopf wie an guten. Die mussten raus.

6. Oktober

Seit vier Wochen bin ich in der Psychosomatik, seit knapp zwei Monaten in Kliniken. Und immer noch kann ich es mir nicht einmal vorstellen, wieder zu arbeiten, ich bin nach wie vor einfach viel zu erledigt. Caro ist am Wochenende nach Berlin gezogen. Das ist wenigstens schon ein Stück näher als die letzte Station in London. Aber trotzdem noch viel zu weit weg, um spontan in den Arm genommen werden zu können. Ich fühle mich wieder einsam. Alle, die mit mir ankamen, wissen ihren Entlassungstermin bereits. Ich habe immer noch keinen blassen Schimmer. Gleichzeitig habe ich riesige Angst davor, vielleicht tatsächlich in vier Wochen schon wieder mit der Eingliederung beginnen zu müssen – die meisten in der Burn-out-Gruppe beginnen zwei Wochen nach ihrer Entlassung schon mit der Eingliederung. Ich habe zwar noch keinen Termin, aber bin fast durch mit dem Skript. Wenn ich Pech habe, heißt das, dass ich in spätestens fünf Wochen wieder arbeiten muss. Ich kann doch noch nicht mal eine Stunde hier in der Cafeteria sitzen, ohne dass mein Kopf hinterher wieder sehr deutlich „Überlastung" meldet. Ich kann nicht mal kochen, weil es mich überfordert. Ich kann nicht mal eine Stunde auf der Wiesn spazieren gehen, ohne dass mein Hirn durchdreht. Ich weiß nicht, wohin. Ich weiß nicht, wie. Einsam und ziellos. Dann wieder genervt. Ich will einfach nicht mehr heulen. Ich will endlich wieder ein normales Leben führen. Und habe gleichzeitig genau davor Angst.

Die Einzeltherapie wird auch immer heikler. Die Suche nach dem Ursprung der ganzen automatisierten Handlungs- und Denkmuster macht keinen Spaß, das Graben in meiner Vergangenheit ist anstrengend. Bringt Dinge ans Licht, die ich aus gutem Grund schon vor Jahrzehnten verdrängt hatte. Wirft alte Fragen neu auf und stellt alte Antworten in Frage. Früheste Erinnerungen, die aus den hintersten Ecken meines Gedächtnisses wieder nach vorn treiben, von denen ich gar nicht mehr wusste, dass sie noch da sind, sind im Moment lebendiger denn je. Ich hatte eine behütete Kindheit. Ich bin nicht mal ein Trennungskind, meine Eltern waren immer für mich da, es gab keine per se traumatischen Erlebnisse, keinen Missbrauch oder so etwas. Und trotzdem findet sich so viel. Wie viele Spuren man bei Kindern hinterlässt ... Mir drängt sich gerade immer wieder die Frage auf, ob man es überhaupt verantworten kann, Eltern zu werden. Man kann es eigentlich nur falsch machen.

Die Therapie wühlt unglaublich auf. Erinnerungen, die ich eigentlich, teils schon vor Jahrzehnten, begraben hatte, blubbern wieder bis ganz an die Oberfläche hoch. Die Emotionen, die damit verbunden sind. Gedanken kreisen stundenlang. Bis der Kopf wieder meldet: Pause! Das tut er meist mit einem leichten Druckgefühl, einem raschen Absinken der Konzentrationsfähigkeit – Was hast du gerade noch mal gesagt? – und vor allem auch einem sehr großen Verlangen nach Ruhe. Die bunten Ohropax sind im Moment wieder im Dauereinsatz. Und zwar nicht, weil meine Zimmernachbarin schnarcht, sondern weil tagsüber selbst die Geräusche, die von der Terrasse draußen oder vom Gang ins Zimmer dringen, zu laut sind. Klar, es gibt immer mal wieder gute Tage und gute Momente und allein schon die Freude darüber, dass sie da sind, lässt mich manchmal beinahe so wie früher strahlen und lachen. Aber das sind eben nach wie vor nur Momente. Wenn ich Glück habe, mal ein ganzer Tag. Letzte Woche waren es sogar drei am Stück. Aber was sind schon drei Tage? Ich habe nicht mal die Kraft, Zeitung zu lesen. Mein Körper, meine Gedanken und meine Vergangenheit sind mir gerade Kriegsschauplatz genug, ich brauche keinen IS.

Heute ist der sechste Oktober. Seit mehr als drei Monaten geht das nun so. Über Zeit darf ich überhaupt nicht nachdenken. Ich kann sie nicht stoppen. Die Welt dreht und dreht und dreht sich weiter, unaufhörlich. Nur ich stehe ich immer noch still.

ANGST IST EINE KURVE

Ich schaltete meinen Laptop am nächsten Morgen nicht an. Die E-Mail-App auf meinem Handy hatte ich sowieso schon lange deaktiviert. Ich war immer noch nervös. Wenigstens setzte das Laufen ein paar Glückshormone frei und die Angstgruppe lenkte mich mit spannender Theorie – heute war sie ausnahmsweise psycho-edukativ – ab. Wir besprachen die Angstkurve.

„Normale" Angst ist hilfreich und lebenswichtig. Sie warnt uns vor den urzeitlichen und modernen Säbelzahntigern und schärft unsere Aufmerksamkeit. Wenn Angst allerdings in Situationen auftritt, in denen sie nicht hilfreich ist, sollten wir handeln. Andernfalls durchläuft sie schrittweise einen Prozess der Generalisierung: Sie verschafft sich immer mehr Raum, greift über auf mehr und mehr Bereiche.

Die erste Panikattacke, die ich hatte, bekam ich, als ich

gerade in einer Umkleidekabine ein Kleid über den Kopf zog. Entsprechend ließ ich das Kleiderprobieren erst mal sein. Und ging auch nicht mehr in Bekleidungsgeschäfte. Mein Gehirn speicherte währenddessen ab: Kleidergeschäfte sind gefährlich. Irgendwann wurde daraus: Alle Geschäfte sind gefährlich. Dann: Alle Räume, aus denen ich nicht unmittelbar an die frische Luft fliehen kann, sind gefährlich. Zwei Wochen später konnte ich nicht mal mehr U-Bahn fahren.

Das einzige Positive an der Angst ist: Man kann sie wieder in den Griff kriegen, es ist die psychische Störung, die am leichtesten zu behandeln ist. Stück für Stück muss man die Angst wieder in ihre Schranken weisen. Und genau da setzen die Theorie der Angstkurve und das Expositionstraining an: Angst steigert sich, anders als wir das erwarten, nicht ins Unermessliche, je länger wir in einer Furcht einflößenden Situation ausharren. Vielmehr gibt es einen Punkt, ab dem sie wieder sinkt. Die Angstreaktion ist, genau wie die Stressreaktion des Körpers, eine Reservefunktion: Sie wird aktiviert, um in bestimmten Situationen „überleben" zu können. Die Hormone bzw. Neurotransmitter, das Noradrenalin und das Adrenalin, die für diese extreme Reaktion benötigt werden, sind aber irgendwann aufgebraucht: Die körperlichen Reaktionen, die die Angst ausmachen, finden einfach nicht mehr statt. Die Angst hört dann auf und wir fallen wie nach einer schweren Prüfung oder einem harten Arbeitstag in ein Erschöpfungstief.

Genau an dieser Theorie setzt das Expositionstraining an, das alle in der Gruppe (außer mir) in therapeutischer Begleitung absolvierten. Wir sollten erleben, wie die unangenehmen Gefühle, Gedanken und Körperreaktionen irgendwann weniger wurden. Wir übten, der Angst wieder Grenzen aufzuzeigen. Die meisten Mädels in der Runde beneideten mich um meinen Auftrag, shoppen zu gehen. Sie übten, je nach Hauptproblem, Aufzugfahren und Autofahren oder wurden allein auf einem Feldweg, im Dorf oder zuletzt sogar in München sozusagen ausgesetzt und mussten eigenständig wieder zurück zur Klinik finden. Step by step wurden die Aufgaben immer anspruchsvoller. Erst trainierte man mithilfe von Therapeuten. Dann mit Co-Therapeuten. Ein Stockwerk. Zwei Stockwerke. Mit dem Klinikgebäude in Sichtweite. Auf der bekannten Laufstrecke. Im Dorf. In der Stadt. Bis es dann zum Schluss hoffentlich wieder ganz klappte. Das Expositionstraining war eine Qual, hörte ich in der Gruppe oft. Aber alternativlos und in den allermeisten Fällen erfolgreich.

AUF ENTZUG

Am Nachmittag, als ich mich endlich traute, meine Mails zu checken, hatten mir tatsächlich beinahe alle schon geantwortet. Nervös las ich eine Nachricht nach der anderen und sammelte die Antworten stichpunktartig auf einem Block. Als ich sie alle gelesen hatte, war ich mehr als erleichtert: Jeder hatte sich Zeit für mich genommen, niemand hatte komisch reagiert. Immerhin. Sie hatten Sachen aufgezählt, die ich selbst nie aufgezählt hätte. Aber auch all die Dinge, die mir selbst wichtig waren, die ich an mir mochte. Eines jedoch machte mir Angst: Fast alle hatten „immer gut gelaunt" und „für jeden Spaß zu haben" auf ihrer Liste. Was war denn dann, wenn ich nicht lachte, wenn ich nicht mehr für jeden Spaß zu haben war? So wie im Moment? Meine beste Freundin Helene traute ich mich dann schließlich auch genau das zu fragen.

Ihre Antwort kam innerhalb von zwei Minuten: So war das nicht gemeint, Sophie. Das weißt du doch. Aber mal doch nicht so schwarz – du wirst wieder so fröhlich werden und so viel Energie haben wie früher! Das weiß ich einfach – und du weißt es doch auch! Gib dir Zeit!

Meine Stimmung hellte sich aber nicht auf. Je tiefer die

Sonne sank, desto mehr sank auch sie. Am Abend spazierten Johanna und ich eine große Runde. Wir hatten alle beide einen neuen Tiefpunkt erreicht. Johanna war enttäuscht und unzufrieden, sie schimpfte über ihre Einzeltherapeutin, ihre Gruppen, die Klinik. Ich hatte nichts zu schimpfen. Ich war – so schlimm war es schon seit Wochen nicht mehr gewesen – einfach nur total depressiv. Ohne jeden Antrieb, ohne jeden Funken Lebensenergie. Ich fühlte kaum noch irgendetwas. Einschlafen ging irgendwann wenigstens irgendwie. Aber auch am nächsten Tag besserte sich das Tief nicht. Immerhin hatte ich um zehn ein Einzelgespräch bei der Ärztin. Ich war ein Häufchen Elend, so traurig, dass es kaum noch auszuhalten war. Die Therapeutin fragte mich gar nicht erst, wie es mir ging. Ich hielt ihr die Liste mit den Dingen hin, die andere an mir liebten. Sie überflog sie. Für jeden Spaß und jedes Abenteuer zu haben, stand da ganz oben. Spontan. Fröhlich. Warmherzig. Zum Pferdestehlen. Es war wirklich eine lange Liste mit vielen sehr positiven und schmeichelhaften Eigenschaften, so schwarz auf weiß hatte ich das in meinem ganzen Leben noch nicht gesehen.

Die Ärztin betonte das auch, während sie die Seite eingehend betrachtete. Solch tolle Listen sähe sie nicht allzu oft. Offensichtlich sei ich nicht nur nicht allein, sondern würde auch sehr wertgeschätzt, ob mich das nicht aufheiterte?

„Aber es kommt nicht mehr durch zu mir", entgegnete ich ihr. „Ich lese die Liste, ich verstehe, wie positiv sie ist. Aber ich spüre es nicht." Wieder weinte ich. „Ich verstehe einfach nicht, warum es mir ausgerechnet jetzt so schlecht geht", stieß ich entnervt hervor. „Es gibt doch keinen Anlass. Nur weil meine Schwester jetzt in Berlin ist? Das kann es ja wohl nicht sein."

„Nun ja, wir hatten gehofft, Sie wären schon stabiler, aber überraschend ist es nicht", entgegnete die Ärztin vorsichtig. „Schließlich nehmen Sie seit ein paar Tagen gar kein

Mirtazapin mehr. Ihnen fehlt jetzt fast die Hälfte ihrer bisherigen Anti-Depressiva."

Na danke. Ich war bislang davon ausgegangen, dass diese Abendmedikation lediglich schlaffördernd sei, so, wie mir meine Ärztin in München erklärt hatte. Das stimmte wohl auch, bezogen auf die kleine, damals verordnete Dosis – aber die, die mir in der Psychiatrie verpasst worden war, wirkte eben auch anti-depressiv, erfuhr ich nun. Das erklärte natürlich einiges, half mir aber auch nicht. Ich konnte die Mirtazapin-Tabletten schließlich nicht einfach wieder nehmen, da hatte meine Leber etwas dagegen.

Frau Dr. Nauberger versuchte, mich aufzufangen, wie am Dienstag. Aber diesmal klappte es nicht, ich hing zu tief drin. Ich kann mich auch kaum noch erinnern, was sie während der halben Stunde alles sagte. Schon oft hatte ich in den Therapiesitzungen geweint, aber noch nie so geheult wie an diesem Tag. Der Tränenstrom wollte einfach nicht versiegen.

Irgendwann fragte sie, ob es zusätzlich zu dem schlimmen Einsamkeitsgefühl, das Caros Umzug ausgelöst hatte, irgendetwas anderes, ein ganz anderes Thema gäbe, das mich beunruhigte.

Ich hätte riesige Angst, schon bald wieder zur Arbeit zu müssen, schluchzte ich – wie alle anderen, die in der Burn-out-Gruppe gewesen wären und fast direkt nach ihrer Entlassung wieder ins Büro gemusst hätten.

„Machen Sie sich bitte deshalb keine Sorgen", beruhigte mich Frau Dr. Nauberger sanft. „Solange es Ihnen nicht gut geht, werden Sie nicht arbeiten müssen. Wenn Sie krank sind, werden Sie von jedem Arzt auch krankgeschrieben werden."

Diese Antwort war besser als alles, was ich befürchtet hatte, meine Stimmung hob sie jedoch nicht. Ich weinte immer noch, wenigstens aber ein bisschen ruhiger. Meine Therapiezeit war um, die Ärztin stand auf, um mich zu verabschieden. Anstatt mir wie sonst die Hand zu geben, machte sie plötzlich einen Schritt auf mich zu und umarmte mich, drückte mich fest.

„Gibt es denn hier in der Klinik jemanden, der Sie in den Arm nehmen kann?"

„Johanna", schluchzte ich und nickte.

„Sagen Sie ihr, sie soll Sie ganz fest drücken, ja?"

Diese eine kurze Umarmung, eine Grenzüberschreitung seitens der Ärztin – sie fing mich auf, sie hielt mich davon ab, weiter abzustürzen. Ich fühlte mich zwar nicht großartig besser – aber zumindest für den Moment war ich stabilisiert.

Ich schlich zurück in mein Zimmer. Rief Johanna an, ob sie kommen könnte. Sie war schon auf dem Weg zur Wassergymnastik, dahin sollte ich eigentlich auch, aber ich war sowieso nicht in der Lage dazu. Johanna kam trotzdem und war ziemlich perplex, als sie mich völlig verheult vor sich stehen sah. Sie nahm mich in den Arm, bugsierte mich zurück zu meinem Bett, bis wir beide nebeneinandersaßen und ich den Kopf an ihre Schulter lehnte, beide Arme um sie geschlungen. Sie ließ mich nicht los. Und ich heulte. Und heulte. Sie redete mir gut zu. Schaukelte mich wie ein kleines Kind.

„Ich will nicht mehr … ich kann nicht mehr. Ich will, dass das alles endlich aufhört", wimmerte ich immer wieder.

Sie hielt dagegen, wieder und wieder, mit denselben Worten, mit denen ich sie in den beiden vergangenen Wochen so oft getröstet hatte: „Sophie, es wird alles wieder gut. Du wirst sehen."

Irgendwann hatte sie es geschafft, mich zu beruhigen. Oder ich hatte einfach keine Tränen und keine Kraft mehr, um zu weinen. Johanna blieb neben mir sitzen, fütterte mich mit Schokolade, versuchte, mich irgendwie zum Lachen zu bringen. Bis es Zeit war für das Mittagessen.

Ich stand immer noch ziemlich neben mir, auch in der Burnout-Gruppe beteiligte ich mich kaum, sondern sah einfach nur zu. Wir hatten wieder ein paar neue Mitglieder. Zu meinem Leidwesen fiel heute auch noch Pilates aus, die Trainerin war schon wieder im Urlaub. Am Abend ging ich eine große Runde spazieren, ich musste mich dazu überwinden. Doch ich spürte, wie die Angst sich wieder in mir festbiss. Ich fürchtete mich davor, allein draußen zu sein. Insgeheim davor, ich würde mir vielleicht etwas antun da draußen, allein auf dem Feld. Aber wenn ich die Angst gewinnen ließ, wäre ich in der Klinik eingesperrt. Das durfte nicht sein. Das erste Stück rannte ich beinahe. Dann zwang ich mich dazu, extra langsam zu gehen, und baute, wie an dem schlimmen Dienstagnachmittag in der Psychiatrie, kleine Achtsamkeitsübungen ein. Es half tatsächlich: Irgendwann verflog die Angst, genau, wie ich es tags zuvor gelernt hatte. Später weinte ich mich in den Schlaf.

SCHOKOLADE IST AUS

Freitag. Meine Gemütsverfassung war wieder halbwegs im Bereich des Positiven. Bis zur Angstgruppe. Ich hatte sowieso nur ein Minimum an Energie, die reichte gerade so, um geistig dabeizubleiben. Und dann musste ich auch noch aktiv teilnehmen, weil niemand ein Thema vorbrachte und Frau Veller daraufhin eines für alle aus dem Hut zauberte. Sie legte eine Schnur auf den Boden, unsere „Gesundungslinie". Das eine Ende symbolisierte den Tiefpunkt, das andere unser Ziel. Einer nach dem anderen sollten wir uns nun an der Leine entlang aufstellen. Zuerst dorthin, wo wir uns zu Anfang des Klinikaufenthaltes gesehen hatten. Dann dahin, wo wir uns im Moment sahen. Zuletzt an die Stelle, an der wir uns bei der Entlassung aus der Klinik sehen wollten. Von „ich kam in der Klinik an" zu „da bin ich aktuell" reichte mir ein kleiner Hüpfer. Mein Ziel jedoch lag immer noch beinahe die ganze Schnur entfernt.

Und die war lang. Verdammt lang. Ich war gerade dabei, zum nächsten Punkt zu gehen, als mich die Therapeutin stoppte. Was genau mein Ziel wäre, fragte sie mich.

„Ich will wieder ich sein", gab ich zurück.

Jemand aus der Runde fragte daraufhin, wie ich denn wäre, wenn nicht so wie jetzt.

„Na ja, eben …" Ich suchte nach Worten. Wieder stand ich vor dem altbekannten Problem: Wie sollte ich jemandem, der mich vorher nicht gekannt hatte, erklären, wie sehr ich mich verändert und verloren hatte? Ich versuchte es mit einigen Adjektiven: immer fröhlich, voller Energie, alles war leicht. Ziemlich das Gegenteil von jetzt.

Da mischte sich Frau Veller wieder ein: „Dass das kein Ziel ist, Frau Blau, ist Ihnen klar, oder? Wo wollen Sie hin? Wollen Sie wirklich wieder genauso werden wie früher? In Ihr altes Leben zurück? In das Leben, dass Sie bis hierher geführt hat? Ich denke, Sie müssen etwas verändern. Sie werden sich ändern müssen. Deshalb sind Sie doch hier – weil es nicht wie bisher weitergehen kann."

Dem ernsten Blick der Therapeutin konnte ich nicht Stand halten, ich brach in Tränen aus. Ich wollte weg von hier, ich wollte nicht hier stehen, verwirrt, verloren, hilflos heulend vor der ganzen Gruppe, vor der Therapeutin. Ich wollte doch einfach nur wieder Ich werden! Das war doch mein allereinziges Ziel, was sollte denn mit meinem Leben passieren? Das war doch der Grund, weshalb ich hier war? Ich liebte mein Leben, es war schön gewesen, wirklich toll – gut, vielleicht nicht perfekt, dafür aufregend. Und eben meines.

„Aber du strahlst doch selbst jetzt noch so viel Energie und Fröhlichkeit aus!", meinte plötzlich jemand aus der Runde. „So, wie du da eben gehüpft bist. Da ist schon noch was da, Sophie. Das ist nicht alles weg."

Der ehrlich gemeinte Aufmunterungsversuch machte es

noch schlimmer. Ich war eben nicht gehüpft, weil ich fröhlich war. Sondern weil ich gar nicht anders konnte. Ich konnte das doch gar nicht anders! Nie hatte ich es anders gemacht, langsame Schritte lagen mir nicht, die waren in meinem Bewegungssystem nicht gespeichert. Ich schluchzte erneut auf, schon wieder. Jemand reichte mir die Box mit den Taschentüchern. Ich wollte, wollte, wollte, wollte doch, dass alles wieder so wurde wie früher! Sonst nichts!

Traurig setzte ich mich wieder auf meinen Platz, zurück in den Stuhlkreis, und wie schon im Sommer, wenn mir Situationen plötzlich Energie raubten, begann ich zu frieren. Meine Hände waren warm, meine Arme auch, die Sonne fiel durchs Fenster, mir direkt ins Gesicht. Doch ich fror. Von innen heraus. Vom Herzen, vom Bauch ausgehend, breitete sich Kälte in mir aus, bis ich schließlich fröstelnd auf meinem Stuhl saß. Ich schniefte leise vor mich hin, bis die Stunde vorbei war. Die beiden anderen, die sich noch an der Schnur aufgestellt hatten, mussten ohne mein Feedback auskommen.

Nach der Therapie brauchte ich Zuspruch. Ganz dringend. Johanna war aber ihrerseits in einer Therapiestunde, deshalb holte ich mein Handy und etwas Geld aus dem Zimmer und ging in die Cafeteria. Ich brauchte Schokolade. Am besten eine ganze Tafel, die würde mich etwas aufwärmen. Ich hatte Glück und ergatterte die allerletzte Ritter Sport. Die mit den Rosinen drin. Die mag ich eigentlich nicht, aber es war wenigstens Schokolade. Schokolade war jetzt ausverkauft in der Klinik, die neue Lieferung würde erst in drei Tagen kommen, am Montag.

Mit meiner Tafel setzte ich mich in die Sonne. Vormittags waren beinahe alle Patienten in Therapien, außer mir waren nur Chris und Tabea und noch ein paar Raucher aus meiner Gruppe da. Sie saßen alle an einem größeren Tisch beim Aschenbecher. Ich setzte mich ans andere Ende der großen

Terrasse. Ich wollte Abstand und auch nicht, dass jemand etwas von meinem Telefonat mitbekam. Ich brach die erste Rippe Schokolade ab und wählte Helenes Nummer. Sie hob ab und hatte glücklicherweise auch ein bisschen Zeit, um mit mir zu telefonieren. Ich wollte gar nicht von der Therapie eben reden. Ich wollte einfach nur abgelenkt werden.

Helene erzählte von ihrer Woche in der neuen Stadt, vor drei Wochen erst war sie nach Mannheim gezogen. Sie schaffte es, mich mit ihren Geschichten ein wenig aufzuheitern, ich hörte einfach nur zu und aß nebenbei die ganze Schokolade auf. Langsam wurde mir wieder warm.

9. Oktober

Mein großes, eigentlich mein einziges Ziel war bis zur Angstgruppe vorhin, gesund zu werden, damit alles wieder so wird wie vor meiner Krankschreibung. Vielleicht den Job wechseln, ja. Aber abgesehen davon? Ich habe mein Leben geliebt, ich will nicht, dass es sich groß verändert.

Vielleicht nagt diese Frage ja schon länger an mir, ohne dass es mir bewusst war: Habe ich das alles überhaupt noch in der Hand? Ist mir mein Leben nicht schon lange entglitten? So, wie ich mir selbst entglitten bin? Ist mir vielleicht sogar zuerst mein Leben, und bin dann erst ich entglitten?

Es ist ein langer Weg, auf dem ich mich gerade befinde, ein langer Weg zurück. Dank Frau Veller frage ich mich gerade zum ersten Mal ernsthaft, ob es überhaupt möglich ist, wieder in meinem alten Leben anzukommen. Wenn schon jede Reise etwas verändert hat, dann wird das bei diesem langen Weg nicht anders sein. Noch dazu: Während ich unterwegs bin, verändert sich auch das, was ich zu Hause zurücklasse. Auch wenn – oder gerade weil? – ich mich nicht einmal fünfzig Kilometer von meinem alten Lebensmittelpunkt entfernt habe. Nichts wird wieder so werden, wie es war. Ich sollte mich wohl an diesen Gedanken gewöhnen, auch wenn er mir nicht gefällt. Alles andere wäre tatsächlich auch einfach nur dumm von mir. Wenn ich einfach wieder da anfange, wo ich vor meinem Burn-out aufgehört habe - dann drehe ich mich im Kreis einmal um mich selbst und lerne nichts draus. Frau Veller hat recht. Es muss sich grundsätzlich etwas ändern. Aber was? Und wie?

Vielleicht sollte ich mich von dem Gedanken verabschieden, dass es gerade in erster Linie darum geht, wieder gesund zu werden. Vielleicht ist es genau andersherum und ich muss mich und mein Leben neu sortieren, um gesund werden zu können.

COUCH MIT KATZE

Samstag fuhr ich wie immer nach Hause. Ich machte das ganze Wochenende – nichts. In meinem anderen Leben hätte ich dafür 42 Grad Fieber haben müssen. Ich lag im Wohnzimmer auf der Couch herum und beobachtete die Katze. Ging spazieren und Sonntag in die Kirche. Das war alles. Ich hatte überhaupt keinen Antrieb, irgendetwas zu tun. Und ohne meine Schwester fehlte einfach etwas daheim. Sonntagabend fuhr ich wieder in die Klinik.

12. Oktober

Wie absurd ist das eigentlich? Ich habe mir noch nie etwas gebrochen, ich bin noch nie operiert worden – und trotzdem verbringe ich gerade den neunten Montagmorgen in Folge in einer Klinik. In einem anderen Leben wäre das mein größter Albtraum gewesen.

Aber die Realität sieht nun eben genau so aus und ich kann sie nicht verändern. Zumindest nicht von heute auf morgen. Den neunten Montagmorgen in der Psychiatrie hätte ich tatsächlich nur sehr, sehr ungern erlebt. Aber hier ist das Leben ziemlich gut auszuhalten. Ich bin ein alter Hase, weiß, wie die Dinge laufen, und habe mich eingerichtet. Der Junge aus dem Nachbarzimmer, der nur in einem bestimmten Muster über die Fliesen geht (er darf nur die mit den geraden Zahlen berühren), das Mädchen, das man auf gar keinen Fall von hinten ansprechen darf, der ältere Herr, der jeden Raum, den er betritt, erst mit der Videokamera seines Handys samt Uhrzeit und Anlass dokumentiert, aber auch die Ausflüge in das kleine Städtchen mit Johanna, unsere langen Spaziergänge in der Klinikumgebung und am See, die Abende in der Sauna und im Hallenbad, das Volleyballspielen: Das alles ist Normalität geworden, ich mag meinen Alltag hier, er gefällt mir. Er ist nicht spektakulär, alles andere als das. Aber mir ist nicht langweilig und gleichzeitig kann ich mich zurückziehen, wenn ich es brauche. Dann lese ich weiter in meinem Anti-Stress-Yogabuch oder blättere vor zu den Übungen und mache selbst ein wenig Yoga, ich verbringe Stunden puzzelnd im Atrium oder male in meinem Malbuch und im freien Kunsttherapiebereich – mit bunten Farben auf Leinwänden oder möglichst großem Papier.

Diese Auszeiten brauche ich immer noch ziemlich häufig und auch Kontakt zu anderen suche ich nach wie vor kaum. Ich habe Johanna, ich fühle mich an meinem Tisch und in meinen Gruppen wohl, die meiste Zeit aber verbringe ich allein. Es ist nicht so, dass ich früher nicht alleine sein konnte – wie es bei vielen Mitpatienten hier der Fall ist, weil sie die Konfrontation mit sich selbst nicht aushalten –, manchmal habe ich es sogar genossen. Aber lieber bin ich unter Menschen gewesen. Jede zwischenmenschliche Interaktion aber ist anstrengend, das habe ich früher nie gemerkt. Als besonders kräftezehrend empfinde ich es derzeit, mich auf jemand anderen einzulassen – ohne das ist ein richtiges Gespräch oder eine gemeinsame Unternehmung jedoch nicht möglich (zumindest habe ich keine Lust auf die emotionslose Alternative). Mit meinem Energiereservoir muss ich noch sehr sparsam umgehen, nicht mal Zeitunglesen ist drin, denn auch da muss ich mich mit meiner Umwelt auseinandersetzen. Ich habe schlichtweg immer noch keine Kraft für andere. Und, das habe ich mittlerweile definitiv gelernt: Wenn es mir nicht gut geht, kann auch ich niemandem helfen.

LORA

Trotzdem schnappte ich mir abends wie jeden zweiten Tag die tz, die die Dame am Kiosk ab fünf verschenkte: Ich wollte das Sudoku lösen, um mein Zahlengehirn wieder etwas aufzupäppeln. Meine Konzentration hielt zwar immer noch nicht so lange an, dass ich ein Rätsel am Stück lösen konnte, aber wenigstens schaffte ich mit ein, zwei Pausen nun schon die mittelschweren.

Ansonsten zitterte ich gerade gehörig, da ich per Flüsterpost erfahren hatte, dass Jeanette, die ausgerechnet an meinem Geburtstag in der Klinik angekommen war, das Zimmer wechseln sollte. Nicht, dass das Trampeltier erneut in meinem Zimmer landete! Das dritte Bett bei uns war seit Donnerstag frei, das schüchterne Mädchen war nach Hause gegangen. Aber diesmal hatte ich Glück: Bis Jeanettes Umzug Mitte der Woche vollzogen war, hatte man unser freies Bett wieder belegt: Eine jung gebliebene Lehrerin Mitte vierzig, die aus Norddeutschland stammte, zog ein. Sie hieß Lora und war mir auf Anhieb sympathisch. Wie ich war sie wegen Burn-out hier, ganz im Gegenteil zu mir aber strotzte sie vor Energie (wie nur?, fragte ich mich) und brachte vom ersten Moment an Leben in die Bude. Mit ihr konnte man lachen und auch mal Witze machen. Wenn sie abends von ihrem Tag erzählte, dann fröhlich oder aufgeregt und sauer, aber nie genervt, jammernd, alles-schlecht-findend-und-die-Schuld-dafür-immer-bei-den-anderen-suchend wie meine andere Zimmernachbarin. Und, was mir mit meiner immer noch währenden Meer-Sehnsucht besonders gefiel: Lora kam direkt von der Küste. Sie erzählte viel vom Meer und hängte über ihrem Bett ein riesiges Ozean-Bild auf. Lora war toll.

HENGST IM DUETT

Wie ich wurde Lora der Burn-out-Gruppe zugeteilt. Damit waren wir wieder zu siebt: Die Apothekerin war immer noch da, nach wie vor auch Frau Greifvogel, ich logischerweise auch, außerdem ein netter, 35-jähriger IT-ler, ein Beamter und ein zweiter Neuzugang. Der Beamte war seit knapp zwei Wochen dabei – und seither drehte sich beinahe die komplette Gruppenstunde um ihn, es kam kaum jemand mehr zu Wort. Es gab kein Thema, zu dem er sich nicht umfassend auf sich bezogen äußern konnte; er drehte sich fest um sich selbst; meine fast 90-jährige Oma hatte einen weiteren Horizont als er. Und: Er wusste partout nicht – oder verweigerte sich bewusst, sein erklärtes Reha-Ziel war schließlich die Erlangung der Frühverrentung (mit 36!) –, womit er sich selbst etwas Gutes tun konnte. Spazieren gehen? „Zu windig." Eine Tasse Kaffee? „Trinke ich nicht." Stattdessen Tee? „Trinke ich den ganzen Tag, das ist nichts Besonderes." Ein Stück Kuchen vielleicht? „Sehen Sie mich an, damit tue ich mir nichts Gutes." Es muss doch irgendetwas geben, was Sie gerne machen, womit Sie sich etwas Gutes tun können? „Zu Hause bin ich gern geschwommen, aber die Klinik ist ja zu geizig, um das Wasser zu heizen" (schneller schwimmen, dachte ich, behielt es aber lieber für mich). So hatte das Lamentieren über Gott und die Welt, die Mitmenschen und die Klinik in seiner allerersten Begrüßungsrunde vor einer Woche begonnen und dauerte immer noch an.

Schlimmer geht jedoch immer und der zweite Neue, der nun mit Lora zu unserer illustren Runde stieß, schoss nun endgültig den Vogel ab. Allein für seine eigene Vorstellung brauchte er länger, als die komplette Willkommensrunde samt Meditation normalerweise dauerte. Wir saßen, zu Beginn noch wohlwollend (weil ahnungslos), im Stuhlkreis und harrten der Dinge. Er sei Mitte vierzig, erzählte er, stamme aus dem Norden und sei zuletzt in der Gastronomie selbstständig gewesen, Konkurs gegangen und dadurch nun in einen Burnout gerutscht. En détail erfuhren wir, wie ihn jeder einzelne Beamte (der Beamte nickte zustimmend, seine Kollegen, also die versammelte Beamtenschaft Deutschlands, waren schließlich auch schuld daran, dass er hier hockte) und jeder Einzelne von uns mit dem typisch deutschen Verbraucherschema (immer das Beste haben wollen, aber für umsonst) Stück für Stück in den Ruin getrieben hatten. Ich saß mittlerweile nicht mehr ganz so wohlwollend auf meinem Stuhl, versuchte aber, dies tunlichst zu kaschieren. Als die Therapeutin sich räusperte und den Neuen bat, sich etwas kürzer zu fassen, fuhr er mit einer kleinen Persönlichkeitsbeschreibung fort.

„Ich habe einen guten Blick auf die Dinge, wie ein Adler. Ich habe seine Augen und auch dessen Überblick."

Der mahnende Blick der Therapeutin ging an ihm vorüber.

„Aber am stärksten identifiziere ich mich mit einem Araberhengst. Mit diesen stolzen, edlen Tieren", er schweifte ab, sein Blick wanderte in die Ferne, als würde er gerade mit Lawrence von Arabien über endlos weite Dünen galoppieren.

Ich fing Loras Blick auf. Offenbar hatten wir beide den gleichen Gedanken – kein Adler, eher ein komischer Kauz – und höchste Schwierigkeiten, unser Lachen zu unterdrücken.

Die Burn-out-Gruppe wurde mit diesen Neuzugängen zwar nicht qualitativ besser, aber um einiges unterhaltsamer. Da ich in den vergangenen Tagen wieder arg mit meinem Kopfkarussell und mir selbst beschäftigt gewesen war, boten der Beamte und der Hengst, wie Lora und ich die Herren nur noch nannten, eine willkommene Abwechslung. Wir amüsierten uns königlich damit, zu beobachten, wie sich dieses eigenartige Duo um den höchsten Redeanteil duellierte und um größere Betroffenheit eiferte. Sonst kam niemand mehr zu Wort. Selbst die leitende Psychologin hatte zu kämpfen.

AN DIE ARBEIT!

Im Anschluss an diese eindrückliche Stunde in der Burnout-Gruppe hatte ich mein Einzelgespräch, Frau Hilmer war wieder aus dem Urlaub zurück. Ich war zwar wieder halbwegs stabil: immer noch sehr nah an der feinen Linie in meinem Kopf, aber ich konnte mich oben halten. Nun aber von Frau Dr. Nauberger, auf die ich seit der vergangenen Woche große Stücke hielt und zu der ich richtig Vertrauen gefasst hatte, wieder zu Frau Hilmer zu wechseln, fiel mir schwer. Was blieb mir jedoch anderes übrig? Also saß ich wenig später im Keller vor der orangefarbenen Tür und wartete, bis Frau Hilmer mich in ihr Büro bat. Nach einem kurzen Geplänkel zur Begrüßung fragte sie mich, was ich während ihrer Abwesenheit mit der Sozialberatung wegen meiner Wiedereingliederung vereinbart hätte. Mir blieb der Mund offen stehen.

„Was?"

„Nun, Sie gehen doch am fünften November nach Hause?"

Meine Knie zitterten plötzlich, die Hände krallten sich an den Stuhllehnen fest. Ich stotterte, ich wüsste gar nichts von dem Termin. Die Panik stand mir gewiss ins Gesicht geschrieben, aber Frau Hilmer antwortete nur:

„Ach so? Dann wurde das wohl übersehen. Na ja, jedenfalls hat die Krankenkasse den Termin bestätigt, am Fünften dürfen Sie nach Hause. Und dann werden Sie auch bald mit der Eingliederung beginnen. Also wenn Sie noch nicht dort waren, dann vereinbaren Sie bitte diese Woche noch einen Termin bei der Sozialberatung."

Alles in mir schrie. Was, warum, wie konnte das sein? Ich konnte noch nicht wieder heim und schon gleich dreimal nicht in die Arbeit! Und Frau Dr. Nauberger hatte mir doch versprochen, dass ich nicht arbeiten musste, solange es nicht ging! Machten die keine Übergabe?! So, wie das in jeder normalen Firma bei jedem Urlaub lief? Ich war so überfordert, dermaßen auf dem falschen Fuß erwischt worden, dass ich überhaupt nicht wusste, wie ich reagieren sollte. Stattdessen hatte ich alle Hände voll zu tun, meine Panikreaktionen halbwegs wieder einzufangen, nicht auf- und davonzurennen, nicht laut zu schreien, mein Zittern und die wackligen Knie in den Griff zu kriegen. Ich versuchte, Worte zu finden, um der Therapeutin zu erklären, was Frau Dr. Nauberger versprochen hatte – zu erklären, dass ich einfach körperlich und seelisch noch nicht in der Lage sei. Aber alles, was ich stammeln konnte, war: „Ich kann nicht."

Und das interessierte Frau Hilmer herzlich wenig. Ich habe keine Ahnung, wie die restliche Stunde weiter verlief, mechanisch beantwortete ich Fragen, ich bekam nicht mehr wirklich mit, was um mich herum passierte. Dass ich mich aber unbedingt – unabhängig davon, was ich gerade wollte oder nicht – bei der Sozialberatung anmelden sollte, um meine unumgängliche Eingliederung zu planen, trichterte Frau Hilmer mir so fest ein, dass ich es auf gar keinen Fall vergessen konnte. Nicht einmal ich, die Meisterin der Verdrängung.

Als ich die orangefarbene Tür hinter mir schloss, war ich erst mal heilfroh, nicht mehr meiner Therapeutin gegenübersitzen zu müssen. Aber mit jeder Treppenstufe, die ich vom Keller bis zu meinem Zimmer nahm, wurde ich wütender. Was war das denn bitte schön gewesen? Urlaubsübergabe? Absprache? Sich überhaupt mal den Patienten vor sich genau ansehen? Nach der Wut kam die Panik. Und die Angst. Und die nervöse Unruhe. Alles auf einmal, der Gedanken-Tornado fegte wieder los. Wieder und wieder spulte ich in meinem Kopf das Gespräch mit der Therapeutin ab, jedes Mal verfluchte ich mich, nicht besser reagiert zu haben. Ich hatte doch so viele Argumente parat! In Gedanken zählte ich hundert Gründe auf, die es mir unmöglich machten, in nur sechs Wochen wieder zu arbeiten. Ich konnte nicht einmal in München

U-Bahn fahren – wie sollte ich dann einen Termin in Hamburg oder sonstwo wahrnehmen? Dazu müsste ich fliegen. Ich hatte noch nicht einen einzigen „normalen" Tag durchgehalten, seit über drei Monaten. Wie stellte sie sich das vor, wie sollte ich da in drei Wochen wieder arbeiten gehen können? Allein beim Gedanken daran zog sich in mir alles zusammen.

Ich war nicht mehr in der Lage, aus dem Karussell auszusteigen. Wenn ich mich ablenkte, malte zum Beispiel, stand es kurzzeitig still. Bei nächster Gelegenheit fuhr es aber wieder los. Und wurde immer schneller. Schließlich, als ich abends im Bett lag, hatte ich genau wie während meiner letzten Arbeitswochen im Juni das Gefühl, wahnsinnig zu werden, wenn die Gedanken nicht sofort aufhörten, immer weiter zu kreiseln. Alles drehte sich, alles rotierte, es fühlte sich an, als würde im nächsten Moment alles aus den Angeln fliegen. Ich hatte komplett die Kontrolle verloren, keine Chance mehr, meinen Kopf irgendwie zu bremsen. Ich war müde, versuchte zu schlafen. Vergeblich, Tornados schlafen nicht. Völlig entnervt schaltete ich schließlich das Licht wieder an, schnappte mir einen Pullover und marschierte nach unten zur Medizinischen Zentrale. Ich wollte ein Mittel, das mich ausknockte. Irgendetwas, und wirklich zum ersten Mal: ganz egal was. Etwas, das so stark war, dass der verdammte Tornado in meinem Kopf endlich stoppte. Hauptsache, er wäre weg, ganz egal, wie. Ich wollte betäubt werden. Und wenn ich bisher alles dafür getan hatte, auf gar keinen Fall eins von den harten Psychopharmaka zu nehmen – mein Kopf musste Ruhe geben, das war alles, was ich wollte. Ich wollte eine Tavor.

Die Nachtschwester aber vertröstete mich nur. In meiner Akte war keine Bedarfsmedikation festgelegt, Tavor gab es nur auf Verordnung. Das Einzige, was sie mir anbieten konnte, waren Baldrian-Pastillen, die wie weiße Smarties aussahen. Sie sah mir die Verzweiflung an, aber alles, was sie für mich tun konnte, war, mich zu bitten, noch mal wiederzukommen, wenn es in einer Stunde nicht besser sei.

Ich war kurz davor, durchzudrehen, enttäuscht, wütend, verzweifelt. Mein Kopf raste, automatisch versuchte ich mit meinen Händen ihn festzuhalten, als könnte ich den Tornado so stoppen. Die Hände am Kopf wanderte ich wieder zurück in mein Zimmer, schluckte diese weißen Pastillen. Was sollten ein paar Kräuter gegen so einen Tornado ausrichten? Ich stellte mich auf eine katastrophale Nacht ein. Ich schrieb meiner Schwester. Nicht dass ich gerade am Durchdrehen war, bestimmt nicht. Nur Belangloses, wie ihr Tag in Berlin so gewesen war, wir schrieben ein wenig hin und her. Nach einer Weile ließ der Sturm in meinem Kopf tatsächlich nach und ich schlief ein. Ich schlief tief und fest, wirre, komische Träume suchten mich heim. Immerhin starb niemand darin.

WEG VON HIER!

Beim ersten Schrillen des Weckers um sieben drehte sich das Karussell weiter. Also stand ich, entgegen meiner sonstigen Gewohnheit, sofort auf und frühstückte etwas, obwohl mir eher schlecht war. Um acht stand Walken auf dem Programm. Da konnte ich mich auspowern und abreagieren, ich hoffte, meinem Nervensystem zumindest ein wenig Raum für die immer heftiger werdenden Fluchtreaktionen zu bieten. Außerdem fühlte es sich deutlich angenehmer – normaler – an, wenn ich nicht nur geistig, sondern auch physisch erschöpft war, Körper und Kopf eine Pause brauchten. Wenn ich an solche Dinge dachte, stand der Tornado kurz still. Aber der kleinste Anhaltspunkt rief ihn wieder auf den Plan: Davonlaufen – warum eigentlich nicht? Was würde passieren, wenn ich einfach aus der Klinik abhaute?

Und schon spulte mein Gehirn das nächste Szenario ab,

spann die Geschichte weiter, ergänzt um Gedanken, die wahlweise mein gesunder Erwachsener („So ein Unsinn, Sophie, als ob du damit irgendetwas erreichen würdest!") oder das wütende Kind („Was soll ich denn sonst tun, wenn man einfach nicht auf mich hört!") beisteuerten. Nicht in der Lage, dieses Tornado-Kino abzuschalten, hatte ich den Frühstückstisch verlassen und mich am Klinikeingang zu den anderen gesellt, die auch auf den Startschuss für das Walken warteten. Johanna war noch nicht da, also setzte ich mich zu meinem Zimmernachbarn auf die Eingangstreppe. Er war knapp zehn Jahre älter als ich, als Projektleiter bei einem großen Unternehmen tätig und ein alter Hase im Klinik-Business. Seit seiner Jugend litt er an posttraumatischen Belastungsstörungen. Ich wusste nicht, warum, er hatte es nicht erzählt und ich hatte mich nicht getraut zu fragen – so gut kannten wir uns auch wieder nicht.

„Was machst du denn hier, du läufst doch sonst nicht mit?", begrüßte ich ihn.

„Mache ich auch nicht, aber hier funktioniert das WLAN am besten. Ist zwar ein bisschen kalt hier vor der Tür, aber es geht schon." Er schmunzelte.

„Du musst es ja wissen", murmelte ich.

Er entgegnete trocken: „Wenn du schon seit drei Monaten hier wärst, würde dich das lahme Internet wohl auch ziemlich nerven."

Auf das Stichwort meldete sich prompt mein Tornado zur Stelle. Ich drängte ihn zurück, mein gesunder Erwachsener hatte eine Idee: „Du, kann ich dich mal was fragen? Meine Therapeutin hat mir gestern so mir nichts, dir nichts erklärt, dass ich in drei Wochen entlassen werden und wieder arbeiten soll. Aber mir geht's immer noch nicht gut genug … Wie ist das denn – sind die Termine tatsächlich fix oder habe ich da noch irgendeine Chance, wenn die Kasse den schon bestätigt hat?"

„Na ja, das ist unterschiedlich. Aber in der Regel kann man

mit denen auch reden. Wenn das Arbeiten nicht geht, dann geht es halt noch nicht", antwortete er mir mit einer Beiläufigkeit, als hätte ich ihn gefragt, was es später zum Mittagessen gäbe. „Hat ja keiner was davon, wenn sie dich zwingen. Du sowieso nicht, dein Arbeitgeber vermutlich nicht und die Krankenkasse auch nicht, denn dann stehst du in ein paar Monaten wieder auf der Matte."

Diese Antwort warf fünf Millionen neue Möglichkeiten auf, aber vor allem: Es war noch gar nicht alles verloren. Ich musste nur mit Frau Hilmer reden!

„Los jetzt, Sophie, ich hab dich in der Liste schon abgehakt, sonst müssen wir erst wieder alle überholen", rief Johanna mir, schon im Laufschritt, plötzlich von der Seite zu.

Ich hatte sie gar nicht kommen sehen. Hastig verabschiedete ich mich von meinem Zimmernachbarn, sprang auf und beeilte mich, sie einzuholen. Während des Joggens stand mein Kopfkarussell halbwegs still, Johanna war wie immer eine verlässliche Ablenkungs- und Beruhigungspartnerin, aber kaum stand ich unter der Dusche, drehten sich die Gedanken wieder.

Die Angstgruppe startete wie immer mit einem kurzen Stimmungsblitzlicht. Ich war: super angespannt, ängstlich, fast schon panisch und vor allem wütend. „Super angespannt" und „ängstlich" kamen noch ziemlich zögernd. Bei „panisch" war meine Stimme von selbst lauter geworden und bei „wütend" war sie dann erstaunlicherweise recht bestimmt.

Die Therapeutin fragte direkt zurück: „Auf mich?"

Ich holte tief Luft und bestätigte das. Länger als bei so einem Blitzlicht eigentlich üblich, teilte ich einen Ausschnitt des Tornados mir ihr, blieb dabei aber sogar vergleichsweise ruhig. Ich erklärte, was für panische Angst ich derzeit noch davor hätte, wieder arbeiten zu gehen, weil ich einfach spürte, dass weder mein Kopf noch mein Körper annähernd bereit dafür waren.

Plötzlich zeigte die Therapeutin Verständnis, ganz anders als gestern. Versprach mir, das Thema in der Einzeltherapie noch einmal näher zu besprechen. Ich war überrascht, dass das so einfach gegangen war. Und erleichtert, die Wut verrauchte. Therapeuten sind auch nur Menschen.

DÉJÀ-VU

Wir gingen zur Tagesordnung über. Chris, der Agoraphobie-Gangster, sprach heute – zum ersten Mal überhaupt, sonst hatte er immer (ähnlich wie ich) ganz geschickt den anderen den Vortritt gelassen – ein Thema an. Er hatte einen riesigen Schritt gewagt und all seine Medikamente abgesetzt. Nun kämpfte er seit zwei Wochen mit den Entzugserscheinungen und wusste einfach nicht mehr, wohin mit seinen heftigen Gefühlen – nun, da sie nicht mehr gedämpft wurden. Beim Volleyball war er immer schon laut und temperamentvoll gewesen, aber die letzten beiden Male sogar richtig aggressiv geworden. Weil jemand mitspielte, der keinen einzigen Ball halbwegs spielbar annehmen konnte. Oder weil der Ball angeblich im Aus landete. Zuletzt hatten die Jungs dann den Ball nur noch durch die Halle gedroschen, kreuz und quer. Da hatte nicht nur ein bisschen Spannung in der Luft gelegen. Jetzt also wollte er wissen, wie er denn damit umgehen sollte, oder besser, wie er seine Gefühle, die nun mal da waren, in Schach halten konnte. Ignorieren funktionierte nämlich offensichtlich nicht.

„Vornweg ein wichtiger Punkt: Sie haben diese Gefühle, Chris, aber Sie sind nicht diese Gefühle. Das gilt für alle: Sie spüren die Angst, die Negativität – aber Sie sind nicht die Angst oder die Depression. Das dürfen Sie auf keinen Fall verwechseln!", wandte sich Frau Hilmer eindringlich an alle.

Frau Veller brachte dazu die Amygdala ins Spiel. Die

Amygdala, auf Deutsch der „Mandelkern", ist ein kleiner, entwicklungsgeschichtlich sehr alter Teil des Gehirns und steuert die emotionalen Reaktionen. Das geschieht entsprechend den Sinnesreizen, die wir wahrnehmen, ganz automatisch und so schnell, dass wir mit unserem Verstand oft nicht mehr kontrollierend eingreifen können. Davon konnte Chris im Moment ein Lied singen. Manchmal reichte es für heftigste Gefühlsausbrüche schon, dass jemand bestimmte Schuhe trug oder eine bestimmte Art zu sprechen hatte, die uns an etwas (lang) Vergangenes erinnerte. Und zack – übernahm die Amygdala das Kommando, wir selbst waren dann nur noch Zuschauer.

Während die Therapeutin in ihren Erklärungen fortfuhr, tauchte in meinen Gedanken wieder der Ex auf, der mich in der Psychiatrie schon heimgesucht hatte: Im Juni, zwei Wochen nach meinem Kreislaufzusammenbruch im Büro, hatte ich meinen Freund Jan auf eine Geburtstagsparty begleitet. Außer ihm kannte ich noch genau zwei andere Gäste dort, ich war ziemlich müde und hatte überhaupt keine Lust. Aber es war nun mal die Party seines besten Freundes, mir blieb nichts anderes übrig, als mitzugehen und mitzufeiern.

Der Abend entwickelte sich tatsächlich ziemlich lustig, es wurde nicht unbedingt wenig Alkohol getrunken, und so stand ich mit ein paar Leuten lachend an der Bar, als mein Freund meinte, er würde kurz auf die Toilette gehen. Nach einer Weile, mein Freund war immer noch nicht wieder aufgetaucht, bemerkte ich, dass sich seine Ex-Freundin, die ich an dem Abend zum ersten Mal getroffen hatte, ebenfalls nicht mehr im Partykeller aufhielt. Déjà-vu, die exakt selbe Situation wie auf diesem verfluchten Faschingsball mit meinem Ex: Auch damals kannte ich niemanden außer ihm, quatschte an der Bar, er verschwand zur Toilette, das andere Mädel auch. Beide waren an diesem Abend nicht mehr aufgetaucht. Einen Monat später hatte mein Ex den weiblichen Part in seiner

Beziehung – nämlich mich – einfach mir nichts, dir nichts naht-los ausgetauscht, ich hatte Glück, dass ich darüber noch infor-miert wurde. Dass das über zwei Jahre zurücklag und die ak-tuelle Situation zwar ähnlich, aber definitiv nicht vergleichbar war, wusste ich. Mein Verstand aber hatte trotzdem nichts mehr zu melden: Von einer Sekunde auf die andere belegte ich nur noch eine Statistenrolle in dem Film, der in meinem Kopf ablief. Ich hatte unwahrscheinlich Mühe, mich im Griff zu be-halten: Ich stand an der Bar und bekam kaum noch etwas von dem mit, was um mich herum geschah, so sehr musste ich mich darauf konzentrieren, mich vor einer Flucht (einfach ab-hauen, wie damals – nur: wohin überhaupt? Ich war in einer fremden Stadt!) oder Angriffsreaktion (Toilette stürmen und beide zur Rede stellen, vielleicht funktionierte das besser als abzuhauen) abzuhalten. Währenddessen zitterte ich, mein Kreislauf machte alle möglichen Faxen – ich wusste gar nicht, was da gerade mit mir passierte. Bevor ich jedoch weglaufen oder die beiden mit meiner Vermutung konfrontieren konnte, tauchte mein Freund wieder auf. Ich musste mich unheimlich zusammennehmen, um ruhig zu bleiben, und fragte, so neut-ral es ging, wo er denn gewesen wäre. Die Antwort?

„Ich habe mich mit Isabel auf dem Gang unterhalten, wieso?"

Diese Szene war ein Paradebeispiel für die Effektivität der Amygdala. Sie schaltet die wie in diesem Beispiel oft sehr hef-tigen emotionalen Reaktionen zu einem Reiz, noch bevor wir diesen bewusst wahrnehmen. Weil solche Reaktionen unterbe-wusst ablaufen, empfinden wir die Emotionen, die unser Ge-hirn ausspielt, in der Regel als ganz normal. Wir spüren sie, genau wie jede angemessene Reaktion auch. Also muss sie doch okay sein, nehmen wir an. Chris' erste Hürde war es nun also, erst einmal festzustellen, welche seiner Emotionen ange-messen war und welche, warum auch immer, von der Amygdala völlig übersteuert wurde. Die zweite Hürde lag jedoch ungleich höher: Es galt, herauszufinden, wie zum Teufel man Gefühle, die nun einmal da waren – noch dazu heftig –, einfach „ausschalten" konnte. Dafür aber reichte die Zeit nicht mehr, Frau Veller beschloss die Stunde. Bei Bedarf sollten wir dieses Thema in die Einzeltherapie mitnehmen.

BEATE

Die Wassergymnastik lenkte mich ab. Ein bisschen komisch im Becken herumhüpfen. Mit der Poolnudel herumplantschen. Herumblödeln. Weil die Sonne durch die Fenster schien, war es ausnahmsweise auch gar nicht so kalt. Lora hatte sich für die gleichen Sportstunden eingeschrieben wie ich und wie auch sonst überall verbreitete sie im Schwimmbad Energie und gute Laune. Es war mir nach wie vor ein völliges Rätsel, woher sie beides nahm.

Am Nachmittag traf sich wieder die Burn-out-Gruppe. Es war die drittletzte Stunde für mich. Den Beamten (der diesmal zum Glück nicht erschienen war) und den Hengst anderthalb Stunden lang in ihren sich abwechselnden Monologen zu ertragen, war mittlerweile auch nur noch bedingt unterhaltsam. Im Vergleich zu den beiden war mir sogar die hagere Frau Greifvogel regelrecht sympathisch geworden. In diesem Termin ging es um die Grundlagen der Stressbewältigung. Die Therapeutin sprach tatsächlich von den grundlegendsten Grundlagen: Wann stehe ich auf? Wann gehe ich ins Bett? Wann und was esse und trinke ich? Was tue ich, um mich geistig zu bewegen? Wie sehen meine zwischenmenschlichen Kontakte aus? Auch hier lautete wie so oft der Tenor: Ich habe es selbst in der Hand. Nur wenn ich meinen Körper, meine Seele und meinen Geist besser behandle, werde ich mich auch besser fühlen.

Zum Abschluss bekamen wir zum ersten Mal seit Langem eine Hausaufgabe: In der nächsten Stunde wollten wir uns in der Gruppe mit unseren Ressourcen befassen. Darunter verstand man in diesem Zusammenhang grundsätzlich alles, was einem ganz individuell Kraft gab: eine gute Freundschaft, eine schöne Erinnerung, womöglich auch das eigene Auto. In unserem Skript fanden wir dazu einen Arbeitsauftrag, zu dem wir uns bis zur nächsten Stunde möglichst schriftlich Gedanken machen sollten.

Im Anschluss fand Pilates, dann die Einzeltherapie statt. Obwohl ich während der Pilatesstunde sehr konzentriert mitarbeiten konnte, verließ mich das entspannte Gefühl in dem Moment, in dem ich die Turnhalle verließ. Ich hatte ein wenig Angst vor dem Aufeinandertreffen mit Frau Hilmer, bewegte mich fahrig. Sie fing diese Nervosität aber gleich am Anfang gut ab: Das Thema Eingliederung wollte sie in dieser Woche erst mal ruhen lassen. Außerdem bot die Therapeutin mir an, meinen Entlassungstermin um eine Woche zu verschieben – dann hätte ich noch vier Wochen in der Klinik, statt nur drei.

Ich war unglaublich erleichtert. Trotzdem sollte ich den Termin bei der Sozialtherapeutin wahrnehmen (den ich noch gar nicht vereinbart hatte) – die könne mich schließlich nicht nur bei einer Eingliederung unterstützen, sondern auch, wenn ich wirklich nicht in meinen alten Job zurückzukehren wollte. Und schließlich stellte Frau Hilmer fest: „Wir können Sie außerdem gar nicht zu einer Eingliederung zwingen. Ich halte das zwar für sinnvoll. Aber ohne Ihre Unterschrift geht das nicht."

Das Thema Eingliederung war damit leider nicht komplett vom Tisch, aber immerhin hatte ich nun ein wenig Aufschub erhalten. Ich spürte, wie ich wieder ruhiger wurde.

Die Therapeutin stand auf und holte einen Bogen Papier von ihrem Schreibtisch.

„Am Mittwoch haben wir ja in der Angstgruppe das sogenannte BEATE-Schema kurz angerissen. Das war zwar Chris' Thema, aber ich finde, das passt bei Ihnen auch ziemlich gut, es könnte hilfreich sein. Deshalb würde ich nun gern mindestens eine – wenn wir es schaffen, auch zwei – Situationen anhand dieses Modells durchsprechen."

Die Methode diente dazu, so hatte sie am Mittwoch kurz erklärt, übersteuerte Emotionen und entsprechende Reaktionen besser in den Griff zu bekommen. In Ruhe ging sie mit mir die einzelnen Schritte durch:

Benennen des aktuell aufgetretenen Gefühls: Panik vor dem Verlassenwerden

Erkennen des biografischen Zusammenhangs: Mein letzter Freund hatte mich bei einer ähnlichen Situation hintergangen

Anerkennen der Dysfunktionalität (oder „Realitätscheck"): Die Situation ist zwar ähnlich, aber nicht gleich!

Trennen von spontanem Verhaltensimpuls: nicht wegrennen, nicht herumschreien

Einüben eines/Experimentieren mit einem neuen Verhaltensmuster(s) entsprechend den eigentlichen Bedürfnissen: In Ruhe mit meinem Freund darüber sprechen, ob überhaupt etwas vorgefallen ist, über das ich Bescheid wissen sollte

Den Rest der Stunde „beatisierten" wir, zuerst am Beispiel des Déjà-vus auf der Party (s.o.), später mit weniger offensichtlichen Situationen. Frau Hilmers Hausaufgabe für mich: Dieses Schema anzuwenden, sobald ich das Gefühl hatte, unangemessen zu reagieren oder, ganz wichtig, mit einer meiner üblichen Reaktionen nicht weiterzukommen.

Draußen regnet es, deshalb haben Johanna und ich unseren See-
ausflug auf später verschoben. Wenn sich das Wetter nicht bessert,
fahren wir zum Kaffeetrinken in das kleine Städtchen. Letzte Woche
haben wir dort ein süßes kleines Café entdeckt, schnucklig, mit ei-
ner kleinen, aber feinen Tageskarte sowie leckerem Kuchen. Das
wäre gerade auch eine schöne Alternative zum See. Jedenfalls habe
ich so Zeit, mich mit der Hausaufgabe aus der Burn-out-Gruppe zu
beschäftigen. Ich soll meine „persönlichen Ressourcen" auflisten.
Darüber habe ich bisher tatsächlich weder etwas in der Psychiatrie
gehört noch in dem Yoga-Buch dazu gelesen. Als ich mir jedoch die
vier Kategorien auf dem Arbeitsblatt genauer anschaute, fiel mir
auf, dass ich mich vielleicht doch schon mit einem Teil davon be-
schäftigt hatte, allerdings unter einem anderen Namen: in dem
Brief, den ich mir ganz zu Anfang meiner Einzeltherapie selbst ge-
schrieben hatte. „Was schätze ich an mir selbst? Welche Talente,
welche Fähigkeiten habe ich?" war Kategorie Nummer eins, „Wel-
che schwierigen Situationen habe ich bisher bereits gemeistert? Was
habe ich schon alles geschafft?" Kategorie zwei. Also genau genom-
men: Was macht mich stark? Worauf bin ich stolz?

Die dritte Kategorie ist neu für mich und dreht sich um „soziale
Kraftquellen": Welche Menschen stärken mich, verleihen mir Ener-
gie, vielleicht auch Ziele? Das ist meine Familie, vor allen Dingen
sind das meine Eltern, Caro, aber definitiv auch Helene, Hanni,
Marlene und im Moment besonders auch Johanna. Vielleicht aber
auch jemand wie Marie Curie? Oder Pippi Langstrumpf?

Die letzte Kategorie – meine materiellen Ressourcen – habe ich
bisher noch gar nicht beachtet. Aber klar doch, es ergibt Sinn: Ich war
unglaublich stolz darauf, endlich eine eigene Wohnung zu haben.
Auch wenn ich seit Monaten nicht mehr dort gewesen bin: Das Wis-
sen, dass es da einen, meinen Raum gibt, an dem ich sein kann, wie
ich will, den ich gestalten kann, wie ich will – das schenkt mir sehr
viel Ruhe. Ich kann mir ein Leben ohne mein Auto, ohne die

Unabhängigkeit und Freiheit, die es mir verspricht, nicht vorstellen. Auch nicht ohne die Regale voller Bücher zu Hause, einige habe ich sogar hier in der Klinik, ohne die will ich nicht sein. Jedes Mal, wenn mein Blick über die Buchrücken schweift, ich an die Geschichten und an das Wissen denke, das sich darin versteckt, geht's mir deutlich besser: Wenn ich dem Hier und Jetzt entfliehen will – dort ist die Tür. Da sind meine Ski. Meine Fotoalben. Da ist mein Mountainbike. Mein alter Vereins-Wettkampfanzug, den ich immer noch in den Tiefen meines Schranks aufbewahre. Und nicht zuletzt habe ich mein Meer: meinen Lapislazuli, den ich immer noch jeden Tag in der Hosentasche mit mir herumtrage. Das alles sind nur Dinge. Aber sie schenken Erinnerungen, sie geben mir Kraft. Genau wie die wichtigen Menschen in meinem Leben. Und genau wie die vielen Fähigkeiten und Erinnerungen. Warum nur vergesse ich das so leicht?

Ich fühle mich plötzlich auch wieder wohler in meiner Haut, fast schon bin ich glücklich. Verrückt. Passenderweise scheint draußen die Sonne wieder. Es geht also doch noch für einen ausgiebigen Spaziergang an den See, raus ans Wasser (fast schon ein Meer), die Berge im Blick.

IN DER UMKLEIDEKABINE

Fünf Meter weit hatte ich es letzte Woche in Johannas Begleitung in den H&M hineingeschafft. Das nächste Ziel: bis zum hintersten Ende kommen. Und die Kleider auch berühren. Insgesamt wollte ich mindestens zehn Minuten in dem Laden verbringen, hatte ich mir für diese Etappe vorgenommen. Ich nutzte meinen freien Montagvormittag immer wieder für mein eigenständiges Expositionstraining, diesmal allein, da Johanna gerade mit sich und ihrer Therapie kämpfte und in der Klinik bleiben wollte. Ich war in die kleine Stadt gefahren und tigerte durch die Fußgängerzone mit dem immer gleichen Ziel: H&M.

In den letzten Wochen hatte ich kleine Fortschritte gemacht, meinem halbherzigen Training angemessen. Zum ersten Mal aber, Frau Hilmer hatte mich deshalb gerügt, hatte ich mir ein exaktes Zeitlimit gesetzt. Und ich konnte diesmal wirklich stolz sein! Ich fühlte mich zwar unglaublich unwohl und ertappte mich dabei, wie ich mir einredete, dass es in dem Geschäft sowieso nur hässliche Sachen gäbe, sodass man es ohnehin keine zehn Minuten in dem Laden aushalten konnte und musste. Aber immerhin: Es fiel mir auf. Und auch das bewusste Anfassen der Kleider, das ich bisher immer vermieden hatte, half überraschenderweise sogar bei der Bewältigung der Aufgabe: So hatte mein Kopf etwas Reales im Hier und Jetzt, auf das er sich konzentrieren konnte, und damit keine Zeit abzudriften. Langsam besserte sich dieses eigenartige Gefühl. Schließlich sogar so weit, dass ich mich entschloss, etwas anzuprobieren.

Das Kleid, das ich auswählte, war blau, aus einem angenehmen, dicken Stoff genäht und im Rücken mit einem langen Reißverschluss versehen, sodass ich es nicht über den Kopf ziehen musste – so kühn war ich dann doch noch nicht. Ganz normal fühlte ich mich aber nicht und auf dem Weg zur Kabine, die weit vom Ausgang entfernt lag, warf ich immer wieder einen Kontrollblick zurück Richtung Straße. Aber ich bekam kein Brust- oder Herzstechen oder Zittern. Keine Panikattacke. Auch nicht, als ich das Kleid in der engen, neonbeleuchteten Kabine probierte. Es war etwas zu klein und vor allem zu kurz. Aber das war ganz egal – ich hatte ein Kleid anprobiert! In einer Umkleidekabine! Und es war gut gegangen! Ich hatte sogar noch die Energie, ein Beweis-Foto zu schießen. Höchst zufrieden verließ ich den Laden. Klar, es war Montagvormittag irgendwo in der oberbayerischen Provinz, es gab wohl kaum eine Uhrzeit und vor allen Dingen auch kaum einen Ort, an dem ein H&M leerer war – aber trotzdem!

Von meinem Erfolg motiviert, nahm ich gleich das nächste Ziel in Angriff. Direkt nebenan befand sich das Bekleidungsgeschäft, vor dem ich vor fünf Wochen gegen die unsichtbare Wand gelaufen war. Seitdem hatte ich gar nicht mehr erst versucht, hineinzugehen. Aufmerksam und auch ziemlich neugierig, was mein Nervensystem diesmal in petto hatte, lief ich in Richtung Eingangstür. Siehe da: Die Wand war weg! Ohne das kleinste Murren ließ mein Hirn mich die Türschwelle passieren. Aber das Geschäft war nicht so hell und ordentlich wie der H&M und dieses bekannte, unangenehme Gefühl beschlich mich schon nach den ersten Schritten. Das erste Drittel war noch auszuhalten. Das zweite schon echt fies. Im hinteren Drittel des Geschäfts fing das Bruststechen an. Ich blieb noch eine Weile – die Angst sollte laut Theorie irgendwann schließlich weniger werden –, aber dann knickte ich ein. Ich hatte heute schon mehr geschafft als überhaupt erwartet, manchmal musste man es auch einfach gut sein lassen, beschloss ich. Ich verließ das Geschäft betont ruhig. In dem Moment, in dem ich wieder nach draußen in die Sonne trat, spürte ich die Anspannung regelrecht verpuffen. Ich atmete tief ein, erleichtert.

Im Anschluss belohnte ich mich brav, so wie ich es in der Burn-out-Gruppe gelernt hatte. Vielleicht übertrieb ich ein bisschen, aber im Moment hatte ich ohnehin kaum Gelegenheit, überhaupt Geld auszugeben, das war schon okay. Eine Stunde später trug ich vier neue Bücher, zwei neue Leinwände für den Freizeitbereich der Kunsttherapie und eine neue Laufhose (die gab es bei Tchibo, das fiel für meinen Kopf offensichtlich nicht unter Bekleidungsgeschäft) zurück zu meinem Auto. Das Beweisfoto aus der Umkleidekabine stellte ich, stolz wie ein Schnitzel, in unsere Familiengruppe bei WhatsApp.

Ist ein bisschen zu kurz!, antwortete Caro umgehend.

I know, schrieb ich zurück, halb belustigt, halb enttäuscht, weil sie nicht kapiert hatte, worum es eigentlich ging.

Da zwitscherte mein Handy noch mal, wieder meine Schwester: Du warst shoppen?! Geil!

Etwa eine halbe Stunde später gab es in der Klinik Mittagessen: Hühnchen mit Gemüse und Kartoffeln, es schmeckte wie fast alles hier ziemlich lecker. Aber irgendwie war mir der Appetit vergangen – dabei hatte ich noch vor einer halben Stunde richtig Hunger gehabt. Das waren wohl wieder zu viele Emotionen gewesen am Vormittag. Später, als ich nach der Kunsttherapie noch im Freizeitbereich töpferte, fühlte ich mich richtig schlapp, beinahe schon krank.

20. Oktober

Heute geht die Zumbalehrerin, die am gleichen Tag wie ich ankam, wieder nach Hause. Sechs Wochen bin ich also schon hier. Neun Wochen in Kliniken. Seit dreieinhalb Monaten krankgeschrieben. Zeit? Ich bin irgendwie aus ihr herausgefallen. Zeit betrifft mich schon lange nicht mehr.

Damit habe ich den Knallertisch fast komplett überlebt. Die neugierige Oma mit den Fischaugen ist schon lange weg, auch das schwarze, stumme Mädchen. Nur noch Karen, die ein paar Tage nach mir ankam, ist noch da. Die Nachfolgerinnen sind auch okay, aber es ist nicht mehr so unterhaltsam wie zuvor. Immerhin. Wenigstens war heute meine vorletzte Stunde in der Burn-out-Gruppe, wenigstens irgendetwas geht zu Ende.

DEM HENGST SEINE WEIDE

Hengst und Beamter waren beide da. Es würde also wieder eine Wechselmonologstunde werden. Außer den beiden kam dreißig Minuten lang kaum jemand zu Wort. Schließlich unterteilte uns die Psychologin in kleine Gruppen, zur Fortsetzung unserer bisherigen Arbeit zu den Themen innere Ressourcen und Ziele und Werte. Ich hatte eine motivierte Gruppe erwischt, mit Lora und einer recht agilen Frau, die zehn Jahre vor dem Ruhestand vor der schwierigen Aufgabe stand, ihr Leben umzukrempeln. Neben uns hatte die herzensgute, zurückhaltende Apothekerin ein schweres Los: Sie war allein mit dem Hengst und dem Beamten. In dieser Dreier-Konstellation kam sie natürlich überhaupt nicht zu Wort. Die Diskussion zwischen Hengst und Beamtem konnten wir auch in den anderen Gruppen ohne Schwierigkeiten verfolgen: Die beiden waren so laut, dass ich es kaum noch aushielt. Ich war dazu übergegangen, mir die Ohren zuzuhalten, und auch die anderen waren nach wenigen Minuten sichtlich genervt.

Die resolute Dame in meiner Gruppe sprang schließlich unvermittelt auf. „Geht das auch ein bisschen leiser?! Man versteht ja sein eigenes Wort nicht!"

Dann herrschte Ruhe.

Im Anschluss an unser Brainstorming sollten wir die Ergebnisse vorstellen. Nachdem der IT-ler den ersten Beitrag vorgebracht hatte, beherrschte nach nur minimal kurzer Zeit der Hengst – mal wieder – die ganze Diskussion. Es ging mir mittlerweile sowas von auf die Nerven. Langsam aber sicher wurde ich streitlustig. Ich fühlte sie richtig in mir aufsteigen, diese Lust zur Provokation. Wie lange hatte ich das nicht mehr gespürt? Ein schönes Gefühl, wieder etwas von der alten Sophie in mir zu entdecken.

Mittlerweile sprachen wir – bzw. Hengst und Beamter – darüber, was uns das Gefühl gab, wertvoll zu sein. Natürlich fanden auch wir in unserer Dreier-Gruppe diesbezüglich den einen oder anderen kleinen, persönlichen Unterschied. Alle drei jedoch teilten wir die Meinung, dass wir uns gerade dann am wertvollsten fühlten, wenn wir so akzeptiert wurden, wie wir waren, ohne dafür eine Leistung bringen zu müssen. Kurz: Liebe, Familie, Freundschaft und Glaube gaben uns das Gefühl, wertvoll zu sein. Der Hengst hatte eine schwierige

Kindheit hinter sich – wir kannten mittlerweile nicht nur seine Krankheits-, sondern auch seine vollständige Lebensgeschichte – und daher eine etwas andere Ansicht. Das war auch gar nicht das Problem, von seinem Standpunkt aus machte das schließlich Sinn. Er definierte sich eben einzig und allein über seinen Verstand, seine Fähigkeiten. Das Problem war, dass er uns unsere Ansichten nicht zugestand. So viel Contenance brachte ich nicht mehr auf. Ich hatte auch gar keine Lust mehr, ihm brav und freundlich kampflos die Meinungs-Weide zu überlassen. Nach zwei weiteren überheblich klingenden Sätzen riss mir vollends der Geduldsfaden, diesmal sollte er nicht einfach so davonkommen! Mit einer diebischen Freude begann ich, zu argumentieren, gegen alles zu rebellieren, was er sagte. Schließlich zog der Hengst sogar Seneca und Platon zur Unterstützung seiner These heran. Da wir ungebildete Bande offensichtlich von diesen großen Gelehrten noch nie etwas gehört hatten oder – noch schlimmer – ihre Lehren ignorierten, schwang er sich zu einer regelrechten Lehrstunde über deren Philosophien auf. Es war wie ein Unfall – wir konnten weder wegschauen noch weghören, wir saßen einfach nur da und ließen das Schauspiel geschehen. Regelrecht fasziniert war ich von der Rage, in die der Hengst sich redete.

„Hast du die Schriften wenigstens im Original gelesen oder nur die deutsche Übersetzung, die ja mit Sicherheit verfälscht ist?", brach einer aus der Runde hervor.

Ich konnte mir das Lachen kaum noch verbeißen, ich platzte schier. Das war besser als jedes Kino!

Der Hengst aber antwortete todernst: „Nein, aber ich bereue es bis heute, nie besser Latein und Altgriechisch gelernt zu haben. Oder höhere Mathematik! An meiner Intelligenz wäre es nicht gescheitert."

Nicht. Im. Ernst. Es kostete mich alle Kraft, nicht in lautes Gelächter auszubrechen, mir standen die Lachtränen schon in den Augen. Einen Blick zu Lora musste ich mir unbedingt verkneifen, sonst wären wir beide mit Sicherheit geplatzt. In dem Moment erwachte die Therapeutin offenbar aus dieser morbiden Verkehrsunfallfaszination, nutzte das Luftholen des Hengsts, brach mit zwei Worten die Diskussion ab und schickte uns in die Pause. Wir hatten bereits eine Viertelstunde überzogen. Lora und ich stürmten zu unserem Zimmer, warfen die Tür hinter uns ins Schloss und schütteten uns aus vor Lachen, ich bekam kaum noch Luft.

„Was zum Teufel war denn das?!", brachte ich irgendwann zwischen meinen Lachsalven hervor.

„Ich glaub, der Hengst hat Tollwut!" Lora warf sich prustend auf ihr Bett.

Nach der Pause waren die Gemüter wieder etwas abgekühlt, Themawechsel. Statt des Hengsts monologisierte nun der Beamte mal wieder: Die Welt war schlecht, vor allem sämtliche seiner Arbeitskollegen, und hier in der Klinik wollten sie – unmöglich! – ihm einreden, er selbst müsse auch so schlecht werden – so zumindest interpretierte er die Aussage der Therapeutin, sie könne nicht seine Kollegen therapieren, die seien schließlich nicht hier, sondern nur ihn, daher müsse er folglich an sich selbst arbeiten. Frau Greifvogel wollte helfen, ihm erklären, wie die Therapeutin das gemeint hatte, und berichtete aus ihrem eigenen Erfahrungsschatz. Ich fand, es war ein hilfreicher Beitrag, sie traf den Nagel mit einfachen Worten auf den Kopf. Erzürnt griff der Hengst in das Geschehen ein, es wäre mit Sicherheit alles genauso gewesen, wie der Beamte das wiedergab. Der Hengst hatte sich in der Pause offenbar nicht beruhigt, Lora und ich legten erneut entnervt Protest ein und bestärkten die Version von Frau Vogel.

Daraufhin eskalierte der Hengst, er ging regelrecht durch und wieherte lautstark: „Ich weiß sehr wohl, was ich gehört habe. Das lasse ich mir nicht bieten, schließlich habe ich einen

IQ von 130!" (oder 140, so genau kann ich mich nicht mehr erinnern), und verließ, bevor wir anderen überhaupt überrissen, was gerade passierte, schnaubend und Nüstern blähend den Therapieraum.

Stille. Wir waren perplex. Alle, samt der Therapeutin. Was war da gerade passiert? Aber gut, in dieser Gruppe durften wir alle nach Belieben den Raum verlassen.

Keine zehn Minuten später, der Beamte lamentierte immer noch, mittlerweile bei einem neuen Thema angekommen: Seine Kolleginnen hatten eine nach der anderen die Frechheit besessen, schwanger zu werden. Nur er allein arbeitete noch vernünftig in dem Laden! Die Stimmung war ohnehin noch ziemlich aufgeheizt und mit diesem letzten Kommentar hatte er die bekannte feine Linie überschritten. Zu fünft, fast gleichzeitig, schnauzten wir ihn an, dass es jetzt wirklich genug sei, er endlich seinen Mund halten solle und seine Kolleginnen verdammt noch mal das gute Recht hatten, schwanger zu werden, wann immer sie wollten! Und zack, der Nächste verließ wutschnaubend den Raum.

Stille. Schon wieder. Nun waren wir nicht mehr perplex, sondern regelrecht fasziniert von der Wirkung, die unser kurzer, aber geschlossener Protest gehabt hatte.

„Jetzt kommt endlich auch wieder jemand anderes zu Wort", entfuhr es mir.

Wir gingen zur Tagesordnung über. Der Rest der Stunde verlief in entspannter Atmosphäre, ohne Zwischenfälle.

BEI DER SOZIALBERATUNG

Mittwochnachmittag stand schließlich der Termin bei der Sozialberatung an. Dienstagmittag, zum letztmöglichen Zeitpunkt vor meinem Einzelgespräch, hatte ich mich dann doch dazu durchgerungen, einen zu vereinbaren. Ich konnte mir partout nicht vorstellen, in vier Wochen wieder zu arbeiten. Was ich aber bisher auch gegenüber der Therapeutin noch mit keinem Wort erwähnt hatte: Ich konnte mir auch partout nicht vorstellen, überhaupt jemals wieder in meinem alten Job, in meiner alten Firma zu arbeiten. Auch wenn ich es (glücklicherweise, denn gerade war dieser unbefristete Vertrag Gold wert) noch nicht geschafft hatte, tatsächlich zu kündigen – innerlich war das vor anderthalb Jahren schon passiert. Seit ich in der Psychosomatik war, flirrten in meinem Kopf nun immerhin ein paar Alternativen umher – so richtig sicher war ich mir bisher jedoch bei keiner.

Das Team der Sozialberatung war nahezu ausgebucht, ich hatte den vorletzten freien Termin in dieser Woche ergattert. Die Sozialberater kümmerten sich um alles Mögliche: Wiedereingliederungen, Gerichtstermine, Weiterbildungen, gaben Hilfestellung bei familiären Schwierigkeiten oder halfen bei Ärger mit der Krankenkasse zum Beispiel. Ich stellte einen vermeintlich einfachen Fall für die Dame dar: Eine junge Akademikerin mit mehreren Jahren Berufserfahrung und unbefristetem Arbeitsvertrag. Also, so die Blaupause, würde sie die Eingliederung gemeinsam mit mir, meinem Arbeitgeber und der Krankenkasse planen. Außerdem würde sie mich über meine rechtlichen Möglichkeiten und Pflichten aufklären – zum Beispiel, in welchem Fall ich Anrecht auf Arbeitslosengeld hätte.

Ich war vorsichtig geworden – hatte ich doch in den letzten Monaten gelernt, das ich auf jedes Wort, dass ich gegenüber der Kasse, dem Arbeitgeber, aber auch gegenüber Therapeuten – da wurde ja jeder Unterton analysiert – und eben solchen Diensten äußerte, achtgeben musste. Also versuchte ich, das Gespräch möglichst unverfänglich zu gestalten. Ich hatte mir vorgenommen, standhaft zu bleiben: Auf keinen Fall wollte ich in diesem Termin eine Wiedereingliederung planen.

Die Sozialberaterin war zwar freundlich und auch nicht unsympathisch, aber ähnlich beharrlich wie ich – nur in entgegengesetzter Richtung. So wenig ich mich auf eine Wiedereingliederung festnageln lassen wollte, so sehr fand sie am Ende jeder neuen Frage und jedes neuen Gedankengangs meinerseits den Weg zurück zur „unumgänglichen" Wiedereingliederung.

„Hatten Sie bezüglich der Wiedereingliederung schon Kontakt mit Ihrem Vorgesetzten?"

„Nein, weil ich einen neuen Chef habe, den ich überhaupt nicht kenne." Ich ergänzte: „Ich kann mir eine Wiedereingliederung gerade auch noch gar nicht vorstellen, ich bin noch nicht fit genug."

„Bis dahin haben Sie noch sechs Wochen Zeit."

„Ich habe auch gar nicht vor, wieder in meine alte Firma zurückzukehren."

„Bei einem anderen Arbeitgeber müssen Sie aber von Anfang an wieder voll angreifen, da ist die Wiedereingliederung die bessere Lösung."

„Ich möchte vielleicht etwas komplett anderes machen, die Branche wechseln."

„Das können Sie später immer noch tun, aber erst mal ist eine Wiedereingliederung das Sinnvollste, da können Sie dann Kraft sammeln für den neuen Weg."

Egal, was ich versuchte – wir landeten immer wieder bei der Eingliederung. Das hatte ich prinzipiell zwar erwartet, aber nicht mit dieser Vehemenz. Ich wusste, dass sie mich ohne meine Einwilligung zu nichts zwingen konnte. Trotzdem versetzte mich der Termin wieder in Unruhe. Konnte ich mich auf Dauer tatsächlich gegen alle hier, Therapeutin und Sozialberatung, querstellen? War das in dem System, in dem ich mich gerade befand, überhaupt möglich? Warum eigentlich attestierten mir alle hier so viel mehr Energie, so viel mehr

Gesundheit, als ich überhaupt hatte? Wieso fiel ich offenbar schon wieder durch sämtliche Raster?

Die Sozialberaterin bat mich, ein paar Tage darüber zu schlafen und die Thematik mit meiner Therapeutin eingehend zu besprechen, bevor sie bei einem neuen Termin meine Wiedereingliederung mit mir planen wollte.

Ich spürte, wie die Angst sich in mir breitmachen wollte. Mittlerweile hatte ich feine Antennen dafür entwickelt, ich erkannte sie bereits an den allerersten Anzeichen und nicht erst, wenn sie mich mit einer massiven Fluchtreaktion überrannte. Ganz hinterhältig und leise schlich sie sich immer an. Ich fühlte mich anfangs nur ein wenig unsicherer, meine Bewegungen wurden fahriger, ich wurde schreckhafter, der Tornado nahm schließlich an Geschwindigkeit auf, ich spürte neuerdings dann auch ganz deutlich den Knoten unter meinem linken Schulterblatt. Seit ich keine Mirtazapin mehr nahm, hatte sich dieses Miststück immer fester und tiefer gebissen. Eine Verspannung, so fest und so hart und so schmerzhaft, wie ich das bisher nicht gekannt hatte. Offenbar, erfuhr ich viel später, war das der typische Angst-Triggerpunkt. Nah am Herzen, blockierte der Schmerz sogar meine (Arm-)Bewegungen. Er tat so weh, dass ich die Armbewegungen unbewusst tatsächlich einschränkte und mich nicht mehr vollständig aufrichtete. Ich duckte mich. Nur Sauna oder Infrarotkabine konnten die Verspannung lösen. Nach einem halben Tag aber war der Schmerz zuverlässig wieder spürbar.

Nach dem Abendessen drehten Johanna und ich eine große Spazierrunde. Die frische Luft, der Anblick der weiten Wiesen und das beruhigende Gluckern des Baches in der Dämmerung schenkten uns beiden Distanz zu den Aufregern des Tages. Den restlichen Abend verbrachten wir im hauseigenen „Spa". Ich schwamm Bahn um Bahn in dem kleinen Hallenbad, jedes Mal mit einer Rollwende, die mittlerweile fast immer klappte.

Die Bewegung verschaffte mir Erleichterung und die kleine ängstliche Neandertalerin in mir, die fliehen wollte, wurde ruhiger. Die Wärme in der Infrarotkabine löste dann endlich den Knoten im Rücken und beruhigte vor allem auch den Wirrwarr in meinem Kopf. Das Gespräch mit der Sozialberaterin hatte den Sturm, der sich zuvor übers Wochenende langsam gelegt hatte, wieder aufgewirbelt. Der Abend mit Johanna und die Wärme hatten mich zwar beruhigt, es ging mir gut. Trotzdem blieb die ungute Vorahnung, dass ich in den nächsten Tagen wieder mit einem imposanten Tiefdruckgebiet in meinem Kopf zu rechnen hatte.

GRENZEN SETZEN

Einmal mehr wurde am Zimmerroulette gedreht: Die Griesgrämin ging heute nach Hause. Zu Loras und meinem Glück war ihre Nachfolgerin, die keine zwei Stunden später im Zimmer stand, nicht annähernd so miesepetrig, sondern eine liebenswerte, 43 Jahre alte Spanierin mit widerspenstigem Lockenkopf. Sie entschuldigte sich zwar quasi direkt beim Einzug dafür, dass sie, wenn sie erkältet war, „ein bisschen, aber nur ganz leise!" schnarchen würde – und sie sei schon seit Wochen verschnupft. Trotzdem war Penelope, so hieß sie, eine weitere willkommene Aufwertung für unser Zimmer-Stimmungsbarometer. Die Gerüchte rund um Jeanette, die in der vergangenen Woche wieder zurück in die Psychiatrie überwiesen worden war, der Eklat in der Burn-out-Gruppe am Dienstag, eine neue Zimmernachbarin – es war endlich etwas los in der Klinik. (Oder, beschlich mich ein Gedanke, war ich – was meinen Erschöpfungszustand anging – tatsächlich ein wenig fitter und bekam solche Dinge wieder mit?) Ich war jedenfalls höchst gespannt, wie sich das Drama in der Burn-out-Gruppe weiterentwickeln würde.

Pünktlich um eins versammelten wir uns alle in unserem Gruppenraum im dritten Stock. Das heißt: fast alle. Der Beamte erschien nicht. Wie immer eröffnete die Therapeutin die Stunde mit einem Blitzlicht. Wir vermeldeten also wieder einmal alle, wie wir uns fühlten (in dieser Gruppe durfte ich noch „gut" oder „schlecht" sagen), und erklärten, was wir uns an diesem Donnerstag noch Gutes tun würden. Lora fügte außerdem hinzu, dass sie gerne die Stunde von letzter Woche rekapitulieren würde.

Am Ende der Runde nahm die Therapeutin den Vorschlag an: Sie hatte selbst vorgehabt, die unruhige Sitzung noch einmal zu thematisieren. Der Beamte, erklärte sie, hätte auf eigenen Wunsch die Klinik verlassen, da er der Meinung war, man könne ihm hier nicht helfen. Ohne dass er darum gebeten worden war, ergriff der Hengst anschließend das Wort und entschuldigte sich bei uns allen dafür, dass er sich nicht besser im Griff gehabt hatte. Mit seiner Therapeutin hatte er lange über die Stunde am Dienstag gesprochen. Auch wenn ihn das persönlich wirklich weitergebracht hätte, täte es ihm leid, dass er uns da mit hineingezogen hatte, wie er sagte.

Nach wie vor hatte aber keiner von uns eine Erklärung, was eigentlich der Auslöser für den Wutausbruch gewesen war, so schnell, wie er auf und davon gewesen war. Lora wollte nun genau das wissen.

Der Hengst setzte, typisch, zu einer ausschweifenden Erklärung an. Kurz: Wie so oft im Leben handelte es sich um ein wirklich minimales Missverständnis, das mit zwei Sätzen aus der Welt gewesen wäre; er hatte unsere Versuche, die Aussage der Therapeutin verständlich zu machen, als Angriff auf den Beamten gedeutet und ihn schlichtweg verteidigen wollen.

Eine so offene, wohlwollende Runde hatte es in dieser Gruppe seit Wochen nicht gegeben. Wir erbaten uns ein wenig mehr Zurückhaltung von ihm, sodass er uns anderen etwas mehr Raum gewährte – und siehe da: Kein neuer Ausraster folgte. Stattdessen wurde es eine wunderbar entspannte Stunde.

Vor meiner Verabschiedung blieb noch Zeit für eine letzte Übung zum Thema Grenzen setzen. Wir sollten jeder einen Partner suchen und uns paarweise einige Meter voneinander entfernt aufstellen. Einer sollte einfach auf der Stelle stehen bleiben, während der andere auf ihn zuging. Der stehende Partner sollte dann demjenigen, der auf ihn zukam, ohne Worte und ohne Gesten signalisieren, wo er stehen bleiben sollte – also, ab wann er einem zu nahe kam.

Mein „Raumbedarf", meine persönliche Privatzone, hatte sich seit ein paar Wochen wieder auf ein halbwegs normales Maß verringert. Ich hatte beim Volleyball und auch in der Sauna bemerkt, dass ich andere – zumindest räumlich gesehen – wieder näher an mich heranließ, dass ich diese Nähe wieder tolerierte. Trotzdem war die Übung für mich enorm schwierig.

Lora und ich bildeten ein Team. Die Erste, die gehen sollte, war ich. Mit Lora teilte ich seit drei Wochen das Zimmer, ich hatte sie gern. Entspannt ging ich also auf sie zu. Und ging. Und ging. Fünf Meter können lang sein. Und ging. Verlangsamte das Tempo. Ich spürte, wie ich mich meiner eigenen Grenze näherte und lieber stehen geblieben wäre, aber Lora hatte mir noch nicht signalisiert, anzuhalten. Ich musste also, gegen meinen Willen, weiter auf sie zugehen. Noch drei Schritte, bis ich endlich stehen bleiben durfte. Ich fühlte mich auf meiner Position unwohl und wich, sobald ich den Eindruck hatte, dass die Übung beendet war, unwillkürlich wieder einen großen Schritt zurück in Richtung Raummitte. Schließlich kehrten wir das Experiment um. Ich war erleichtert, nun durfte ich die Grenze setzen. Wider Erwarten war das verdammt schwierig: War es okay, meine Grenze so weit vorn zu setzen? Oder würde ich Lora mit dieser Entscheidung verletzen? Ich zögerte. Schließlich ließ ich sie ein ganzes Stück weiter an mich heran, als mir eigentlich lieb war.

Während die anderen mit der Therapeutin besprachen, wie sie sich bei der Übung gefühlt hatten, stellte ich plötzlich fest: Es war mir leichter gefallen, Loras Entscheidung zu akzeptieren, obwohl sie meine Grenze deutlich überschritten hatte. Leichter, als meine eigene aktiv durchzusetzen. Lieber ließ ich also zu, dass jemand meine Grenze verletzte, als den (möglicherweise) entstehenden Konflikt auszuhalten.

Ich dachte nach, überdachte die vergangenen anderthalb, zwei Jahre im Schnelldurchlauf. Genau damit, ging mir auf, hatte ich mich immer weiter in dieses ganze Burn-out-Schlamassel hineinmanövriert. Wenn ich meine eigenen Grenzen schon nicht verteidigte, geschweige denn kommunizierte – wie konnte ich dann erwarten, dass irgendjemand anderes sie respektierte? Diese Erkenntnis machte mich ziemlich nachdenklich.

Die „Grenzerfahrung", wie die Psychologin diese Übung genannt hatte, hatte mich angestrengt. Wie sehnte ich mich nach der Pilatesstunde! In manchen Wochen war diese Stunde tatsächlich die einzige, in der ich wirklich entspannen konnte und, wie man so schön sagte, ganz „bei mir" war. Ich auf der Matte, mein Atem, der meine Bewegungen steuerte, mein Kopf, der vollauf damit beschäftigt war, in diese Bewegungen hineinzuspüren: Mehr zählte in diesen Stunden nicht. Nur ich. Obwohl ich die Aufregung der letzten Tage genossen hatte, strudelte mein Geist schon wieder ziemlich weit im „Außen", weit weg von mir selbst. Ich lief Gefahr, mich wieder zu verlieren, und spürte, dass ich mir meine Balance baldmöglichst zurückholen musste, wenn ich keinen neuerlichen Absturz riskieren wollte.

Als ich wenige Minuten nach der Gruppenstunde in der Turnhalle ankam, entdeckte ich zusätzlich zu den bekannten

Gesichtern eine ältere Dame und einen älteren Herrn auf der Bank. Die beiden plauderten und hielten auch nicht inne, als die Trainerin kam. Er begann, mit der Anleiterin zu schäkern. Redete weiter, während er seine Matte platzierte. Und quatschte immer noch, als die Stunde schon längst begonnen hatte, nun wieder mit der älteren Dame neben ihm. Oder mit sich selbst. Er versuchte sogar, während des Trainings weiter mit der Trainerin zu schäkern. Offensichtlich hatte er nicht kapiert, worum es hier ging, dass er mir gerade meine wertvollste Therapiestunde der ganzen Woche raubte.

Ich war so was von genervt, sagte aber nichts, schließlich war ich vielleicht die Einzige, die das störte. Es gelang mir in dieser Stunde nicht, mich auf mich zu konzentrieren. Stattdessen hatte ich größte Mühe, mich nicht noch mehr in meinen Ärger hineinzusteigern. So ein Idiot!

STREIT

Lichtjahre von meinem normalen „Post-Pilates-Entspannungszustand" entfernt, stattdessen genervt und verärgert saß ich zwanzig Minuten später auf dem Sessel im Büro von Frau Hilmer. Nun ärgerte ich mich aber über mich selbst – schon wieder, nicht einmal eine Stunde nach der „Grenzerfahrungsübung", war da jemand gewesen, der meine Grenze deutlich überschritten hatte, den ich aber gewähren ließ. Eine Neuauflage der Diskussion um meine Wiedereingliederung war das Letzte, was ich gerade brauchte. Das Allerletzte. Aber ich hatte keine Möglichkeit, ihr auszuweichen.

„Wie war denn der Termin bei der Sozialberatung?", stieg die Therapeutin wie erwartet dann auch direkt in das leidige Thema ein.

„Jaaa …", antwortete ich gedehnt. Mehr nicht. Was sollte ich auch sagen? Der Termin war scheiße gewesen, überflüssig und nervig – aber diese Antworten wollte die Therapeutin garantiert nicht hören.

Sie ergriff also erneut das Wort: „Wir haben den Entlassungstermin schon um eine Woche nach hinten geschoben. Aber das rüttelt nichts daran, dass Sie zwei Wochen danach mit der Eingliederung beginnen sollen, das ist Ihnen doch klar? Sie müssen sich darum kümmern, ob Sie nun Lust dazu haben oder nicht!"

Ich schwieg stur weiter. Dass ich meinte, dass ich noch lange nicht fit genug war, wusste sie schließlich schon, was sollte ich also erwidern? Ohnehin duldete sie bei diesem Thema keine Widerrede.

Sie nahm den Faden erneut auf: „Zwei Stunden am Tag in den ersten beiden Wochen, Frau Blau, das ist doch wohl machbar? Zwei Stunden nur!"

„Nein!", explodierte ich schließlich, die Provokationstaktik meiner Therapeutin funktionierte. „Sie haben doch keine Ahnung! Das ist keine Sozialstation, meine Arbeit. Wenn ich dort bin, bin ich dort und dann muss ich funktionieren! Ich kann mich nicht ins Großraumbüro stellen und die Kollegen bitten, nicht mehr zu telefonieren, bloß weil's mir zu laut ist. Ich kann nicht plötzlich ein Meeting verlassen, bloß weil's mir nicht gut geht. Und die Tornados in meinem Kopf sind immer noch da! Ich bin einfach noch nicht gesund genug, aber das versteht dort niemand! Wie auch, ich versteh's doch selbst kaum. Klar, ich habe Kollegen, die würden sich kümmern, die sind auch jetzt für mich da – aber solange sich jemand um mich kümmern muss, habe ich in der Arbeit einfach nichts verloren, das macht überhaupt keinen Sinn! Und außerdem – ich will überhaupt nicht wieder zurück!"

Die Therapeutin hatte mich zwar ausreden lassen. Gewonnen hatte ich jedoch noch nicht, so, wie sie mich ansah.

„Und was wollen sie stattdessen machen, Frau Blau? Was

ist die Alternative? Zu Hause warten, bis Ihnen die Decke auf den Kopf fällt?"

„Ich weiß es noch nicht sicher. Eine neue Ausbildung vielleicht – oder mich selbstständig machen. Auf jeden Fall nicht wieder zurück! Ich will schon lange raus aus der Branche, aus meinem Job – das war ich nie, das bin ich nicht und das werde ich auch nie sein! Das ständige Verstellen, das ständige Verbiegen, das hat mich doch erst hierhergebracht! Ich wäre doch lebensmüde, wenn ich da wieder hingehen würde!"

„Und Sie meinen, das geht so mir nichts, dir nichts, einfach zu kündigen? Haben Sie bedacht, wie viel Kraft und Energie es kostet, sich eine Selbstständigkeit aufzubauen? Wie wollen Sie eine Ausbildung finanzieren? Sind Sie sich im Klaren darüber, dass Sie damit Ihren Lebensstandard aufs Spiel setzen, dass Sie auf der Karriereleiter wieder ganz von unten anfangen?"

So und so ähnlich stritten wir die ganze Stunde. Mein Problem: Ich hatte keinen wasserdichten Plan. Ihre Ansicht: Ich hatte keinen wasserdichten Plan.

Das Ende vom Lied: „Nehmen Sie den zweiten Termin bei der Sozialberatung wahr und kontaktieren Sie endlich Ihren Chef oder die zuständige Personalabteilung wegen der Wiedereingliederung."

WEIßE SMARTIES

Ich schlief schon wieder schlecht ein. Die Gedanken an die Arbeit, an all die schwierigen, aberwitzigen, grotesken Situationen ließen sich nicht mehr verdrängen, die Angst stieg wieder hoch. Ich wollte nicht zurück in diese Umgebung, die mich so krank gemacht hatte, ich wollte überhaupt in gar kein Büro mehr. Der Tornado in meinem Kopf, der wie erwartet wieder da war, trieb mich, wenn mich nichts ablenkte, beinahe in den

Wahnsinn. Ich wollte einfach nur noch, dass der Kopf endlich aufhörte. Die Schlaftees, die ich nun seit fast zwei Wochen abends immer trank, hatten bisher ziemlich gut geholfen. Trotzdem verschwanden diese tiefen Augenringe seit Wochen nicht mehr – dabei schlief ich so viel wie seit Jahren nicht. Ich hatte mich nicht darum gekümmert, dass eine Bedarfsmedikation auf meine Liste gesetzt wurde. Psychopharmaka würde ich also auch heute Nacht nicht kriegen. Trotzdem lief ich mitten in der Nacht zur MZ. Ich bekam, zusätzlich zum Tee, wieder die Baldrian-Pastillen. Weiße Smarties. Irgendwann schlief ich ein.

Freitagfrüh stellte ich vor dem Spiegel fest, dass mir ein kleines Stück Zahn fehlte. Ich war nirgendwo dagegen gerannt. Also hatte ich es mir wohl selbst abgebissen. Vermutlich nachts, sonst hätte ich es wohl bemerkt. Ich hatte nie geknirscht oder gebissen – bis dato. Noch so ein unerfreuliches Symptom. Ganz egal, wie wenig es alle anderen gerade interessierte: Ich hatte mich in der Spirale in den letzten beiden Wochen wieder weit, sehr weit, abwärts gedreht.

Ich rief also bei meinem Zahnarzt an, ich brauchte so eine Beißschiene. Meine Zähne waren wichtig. Freitagnachmittag fuhr ich nach München, die Deutsche Bahn schaffte tatsächlich zwei Stunden Verspätung für eine Strecke von 45 Minuten Fahrtzeit. Nur gut, dass mein Zahnarzt ähnlich flexibel war. Auf dem Rückweg fuhr ich dann auch noch mit der S-Bahn eine halbe Stunde in die falsche Richtung. Die Bürotürme links und rechts vom Bahngleis jagten mir panische Angst ein. Meine Energie für das Wochenende damit: aufgebraucht. Katze auf dem Bauch, Sonntagvormittag Kirche, mit meiner Schwester telefoniert. Das war alles.

Johanna geht es momentan wieder richtig beschissen, so beschissen, dass selbst ich dagegen vor guter Laune strotze. Und trotzdem fährt sie jedes Wochenende beinahe drei Stunden nach Hause und wieder zurück in die Klinik. Es ist mir ein Rätsel, wie sie das macht. Wenn es mir so schlecht geht, kann ich kaum Autofahren. Zum einen, weil ich nicht wirklich da bin, sondern irgendwo in der Wolke, und deshalb meine Konzentration beim Fahren nicht halten kann – zum anderen, weil ich Angst vor mir selbst habe. Es wäre so leicht, einfach das Lenkrad herumzureißen. Da gibt es keine Hürde, kein Kontrollsystem und damit auch keine Zeit, um mich selbst wieder einzufangen. Der Bruchteil einer Sekunde würde meinem Kopf reichen.

Mein Wochenende war beschissen. Ich war nervös und unglaublich angespannt. Immer wieder Albträume. Der Tornado tobte meistens. Ich konnte nichts anfangen. Und am Sonntagabend dann, vor der Rückfahrt, hatte ich tatsächlich zum ersten Mal seit dem Sommer wieder diese Gedanken. Es wäre so leicht.

Ich schob sie beiseite. Ich bildete sie mir nur ein. Und ich kann auch mit dem Auto selbst in die Klinik zurückfahren, ganz bestimmt. Es blieb mir außerdem ja gar nichts anderes übrig: Meinen Eltern wollte ich auf keinen Fall erzählen, welche Gedanken mich wieder heimsuchten.

Und natürlich ging es.

Heute Morgen meinte Johanna zu mir: „Sophie, weißt du, als ich gestern zurückgefahren bin, hab ich das erste Mal verstanden, was du meinst. Es wäre so leicht. Gerade auf der Autobahn. Echt furchtbar, dass wir so was überhaupt denken." Und nach einer kurzen Pause noch mal, sehr nachdenklich: „Es wär so leicht …"

„Aber wir wollen das nicht, Johanna. Nicht wir! Nur unser Kopf spielt mit dem Gedanken und auch nur ab und zu. Gott sei Dank sind wir so viel mehr als nur der scheiß Kopf."

Aber genau davon bin ich bisher ausgegangen: Cogito, ergo sum.

Ich denke, also bin ich. Der Kopf ist das Haupt, ist das Wichtigste. Alles, was darin passiert, bin ich. Aber ich bin viel mehr, habe ich gemerkt. Ich bin auch mein Herz, meine Seele, mein Bauch und mein ganzer Körper, bis in die Finger- und Zehenspitzen. Ich bin meine Emotionen, mein Verstand, meine Erfahrungen, mein Wissen, meine Wünsche, Träume, Sehnsüchte.

Nicht ICH spinne im Moment, sondern ein kleiner Teil von dem großen Ganzen, das mich in seiner Gesamtheit ausmacht. Selbst wenn es, wie im Moment so oft, der mächtige Kopf ist, der Faxen macht oder sogar seine Aktivität einstellt – dann spinne nicht ich, sondern eben nur mein Kopf, ein kleiner Teil von mir. Der Rest (ICH!), ist immer noch ganz genauso da wie vorher. Etwas in Mitleidenschaft gezogen, ja. Aber immer noch vollständig da.

Wenn meine Gedanken gerade schwarz sind, bin das nicht ICH – es sei denn, ich entscheide mich, sie anzunehmen. Will ich jetzt, heute, in diesem Moment, dieser Gedanke sein? Will ich ihn mir, mit all seinen Konsequenzen, zu eigen machen? Oder nicht? Ich habe es in der Hand!

Es ist genauso, wie Dumbledore Harry Potter nach seinem Ausflug in die Kammer des Schreckens mit auf dem Weg gibt: In jedem von uns stecken Gryffindor und Slytherin, vielleicht auch Ravenclaw und Hufflepuff. Aber nicht diese Anteile entscheiden darüber, wer wir schlussendlich sind. Sondern wir selbst bestimmen das: mit jedem Wort, das wir sprechen, und jeder Entscheidung, die wir treffen. Unser Leben lang. Jeden Tag aufs Neue.

EIN MISSERFOLG FÜR DIE STATISTIK?

Über das Wochenende hatte ich versucht, die Gedanken an eine Wiedereingliederung zu verdrängen. Geklappt hat es nicht. Also entschied ich mich Montagmorgen für eine neue Taktik: Ich spielte die mittlerweile verfahrene Situation mithilfe des BEATE-Schemas einmal durch, um einen möglichst sachlichen Blick darauf zu gewinnen, und bereitete mich damit auf das nächste Gespräch mit Frau Hilmer vor. Ich sammelte stichhaltige Argumente, die gegen meine sofortige Wiedereingliederung sprachen. Denn, so hatte ich entschieden: Diesmal würde ich meine Grenzen entschieden, aber ruhig kommunizieren und verteidigen. Die Liste meiner Argumente war lang. Sie war sachlich. Sie war konkret. Ich rechnete Zeitspannen und Energielevel gegeneinander auf. Wenn ich vier Monate gebraucht hatte, um auf der Hälfte meines früheren Niveaus anzukommen, würde ich für die zweite Hälfte wohl ähnlich lange brauchen. Bevor ich für Dienstreisen und Abendveranstaltungen eingeplant wurde, sollte ich vielleicht erst einmal wieder einen Alltag in meinen eigenen vier Wänden managen können, geschweige denn überhaupt mal wieder allein in meiner eigenen Wohnung übernachten. Und, das Wichtigste von allem: Ich brauchte, bevor ich mich der Wiedereingliederung aussetzte, eine gute ambulante psychotherapeutische Betreuung – daran hatte ich bisher noch gar nicht gedacht. Bis mein ambulantes therapeutisches Auffangnetz stand, würde es selbst im Idealfall noch vier Wochen dauern. Und, ein Totschlagargument: Seit Wochen konnte ich mir anhören, ich sollte mir keinen Stress machen, mehr Geduld mit mir haben. Und jetzt? Machten genau diejenigen mir Druck, die sonst immer Ruhe und Gelassenheit predigten.

Je länger ich über dieser Liste saß, desto mehr hegte ich mittlerweile den Verdacht, dass es der Therapeutin mehr auf die Klinikstatistik ankam als auf mich. Ich war sowieso schon zu lange stationär. Deutlich länger als die üblichen sechs Wochen. Und wenn dann noch nicht einmal die anschließende Wiedereingliederung vorzuweisen wäre – ich würde als Misserfolg in die Zahlenkolonnen eingehen.

26. Oktober

In der Kunsttherapie am Nachmittag habe ich schwarze Bilder ge-
malt. Zum ersten Mal. Sonst waren meine Bilder immer mit die bun-
testen der ganzen Gruppe. Heute: ein ganzes DIN A3 Blatt schwarz.
Zuerst ist da noch ein bisschen Farbe gewesen. Aber es wurde immer
dunkler. Bis es ganz schwarz war. Ich konnte nichts anderes malen,
die Farben passten nicht hin, die mussten weg. Ich merkte sehr wohl,
dass die anderen darauf aufmerksam wurden und besorgte Blicke
wechselten. Aber ich konnte nichts anderes malen, in mir war einfach
nur Schwarz. Und die Kunsttherapeutin? Fragte mich am Ende der
Stunde, was mein Bild zu bedeuten hat. Na, was wohl. Dafür musste
man nicht Psychologie studiert haben.

ANGST UND BANGE

Der erste Dienstag ohne Burn-out-Gruppe, endlich – aber
gerade heute hätte ich ein bisschen Ablenkung durch den
Hengst nötig, die Wassergymnastik hatte diesbezüglich einen
eher mäßigen Effekt. Immerhin fand mein Einzelgespräch
heute schon um 13 Uhr statt und ich musste nicht den ganzen
Tag darauf warten.

„Wie geht es Ihnen?", war die erste Frage von Frau Hilmer.

„So schlecht wie seit Wochen nicht mehr", gab ich postwen-
dend und unabsichtlich patzig zurück. „Nervös bin ich und
zittrig. Seit Tagen schon."

„Ich habe vorhin auch ihr Bild von der Kunsttherapie gestern gesehen." Abwartend blickte sie mich an.

Ich war mir nicht sicher, ob das eine Frage oder nur eine
Feststellung war, also fuhr ich nach einer kurzen Pause fort,
ohne das schwarze Bild zu kommentieren: „Am Sonntag hatte
ich zum ersten Mal seit Monaten wieder Angst vor mir selbst.
Dass irgendwas in mir plötzlich wieder Lust hätte, das Lenkrad umzureißen, in einen Baum zu fahren."

„Sind das Suizidgedanken?"

„Keine Ahnung!"

„Warum haben Sie nach so langer Zeit nun wieder solche Gedanken, warum das schwarze Bild?"

Was für eine bescheuerte Frage!, rauschte es in meinem Kopf.

„Weil mich alle hier zwingen wollen, wieder arbeiten zu gehen, aber es geht einfach noch nicht, keiner hört mir hier zu!"

Ich knallte ihr meine ganze Liste an Argumenten an den Kopf. Das altbekannte Gefühl war wieder da: Mir war etwas unglaublich wichtig, ich hatte gute Argumente, aber ich wurde einfach nicht gehört! Ich fühlte mich hilflos, alleingelassen mit meinem Problem. Das machte mich so wütend, dass ich den Spickzettel in meiner Hosentasche gar nicht brauchte. Das BEATE-Modell funktionierte allerdings nur sehr mäßig, ich schaffte es nicht, mich aus der emotionalen Ebene herauszunehmen, von Ruhe keine Spur. Ein Argument nach dem anderen schleuderte ich der Therapeutin an den Kopf, während sie mich einfach nur ernst anblickte und toben ließ. Sie schrieb nicht mal mit. Die Punkte gingen mir schließlich aus und die Beispiele auch. Meine Wut verrauchte langsam, Frau Hilmer wartete immer noch still ab.

Also sagte ich, was mir die ganze Zeit schon auf der Zunge lag: „Ich habe das Gefühl, es geht hier nicht mehr um mich, sondern um die Krankenhausstatistik."

Das hatte nicht auf meiner Liste gestanden. Aber das war die eigentliche Frage hinter all meinen Argumenten. Und ich hatte Angst vor der Antwort. Was, wenn sie das bestätigen würde? Dann war ich in diesem System verloren, ihm hilflos ausgeliefert.

Ich sah der Therapeutin an, dass ich sie mit diesem letzten Satz getroffen hatte. Aber sie reagierte gefasst, blieb ganz professionell.

„Es tut mir ehrlich leid, dass dieser Eindruck entstanden ist. Das ist sicher nicht der Fall", entgegnete sie ruhig und leise. „Ich verstehe Sie wirklich, Frau Blau. Aber Sie haben sich eben erst aus einer schweren Depression herausgekämpft. Und wie Sie selbst merken, sind Sie nach wie vor nicht stabil. Was Sie gerade am dringendsten brauchen, ist ein geregelter Alltag. Sie brauchen Strukturen, Termine, etwas, an dem Sie sich auch an schlechten Tagen entlanghangeln können, einen Tagesablauf, den Sie nicht täglich neu planen müssen. Und das bedeutet in Ihrem Fall eben auch, dass Sie wieder zur Arbeit gehen."

Ich hatte meinen Blick auf die Tempobox auf dem Tischchen zwischen uns geheftet und schwieg. Da ich nicht reagierte, fuhr sie nach einem tiefen Atemzug fort.

„Außerdem habe ich den Eindruck, dass Sie eine riesige Angst hegen vor allem, was mit Ihrem Job zu tun hat. Sie reagieren geradezu panisch. Weglaufen – so, wie Sie es vorhaben – ist bei Angst, und das wissen Sie mittlerweile selbst sehr gut, die schlechteste Alternative. Weglaufen löst keine Probleme. Ich will Ihnen gar nicht ausreden, in der nächsten Zeit die Stelle zu wechseln oder vielleicht tatsächlich eine neue Ausbildung zu beginnen. Aber eine Wiedereingliederung, eine zumindest einstweilige Rückkehr, gäbe Ihnen die Chance, mit allem, was hinter Ihnen liegt, Frieden zu schließen und im Guten zu gehen. Sie könnten so auch Ihre Belastungsresistenz Schritt für Schritt prüfen, Sie gewännen Zeit. In einem neuen Job, egal welchem, müssen Sie von heute auf morgen hundert Prozent abliefern."

Ich hatte ihr zugehört, den Blick immer noch fest auf die Tempobox gerichtet, ich war ruhig genug, um nachzudenken. Was aber nicht hieß, dass ich meine Meinung änderte.

„Vielleicht habe ich wirklich Angst davor – aber ich wäre doch auch einfach nur total bescheuert, wieder an den Ort, zu den Menschen, zu der Tätigkeit zurückzugehen, die mich so krank gemacht haben." Ich hob den Blick wieder. „Und egal wie sehr Sie darauf beharren – ich schaffe auch noch keine zwei Stunden Arbeit am Tag, das hat mit Angst überhaupt nichts zu tun. Ich kann noch nicht mal mit einer Freundin kochen, ohne dass ich mich danach für zwei Stunden hinlegen muss! Mir ist es im Speisesaal oft noch viel zu laut, ich kann mich abends nicht zu den anderen in die Cafeteria setzen, weil mein Kopf das einfach nicht packt. Ich bin einfach noch nicht gesund genug!"

Warum, verdammt noch mal, wollte sie es einfach nicht kapieren? Was musste ich denn noch alles sagen, damit endlich ankam, dass ich mehr Zeit brauchte? Ich hatte tatsächlich Angst – aber weniger vor der Arbeit, sondern davor, dass mit der verfrühten Wiedereingliederung alles kaputtging, was ich mir in den letzten Monaten so hart erarbeitet hatte.

Die weitere Therapiestunde verlief nicht so hitzig wie die letzte, wir sprachen ruhiger miteinander, stritten nicht. Ich blieb am Ende stur und ließ mich zu keiner Zusage bewegen. Dieses Mal verteidigte ich meine Grenze mehr als deutlich. Den zweiten Termin bei der Sozialtherapeutin sollte ich trotzdem wahrnehmen, ordnete Frau Hilmer trotz allem zum Schluss an, und ich sollte mich für ein Gespräch mit meinem Chef vorbereiten. Meinetwegen.

Als ich erschöpft, aber immerhin ein bisschen zufrieden die Bürotür hinter mir schloss, setzte sich dennoch eine Frage in meinem Kopf fest: Laufe ich davon?

VERRÜCKTE SACHE

Keine Pause in Sicht. Der nächste Tag: ein Mittwoch. Und Mittwoch hieß Angsttherapie. Angsttherapie hieß Frau Hilmer, ausgerechnet heute auch noch ohne Frau Veller, denn die war krank. Und Frau Hilmer bestand darauf, dass ich diesmal

„ein Thema hatte". Ich war da zwar anderer Meinung, aber sie duldete in dieser Hinsicht keine Widerrede.

Obwohl ich nun schon seit sage und schreibe acht Wochen in dieser Gruppe war, mich hier wohlfühlte und die Leute mochte, widerstrebte es mir immer noch ziemlich, mein Problem vor den anderen auszubreiten. Dieses Problem hatte schließlich wenig mit Angst zu tun, fand ich, das war nicht der richtige Ort. Die Therapeutin sah das offensichtlich anders, ich sollte mit der Gruppe besprechen, wie ich am besten das erste Gespräch mit meinem Chef führen wollte.

Anfangs fiel es mir sehr schwer, die richtigen Worte zu finden. Überraschenderweise nahmen die anderen meine Situation nicht auf die leichte Schulter, sondern beschäftigten sich intensiv damit – ganz anders, als ich das bisher gewohnt war. Zwei Punkte an diesem früher oder später unvermeidlichem Gespräch mit dem Chef lagen mir besonders im Magen: Ich würde vermutlich, ob ich wollte oder nicht, anfangen zu heulen. Und er würde mich sicherlich nicht ernst nehmen, mich nicht wie einen guten Mitarbeiter mit mehreren Jahren Berufserfahrung, sondern, so wie zuletzt aus unerfindlichen Gründen, wie die unerfahrene Praktikantin behandeln, die er fünf Jahre zuvor eingestellt hatte (was wiederum durch Punkt 1 begünstigt wurde, ein Teufelskreis). So unterschiedlich die Gruppe war, so unterschiedlich war auch das Feedback. Fast eine Stunde diskutierte die achtköpfige Runde über mein Problem, warf Varianten und Strategien auf, hörte sich meine Einwände an, hob Befürchtungen aus den Angeln. Mein Kopf schwirrte plötzlich vor Ideen, es war wieder ein Tornado, aber diesmal fast schon ein positiver. Der Tornado und die Gedanken an die Arbeit machten mir keine Angst mehr – vielmehr beschlich mich zum ersten Mal seit Monaten das erhebende Gefühl, dass das eine Herausforderung war, die zu meistern sich lohnen würde und die ich auch meistern konnte.

Zwei Dinge nahm ich von „meiner" Stunde mit: Eine Studentin, sie war wegen posttraumatischer Belastungsstörungen hier, erklärte recht trocken: „Was ist denn dabei, wenn du bei dem Gespräch zu weinen beginnst? Es geht doch schließlich dabei nicht um Zahlen, sondern um dich, als Mensch. Klar, weinen zählt nicht zur Berufsetikette – aber es ist menschlich. So, wie du es schilderst, weiß der Chef vielleicht einfach nicht, wie er mit einer so menschelnden Situation umgehen soll, vielleicht kann er das tatsächlich einfach nicht. Aber dann bist nicht du das Problem – sondern viel mehr der, der mit dem Menschen vor ihm nicht umgehen kann."

Zwei Stühle weiter saß ein Ingenieur, ein Abteilungsleiter, der mein Problem wohl eher aus der anderen Warte heraus kannte.

„Es ist immer schwierig, solche Situationen von außen zu beurteilen", begann er schließlich. „Auch ein Chef hat es oft nicht leicht. Auch ein Chef hat in der Regel einen Chef – mit dem er vielleicht auch Schwierigkeiten hat – und er hat eine Personalabteilung im Nacken sitzen. Wenn es bis zum Äußersten kommt, sogar noch einen Betriebsrat. Du magst auf der Hierarchie weiter unten stehen – aber ein Chef ist nichts ohne seine Mitarbeiter. Also mach dich nicht kleiner, als du bist, stell dich auf Augenhöhe – denn da gehörst du hin. Dein Chef ist auch nur ein Mensch – im Positiven wie im Negativen."

29. Oktober

Da habe ich monatelang, ja mittlerweile jahrelang dasselbe Problem hin- und hergewälzt, fünftausend Gespräche ersonnen und es trotzdem nicht geschafft, eine andere Perspektive einzunehmen, eine Lösung zu sehen. Dazu mussten erst wildfremde Menschen kommen. Und sie haben recht. Verrückte Sache.

Überhaupt: So eine verrückte Sache! Vielleicht hat ja auch meine Therapeutin recht. Vielleicht laufe ich davon. Vielleicht habe ich tatsächlich nur Angst vor dem Job und muss das genauso wie meine Angst vor Umkleidekabinen aktiv bekämpfen?

Und noch eine verrückte Sache: Vor lauter Angst, wieder arbeiten gehen zu müssen, habe ich die Perspektiven total aus den Augen verloren. Ich muss mich grundsätzlich wieder mit meiner Schnur, meiner Gesundungslinie, meinem Ziel beschäftigen. Ob Wiedereingliederung oder nicht ist eigentlich zweitrangig, nur eine Zwischenstation, wenn auch eine wichtige. Viel dringender erscheint doch die Frage: Wie soll mein Leben in Zukunft aussehen? Was ist mir wirklich wichtig?

Dass ich, Stand heute, nicht fit genug bin, um in den nächsten Wochen wieder zu arbeiten, steht außer Frage. Aber dann wäre eine Eingliederung vielleicht tatsächlich nicht so dumm. Sechs Wochen, um zu sehen, ob ich wieder voll belastbar bin. Sechs Wochen, um vernünftig mit allem abzuschließen und nicht einfach so zu verschwinden. Sechs Wochen, um mir (und auch allen anderen) zu zeigen, dass ich es (wieder) kann. Sechs Wochen, und dann könnte ich ja immer noch kündigen.

EIN NEUER PLAN

Ich rechnete aus, wie viele Urlaubstage ich mittlerweile auf meinem Konto hatte. Die verfielen nicht während einer Krankschreibung, stattdessen baute man mit jedem Monat, ganz genau so, als würde man arbeiten, zwei weitere auf. Ich kam zum Ergebnis, dass ich die drei Monate Kündigungsfrist, die ich einhalten musste, mittlerweile mit Drei-Tage-Wochen überbrücken könnte. Ich telefonierte mit meiner Hausärztin in München. Schilderte ihr die Situation, dass die Klinik eben wollte, dass ich direkt wieder zu arbeiten begänne, ich mich aber nicht in der Lage sähe. Ich wollte eine zweite Meinung und wissen, ob sie gegebenenfalls eine Eingliederung betreuen könne.

Ja, natürlich könne sie das. Wichtiger als die Eingliederung fand sie jedoch erst mal, dass ich wieder außerhalb der „Käseglocke Klinik", in der ich mich seit nun über zehn Wochen befand, Fuß fasste und in meinem eigenen Leben wieder ankam – sie vertrat also genau die gegenteilige Meinung meiner Therapeutin.

Im Laufe des Nachmittags nahm ein neuer Plan in meinem Kopf Form an: Mitte November würde ich entlassen. Sechs Wochen lang gab ich mir dann Zeit, um wieder zu Hause anzukommen und all das zu testen, was ich spätestens nach der Wiedereingliederung in der Arbeit wieder können musste, also z.B. das Reisen und die Teilnahme an Abendveranstaltungen. Und dann würde ich ab ersten Januar mit der Eingliederung beginnen. Die würde bis Mitte Februar dauern, ich könnte anschließend kündigen, wenn ich dann sicher wieder gesund war, mir ab etwa April bis mindestens August eine Pause gönnen und tatsächlich endlich mehrere Monate auf Reisen gehen.

Danach würde ich dann sehen. Einfach nur den Job wechseln, statt PR vielleicht Marketing, oder tatsächlich den Neuanfang wagen. Was auch immer ich ab dem kommenden Herbst beruflich tun würde – mein „Projekt Zukunft" wollte ich zeitnah wirklich wie ein eigenes Projekt behandeln, mit Recherche, Zeitplänen et cetera. Erst einmal musste ich aber Frau Hilmer meinen neuen Plan gut verkaufen. So gut, dass sie mindestens akzeptierte, dass die Eingliederung nicht mehr von der Klinik organisiert würde.

Ich hatte eine Nacht drüber geschlafen und fand meinen Plan immer noch passend. Ich fühlte mich tausendmal leichter. Pilates am Nachmittag war wieder einmal der Höhepunkt der Woche, ich hoffte inständig, dass der alte Mann diesmal nicht da sein würde. Wenn doch, konnte ich an ihm immerhin einmal mehr üben, meine eigene Grenze zu verteidigen – indem ich ihn freundlich aufforderte, diese eine Stunde lang seinen Mund zu halten. Dieses Problem löste sich allerdings von selbst, fast war ich schon enttäuscht darüber: Als ich in die Halle kam, sah ich die Physiotherapeutin mit ihm sprechen. Ich konnte hören, wie Sie ihn bat, wenn er denn teilnehmen wollte, sich möglichst ruhig zu verhalten, um die anderen Teilnehmer nicht zu stören.

Und er hielt sich dran, Pilates war wieder wunderbar. Entspannt, mit viel frischer Energie und vor allem zuversichtlich machte ich mich auf den Weg zu meiner Einzeltherapie.

Frau Hilmer war nicht sonderlich begeistert davon, dass ich mir bis Neujahr Zeit geben wollte, ehe ich wieder zu arbeiten begänne – viel zu lange, wie sie meinte, zu viel Zeit, um ohne Aufgabe wieder in eine Depression zu verfallen. Aber sie akzeptierte, dass ich die Eingliederung mit meiner Ärztin zu Hause planen wollte. Einzige Bedingung: Ich musste ihr bis zur nächsten Woche einen detaillierten Tages- und Wochenbeschäftigungsplan für die Zeit bis zum Start der Eingliederung vorlegen.

Das akzeptierte ich gern – in meinem Kopf existierte ohnehin schon eine nicht ganz kurze Liste an Dingen, die ich längst hatte in Angriff nehmen wollen.

30. Oktober
Heute Morgen in der Angstgruppe ging es schon wieder um mich.
Jemand aus der Runde fragte gleich am Anfang, ob ich mich nun entschieden hätte, ob ich zum Job zurückkehren würde. Also erklärte ich kurz meinen neuen Plan: dass ich zwar noch etwas Zeit brauchte, aber dann, im neuen Jahr, für eine Wiedereingliederung an meinen alten Arbeitsplatz zurückkehren und erst danach kündigen wollte. Frau Hilmer schien damit zufrieden, aber Frau Veller, die heute wieder da war, meldete sich plötzlich zu Wort: „Warum wollen Sie unbedingt zurück? Müssen Sie Stärke zeigen und als Siegerin vom

Platz gehen? Wäre es nicht an der Zeit, sich darin zu üben, Schwäche zu zeigen? Die eigene Schwäche zu akzeptieren?", warf sie mir an den Kopf.

Ich war perplex und wusste nicht so recht, was ich darauf antworten sollte. Meine Therapeutin, die wohl um ihre schwer errungene Wiedereingliederung fürchtete, antwortete an meiner Stelle und gestand, dass das ihre Idee gewesen war – dass ich gar nicht unbedingt zurück wollte. Ihr Gedanke dahinter war, so erklärte sie, dass es in meinem Fall in erster Linie wichtig sei, die Tagesstruktur zu erhalten und die Angst einzugrenzen, die ich vor allem entwickelt habe, was mit meinem Job zu tun hat.

Die beiden Therapeutinnen ließen ihre Aussagen so im Raum stehen und wechselten das Thema. Ein interessanter Aspekt ist das allerdings schon, den Frau Veller da aufwarf: Habe ich mich vielleicht tatsächlich für die einstweilige Rückkehr entschieden, um einen rauschenden Abgang hinlegen zu können? Nicht nur, weil Frau Hilmer mir erfolgreich eingeredet hat, dass es sinnvoll sei? Darüber muss ich mir in Ruhe mal Gedanken machen.

Aber viel spannender finde ich die Tatsache, dass selbst die Therapeutinnen unterschiedlicher Meinung sind. Vielleicht haben beide recht. Vielleicht aber auch nicht. Ich weiß nur: Johanna geht es in ihrer Therapie gerade ähnlich – da macht die Therapeutin Probleme für die Depression verantwortlich, die für Johanna gar keine sind, möglicherweise kämpft Johanna deshalb seit Wochen nun so sehr mit sich. Es schadet ganz sicher nicht, die Sichtweise der Therapeuten zu betrachten und die eigene zu überdenken. Aber nur weil eine Einschätzung vom Therapeuten kommt, ist sie nicht automatisch richtig. Therapie bedeutet nicht, sein eigenes Hirn auszuschalten. Man bekommt Hilfen, Mittel und Wege an die Hand. Den richtigen Weg für mich aber, den muss ich selbst finden. Ich bin schließlich auch diejenige, die gesund werden will.

In der Angstgruppe habe ich nun auch sozusagen alle überlebt. Chris geht nächste Woche, er hatte heute seine letzte Stunde. So

langsam wird's wirklich Zeit, den nächsten Schritt zu wagen: nach
Hause, in mein Leben zurückzukehren.

SCHWANENSEE

Freitagnachmittag hatte ich wie immer frei. Es war bereits
mein vorletzter Freitag in der Klinik, der Oktober war verronnen, ohne dass ich das wirklich bemerkt hatte. Die Sonne
schien, ich wollte nach den anstrengenden letzten Tagen raus
aus der Klinik, also fuhr ich einmal mehr an den See. Johanna
wollte nicht mitkommen, sie wäre dazu gerade nicht fähig und
wollte einfach alleine sein, erklärte sie. Sie schien irgendwie irgendwo festzustecken. Ich machte mir große Sorgen. Seit ein
paar Tagen ging es ihr nun richtig hundeelend, keiner wusste,
weshalb. Niemand, nicht die Therapeutin, nicht die Ärzte,
konnte ihr helfen. Das Einzige, was ihr für ein paar Stunden
Erleichterung verschaffte – weil es sie mehr oder weniger be-
täubte –, war Tavor. Ich konnte nichts tun, außer sie im Arm
zu halten oder mit ihr spazieren zu gehen, heute aber anscheinend nicht mal mehr das. Ich brachte ihr eine Tafel Schokolade
vorbei, bevor ich fuhr, damit fühlte ich mich ein wenig besser.

Unterwegs versuchte ich die Gedanken an sie abzuschüt-
teln, was mir nach einer Weile auch gelang. Es war ein wun-
derbarer Herbsttag. Frisch, ein klein wenig windig, und über
mir breitete sich ein strahlend blauer Himmel aus, so klar, dass
die Berge deutlich wie sonst selten am Horizont aufragten. Der
See lag vor mir, ganz ruhig, ein paar kleine Wellen kräuselten
die Oberfläche. In der Ferne wippten ein paar Segelboote an
ihren Bojen im Wasser, ein paar Enten wogten in dem Auf und
Ab mit. Wo im Sommer der Badeplatz war, kein Parkplatz,
kein Liegeplätzchen mehr zu finden, herrschte nun, Ende Oktober, völlige Ruhe.

Ich hatte meine Kamera in der Hand und spazierte am Ufer

entlang. Mal direkt am Wasser, hinter den hübschen, urigen Bootshäusern vorbei. Mal auf dem breiten Grasstreifen, mal durch ein kleines Wäldchen am Ufer. Ich fotografierte hier und da. Das Licht war perfekt und die Stille, das Blau, die Weite ließen sich ganz leicht einfangen. Eine Stunde spazierte ich so vor mich hin – ganz im Hier und Jetzt, ganz eins mit der Stille um mich herum. Kaum ein Mensch begegnete mir. Auf einem Badesteg, der meterweit in den See hineinragte, stand ein Pärchen und küsste sich.

Unweigerlich musste ich an Jan denken. Eigentlich hatte er mich an diesem Wochenende besuchen kommen wollen, endlich miteinander über all das reden, wofür wir beide im Sommer keine Worte gehabt hatten; aus heiterem Himmel hatte er sich Anfang der Woche gemeldet, heute Morgen aber dann doch wieder abgesagt. Ich fand es schade, aber irgendwie spürte ich gleichzeitig Erleichterung. Ich wäre noch nicht in der Lage gewesen, mich wirklich mit ihm auseinanderzusetzen, glaube ich. Viel zu sehr kämpfte ich noch mit mir selbst. Vielleicht sollten wir irgendwann mal darüber sprechen, wie und warum eigentlich diese Beziehung geendet hat. Vielleicht war aber irgendwann auch einfach gut.

Die zwei liefen vor mir weiter am Ufer entlang, verschwanden irgendwann aus meinem Blickfeld. Ich schlenderte die vier Stufen zu dem Steg empor. Die alten Holzbohlen knarzten, als ich bis nach vorne lief. Mit dem Blick südwestwärts auf die Berge setzte ich mich, ließ meine Beine knapp über dem Wasser baumeln. Die Sonne, die sich Richtung Abend neigte, schien mir ins Gesicht, ich zog mein Tagebuch aus der Tasche. Zwei Schwäne glitten sanft um den Steg, nahmen keine Notiz von mir.

Seit Monaten bin ich raus aus meinem Leben. Immer noch, auch wenn es mir schon viel besser geht. Ich bin immer noch ein Schatten meiner selbst. Wann habe ich das letzte Mal etwas gemacht, was man sonst so üblicherweise mit 28 macht? Freunde getroffen? Feiern gewesen? Jemanden geküsst? Einfach ein paar Tage unterwegs gewesen, wandern, Ski fahren, ein kleiner Kurztrip, um jemanden zu besuchen? Ohne ständig Angst vor meinem Kopf zu haben? Ohne drei Sicherheitsnetze im Hinterkopf zu haben? An nominell „Lebenswertem" gab es in den letzten Wochen und Monaten ziemlich wenig.

Und trotzdem – oder gerade deshalb: Das Leben ist so, so schön! Die vergangenen Wochen und Monate waren anstrengend, aber ich möchte sie nicht missen. Selbst diese dunkelsten Tage, und zwar jeder einzelne davon, hatten irgendwo ihren Goldrand. Was braucht es schon, um glücklich und zufrieden zu sein? Erstaunlich wenig, habe ich festgestellt. Den See hier vor mir, mehr brauche ich gerade nicht.

Einer der beiden Schwäne breitete seine Flügel aus. Mit schweren Schlägen, erstaunlich unelegant, hievte er sich ein wenig empor und trat dabei mit seinen orangefarbenen Schwimmfüßen gegen die Wasseroberfläche, bis er schließlich, zwei, drei Meter weiter, ganz abhob. Die unerwartet langen weißen Flügel hielten ihn mit anstrengend wirkenden Bewegungen oben, jeder Schlag begleitet von einem dumpfen, lauten Wuuuuusch. Majestätisch sah er aus, beeindruckend groß, aber gleichzeitig erstaunlich schwerfällig, so tief über dem See stehend. Ein paar Meter weiter schien ihn die Kraft zu verlassen. Er streckte die Schwimmfüße nach vorn, drehte seine weißen Schwingen, sodass sie ihn im Luftstrom bremsten, und schlitterte, als würde er gerade Wasserski fahren, einige Meter weiter den See entlang, bis er sich schließlich geräuschvoll ganz im Wasser niederließ. Als wäre nichts gewesen, alle Schwerfälligkeit war wieder von ihm abgefallen, glitt er nun sanft und elegant über den See. Er war genau in dem Streifen gelandet, den die Sonne mittlerweile in ein warmes, glitzerndes Gold tauchte.

WUNSCHKUCHEN

Ich hatte es fast geschafft: In genau zwölf Tagen würde ich entlassen werden, und seit Frau Hilmer und ich die Diskussion um die Eingliederung gemeinsam ad acta gelegt hatten, fühlte ich mich auch bereit dafür. Endlich! Es war an der Zeit, wieder in mein Leben zurückzukehren. Ein letztes Mal also fuhr ich am Wochenende nach Hause, zu meinen Eltern. Am folgenden Wochenende würde ich in der Klinik bleiben müssen, die Krankenkassen wollten das so.

Ich freute mich riesig auf daheim. Anders als bei den vergangenen Heimfahrten konnte ich mich an der sonnigen Herbstlandschaft, an den sanften Hügeln, in die sich die Landstraße schmiegte, gar nicht sattsehen. Ich genoss es richtig, schließlich war das meine letzte Fahrt auf dieser Strecke. Nach meiner Entlassung würde ich direkt nach München fahren, immer schnurgerade auf der Autobahn entlang. Zurück in mein eigenes Leben hieß schließlich auch: zurück in meine eigene Wohnung.

Pläne hatte ich keine geschmiedet für das Wochenende. Meine Schwester war zu Hause und mit meiner Mutter, die bestens mit der Nähmaschine umgehen konnte, wollte ich mir den Mantelschnitt aus der Nähzeitschrift genauer ansehen. Aber ich könnte doch ... Ja, ich konnte jetzt gleich, auf meinem Heimweg, in der Turnhalle vorbeischauen, fiel mir unterwegs ein. Samstagvormittags war immer Training gewesen, sicher war jemand da. Einmal nur wollte ich die Turnhalle riechen, den Schwingboden unter den Füßen spüren!

Ich bog nach links ab, Richtung Sportgelände, statt nach

rechts, nach Hause. Mit einem Mal war ich richtig aufgeregt. Nervös parkte ich und lief auf den Halleneingang zu. Die Tür stand offen. Als ich zu den Umkleiden lief, hörte ich Musik, das große, gefederte Sprungbrett knarzte, es trainierte wohl gerade jemand. Wie hatte ich diese Geräusche vermisst! Hunderttausend Erinnerungen auf einmal lösten sich aus ihren Schubladen, als ich meine Schuhe in der Garderobe abstellte und die Treppe zum Turnzentrum hinunterlief.

Dieser Geruch – eigentlich stank es ziemlich nach abgestandener Luft, Schweiß und Magnesia, aber so roch die Turnhalle eben – wie sehr hatte ich den vermisst!

Ich war ein bisschen unsicher, spitzte langsam um die Ecke. So lange war ich nicht mehr hier gewesen! Eher sporadisch hatte ich in den letzten zwei Jahren trainiert, trotzdem: Ich gehörte immer noch hierher, ich konnte spüren, dass ich noch dazugehörte. Keiner erwartete mich – und ich hatte keine Ahnung, was ich zu erwarten hatte. Wussten sie, wie es mir ging? Hatten die paar Turnerinnen, mit denen ich persönlich Kontakt gehabt hatte in den vergangenen Monaten, es weitererzählt? Steckten sie gerade mitten in einer Übungssequenz, sodass gar keine Zeit war, kurz Hallo zu sagen?

Es waren tatsächlich alle überrascht, mich zu sehen. Aber sie freuten sich. Und ich freute mich: Wieder zurück und willkommen zu sein, mit offenen Armen empfangen zu werden, einfach wieder in der Halle zu stehen, ganz wie früher. Das Gefühl überwältigte mich. Als sie mich eine nach der andere umarmten und fest drückten, ganz offensichtlich wussten doch alle Bescheid, stahlen sich ein paar Tränen in meine Augen. Ich weinte – aber zum ersten Mal seit langer, langer Zeit nicht mehr, weil ich allein, verloren, verzweifelt war, sondern vor Glück. Ich war wieder da. Und die anderen freuten sich mit mir.

Meine Schwester war schon zu Hause, als ich ankam, dieses

Mal deutlich später als üblich. Ab übernächster Woche würde sie für ein einmonatiges Projekt in München sein, erzählte sie. Ob sie währenddessen in meiner Wohnung unterkommen könnte? In München, quasi der Heimatstadt, im Hotel zu wohnen, wäre wohl ein wenig komisch, da stimmte ich ihr zu und drückte ihr den Zweitschlüssel, der bei meinen Eltern am Schlüsselbrett hing, in die Hand. Insgeheim war ich sogar ziemlich erleichtert: Caro würde dann auch noch eine Weile nach meiner Entlassung aus der Klinik bei mir übernachten. Damit würde mir der krasse Wechsel vom lebhaften Dreibettzimmer in der Klinik in meine doch sehr stille Wohnung leichter fallen, hoffte ich.

Wie immer an Allerheiligen war die ganze Familie vormittags in der Kirche, danach gab es bei der Oma ein riesiges Mittagessen: Suppe, Braten mit zweierlei Knödel, Blaukraut, Salat, Nachspeise. Ich kugelte nach Hause. Nachmittags, als Caro sich zurück auf den Weg nach Berlin gemacht hatte, setzte ich mich an meinen alten Schreibtisch, schnappte mir meinen Kalender und Stifte. Ich wollte meinen „Beschäftigungsplan" für die Wochen zwischen meiner Klinikentlassung und der Eingliederung schreiben, so, wie ich es meiner Therapeutin versprochen hatte. Aber wie stellte man das an? Bisher, wenn ich Urlaub oder Semesterferien gehabt hatte, war einfach jeder Tag anders gewesen. Nie hatte ich dann einen strukturierten Alltag gehabt. Alltag und Struktur hatte für mich immer auch Arbeit bedeutet.

Ich kritzelte ein wenig im Kalender umher, immer noch unschlüssig, wie ich am besten anfangen sollte. Schließlich zeichnete ich eine Art Stundenplan auf ein leeres Blatt, blätterte auf der Suche nach Inspiration durch die Seiten. Dabei stieß ich auf die Zeichnung meines Wunschkuchens, in dem ich in irgendeiner der vielen Therapien aufgemalt hatte, wie ich meine Zeit zwischen Freunden, Familie, Arbeit, Finanziellem, Gesundheit, etc. aufteilen wollte. Aus welchem Grund auch immer, wahrscheinlich hatte ich meinen Gruppenordner vergessen, hatte ich den damals in meinen Kalender gezeichnet. Genau jetzt, bemerkte ich, als ich das Diagramm vor mir betrachtete, stand ich an der vielleicht wichtigsten Schwelle: Was von dem, was ich in der Klinik gelernt hatte, was von dem, was sich in den letzten Monaten als hilfreich erwiesen hatte, wollte ich mit in meinen zukünftigen Alltag nehmen? Und was wollte ich aus meinem alten Alltag rausschmeißen?

Viele Dinge konnte ich ohnehin noch nicht fix planen, aber ich konnte mir erst mal ein Rahmenprogramm aufstellen, beschloss ich – ein Gerüst für jeden Tag, an dem ich mich schlimmstenfalls entlanghangeln konnte, das mir für jeden Tag den bestmöglichen Start bot, und es anschließend mit Sozialprogramm (also Leute treffen) und Beschäftigungsprogramm (die Liste mit den tausend Dingen) ergänzen. Ich schnappte mir einen Stift und begann, die ersten Lücken im Plan zu füllen:

Montags, mittwochs, freitags morgens laufen gehen. Das sollte bleiben. Erstens taten die Extra-Glückshormone morgens gut, zweitens wollte ich tunlichst verhindern, dass sich wieder Bewegungsmangel in meinen Alltag einschlich.

Dienstags, donnerstags morgens eine halbe Stunde Yoga. Es veränderte den Tag stark zum Positiven, hatte ich festgestellt, wenn ich mir morgens eine halbe Stunde Zeit für mich nahm, bevor ich auf mein Handy schaute und an das eigentliche Tagwerk ging. Apropos Yoga: Hanni und Marlene hatten mir eine Schnupperstunde in Hannis Studio in München geschenkt. Das würde ich auch direkt in der ersten Woche in Angriff nehmen, beschloss ich und schrieb Hanni eine Nachricht, um mich mit ihr für meine Schnupperstunde zu verabreden.

Weiter im Sport- und Entspannungsprogramm: turnen. Ich hatte wieder Zeit dafür. Also: Mittwoch und Freitag würde ich zu meinen Eltern fahren und abends turnen. Als ich die Trainingszeiten auf der Website checkte (die veränderten sich immer mal wieder um eine halbe Stunde), stellte ich außerdem fest, dass donnerstags Pilates angeboten wurde. Das trug ich auch gleich ein. Sollte ich bei meinen Eltern sein, würde ich hingehen.

Der Rahmenzeitplan stand – oder stopp. Nichts strukturierte eine Woche mehr als der Gottesdienst am Sonntag. Warum auch immer, ich kann es nicht erklären, es fühlt sich für mich einfach so an. Ich brauchte Struktur, die Gottesdienste taten mir gut, also: Ich wollte zumindest alle zwei Wochen sonntags in die Kirche.

Was ich sonst mit der vielen freien Zeit anfangen wollte, stand schon lange fest: das Gleiche, was ich in fast jeder freien Minute in der Klinik gemacht hatte: schreiben. Aber der Gedanke, den ganzen Tag allein am Schreibtisch zu sitzen, behagte mir nicht. Das würde nicht gut gehen, ich allein die ganze Woche in meiner Wohnung, das wollte ich nicht. Außerdem würden meine Eltern wohl bestimmt erwarten, dass ich auch zu Hause mithalf, da gab es immer etwas zu tun; bessere Beschäftigungstherapeuten hätte Frau Hilmer für mich bestimmt nicht ausfindig machen können. Wenn sie das nur früher gewusst hätte, dachte ich schmunzelnd. Da ich mittwochs und freitags ins Training gehen wollte, konnte ich die zwei oder drei Nächte zu Hause bei meinen Eltern bleiben. Jetzt, im Winter, stand die Waldarbeit an, mein Vater würde sich bestimmt freuen, wenn er da Hilfe hätte. Das war zwar eine anstrengende Arbeit – aber man war draußen, im Wald, und die Bewegung und die frische Luft taten gut. Also Montag bis Mittwoch in München, Donnerstag und Freitag zu Hause, Wochenende variabel.

Fehlte noch das Sozialprogramm für München. Die meisten Menschen, die ich in München kannte, waren schließlich tagsüber in der Arbeit und ich traute mir die klassischen „Auf ein Bier"-Verabredungen noch nicht zu. Wie stellte ich es also am besten an, nicht zu vereinsamen?

Meine Cousine fiel mir ein. Die war gerade in Elternzeit, mit ihren Kindern zu Hause, ich hatte sie auch vor meiner Einweisung schon ein paarmal besucht. Außerdem konnte ich mit Hanni vielleicht ein, zweimal die Woche mittags essen gehen. Caro würde ohnehin anfangs bei mir wohnen und nach der Arbeit heimkommen – das war, wie der Zufall es wollte, die beste aller Lösungen. Ich hatte meine Wohnung den ganzen Tag für mich, aber abends kam verlässlich jemand nach Hause, wenn ich nicht mehr rauswollte. Erst mal jedenfalls würde ich mich nur mit Leuten treffen, die mir definitiv gut taten, mit denen ich ohnehin Kontakt gehabt hatte in den vergangenen Wochen. An all die anderen Bekannten, Kollegen und Freunde, gerade an all jene, zu denen der Kontakt in den vergangenen Monaten irgendwie ziemlich verpufft war, wollte ich mich erst mal langsam herantasten. Wenn überhaupt wieder …

Ich betrachtete den fertigen Plan, er gefiel mir. Vor allem aber passte er perfekt zu meinem Wunschkuchen.

2. November

Seit drei Wochen etwa ist ein neuer Patient hier in der Klinik. Ich kenne ihn aus meiner letzten Burn-out-Stunde flüchtig. Er ist dreißig, also auch ziemlich jung, auch aus München. Ich habe mit Thomas bisher nicht viel zu tun gehabt. Er scheint zwar nett, aber nach wie vor reicht mir meine kleine Käseglocke mit Johanna und Lora völlig aus.

Johanna, die selbst an ihren schlechtesten Tagen noch deutlich kontaktfreudiger ist als ich, war es schließlich, die mir erzählte, dass am Montagabend der Film von Thomas' Weltreise gezeigt würde. Genau genommen war es eine zweiteilige, mit Musik hinterlegte

Diashow. Ich hatte keine Lust darauf, aber nachdem ich ohnehin nichts Besseres zu tun hatte und es Johannas letzte Woche war, ließ ich mich schließlich überreden.

Auch wenn die Show keinem filmischen oder fotografischen Meisterwerk entsprach, bin ich nun doch froh, mitgegangen zu sein. Ganz besonders die Fotos von den Orten, an denen ich selbst schon gewesen bin, ließen unzählige Erinnerungen aus meinen Schubladen purzeln. Erinnerungen an Menschen, an Momente, an Orte, aber vor allen Dingen an zwei wunderbare, überwältigende Gefühle: das der unendlichen Freiheit, das sich bei mir einstellt, wenn ich mehrere Wochen ohne jeden Zwang, ohne jedes Ziel, völlig unabhängig unterwegs bin. Und das atemberaubende Glücksgefühl, das mich immer überfällt, wenn ich unvermittelt feststelle, dass ich gerade Dinge sehe und erlebe, die ich mir nie hätte träumen lassen.

Als kleines Kind zum Beispiel haben mich die kleinen versteinerten Seesterne auf dem Kaminsims meines Onkels völlig fasziniert. Lange vor Spongebob war ein Seestern etwas, das ich mir kaum vorstellen konnte: ein Stern, der eigentlich so etwas wie ein Fisch ist und im Meer schwimmt? In einem Meer, das noch viel größer ist als das größte Gewässer, das ich bis dahin kannte, dem Gardasee? Und dann stand ich plötzlich, ein gutes Jahrzehnt später, in Neuseeland am Strand – und direkt vor mir grub sich ein Seestern aus dem Sand. Dan, der Kanadier, mit dem ich unterwegs war, hob ihn fast schon achtlos vom Strand auf und setzte ihn mir auf die Hand. Ich selbst hätte mich das nie getraut. Dan hatte zu Hause schon Tausende solcher winziger Seesterne gesehen, nur handtellergroß – in meinen Augen aber war dieser kleine Seestern etwas ganz Besonderes. Ich bestaunte nicht nur den ersten echten Seestern, den ich in meinem ganzen Leben sah. In dem kleinen, orange-roten Tierchen kristallisierten sich in diesem Moment zweitausend überwundene Unmöglichkeiten und Unwahrscheinlichkeiten. Nie im Leben hätte ich mir als Achtjährige, mit dem versteinerten Seestern in der Hand bei meinem Onkel im Wohnzimmer, träumen lassen, dass ich tatsächlich einmal einen lebendigen, echten Seestern berühren würde. Und schon gar nicht am anderen Ende der Welt.

Thomas hatte zwar keinen Seestern fotografiert. Aber den Ayers Rock. Und Affen. Den Panamakanal Kakaoplantagen. Und den Zuckerhut in Rio de Janeiro. Nach einer Weile brauchte ich gar keine fremden Bilder mehr, um all die besonderen Momente im Kopf zu haben, die unter den vielen schönen Momenten, die ich unterwegs erlebt hatte, herausstachen. Ich sah die gleiche Diashow wie alle anderen in diesem Raum – und doch meine ganz eigene.

Am Ende der großen Fragerunde im Anschluss, bei der allerlei Dinge gefragt wurden wie – „Was kostet das?" – „Ist das nicht gefährlich?", brannte mir eine Frage auf der Zunge, die die Diashow wieder aufgeworfen hatte: Wenn ich mich im vergangenen Winter einfach getraut hätte, alles hinzuwerfen, die frische Beziehung zu riskieren, zu kündigen, um endlich auf die lang ersehnte Weltreise zu gehen – hätte ich mir dann die letzten vier, fünf Monate erspart? Eigentlich war sie allein durch Thomas' Anwesenheit schon beantwortet ... Ich musste es trotzdem wissen.

„Wann warst du denn unterwegs? Ist das schon länger her?", fragte ich ihn schließlich, als alle anderen, auch Johanna, gegangen waren.

„Letztes Jahr. Ich war noch nicht einmal ein halbes Jahr wieder zurück, als es mich wieder eingeholt hat", antwortete er langsam, ohne dass ich genauer nachgefragt hatte. „Das halbe Jahr unterwegs war wunderbar, es war toll, mir ging es so gut ... Aber es waren eben auch einfach alle meine Probleme weit, weit weg. Zurück zu Hause – es verändert sich ja nicht plötzlich alles, nur weil du weg bist. Ich habe dann auch noch bei meiner alten Firma wieder angefangen. Na ja. Und dann waren die ganzen Symptome schnell wieder da."

Weglaufen ist keine Lösung. Manchmal verschafft es einem vielleicht die Zeit, die man braucht, um sich neu zu sortieren. Verschafft einem den Abstand, den man braucht, um neue Perspektiven einzunehmen. Aber einfach weglaufen und hoffen, dass sich allein dadurch *alles ändert, funktioniert nicht. Wenn ich es nicht schaffe, meine Probleme zu lösen, mit mir und meinem Leben im Reinen zu sein, kann ich laufen, so weit ich will. Ich werde mich trotzdem selbst nie loswerden. Egal wie weit ich laufe – ich laufe immer mit.*

FEIERABEND

Es war ein langer Tag gewesen, mein Kopf meldete sich wieder. Also ließ ich die anderen allein, die in einer kleinen Couchecke fasziniert Thomas' langen Reisegeschichten Teil zwei lauschten, und ging in mein Zimmer. Es war ohnehin schon neun.

7. November, abends

Die schwer bis leicht depressiven Zustände sind endlich wieder weg und ich habe das Gefühl, dass sie nun auch weg bleiben. Ich bin vielleicht nicht hyperaktiv und überdreht, aber ich habe Antrieb und halte mich definitiv im positiven Bereich.

Schneller, als ich schauen kann, bin ich dann aber wieder im alten Kreislauf: Ich habe Energie. Also will ich etwas tun. Das fühlt sich toll an, so lebendig. Ich mache also weiter, suche mir vielleicht sogar eine zweite, neue Beschäftigung. Und dann, von einer Minute auf die andere, macht mein Kopf zu, ich rausche wieder in einen Mini-Burn-out.

Ich will ganz, ganz sicher nicht noch einmal zurück und auf der untersten Treppenstufe rumkrebsen. Und so sehr ich mich freue, wieder da zu sein, wieder ich zu sein und bald wieder in mein eigenes Leben zurückkehren zu können: Ich werde das Gefühl nicht los, dass es noch nicht vorbei ist, sondern dass mich der schwerste Teil des Wegs erst noch erwartet.

Ich fühle mich wohl und bin ausgeglichen, wenn ich ein gewisses Niveau an Aktivität und sozialen Kontakten habe. Jedes Zuviel, aber auch jedes Zuwenig rächt sich spätestens am nächsten Tag. Bei

diesem Drahtseilakt unterstützen mich keine Medikamente, das kön-
nen auch kein Arzt und kein Therapeut. Das muss ich ganz allein
austarieren.

ENDLICH

Nur noch eine Woche und zwei Tage in der Klinik für mich,
letzter Tag für Johanna. Sie wollte keine Abschiedsparty, dazu
war sie nicht imstande. Im Gegensatz zu mir hatte sie sich in
den letzten Tagen nicht gefangen. Stattdessen rauschte sie immer noch weiter bergab. Immerhin, ein Stückchen Trost: Sie
besaß zu Hause ein gutes Netzwerk an Ärzten, hatte Familie
und Freunde, die sie unterstützten. Und wenn ein halbes Jahr
Klinikaufenthalt nicht weiterhalf, würde vielleicht die Veränderung, endlich wieder zu Hause zu sein – bei den geliebten
Nichten und Neffen, bei den Tieren, ihrem Freund und der Familie – die bessere Medizin sein, so hoffte sie, und ich hoffte es
auch. Ich machte mir Sorgen. Johanna so elend zu sehen war
kein Spaß – aber mehr, als auf ihren eigentlich unverwüstli-
chen Optimismus und ihren Lebensmut zu vertrauen, blieb
auch mir nicht.

Wir hatten am Nachmittag eine letzte gemeinsame heiße
Schokolade in der Cafeteria getrunken, waren nochmal eine
große Runde spazieren gegangen und schließlich hatte ich ihr
geholfen, das Gepäck ins Auto zu tragen. Danach hatten wir
eine abendliche Verabredung – mal ausgenommen die sehr
sporadischen Besuche von außerhalb, für mich die allererste
überhaupt, seit ich in der Klinik war. In Johannas Gruppe war
vergangene Woche ein Neuzugang aufgetaucht, ein Musiklehrer. Das hatte sich selbst für Klinikverhältnisse ziemlich
schnell herumgesprochen und so trafen wir uns am Abend im
großen Saal, in dem das Klavier stand, zum Singen. Vor Wochen, beim Autofahren, hatte ich schon festgestellt (und dann

durch mein kluges Yogabuch schriftlich bekommen), dass mir das Singen unglaublich guttat. Wenn ich sang, verschwand die Angst. Es war, als ob das Singen einen Schalter umlegte: Wenn die Sophie singt, muss mein Unterbewusstsein gedacht haben, dann kann es doch gar nicht so schlimm sein.

Wir waren schließlich ein kleiner, aber feiner Chor von zehn Sängerinnen und Sängern, gewürzt mit Johannas faszinierendem Talent, zu jedem, aber wirklich jedem Lied aus dem Stegreif die zweite Stimme singen zu können, und stimmten ein Lied nach dem anderen an. Der Klavierlehrer legte sich ins Zeug, verlangte dem alten Holzding mehr ab, als es eigentlich noch zu bieten hatte, von links nach rechts über die gesamte Klaviatur, er bot Soli und Übergänge, als gelte es, eine Hochzeitsgesellschaft die ganze Nacht auf den Beinen zu halten. Von Beatles-Klassikern über „Country Roads", von „Abenteuerland" bis hin zu „Ein kleiner, grüner Kaktus": Als unser Pianist mit seinen nahtlosen Medleys durch war und sich jeder sein Lieblingslied gewünscht hatte, lachte Johanna schon fast wieder. Nach anderthalb Stunden mussten wir den Saal räumen, da wirkte sie so fröhlich wie zuletzt vor drei Wochen, es war unglaublich schön, sie so zu sehen. Auch insgesamt herrschte geradezu ausgelassene Stimmung, heiter, laut, es wurde gescherzt und gelacht – so, wie ich es seit Monaten nicht mehr erlebt hatte. Und dieses Mal machte mein Kopf endlich mit. Obwohl es wieder ein langer, voller Tag gewesen war, meldete er nicht: Zeit fürs Bett, Sophie!

Johanna verabschiedete sich in ihr Zimmer und ich ging zum allerersten Mal, seit ich hier war, noch mit den anderen in die Cafeteria. Ich hatte tatsächlich Lust drauf. Der Musiklehrer, der Weltreisende und noch jemand, den ich nicht kannte, suchten einen vierten Mitspieler für ihre abendliche Kartenrunde. Sie wollten Watten – wie lange hatte ich das schon nicht mehr gespielt? Dieses typisch bayrische Kartenspiel hatte mein Vater mir und meiner Schwester beigebracht, sobald wir halbwegs die Karten festhalten konnten. Oh ja, ich konnte watten – und wie: Der Musiklehrer und ich gewannen die ersten beiden Spiele haushoch, erst als die Partner getauscht wurden, geriet meine Siegesserie ins Wanken. Die ausgelassene Stimmung hielt den ganzen Abend an, fröhlich wie lange nicht saß ich mittendrin. Die Lautstärke in der Cafeteria (wir waren nicht der einzige Tisch, an dem es so hoch herging), störte mich lange Zeit gar nicht. Erst gegen zehn, nach fast zwei Stunden, meldete sich mein Kopf dann doch, mit dem üblichen Völlegefühl. Aber ganz egal: Der Abend war toll gewesen! Und ich war mit einem Mal sehr zuversichtlich, dass ich Johannas Abschied diesmal nicht nur überstehen würde wie in der Psychiatrie, sondern dass es sogar eine schöne letzte Woche werden würde. So wie die meisten anderen von Anfang an konnte ich nun endlich auch: das Klinikleben genießen.

PROJEKT ZUKUNFT

Diesmal fiel der Abschied von Johanna nicht ganz so unspektakulär aus wie in der Psychiatrie vor neun Wochen. Wir wussten schließlich nicht, wann wir uns wiedersehen würden. Vielleicht war es tatsächlich das letzte Mal, dass wir uns umarmten, wer wusste das schon? Mit gemischten Gefühlen drückte ich sie ein letztes Mal fest.

Am Abend, nach der Kunsttherapie – ich hatte eine sogar halbwegs ansehnliche Katze getöpfert, und nein, die war sicher nicht fett, die hatte nur ein verdammt dickes Fell – setzte ich mich einmal mehr an den kleinen Tisch in meinem Zimmer. Diesmal schnappte ich mir aber weder mein Tagebuch noch den Laptop, sondern ein Notizbuch. Erste Amtshandlung: Ich schrieb „Projekt Zukunft" auf das Schildchen auf dem grauen Buchrücken. Wieder ins Leben zu finden, zu arbeiten und dann zu reisen – und das Auf-der-Welt-sein einfach zu genießen, das stand bereits. Was aber sollte danach kommen?

Die Tatsache, dass ich mit sage und schreibe 27 (bzw. mittlerweile 28) schon den ersten (und hoffentlich letzten!) Burnout absolvierte, hatte immerhin einen unsagbar großen Vorteil: Ich war jung, an mir hing nichts und niemand. Ich schmiss kein jahrzehntelanges Studium vor die Hunde, kein mühsam gesammeltes Know-how, keine eigene Familie mit Mann und Kindern, kein Haus und keine Schulden belasteten mich, niemand hatte irgendeinen Anspruch. Wenn ich es wirklich wollte, hatte ich im Moment die besten Voraussetzungen, noch mal von vorn zu beginnen, mich neu zu erfinden, Tabula rasa. Ich startete das „Projekt Zukunft" mit einem Brainstorming und listete erst mal alles auf, was mir in den letzten Monaten zwischen den Tornados so alles durchs Gehirn gewandert war:

1. Physiotherapeutin
2. Schriftstellerin
3. (freie) Texterin
4. Marketing/Sponsoring/Interne Kommunikation
5. Journalistin
6. Life Coach
7. Yogalehrerin
8. Sprachtherapeutin (hört sich gut an, aber ich muss noch herausfinden, was die eigentlich machen ...)

Dann begann ich systematisch, Punkt für Punkt, meine Wünsche mit dem abzugleichen, was ich über die Jobs wusste oder googeln konnte. Außerdem wollte ich herausfinden, wie man denn überhaupt Physiotherapeutin, Life Coach oder Yogalehrerin werden konnte. Damit war ich den ganzen Abend beschäftigt. Ich war mir nicht sicher, ob mein Bauchgefühl das Internet und meine Recherche überlistete oder ob es tatsächlich einfach am besten passte: Die Tendenz meiner Mindmaps und meiner Intuition neigte sich ziemlich klar in Richtung Physiotherapie.

5. November

Nach Wochen und Monaten ohne jeden Termin bin ich jetzt schon fast wieder „busy": Morgen, am Freitag, ist der Termin für den Abdruck meiner Beißschiene in München. Am Samstag soll das Wetter schön werden. Ich durfte am letzten Wochenende nicht nach Hause, also habe ich mir ein letztes Mal den See vorgenommen. Am Sonntag will ich mich zum ersten Mal wieder mit zwei meiner liebsten Kollegen treffen, wir wollen zusammen eine Fotoausstellung besuchen. Am Montagabend ist der Abschied einer meiner Tischkolleginnen. Am Dienstag soll ich die Beißschiene in München abholen, abends ist eine erneute Runde Watten fest eingeplant. Mittwoch dann sämtliche Abschlussuntersuchungen und am Donnerstag um 9:15 Uhr das Entlassungsgespräch. Und zwischendrin: packen und alles für zu Hause vorbereiten.

Zurück in die Realität. Oder zumindest eine Vorstufe davon.

SCHMALE PFADE UND BREITE AUTOBAHNEN

Am Nachmittag saß ich schließlich zum vorvorletzten Mal auf einem der orangefarbenen Stühle vor der orangefarbenen Tür und wartete, bis Frau Hilmer mich zum Einzelgespräch hereinrief.

Endlich erschien Frau Hilmer, ich war schon ein wenig ungeduldig geworden. Als ich mich an meinem angestammten Platz gesetzt hatte, bemerkte sie, wie gut ich aussähe, und wollte wissen, ob ich mich auf zu Hause freute.

„Sehr", bestätigte ich aus tiefstem Herzen. „Ich bin wieder

da, ich weiß wieder, wer ich bin und was ich will. Es ist Zeit, zu gehen. Ich will in mein Leben zurück."

Anhand meines Beschäftigungsplans erklärte ich ihr ausführlich, wie ich mir meine Tage vorstellte, und erzählte auch vom neuen „Projekt Zukunft". Sie war wunderbarerweise mit allem einverstanden.

„Zwei Erstgespräche mit Therapeuten habe ich mittlerweile vereinbart, mit meiner Personalerin werde ich dann in der ersten Woche gleich sprechen, und zu meiner Allgemeinärztin muss ich ohnehin am ersten Tag nach der Entlassung wegen der Krankschreibung", ergänzte ich. „Und wenn mir dann immer noch langweilig werden sollte: Sie können ganz sicher sein, dass meine Eltern irgendeine Aufgabe für mich finden. Bessere Beschäftigungstherapeuten gibt es nicht."

„Das hört sich alles gut durchdacht an", bestätigte Frau Hilmer und hakte nach, ob ich nur Ersttermine bei den Therapeuten vereinbart hätte oder ob sie tatsächlich ab sofort Kapazitäten für eine Therapie frei hätten.

Ich schaute wohl etwas zu verwundert. Es war schwer genug gewesen, diese beiden Termine zu bekommen. In München gab es gefühlt Tausende von Psychotherapeuten, aber um bei einem von ihnen einen Termin zu bekommen, brauchte man trotzdem Glück oder eine Menge Geduld. Ich hatte nicht nur diese zwei Therapeuten kontaktiert, sondern wohl an die dreißig. Und nun bedeutete ein Ersttermin noch nicht einmal, dass die Therapeuten einen kontinuierlichen Therapieplatz anbieten konnten?

„Ich weiß es ehrlich gesagt nicht", antwortete ich verdutzt.

Da die von mir kontaktierten Therapeuten das nicht extra erwähnt hatten, beruhigte mich Frau Hilmer. In Notfällen könnte ich mich in der ersten Zeit zu Hause auch noch an sie wenden.

Die restliche Stunde setzten wir die Arbeit von Dienstag fort und stellten eine Übersicht an Situationen fertig, die bei mir bestimmte Muster und Bewältigungsmechanismen triggerten. Wie fast alles, was in den Gruppen und in der Einzeltherapie in den letzten drei Monaten bearbeitete wurde, zielte auch diese Analyse auf die kognitive Umstrukturierung meines Gehirns ab. Wenn mich meine bisherigen eingefahrenen Mechanismen bis in die Psychiatrie gebracht hatten, war es dringend an der Zeit, diese abzuändern. Die Therapeuten hatten mir geholfen, störende Muster ausfindig zu machen. Für die eigentliche Arbeit war ich nun ganz allein zuständig: Ich musste dranbleiben und alles Gelernte auch wirklich in die Tat bzw. in Gedanken umsetzen und beibehalten.

Möglich macht eine solche Umstrukturierung die sogenannte neuronale Plastizität: Das Gehirn besitzt die Fähigkeit, sich selbst an neue Voraussetzungen oder Anforderungen anzupassen. Nervenbahnen, die wir nicht nutzen, verschwinden mit der Zeit wie ein selten begangener schmaler Pfad im Gras, den man irgendwann kaum noch findet. Was wir oft gebrauchen, nimmt dagegen immer mehr Raum in unserem Gehirn ein, die zugehörigen Nervenbahnen werden breitgetreten und sind somit schneller ansteuerbar.

Die Neuroplastizität ist eine wunderbare Eigenschaft: Sie ermöglicht es dem Gehirn zum Beispiel, sich von einem Schlaganfall zu erholen, und sie ermöglicht es mir, mich aus der Depression, aus quälenden Mustern zu lösen. Diese Anpassung des Netzwerks passiert ständig und automatisch, mit jedem Gedanken und jeder Bewegung. Das Gehirn unterscheidet dabei leider nicht, ob es gerade etwas Gutes oder Schlechtes lernt. Mit jedem negativen Gedanken, den ich im Kreis drehe, werden negativ besetzte Nervenbahnen gestärkt. Mit jeder Wiederholung verankert sich eine schlechte Gewohnheit noch tiefer im Kopf. Wenn ich also ständig negativ denke, alles schwarzsehe – dann lasse ich mich nicht nur im Moment herunterziehen, sondern ich verstärke damit auch noch all die schwarzen depressiven Bahnen in meinem Kopf: Der Teufelskreis ist geboren. Eine einzige Instanz hat die Macht, hier Kontrolle auszuüben: ich selbst.

Gedanken, die ich nicht mehr denken will, darf ich nicht mehr in meinen Kopf lassen. Handlungsmuster, von denen ich mich nicht mehr regieren lassen will, darf ich nicht mehr ausführen. Ängste, die ich nicht mehr haben will, muss ich in die Schranken weisen. Ich allein habe es in der Hand.

8. November

Heute Nachmittag war ich mit zwei Kollegen in München unterwegs. Im Foyer der Versicherungskammer Bayern haben wir eine Fotoausstellung besucht und sind dann ein bisschen an der Isar entlanggeschlendert. Ich habe mich gefreut, die zwei nach einer gefühlten Ewigkeit wiederzusehen, und es war wirklich ein schöner Nachmittag. Trotzdem: Ich fühlte mich irgendwie fremd in der Stadt.

Ich hatte den Eindruck, dass ich alles um mich herum anders wahrnehme als die beiden. Ich brauchte mehr Zeit, um die Fotos, all die Sinneseindrücke zu verarbeiten, die auf mich einstürmten. Ein bisschen wie ein Kind, das von für Erwachsene selbstverständlichen Dingen fasziniert ist. Ich verhielt mich vorsichtiger, war etwas mehr auf der Hut als die zwei. Das alles – München – war einfach nicht mehr selbstverständlich, mein Ausflug vielmehr ein vorsichtiges Herantasten an die Normalität. Ich war nur Zaungast. Zaungast der Normalität.

Andererseits: Auf dem Rückweg in die Klinik habe ich heute die schwarzen Mäuse gesehen. Die, die am Münchner Hauptbahnhof zwischen den S-Bahngleisen hin- und herwuseln. Kleine schwarze Mäuse, die man zwischen den fast genauso großen und genauso schwarzen Steinen, mit denen das Gleisbett aufgefüllt ist, kaum erkennt. Wenn wir früher als Kinder mit Mama zum Einkaufen in München waren, hatten Caro und ich immer einen Heidenspaß

daran, diese schwarzen Mäuse zu suchen und zu beobachten. Vier
Jahre habe ich in München gewohnt und nicht ein einziges Mal eine
Maus entdeckt. Ich hatte wirklich gedacht, dass es die einfach nicht
mehr gibt. Dabei hatte ich sie einfach nicht gesehen, weil ich schlicht
nicht die Zeit und die Muße fand, genau genug hinzuschauen.

Es liegt noch ein langer Weg vor mir. Aber vielleicht muss ich ihn
auch gar nicht ganz gehen, bis dorthin, wo alle anderen sind. Viel-
leicht will ich stattdessen auch in Zukunft noch die Mäuse sehen.

BIS INS HERZ

Am Montag war mal wieder ein „Pause"-Tag, mein Gehirn
benötigte eine Auszeit. Abgesehen von einem kleinen Spaziergang und zwei Stunden Kunsttherapie verbrachte ich ihn le-
send im Bett, und zwar von früh bis spät. Das Buch war spannend, meine Laune eher mies, aber immerhin nicht ganz im
Keller. Ich brauchte diese Ruhetage offensichtlich immer noch,
das mit dem Auspendeln zwischen „nicht zu viel" und „nicht
zu wenig tun" klappte noch nicht zu hundert Prozent.

Am Dienstag begann mein Abschiedsreigen mit einem Termin bei der Basisdokumentation. Ich beantwortete noch einmal genau dieselben Fragen wie bei meiner Ankunft, offenbar
ein Vorher-Nachher-Vergleich. Am späten Nachmittag fand
schließlich das vorletzte Therapiegespräch mit Frau Hilmer
statt. Auch sie begann eine Art Abschiedsrunde: Sie fasste die
vielen Details und einzelnen Trigger, die wir in den letzten
drei Monaten gemeinsam erarbeitet hatten, in zwei einfachen
Schemata zusammen.

Mittlerweile bekäme ich es tatsächlich ab und zu hin, mich
selbst zu beobachten, erzählte ich stolz: „Ich meine, ich er-
kenne tatsächlich, wenn ich nach einem Automatismus rea-
giere. Aber meistens erst hinterher, wenn es schon zu spät ist."

„Das ist doch schon der erste Schritt. Das wird Ihre Aufgabe

327

für die ambulante Therapie sein: das, was Sie hier gelernt haben, umzusetzen. Ein Schema möchte ich mit Ihnen dazu noch erarbeiten, das an die MindMap von letzter Woche anknüpft."

Sie stand auf, nahm sich einen Stift und zog drei ineinanderliegende, größer werdende Kreise auf dem Whiteboard.

„Mir ist in den letzten Monaten eines aufgefallen: Sie sagen von sich selbst, dass Sie jemand sind, der meistens gut gelaunt ist. Das hat man auch hier in der Therapie gemerkt, das macht Sie sympathisch, das lässt Sie vor allen Dingen leichter durchs Leben gehen. Aber: Es gibt bei Ihnen kaum Zwischenstufen, keine Grauzonen. Entweder Sie sind hier", sie malte einen kleinen lachenden Smiley in die Mitte des innersten Kreises, „oder ganz, ganz weit entfernt davon. Hier ungefähr", dabei tippte sie mit dem Stift deutlich außerhalb des größten Kreises auf das Board. „Sie sind in der Regel entweder gut gelaunt oder schlecht. Ganz selten gibt es bei Ihnen Abstufungen davon. Das Absetzen der Mirtazapin und die einzelnen Therapieschritte haben das in den vergangenen Wochen natürlich verstärkt, das ist mir klar. Aber nach dem, was Sie erzählen, traf das bereits in der Vergangenheit zu. Sie müssen lernen, Grauzonen zuzulassen. Zwischenstufen, Abstufungen, wie auch immer Sie es nennen mögen. Es gibt mehr als gute und schlechte Stimmung. Es gibt eine ganze Palette von Stimmungsfarben. Können Sie mir folgen?"

Ja, das konnte ich. Und ich konnte die Theorie, wie es hier immer so schön hieß, annehmen. Die Entdeckung der Grauzonen, dachte ich, oder lieber: der Stimmungsfarben. Und nahm mir fest vor, das im Hinterkopf zu behalten.

„Eines noch", Frau Hilmer zeichnete ein kleines Herz auf die bisher unbemalte Hälfte der Tafel. „Das sind Sie, hier versteckt sich Ihre Persönlichkeit. Sie sind sehr offen, Sie stecken sehr viel von sich – Herzblut, Leidenschaft und Engagement – in das, was Sie tun: in Ihre Arbeit, in Beziehungen. Das zeichnet Sie aus, das macht Sie besonders. Aber", und nun zog sie einen weiten Kreis um das Herz herum, „arbeiten Sie daran, nicht alles bis an Ihr Innerstes", sie deutet auf das kleine Herz in der Mitte, „heranzulassen. Das bedeutet nicht, die Schutzmauer dicker zu bauen, sich dahinter zurückzuziehen und alles abzublocken. Erarbeiten Sie sich auch hier eine Grauzone: Selbst wenn Sie viel geben, heißt das nicht, dass Sie alles, was zurückkommt, auch in Ihrem Innersten annehmen müssen. Bei positiven Dingen ist das schön, da bestärkt es Sie. Aber es kommt eben auch Negatives zurück, wie Verletzungen oder Enttäuschungen. Lassen Sie nicht zu, dass jeder Angriff Ihr Innerstes trifft."

Sie malte ein etwas größeres Herz um das kleinere. „Es gibt auch hier sehr, sehr viele Grauzonen zwischen Etwas-berührt-mich-nicht und Etwas-trifft-mich-bis-ins-Mark."

Schnell schraffierte sie die große Zone zwischen äußerem Herz und dem Kreis. „Der Raum, den Sie für die Dinge haben, die von außen an Sie herankommen, ist weit. Nutzen Sie ihn."

Das dicke Fell der gar-nicht-fetten Katze, fiel mir plötzlich ein. Das dicke Fell, in dem sich der Schmutz verfängt. Die Wärme, das, was ich geben will, dringt trotzdem nach außen. Aber der Schmutz bleibt im Fell hängen. Ich nickte.

„Danke", sagte ich nur.

„Ihr Weg ist noch nicht zu Ende, Sie haben noch eine Menge Arbeit vor sich", schloss die Therapeutin. „Die schwierigsten Schritte aber haben Sie geschafft."

Dann trug sie mir eine allerletzte Aufgabe auf: Ich sollte bis zu unserer letzten Stunde überlegen, was das Wichtigste war, das ich während meines Aufenthalts gelernt hatte und mit nach Hause nehmen würde.

Beschwingt und gut gelaunt verließ ich das Büro. Es blieb noch ein wenig Zeit bis zum Abendessen. Danach war ich zum Kartenspielen verabredet – ein letztes Mal.

Meine Augenringe sind wieder weg. Mein Gesicht sieht beinahe schon komisch aus ohne sie. Und das, obwohl ich nach wie vor sehr unruhig schlafe – Penelopes Schnupfen wird immer stärker. Egal, zwei Tage noch. Ich bin wieder bereit für mein Leben. Endlich wieder zurück! Ich freu mich so!

GLÜCKSTRÄNEN

Die Sonne schien zu meinem Abschied, der Himmel war strahlend blau. Meine beiden Mitbewohnerinnen waren bereits unterwegs, als ich aufwachte. Ich machte mich fertig und packte die letzten Sachen zusammen. Voll beladen trug ich die Sachen zum Auto. Es hatte über Nacht gefroren, keine Ahnung, ob es das erste Mal war – jedenfalls war es das erste Mal, dass es mir in diesem Jahr auffiel.

Als ich vor drei Monaten in der Psychiatrie ankam, hatte es fast vierzig Grad im Schatten gehabt, alles war verdorrt gewesen, ich hatte Shorts, ein dünnes Shirt und Flip-Flops getragen. Zu meinem Abschied aus der Klinik trug ich Winterschuhe, Jeans, einen Pulli, darüber eine Daunenweste und einen Schal. Nur vier Grad, ich musste das Auto freikratzen. So viel Zeit war verronnen.

Danach ging ich ein letztes Mal in den Speisesaal, frühstücken. Ich entdeckte ein kleines Geschenk auf meinem Platz, einen kleinen Engel-Anhänger mit einem selbst geschriebenen Kärtchen von einer meiner Tischkolleginnen:

Zeig dem Leben, was in dir steckt!

Es fühlte sich wirklich komisch an, zu gehen. Auch wenn ich hier, abgesehen von den letzten Tagen, sehr zurückgezogen gelebt hatte: Ich nahm dennoch vieles, sehr vieles von den anderen mit, hatte ihre Lebensgeschichten im Gepäck. Darunter fanden sich oft heftige Erlebnisse, ganz anders als meine eigenen, und nicht nur einmal hatte ich mich gefragt, wie man es schaffte, bei solch einer Vergangenheit noch so normal zu sein und keinen größeren Schaden abbekommen zu haben. Doch gerade diejenigen, die das Leben am schlimmsten erwischt hatte, waren meistens dieselben, die die größte Zuversicht und den größten Optimismus verbreiteten.

Ich verabschiedete mich schließlich endgültig von meinen Tischnachbarinnen und ging ein allerletztes Mal zur Medizinischen Zentrale. Dort bekam ich eine doppelte Tagesration Tabletten, für den Entlassungs- und den morgigen Tag.

Der Abschied von Lora und Penelope fiel traurig aus. Ich hatte die beiden wirklich lieb gewonnen. Lindt-Pralinen, kleine „Goldstückchen", hatte ich für die beiden besorgt – das passte einfach. Ebenso für unsere Putzfee, die immer fröhlich, mit einem offenen Ohr und einem lockeren Spruch ihre Arbeit verrichtet und so manchen wolkenverhangenen Tag aufgehellt hatte. Ich hatte doch noch mehr zu tun als gedacht und war plötzlich beinahe schon gestresst – um 9:15 Uhr sollte das Abschlussgespräch stattfinden und ich wollte mich noch von einigen Leuten verabschieden. Meine Schlüsselkarte musste ich abgeben – ich war seit dem Frühstück bestimmt zehnmal in den dritten Stock und wieder nach unten gelaufen, bis ich schließlich alles dort hatte, wo es hinsollte. Gerade rechtzeitig setzte ich mich zum letzten Mal auf einen der orangefarbenen Stühle im Wartebereich vor der orangefarbenen Tür im Keller.

Abschlussgespräch. Wie die Zeit verfliegt. Die Liste mit den Dingen, die ich aus der Therapie mitnahm, war lang geworden. Ich hatte in den vergangenen Monaten sehr, sehr viel gelernt. Über Psychologie im Allgemeinen, aber ganz besonders über mich. Warum ich so war, wie ich war; wie ich unsinnige Muster umstrukturieren konnte; das BEATE-Konzept würde wohl mein neues Lieblingsspielzeug; die Bekanntschaft mit der Amygdala war höchst erfreulich. Die Gegenüberstellung der beiden Computertests fiel sehr positiv aus – ich wies kaum noch Merkmale einer Depression oder Angststörung auf – und ich merkte der Therapeutin an, wie sie sich darüber wirklich freute. Wir gingen gemeinsam den langen und ausführlichen Arztbrief durch, den die weiterbehandelnden Ärzte und Therapeuten erhalten würden. Zum Abschied überreichte ich ihr, wie schon Lora und Penelope zuvor, ein Schächtelchen mit Lindt-Goldstücken. Dann war es vorbei. Zum Abschied bat sie mich noch, ihr doch nächstes Jahr zu schreiben, wie es mir ginge, wo mein Weg mich hingeführt hätte.

Nun also würde ich tatsächlich gehen. Es war kaum zu glauben.

Ich verabschiedete mich noch vom Klavierlehrer und meinem Wattpartner. Dabei begegnete ich noch einmal Rosa, unserer Putzfrau.

„Auf Wiedersehen!", rief ich ihr zu.

„Na hoffentlich nicht!", kam es prompt retour.

Als das große rote Gebäude und die Schafe, die immer noch auf der Wiese weideten, schließlich im Rückspiegel immer kleiner wurden, standen mir Tränen in den Augen. Ich konnte und wollte sie nicht zurückhalten. Langsam rollte der Wagen die Straße entlang, vorbei an den mittlerweile vertrauten Einfamilienhäusern, in Richtung Autobahn. Ich weinte. Vor Glück. Vor Erleichterung. Vor Freude. Mir ging es wieder gut. Ich wusste wieder, wo ich hingehörte und wer ich war. Nach fast drei Monaten kehrte ich nach Hause zurück.

Ich war endlich wieder ich.

ZURÜCK

November 2015 bis September 2016

Ich bin hier fremd,
an mir ziehen abgefuckte Tage vorbei.
Und ich weiß, mein Glück wartet, wenn,
dann nur ganz weit da draußen.
(Ansa Sauermann, Reise)

WIEDER DA

Das Glücksgefühl trug mich bis nach München. Ich genoss diese Fahrt, sog die Landschaft rechts und links von mir regelrecht auf, erst den Blick auf den See und die mittlerweile wohlbekannten Felder und Dörfer, dann die Vororte und schließlich die Stadt.

Ich bin wieder da, freute ich mich. Ich bin zurück.

Es war ein sehr besonderes Gefühl, nach über drei Monaten wieder die eigene Haustür aufzusperren, meinen eigenen Briefkasten zu leeren. Es war ein Feiertag für mich, voller Glück, Stolz, Erleichterung und Vorfreude – ich fand kein Wort, das dieses Gefühl beschreiben konnte. Leichtfüßig lief ich nach oben und öffnete schließlich auch die weiße Wohnungstür, auf der ein kleines goldenes Schild mit meinem Namen prangte. Da war sie: meine Wohnung. Mit meinem Bett. Meinem Tisch, meinen Büchern, meiner Bettwäsche, meinem Fernseher, meiner kleinen Stereoanlage. Meiner Orchidee. Nur eine kleine Einzimmerwohnung. Aber sie gehörte mir. Und ich hatte sie ganz allein für mich, das war mein Reich. Meins.

Fast zumindest. Vor dem Bett lagen zwei verzwirbelte schwarze Socken – meine Schwester war doch vorübergehend bei mir eingezogen, das hatte ich vor lauter Wiedersehensfreude glatt vergessen. Caro war aber gerade arbeiten und bis sie Feierabend hatte, würde ich meine Wohnung ganz für mich alleine haben. Als wären die 38qm ein osmanischer Palast, schritt ich sie langsam ab. Ließ den Zeigefinger über die Buchrücken in den Regalen gleiten, strich über meine Bettdecke. Draußen vor dem Fenster, in den beiden hohen Tannen, saßen wie immer ein paar schwarze Krähen. Es war wirklich alles genauso wie vorher. Es war so schön.

Ich begann, meine Sachen auszupacken, und verbrachte den restlichen Nachmittag mit Telefonieren. Ich gab meinen Eltern Bescheid, dass ich gut angekommen war, erzählte Helene, wie es war, wieder zurück in den eigenen vier Wänden zu sein, und besprach mit Caro via WhatsApp, was wir zum Abendessen kochen würden. Zwischendrin aber, also die meiste Zeit, saß ich einfach in meinem weißen IKEA-Sessel, die Füße auf die Heizung gelegt, und schaute: aus dem Fenster, zu den Krähen. Im Zimmer umher. Als würde ich das alles zum ersten Mal sehen. Schließlich beschloss ich, noch ein wenig nach draußen zu gehen – ich glaube, ich wollte mich vergewissern, dass auch dort tatsächlich alles noch so war, wie ich es im Sommer hinterlassen hatte. Die Isar war noch da. Der Englische Garten, die Enten und die vielen Hunde auch. Alles hatte auf mich gewartet. Als ich am Ende der kleinen Inspektionsrunde an meinem Lieblingsplatz oben am Föhringer Stauwehr ankam und stadteinwärts blickte, musste ich es schließlich laut aussprechen. Ich traute mich immer noch nicht ganz, zu glauben, dass das alles endlich auch wieder meine Wirklichkeit war, meine Welt: „Ich bin wieder da."

Wie ein Mantra wiederholte ich diese vier Worte, ungläubig, immer noch. Ich war wirklich wieder da! Und nichts hatte sich verändert.

Bevor ich den Rückweg antrat, ließ ich den Blick ein letztes Mal über die Isar schweifen. Danke für's Warten, mein liebes München.

Ich schrieb gerade mit Hanni und Marlene, als ich endlich

jemanden die Treppen hochkommen hörte. Das musste Caro sein!, dachte ich und sprang auf. Ich öffnete ihr in dem Moment die Tür, in dem sie den Schlüssel ins Schloss stecken wollte.

„Hi", begrüßte ich sie verlegen.

„Hallo, große Schwester!" Caro schenkte mir ihr breitestes Lächeln, ließ ihre Handtasche fallen und drückte mich fest an sich, sodass ich kaum noch Luft bekam. „Es ist unglaublich schön, dich hier zu sehen, Sophie", murmelte sie leise an meinem Ohr.

Als Antwort drückte ich sie noch ein wenig fester. Tränen stahlen sich in meine Augen. Von denen hatte ich aber genug, also schob ich meine Schwester ein wenig von mir und strich die Tränen mit dem Handrücken weg. Ich wollte nicht vollends in Emotionen ausbrechen. Und wenn sie erst mal anfing zu weinen, würde ich auch nicht anders können.

„Ja", bekräftigte ich schließlich energisch. „Aber jetzt komm doch endlich rein, ich hab einen Mordshunger!"

Als hätten wir das schon immer zu zweit gemacht, als würden wir nicht gerade zum ersten Mal seit meinem Auszug aus dem Elternhaus vor acht Jahren gemeinsam wohnen, kochten wir beide ganz selbstverständlich zusammen und machten es uns schließlich nebeneinander in meinem Bett bequem, schauten fern und quatschten nebenbei, bis meine Schwester irgendwann neben mir einschlief. Ich schaltete den Film schließlich aus. Caro atmete laut, aber im Gegensatz zu den vielen anderen Schlafgeräuschen, die ich in den vergangenen drei Monaten gehört hatte, machten mich diese so bekannten, lauten Atemzüge unglaublich glücklich. Ich war endlich wieder zu Hause. Da, wo ich hingehörte. Morgen, ging ich meinen Tagesplan im Geist noch mal durch, würde ich zuerst mit Caro frühstücken und Yoga machen oder laufen gehen. Dann zur Praxis meiner Allgemeinärztin radeln, dort das Rezept für die Escitalopram und vor allem auch die Krankschreibung abholen, danach weiter zum ersten Erstgespräch mit einem Psychologen, danach wieder zurück. Anschließend stand Mittagessen auf dem Plan, bevor ich mich mit einer „Ich bin wieder zu Hause, können wir die Tage telefonieren?"-Mail bei meiner zuständigen Personalerin melden und schließlich heim zu den Eltern fahren wollte. Vielleicht turnen gehen abends, mal sehen. Der offizielle Beschäftigungsplan begann erst am Montag, erst mal wollte ich ganz in Ruhe zu Hause ankommen. Ich kuschelte mich in meine Bettdecke, die so viel besser roch als die in der Klinik, und schmiegte mich ein bisschen an meine Schwester. Du bist wirklich endlich wieder daheim, Sophie. Du hast es geschafft.

ERSTGESPRÄCH

Am nächsten Morgen stand ich mit Caro auf und wir frühstückten zusammen. Anschließend ging ich laufen und machte mich danach auf den Weg Richtung Innenstadt. Bei meiner Hausärztin sah es aus wie immer und genauso verhielt es sich in der Maxvorstadt, wo sich die Praxis der Psychologin befand, in einem schlichten Nachkriegsbau, großzügig geschnitten und mit heller Atmosphäre.

Ich hatte langsam ein wenig Übung in ersten Gesprächen mit Therapeuten, sie verliefen alle ähnlich. Als ich mit meiner Vorstellung fertig war, nahm die Therapeutin den Faden auf und erklärte mir freundlich und kompetent, wie sie gedachte, mit mir zu arbeiten: weniger an Schemata orientiert, als ich das in der Klinik kennengelernt hatte, sondern mehr an meinem Alltag. Wirklich überzeugt war ich gegen Ende dieser Kennenlernstunde nicht, die Sympathie fehlte irgendwie. Die Psychologin wirkte so oberlehrerhaft auf mich. Ob ich mir vorstellen könnte, mit ihr zusammenzuarbeiten, fragte sie abschließend.

„Prinzipiell schon", antwortete ich trotzdem und hoffte, es klang ehrlich. „Muss ich das denn sofort entscheiden?"

„Können Sie mir bis in fünf Tagen Bescheid geben? Ich habe noch einen zweiten Ersttermin, aber für zwei neue Patienten fehlt mir die Kapazität. Wenn Sie also mit mir arbeiten möchten – und ich hätte ab sofort einen Termin pro Woche für Sie frei – dann geben Sie mir zeitnah, bis spätestens nächsten Mittwoch Bescheid."

Ich nickte. Immerhin war sie ehrlich und spielte mit offenen Karten. Bestimmt würde ich mit ihr arbeiten können. Aber mein Bauchgefühl tendierte zu der anderen Therapeutin, obwohl ich dort noch gar nicht beim Erstgespräch gewesen war. Diese hatte am Telefon deutlich sympathischer geklungen.

Als ich die Praxis verließ, seufzte ich unwillkürlich auf. Einen Therapeuten zu finden war kein Spaß! Eher so wie das Suchen und Finden einer Wohnung in München. Das andere Erstgespräch war für einen Tag nach Ablauf der Frist angesetzt. Sollte ich das Risiko eingehen – in der Maxvorstadt absagen und auf den anderen Ersttermin setzen? Aber wenn es dort nicht klappte, stünde ich erst einmal ganz ohne Therapie da. Auch keine Alternative.

Nach dem Mittagessen rief ich bei der anderen Therapeutin an. Bevor ich mir weiter den Kopf über dieses Thema zerbrach, wollte ich herausfinden, ob dort überhaupt ab sofort ein Termin frei war. Wenn nicht, hatte ich ohnehin keine Wahl. Die Therapeutin klang auch diesmal sehr nett – aber ohne Termin half mir das nicht viel. Eine regelmäßige Sitzung mit ihr würde erst ab Januar möglich sein, also in zwei Monaten, viel zu spät. Verdammt. Ich sagte in der Maxvorstadt also zu.

Schnell schrieb ich noch die Mail an meine zuständige Personalreferentin in der Arbeit und machte mich dann auf den Weg zu meinen Eltern. Wie lange war ich diese Strecke nicht mehr gefahren? Auf dem allerletzten Stück führte die Landstraße drei Kilometer lang kurvig durch einen dichten Fichtenwald; zwei, drei Forstwege gingen von der Landstraße ab, man passierte eine Lichtung, dann ging es wieder durch den Wald, bis die Bäume schließlich den Blick auf sanfte Hügel, Felder und Wiesen freigaben. Mittendrin lag, wunderschön in ein kleines Tal gebettet, mein Zuhause. Ich war wirklich gern in München, ich liebte meine Wohnung – doch bei diesem Anblick ging mir jedes Mal das Herz auf, das war meine Heimat.

Die Miezi begrüßte mich am Gartenzaun und bevor ich überhaupt klingeln konnte, standen meine Eltern schon in der Einfahrt. Ich war in den vergangenen drei Monaten jedes Wochenende daheim gewesen, so oft wie schon sehr lange nicht mehr – aber dieses Mal war es anders. Meine Mutter hatte sogar extra Kuchen gebacken. Ich war aufgekratzt und hörte gar nicht mehr auf zu erzählen, was in der letzten Klinikwoche noch alles passiert war. Ich berichtete voller Energie, wie schön meine Wohnung in München war, was Caro und ich gestern noch gekocht hatten und auch, was ich am Wochenende alles vorhatte: den Mantel nähen, meine Oma besuchen, ich wollte Yoga machen und Laufen gehen natürlich – aber alles noch „piano", mein offizieller Beschäftigungsplan würde erst nach dem Wochenende greifen. Ob Papa schon wüsste, ob wir nächste Woche zusammen in den Wald gehen konnten?

Auch wenn Frau Hilmer da ein wenig skeptisch gewesen war, meine Eltern waren wirklich begnadete Beschäftigungstherapeuten: „Du kannst auch morgen gleich mitkommen, die Jugend muss ausgeschnitten werden, da brauchst nicht bis nächste Woche warten!", erklärte mein Vater prompt. „Da gibt's den ganzen Winter genug zu tun, das ist heuer viel."

„Bist ja dann nächsten Freitag auch da, gell?", fiel meine Mutter ihm ins Wort. „Kannst du dann kochen und einkaufen gehen? Wir singen mit dem Chor auf einer Beerdigung vormittags, da wär's gut, wenn du das übernehmen könntest. Und wenn dir langweilig ist: Die Äpfel im Keller gehören aussortiert, da faulen schon ein paar. Und Marmelade sollte man noch machen, fast fünf Kilo Brombeeren und drei Kilo Himbeeren sind in der Gefriertruhe, die müssen unbedingt verarbeitet werden."

Es war wie erwartet und wie immer: Ideen für Arbeitsbeschaffungsmaßnahmen waren meinen Eltern noch nie ausgegangen – nur war ich früher selten so erbaut darüber gewesen.

„Also Holzarbeiten am Donnerstag, Papa, ich bin dabei!", rief ich.

„Wenn's Wetter passt", brummte er dazwischen.

„Ja, freilich, und am Freitag helfe ich der Mama."

Mir fiel es damals nicht auf, der Moment bot nicht die passende Gelegenheit, innezuhalten – aber der Unterschied zwischen der Sophie, die im August völlig apathisch und tonlos den Kuchen verweigert hatte, und der, die nun wieder am Esstisch saß, wie ein Wasserfall redete, dazwischen lachte und sich noch ein drittes Stück vom Apfelkuchen schnappte, war riesig. Es fehlte schon noch ein bisschen. Wer mich sehr gut kannte und aufmerksam beobachtete, dem fiel in diesen ersten Tagen und Wochen zu Hause bestimmt auf, dass ich zum Beispiel deutlich langsamer sprach als zuvor – aber grundsätzlich: Da saß wieder ich am Tisch. Hochmotiviert inspizierte ich später mit meiner Mama das Schnittmuster für den Mantel. Aber wirklich anfangen würde ich erst am nächsten Tag, ich spielte lieber noch ein wenig mit der Katze. Und ein bisschen müde war ich zugegebenermaßen auch.

DÄMPFER

Direkt am Montag erfuhr mein Beschäftigungsplan die erste Korrektur: Laufen, Frühstück, Schreiben hatten wunderbar geklappt und ich war bestens gelaunt, als ich um halb zwölf Richtung Maxvorstadt radelte. Dort war ich mit Hanni zum Mittagessen verabredet. Bis zur Uni brauchte ich eine knappe halbe Stunde. Als ich an der Ampel zur Schelling-straße stand, also fast an der Staatsbibliothek, die ich zu mei-nem neuen Schreibort auserkoren hatte, begann ich zu rech-nen: halbe Stunde hin, halbe Stunde zurück, Laptop und Co. jedes Mal ein- und auspacken. Wenn ich zu Hause essen wollte, hätte ich in der Stabi dann nicht einmal zwei Stunden Zeit zum Schreiben. Das ergab nicht wirklich Sinn. Obwohl ich so bedacht darauf gewesen war, nichts Stressiges aus meinem früheren Alltag zu übernehmen, hatte ich einen meiner Lieb-lingsfehler gemacht: ausreichend Zeit zum Essen frei zu hal-ten. In Gedanken strich ich die Bibliothek aus meinem Wo-chenplan. Dann also vor allem zu Hause schreiben, denn jeden Tag auswärts essen war nicht drin – auch wenn der Gedanke, die tägliche Mittagspause mit Hanni in der wunderbar war-men Wintersonne zu verbringen, durchaus verführerisch war.

GEBEN SIE SICH ZEIT

Am Mittwoch hatte ich den ersten Termin bei meiner Haus-ärztin.

„Frau Blau?", begrüßte meine Ärztin mich im Sprechzim-mer. „Sie sehen gut aus! So anders, ich hätte Sie fast nicht er-kannt."

„Danke. Ich fühle mich tatsächlich auch ganz anders", ant-wortete ich etwas verlegen und setzte mich. Ich berichtete, wie es mir im zurückliegenden Vierteljahr ergangen war, von den Kliniken, den Diagnosen, wir besprachen den Arztbrief. Sie schien ehrlich froh zu sein, dass ich mich wieder so gesund fühlte. Schließlich wendeten wir uns der aktuellen Situation zu, um zu sehen, wie es mir mit meinem Beschäftigungspro-gramm erging.

„Es dauert erfahrungsgemäß einige Zeit, bis man sich im eigenen Leben wieder zurechtfindet", erklärte die Ärztin behutsam. „Geben Sie sich diese ruhig und überstürzen Sie nichts."

„Aus der Perso hat ohnehin noch niemand auf meine Mail reagiert", entgegnete ich schulterzuckend, „aber bis Januar ist's schließlich noch eine Weile hin."

„Das stimmt. Wenn Sie und der Arbeitgeber sich einig sind, ist die Wiedereingliederung innerhalb eines Tages beantragt, deshalb müssen Sie sich also nicht stressen. Haben Sie denn eine gute ambulante psychotherapeutische Versorgung?"

Ich erzählte kurz von meinem Ersttermin und dass ich in dieser Hinsicht bestimmt gut aufgehoben war. Die Ärztin nickte zufrieden, verabschiedete sich von mir und schickte mich zur Sprechstundenhilfe zum Blutabnehmen. In zwei Wochen würden wir uns erneut sehen.

ES HAT MICH WIEDER

Gegen Ende der Woche hatte ich den zweiten Termin bei der Psychologin absolviert, immer noch nichts von der Personalabteilung gehört, Montag und Dienstag abends für meine Schwester gekocht, mit meinem Vater ein Dutzend halbstarke Bäume umgelegt, war zweimal turnen, zum ersten Mal mit Hanni beim Yoga und erstmals wieder bei meiner Logopädin gewesen. Ich hatte insgesamt versucht, mich an meinen Wochenplan zu halten, richtig geklappt hatte es aber nicht. Die Freiräume in meinem schönen Plan waren ganz von allein verschwunden, ich war kaum zum Schreiben gekommen. Mein winziger Haushalt, der sonst einfach nebenhergelaufen war, fraß unfassbar viel Zeit und Energie. Immerhin hatte ich alle Pflichttermine ohne Probleme geschafft. Am Freitagabend ging ich dann zum ersten Mal seit einem halben Jahr abends weg, auf die Weihnachtsfeier der Turner. Es war lustig, es wurde gelacht und von allen Seiten hörte ich „Mensch, Sophie, so schön, dass du wieder dabei bist!" Hin und wieder fühlte ich mich ein wenig unsicher, aber das fiel außer mir offenbar niemandem auf. Auch dass ich keinen Alkohol trank, war schnell erklärt und kein Problem. Bis sage und schreibe zwei Uhr nachts blieb ich. Am Samstagabend traf ich mich zum ersten Mal seit drei Monaten wieder mit Karina, einer guten Freundin und Kollegin, zum Tennisspielen in München, sonntags mit zwei Grundschulfreundinnen auf einen Kaffee und ging im Anschluss mit meinen Eltern, meiner Oma und einer Tante Essen. Mein Leben hatte mich endlich wieder.

22. November

Das Wochenende war wirklich schön. Weihnachtsfeier, Tennis spielen, Essen gehen, viele liebe Menschen um mich herum, die ich so lange nicht gesehen habe!

Und trotzdem bin ich merkwürdig unruhig. Mein Kopf ist spürbar voll, ich beiße nachts wieder, bis meine Zähne wehtun. Ich bin angespannt, meine Gedanken springen hin und her. War es der Kommentar meiner alten Tante heute Mittag, dass sie ja auch immer nur ans Arbeiten gedacht hätte? Dass Karina meint, dass sich die Perso vielleicht nicht mehr meldet, weil man mich nicht wiederhaben will? Dass ich keinen Schimmer habe, wie es nach der Eingliederung weitergehen soll? Es einfach doch alles noch nicht so geht und ich, wenn ich mit anderen Leuten unterwegs bin, merke, dass ich noch irgendwie anders ticke? Nervt es mich, dass ich immer nur die Hälfte von dem schaffe, was ich mir vornehme?

Es prasselt auf einmal wieder so viel von außen auf mich ein! Ich tue mich schwer mit diesem vielen Input, den Meinungen, den Erwartungen, die plötzlich wieder an mich gestellt werden, ich schaffe es nicht, das alles wie früher immer einfach zu sortieren: Brauchbares im Kopf zu behalten, anderes einfach gleich wieder zu vergessen. Ich habe plötzlich wieder so viele Sparringspartner; nicht mehr nur

meinen eigenen Kopf, die Therapeutin und Johanna. Sondern alle.
Die Klinikglocke war so wichtig gewesen, um klare Gedanken fassen
zu können. Manchmal wünsche ich mir den Klinik-Kokon zurück.
Das „Lasst mich in Ruhe, ich bin krank". Aber da bin ich rausge-
wachsen. Wie soll das jemals wieder werden? Jakobsweg wäre gut,
einfach laufen, immer geradeaus, ohne zu denken. Aber im Dezember
– viel zu kalt. Die Tiefenentspannung aus den letzten beiden Wo-
chen, die ist weg. Ich glaube, ich bin selbst schuld dran. Ich will schon
wieder zu viel, am besten alles. Und mein Umfeld ist anspruchsvoll,
gerade meine Eltern – sie sind mich schließlich auch nicht anders ge-
wöhnt: die Einser-Schülerin mit den fünftausend Hobbies, zweitau-
send Ehrenämtern und zehntausend Terminen in einer Woche. Ich
muss lernen, mir Zeit für mich zu nehmen. Und zwar nicht erst,
wenn mein Kopf mich wieder dazu zwingt. Lernen, das schlechte Ge-
wissen abzuschalten, wenn ich daheim auf dem Sofa liege und um
mich herum alle werkeln. Mich abzugrenzen. Sonst scheitert mein
„Projekt Zukunft", noch bevor es angefangen hat.

KULTURSCHOCK OHNE JETLAG

Ich hatte wirklich versucht, die folgende Woche ruhiger anzugehen – aber es war nicht leicht. Das, was ich in der Klinik
mein „Rahmenprogramm" getauft hatte, füllte meine Tage
beinahe vollständig aus. Nie hätte ich das für möglich gehalten. Mit den Terminen beim Zahnarzt, der Logopädin und der
Psychologin war ich dann schon mehr als ausgelastet.

Immerhin war die Arbeit in den Therapiesitzungen nicht so
anstrengend, wie ich das aus der Klinik kannte. Es wurde nicht
mehr in der Tiefe gebohrt, es wurden keine Kindheitserleb-
nisse mehr ausgegraben, es gab keine Persönlichkeitstests
mehr, keine tausendseitigen Anamnesebögen. Eher fand ich in
der Therapeutin jemanden, der mir eine zweite Sicht auf Dinge
gab, die mich im Moment beschäftigten. Es ging nur um das

Hier und Jetzt. Ich versuchte außerdem erneut, diesmal telefonisch, meine zuständige Personalerin zu erreichen. Ich bekam sie zwar kurz ans Telefon, aber sie war gerade auf dem Weg zu einem Meeting.

„Ich melde mich die Tage bei dir, Sophie, versprochen."

Na dann, dachte ich, wird sie sich schon melden, wenn sie Zeit hat. Trotz meiner Bemühungen, herunterzufahren, war ich sehr beschäftigt und kam auch in dieser Woche kaum zum Schreiben. Meine Freude darüber, wieder zu Hause zu sein, und der Elan sowie die Extra-Energie, die damit einhergegangen waren, verpufften schließlich gegen Ende der zweiten Woche daheim. Ich bewegte mich die meiste Zeit haarscharf an der Grenze. Zwei gute Tage. Ein schlechter. Ein guter. Wieder zwei schlechte. Ich fand es unglaublich anstrengend, allein auf mich gestellt und ohne den Klinik-Tagesplan eine vernünftige Balance zu finden, mich beizeiten zu bremsen.

Schließlich musste ich mir eingestehen: Ich war noch meilenweit entfernt von dem Punkt, an dem ich mich in der Klinik schon gesehen hatte. Ja, ich war zurück. Aber noch lange nicht wieder da. Meine Allgemeinärztin hatte wie immer richtig gelegen: Es dauerte, sich im eigenen Leben zurechtzufinden. Ein bisschen fühlte ich mich wie nach meinem Auslandssemester: Ich war lange nicht dagewesen und hatte eine Menge verpasst. Ich konnte nicht mitreden, wenn die anderen von Ausflügen, der Arbeit oder Partys erzählten. Und ich hatte eine Art Kulturschock. Die Selbstverständlichkeit, mit der alle so vor sich hinlebten – die hatte ich nicht.

Ich war wieder da und auch mein Leben war noch ziemlich genauso da, wie ich es zurückgelassen hatte – es sah von außen zumindest so aus –, und trotzdem war ich irgendwie einfach herausgefallen. Ich konnte die letzten sechs Monate nicht aufholen. Die hatte ich einfach gnadenlos verpasst. Und es war viel, viel schwieriger, den Zugang zu meinem eigenen Leben wiederzufinden, als gedacht, es war mir manchmal fast unmöglich, mich darin festzuhalten. Ich war heilfroh, wenn Caro abends nach Hause kam und mich in den Arm nahm. Ich kämpfte mit meinem Tagebuch gegen die vielen Meinungen, die plötzlich von außen auf mich einprasselten: was Karina dachte, was meine Tante mir sagte, was mein innerer Kritiker mir vorhielt.

28. November

Eine Schildkröte. Kassiopeia vielleicht sogar. Ohne Blinklichter, aber genauso langsam bestimmt.

In irgendeiner Zeitschrift im Warteraum der Psychologin habe ich das vorhin gelesen: Eine schwerkranke Frau, die monatelang das Bett nicht verlassen konnte, hatte während dieser Zeit eine Schildkröte in ihrem Terrarium beobachtet und schließlich angefangen, das, was die Schildkröte den lieben langen Tag lang so tat oder nicht tat, zu dokumentieren. Schließlich hatte sie ein Buch darüber geschrieben.

Früher, wenn Helene im Urlaub war, habe ich hin und wieder ihre Schildkröte gefüttert. Mit unserem Biomüll. Einmal hat das Tier mich sogar in den Finger gebissen – das war aber auch mit Abstand das Spektakulärste, was Tortue (das heißt „Schildkröte" auf Französisch, denn sie hatte sie in Frankreich geschenkt bekommen) in den zwei Wochen zustande gebracht hatte.

Wie kann man ein ganzes Buch nur über eine Schildkröte schreiben? Wie langweilig muss das sein? Andererseits: Wie kann man eine Stunde lang nur dasitzen und aus dem Fenster schauen?

Das mache ich gerade ziemlich häufig. Ich sitze, seit ich daheim bin, mit Ausnahme der ersten Woche vielleicht, oft einfach nur da und schaue. Schaue in der Wohnung umher und freue mich, dass ich wieder da bin. Beobachte, wie sich die beiden Tannen vor dem Fenster im Wind wiegen. Verfolge den Flug der Krähen, bis sie aus meinem Blickfeld schwinden. Manchmal entdecke ich sogar ein Eichhörnchen, das durch den großen Nachbargarten saust, hoch hinauf auf die

Bäume, über die Wipfel aufs Hausdach und wieder hinab. Manchmal sitze ich wirklich eine Stunde einfach nur da. Keine Musik läuft, auch kein Fernseher. Ich tippe nicht nebenbei auf dem Handy. Überlege nicht, was ich noch alles erledigen muss oder ob ich alle Zutaten fürs Abendessen habe. Ich gucke einfach nur nach draußen. Nicht dass ich das absichtlich tue, es kommt ganz von allein, mein Kopf schafft gerade oft einfach nicht mehr. Dann bestaune ich die Welt um mich herum: das Blau des Himmels. Die verrückten Wolkenformationen. Die Kraft, mit der der Wind die mächtigen Tannen biegt und die Wolken über den Himmel schiebt. Wie vorwitzig dieses dunkelbraune Eichhörnchen sich die Nuss vom Haselnussstrauch schnappt und den Schatz dann stolz, aber nervös und hektisch durch den ganzen Garten transportiert, bevor es ihn dann am Fuß der Tanne vergräbt. Es gibt so viele schöne Dinge zu entdecken, wenn man nur genau hinschaut. Die Welt ist wunderschön!

Vielleicht sollte ich mir das Schildkröten-Buch tatsächlich kaufen. Wahrscheinlich ist es sogar ziemlich spannend.

SO BLAU

Es dauerte vier Wochen, bis sich ein ausgeglichener Alltag einpendelte. Ich schaffte etwa die Hälfte von dem, was ich mir ursprünglich vorgenommen hatte. Es würde wahrscheinlich Weihnachten werden, bis der Mantel fertig war, und alles andere auf meiner Liste der Dinge, die ich schon ewig hatte erledigen wollen, würde noch eine Weile warten müssen. Immerhin konnte ich zu Helenes Geburtstagsparty ins Substanz, eine richtige Bar mit Tanzfläche, und mit Caro sogar mal ins Kino, zu Spectre. In der Sauna war ich auch – zwar nicht alle zwei Wochen wie geplant, sondern bisher genau einmal. Zwischendrin, zwischen all diesen Dingen, und im Nachhinein betrachtet war es gar nicht so wenig, wie es sich anfühlte, saß ich einfach da und schaute.

Die Kollegin aus der Personalabteilung hatte sich nicht wieder bei mir gemeldet, doch ich war froh darüber. Von meinem Plan, im Januar wieder zu arbeiten, hatte ich mich in der Zwischenzeit nämlich verabschiedet. Es ging einfach noch nicht. Mehr als das Rahmenprogramm war für meinen Kopf auch nach fast vier Wochen zu Hause noch nicht drin. Statt Januar nun also Februar. Anstatt auf einer Deutschlandreise Freunde in Stuttgart, Freiburg, Hamburg und Oldenburg zu besuchen, so lautete mein ursprünglicher Plan, fuhr ich nur nach Berlin zu Caro.

Meine Schwester pausierte zwei Wochen von ihrem Projekt in München und hatte außerdem Konzerttickets für Florence + the Machine am Sonntagabend im Berliner Velodrom ergattert. Ob ich mit nach Berlin und auf das Konzert kommen wollte, hatte sie mich gefragt. Ich freute mich riesig über die Einladung auf das Konzert und ohnehin hatte ich noch nie ihre Berliner Wohnung gesehen, also ging es auf in die Hauptstadt. Sonntagnachmittag fuhren wir mit dem Auto hoch, Mittwochmorgen würde ich von Tegel wieder zurückfliegen. Meine Meilen reichten gerade für den Flug, das passte perfekt – nebenbei testete ich also auch noch, ob ich schon wieder fliegen konnte. Zwischendrin wollte ich mich mit Steffi treffen, die mittlerweile in Berlin wohnte, und einfach ein bisschen durch die Stadt stromern. Richtige Pläne hatte ich nicht.

Ich freute mich riesig! Berlin – das roch nach Leben, nach Welt, nach Großstadt eben. Da konnte München nicht mithalten. Und diesmal roch es auch nach Aufbruch. Ich war ein ganzes halbes Jahr nicht unterwegs gewesen – wie sehr hatte ich das vermisst!

Die Fahrt dauerte lange, gute fünf Stunden. Nach Hof hatte ich das Steuer übernommen, Caro war müde und wollte kurz schlafen. Nicht einmal eine Stunde später musste ich sie aber wecken, irgendwo mitten im Nirgendwo im Thüringer Wald tauschten wir wieder. Mehr bekam mein Kopf noch nicht gebacken. Eigentlich hatten wir uns im Auto noch auf den Abend einstimmen und Liedtexte lernen wollen, aber Caros Handy machte uns einen Strich durch die Rechnung: Der Akku war leer, das Ladekabel im Kofferraum. Also tingelten wir mit Radio, ohne Florence, durch die halbe Republik.

Ich platzte beinahe vor Vorfreude auf das Konzert, gleichzeitig hatte ich ziemlich Schiss, schließlich war diese Art von Freizeitgestaltung der Inbegriff von mindestens zwei Dingen, die mir im letzten halben Jahr eher nicht behagt hatten: Es würde laut werden und ich würde inmitten einer Menschenmenge stehen. Aber gegen „laut" hatte ich Ohropax in der Tasche und gegen die Enge half, sich im Hintergrund zu halten. Wir stürzten uns also nicht mitten in die Masse, dafür waren wir ohnehin zu spät dran, sondern blieben in der Nähe des Ausgangs. Neugierig sah ich mich im Velodrom um. Vorn schien es ziemlich voll zu sein, auch an den Seiten, wo die Rennbahn hochzog, drängten sich die Leute ziemlich dicht. Nur hinten, zwischen den beiden Getränkeständen, wo Caro und ich uns platziert hatten, war es ein wenig leerer. Schließlich regte sich etwas, der Schlagzeuger kam auf die Bühne und begann zu spielen. Dann leuchteten die Scheinwerfer auf. Hinter dem Drummer, der nach wie vor allein auf der Bühne saß, erstrahlte ein riesiger Vorhang aus goldfarbenen Rechtecken, die das Scheinwerferlicht wie eine immense Diskokugel zurück in die Halle warfen. Das war das komplette Bühnenbild. Schlicht, aber genial (und mehr hätte mich ohnehin vollkommen überfordert). Schließlich eroberte Florence Welch mit dem Rest der Band die Bühne – und bildete ein krasses Gegenstück zum zurückhaltenden Hintergrund: Die Musik, die Instrumente, Florences Stimme und Energie waren zu hundert Prozent da. Innerhalb von Minuten vereinnahmte sie die ganze Halle für sich, keiner konnte dem ausweichen, auch ich nicht. Die Musik vibrierte in mir, ich dachte nicht mehr, ich spürte nur noch, war gefangen in diesem Moment.

Nach einer Weile holte Florence Welch bei einer Anmoderation etwas aus. Sie hätte eine schwere, dunkle Zeit gehabt, nicht mehr geschrieben, nicht mehr gesungen, es sei ihr nicht gut gegangen, erzählte sie – bis sie schließlich den blauen Himmel über sich wiederentdeckt hätte. Und sie spielte: *How big, how blue, how beautiful.* Ich bekam Gänsehaut, konnte nicht mehr mitsingen, auch nicht mittanzen, stattdessen stand ich einfach mitten in der Menge und weinte. Florence sprach mir so aus der Seele. Besser hätte ich es nicht formulieren können: Wie weit, wie blau, wie schön waren doch der Himmel, das Leben! How big, how blue, how beautiful.

Und ich war wieder dabei.

Auch der Berliner Himmel leuchtete in den nächsten beiden Tagen wunderbar blau. Ich freute mich sehr, Steffi endlich wiederzusehen. Klar, wir unterhielten uns über das zurückliegende halbe Jahr. Aber vor allem über „normale" Dinge, das Hier und Jetzt und die Zukunft. Wie der Umzug nach Berlin gelaufen sei, wollte ich wissen. Ob sie schon Fuß gefasst hatte in den wenigen Wochen. Danach stromerte ich allein durch die ganze Stadt (meine Schwester musste arbeiten), besichtigte, obwohl ich schon so oft in Berlin gewesen war, zum ersten Mal die East Side Gallery, ging dann abends mit Caro in Kreuzberg essen und verbrachte einfach mal einen ganzen Vormittag – etwas, das ich früher nie gemacht hätte – in Berlin auf der Couch. Warum auch nicht. Dann flog ich zurück, Berlin Tegel – München, genauso wie früher. Und es ging problemlos.

RILKE RETTET

Zu Hause in München hatte ich Schwierigkeiten, zurück in meinen Alltag zu finden. Der Ausflug nach Berlin war zwar toll, aufregend und eigentlich sehr entspannt gewesen, nach wie vor zehrten aber auch die schönen Dinge und die guten Emotionen an meinen Energiereserven. „Projekt Zukunft" hing schon viel zu lange wieder in der Schleife. Weihnachtsgeschenke hatte ich noch keine besorgt, dabei war es schon Mitte Dezember. Dieses Jahr würden es auch deutlich mehr werden als sonst, denn ich wollte mich bei all denen, die mich in den vergangenen Monaten unterstützt hatten, mit einer Kleinigkeit bedanken. Etwas Persönliches sollte es sein, deshalb entschied ich mich für's Selbermachen: Ein Glas Walnuss-Pesto und ein paar Plätzchen sollte jeder bekommen, mit einem selbstgebastelten Kärtchen, hübsch verpackt. So viel Zeit hatte ich dann aber schließlich doch nicht oder ich brauchte sehr viel länger als gedacht für die einzelnen Handgriffe. Schnell, schnell, effizient mehrere Handgriffe gleichzeitig erledigen und trotzdem mit Liebe, so, wie ich das früher meist wunderbar hinbekommen hatte, funktionierte nicht. Es reichte nur für ein Glas Pesto nach dem anderen, Stück für Stück, mit langen Pausen dazwischen. Mir blieb gar nichts anderes übrig, als mich dieser Tatsache zu fügen, mein Kopf boykottierte jeden Versuch meinerseits, irgendwelche Zeitpläne durchzuzuziehen: Dann patzte ich nur noch, kleckerte, nichts gelang mir mehr. Und ich saß wieder da – kurz vorm Heulen, genervt, verzweifelt, mit einem schweren, zum Bersten vollen Schädel – und schaute auf die Tannen vor dem Fenster. Nur weil ich in den vergangenen Monaten schon so oft vor meinem Kopf kapituliert hatte, wurde es nicht leichter. Es nervte mich und machte mir gleichzeitig Angst. Ich war schon so weit gekommen – und immer noch so verdammt weit weg von jeder Normalität. Zu allem Überfluss fing ich mir kurz vor den Feiertagen dann auch noch eine Erkältung ein. Ich schmiss die letzten beiden Rumkugeln in die Streusel und versuchte, mir die Tränen zu verkneifen.

Irgendwann, zum Teufel noch mal, wird es schon wieder

werden, Sophie! Aber was, wenn nicht? Ich war schließlich schon seit fast sechs Wochen raus aus der Klinik! Entmutigt setzte ich mich an meinen Laptop. Schreiben – vielleicht half das diesmal auch, hoffte ich. Automatisch öffnete ich mein Mailprogramm. Eine neue Nachricht, vom Burn-out-Zentrum. Weihnachtsgrüße, stand im Betreff. Ich öffnete sie und fand zusätzlich zum üblichen Weihnachtskartentext ein Gedicht:

Über die Geduld

Man muss den Dingen
die eigene, stille
ungestörte Entwicklung lassen,
die tief von innen kommt
und durch nichts gedrängt
oder beschleunigt werden kann,
alles austragen – und
dann gebären ...

Reifen wie der Baum,
der seine Säfte nicht drängt
und getrost in den Stürmen des Frühlings steht,
ohne Angst,
dass dahinter kein Sommer
kommen könnte.

Er kommt doch!

Aber er kommt nur zu den Geduldigen,
die da sind, als ob die Ewigkeit
vor ihnen läge,
so sorglos, still und weit ...

Man muss Geduld haben

Mit dem Ungelösten im Herzen,
und versuchen, die Fragen selber lieb zu haben,
wie verschlossene Stuben,
und wie Bücher, die in einer sehr fremden Sprache
geschrieben sind.

Es handelt sich darum, alles zu leben.
Wenn man die Fragen lebt, lebt man vielleicht allmählich,
ohne es zu merken,
eines fremden Tages
in die Antworten hinein.

Rainer Maria Rilke

Das Gedicht errettete mich erst mal aus meinem Tief.
Geduld, Sophie, einfach nur Geduld.

Ich ließ es langsamer angehen. Es war mir schließlich bestimmt niemand böse, wenn er sein Geschenk erst im neuen Jahr bekam.

Mehrere Tage trug mich der Gedanke des Gedichts, die Geduld, durch das winterliche Grau. Schließlich aber erwischte es mich doch. Obwohl ich deutlich gespürt hatte, dass ich sehr knapp an der Grenze meiner Belastbarkeit manövrierte, hatte ich es nicht übers Herz gebracht, einer guten Freundin abzusagen. Sie lebte eigentlich in Hamburg und war über die Feiertage bei ihren Eltern. Ich hatte sie unbedingt treffen wollen, kurz wenigstens, auf einen Kaffee. Und da saß ich nun wieder. Zurück auf Treppenstufe drei oder vier und konnte gar nichts mehr tun, an Basteln und Backen nicht einmal denken, mein Kopf war völlig überreizt. Obwohl ich mir selbst immer und immer wieder Geduld predigte. Und obwohl ich mir so fest vorgenommen hatte, abzusagen, wenn ich mich nicht fit fühlte, endlich einzusehen, wenn etwas zu viel war. Vernünftig zu sein. Ich schaffte es immer noch nicht. Ich machte immer noch die gleichen Fehler.

Diesmal drehte ich nicht durch, rastete nicht aus. Ich saß einfach nur da und ließ meinen Kopf gewähren. Ein Tornado war es wenigstens nicht, da war einfach nichts mehr, es fühlte sich an wie schwere, dicke Watte. Ich haderte und kämpfte mal wieder mit der Situation. Der nächste Termin bei meiner Ärztin sollte auch erst im neuen Jahr stattfinden, ich war auf mich allein gestellt. Kein Gedicht half, auch kein Malbuch, kein Tagebuch. Mein Kopf brauchte einfach absolute Ruhe und ich unglaublich viel Zeit für mich. Ausgerechnet vor den Feiertagen.

KOPF GEGEN BERG II

Die Familientreffen an Weihnachten überstand ich erstaunlich entspannt und genoss die festtägliche Stille, so oft es ging. Ab und an konnte ich sogar puzzeln. Zwischen den Jahren fand ich schließlich meine Energie wieder, gerade rechtzeitig, denn es schneite endlich. Wenn die notgedrungene Verlängerung meiner Krankschreibung bis in den Februar oder März hinein etwas Gutes hatte, dann nämlich das: unendlich viel Zeit zum Skifahren!

Bei der Krankenkasse hatte ich mich vor ein paar Wochen vorsichtshalber rückversichert, denn eigentlich durfte ich Deutschland momentan nicht verlassen, da ich Krankengeld bezog (entweder Ausland oder Krankengeld, hieß die Regel). Meine Betreuerin gestattete mir immerhin, tagsüber die Bundesrepublik zu verlassen, sofern ich abends wieder nach Hause käme. Am 30. Dezember, morgens um kurz nach sechs, packte ich also zum ersten Mal in dieser Saison meine Ski ins Auto. In Helenes, um genau zu sein. Zu viert machten wir uns auf den Weg ins Zillertal, nah genug für einen Tagesausflug. Wir waren alle in Hochstimmung, der letzte Winter lag schließlich schon viel zu lang zurück.

Die Sonne strahlte, der Schnee war wunderbar griffig, wir genossen es, die Pisten hinunterzujagen, ein Traumtag. Nach einer Stunde aber begann mein Kopf, sich während der Liftfahrten auszuklinken. Helene rammte mir plötzlich mit dem Ellbogen in die Seite.

„Ski hoch, Sophie!"

Beinahe hätten wir den Sicherheitsbügel nicht mehr rechtzeitig öffnen können. Ich hatte gar nicht mitbekommen, dass wir schon oben angelangt waren. Auch nicht, dass die anderen mich schon zweimal aufgefordert hatten, die Ski endlich anzuheben. So blieb es den ganzen Vormittag: Sobald ich im Sessellift saß, also „in Sicherheit" war, schaltete mein Kopf ab. Ich bekam nicht einmal mit, dass ich offenbar ständig kurze Blackouts hatte. Ich bemerkte es nur an der Reaktion der anderen, daran, dass das Gespräch aus unerfindlichen Gründen plötzlich drei Themen weitergesprungen war.

Gegen elf, nach gut zwei Stunden am Berg, lag ich dann plötzlich im Schnee. Einfach so, verkantet. Ich richtete mich wieder auf. Verkanten, das passiert mir zwar selten, aber es kommt vor. Sechs Schwünge später – wieder verkantet. Als ich dann wenige Minuten später zum dritten Mal im Schnee lag, begann ich zu begreifen: Ski, Stöcke, Schneebeschaffenheit, die Menschen um mich rum, das hohe Tempo – das machte mein Gehirn nicht mit. Die Verarbeitungsgeschwindigkeit, die ich zum Skifahren brauchte, konnte es noch nicht lange genug aufbringen.

Nach der nächsten Liftfahrt steuerten wir die nächstgelegene Hütte an. Ich zählte auf eine ausgedehnte Mittagspause. So gern wollte ich wenigstens noch ein paar Abfahrten fahren! Wenn ich abends dann kopf-k.o. war (diesen Begriff hatte ich für meine neue Psychotherapeutin erfunden, um ihr den Unterschied von normaler Erschöpfung und meiner geistigen Ermüdung beschreiben zu können), machte das nichts, auf der Heimfahrt konnte ich schlafen. Doch selbst die knapp zweistündige Mittagspause reichte nicht. Nach nur wenigen Abfahrten hatte ich es endgültig ausgereizt, auf einem einzigen Hang war ich viermal gestürzt. Nie schlimm, aber ich hatte nichts mehr unter Kontrolle, wie im Sommer auf der Tegernseer Hütte: Mein Kopf hörte einfach auf zu arbeiten. Und zack, lag ich. Ich suchte die letzten Funken Aufmerksamkeit zusammen, aber nach spätestens fünf Schwüngen lag ich schon wieder. Dabei kostete mich Skifahren unter normalen Umständen keinerlei Anstrengung. Wenn, dann brannten vielleicht meine Oberschenkel nach einer langen Schussfahrt. Aber dass das Skifahren meinem Gehirn zu viel wurde, ich deshalb sogar stürzte, hatte ich noch nie erlebt. Es irritierte mich, dass sich mein Kopf zudem gar nicht voll anfühlte wie sonst oft, da war kein Tornado, auch keine schlechte Stimmung, die sich als Vorbote anschlich. Er weigerte sich schlichtweg, so viele Aufgaben gleichzeitig zu erledigen, maximale Ladekapazität überschritten, over and out. Skifahren überstieg offenbar die Anzahl der maximal gleichzeitig ansteuerbaren Synapsen, es war meinem Hirn scheißegal, dass ich unbedingt wollte, dass es mit mir Ski fuhr. Schließlich kapitulierte ich und brach den Skitag ab, es wurde zu gefährlich. Helene begleitete mich zur nächsten Hütte und holte mir eine heiße Schokolade. Die starrte ich einfach nur an. Ich hatte keine Energie mehr, um wütend zu sein oder zu heulen oder wenigstens die Tasse zu heben. Ich lehnte mich einfach nur an Helenes Schulter und stierte vor mich hin nach draußen, auf die weiße Piste. Ich war so niedergeschlagen. In vier Wochen wieder arbeiten? Ein schlechter Witz.

NEUJAHRSWÜNSCHE

Silvester verbrachte ich allein im Bett. Ich hatte zwar kurz bei Helene und ein paar Freunden vorbeigeschaut, dort ganz klassisch Raclette gegessen, aber nach zwei Stunden begann mein Kopf zu zicken. Also fuhr ich nach Hause. Meine Eltern feierten auswärts, Caro sowieso. Nur die Katze war da.

Silvester

Last day of the year. Was für ein beschissenes Jahr! Was für ein lehrreiches Jahr. Bin ich in den ersten sechs Monaten mal wirklich glücklich gewesen? Im Januar, für ein paar Tage, vielleicht. Ende April und Anfang Mai auch. Dann nicht mehr. Erst wieder im Herbst, aber da auch eher zufrieden als glücklich. Meine Ansprüche haben sich drastisch reduziert. Was ist wichtig? Gesundheit. Freunde. Und Familie. Und das bisschen Geld, das man zum Leben braucht. Geiler Job? Teure Kleider? Reisen? Alles optional. Wenn vorn etwas fehlt, helfen die nicht.

Noch nie war ich so froh darüber, dass ein Jahr endlich zu Ende geht. Auch wenn's sowieso nur eine Illusion ist, dass sich damit etwas ändert.

Ich verbrachte den Jahreswechsel unter der Bettdecke, ich wollte das Feuerwerk nicht sehen. Wenn man es nur hört, hört es sich ziemlich nach Krieg an. Ich hatte Mühe, nicht panisch zu werden, die Katze war keine Hilfe, die kam unter dem Bett nicht mehr hervor. Wie gut hätte es gerade getan, in den Arm genommen zu werden. Schließlich betete ich. Inständig. Für ein besseres neues Jahr.

*

2016 begann, wie 2015 aufgehört hatte: ein nicht aufhören wollendes Auf und Ab. Wenigstens von Johanna erreichten mich gute Nachrichten: Sie startete wunderbarerweise nach den Weihnachtsferien mit ihrer Wiedereingliederung, so gesund war sie seit ein paar Wochen nun endlich. Mich dagegen traf nach den Ferien die Realität mit voller Wucht. Ausgerechnet die beiden Parteien, die außer mir am allermeisten von meiner Genesung profitieren würden, nämlich mein Arbeitgeber und die Krankenkasse, überboten sich ab Mitte Januar plötzlich darin, mir das Leben schwer zu machen.

Mein „Projekt Zukunft" hatte sich in der Zwischenzeit konkretisiert. Nach einem kurzen Praktikum entschied ich, dass ich tatsächlich Physiotherapeutin werden wollte. Für die Bewerbung an den Fachschulen brauchte ich natürlich ein Zeugnis. Zum sage und schreibe fünften Mal bemühte ich mich also, meine zuständige Personalerin für ein ausführliches Gespräch zu erreichen. Aber wieder: Fehlanzeige. Sie war die ganze Woche krankgeschrieben. Immerhin könne sich die Vertretung um mein Zwischenzeugnis kümmern, auf das ich seit dem Vorgesetztenwechsel im Sommer wartete, hieß es am Telefon. Das lag dann tatsächlich zwei Tage später im Briefkasten, zufällig gemeinsam mit einem Schreiben von der Krankenkasse. Der kleine Brief von der Kasse sah so aus wie alle Auszahlungsbestätigungen, die ich bisher erhalten hatte. Ich öffnete ihn zuerst, dann könnte ich mich hinterher in Ruhe mit dem Zeugnis beschäftigen, dachte ich. Es war aber keine Auszahlungsbestätigung, sondern stattdessen die Information, dass die Krankengeldzahlungen rückwirkend zum ersten Januar eingestellt würden. Ich war überrascht – schließlich hatte ich alle Formulare wie immer fristgerecht eingesandt. Dieses Problem sollte sich doch rasch klären lassen, darum würde ich mich später kümmern. Viel wichtiger war im Moment das Zeugnis.

Ich hatte nicht viel Erfahrung mit Arbeitszeugnissen, dies war schließlich immer noch meine erste Arbeitsstelle seit dem Studium, aber das, das ich da in den Händen hielt, strotzte vor Unvollständigkeit und las sich nicht besonders gut. Mit keiner Silbe zum Beispiel wurde meine Entsendung nach London erwähnt, die Arbeitsbeschreibung schien noch aus meiner Zeit als Praktikantin zu stammen. Was nun?

Ob sie sich mal eben dieses Zeugnis ansehen würde, bat ich eine gute Freundin, die selbst als Personalerin arbeitete, via Mail. Sie rief mich keine zehn Minuten später zurück: Was ich da vorliegen hatte, sollte ich auf gar keinen Fall akzeptieren, lautete ihr Rat. Es sei das schlechteste Zeugnis, das sie je gesehen hätte – ganz abgesehen davon, dass es offenbar auch noch lückenhaft war. Undenkbar, dass ein Unternehmen einen solchen Mitarbeiter nach der Probezeit übernommen hätte – geschweige denn befördert!

Das musste ich erst mal sacken lassen.

Am Tag darauf lehnte ich also das Zeugnis offiziell bei der Personalabteilung ab. Das erste Telefonat mit meinem Chef fand nun unter noch schwierigeren Bedingungen statt, als ich es mir während meiner Rollenspiele in der Therapie mit Frau Hilmer je ausgemalt hatte. Aber immerhin: Ich schaffte es, einen Großteil dessen umzusetzen, was wir in der Klinik dazu besprochen und geübt hatten. Es gelang mir sogar, mein Ziel zu erreichen: Das Zeugnis würde überarbeitet werden, ich teilte meine Verbesserungswünsche umgehend schriftlich der Personalabteilung mit.

Nicht wirklich hatten das Zeugnis und die zugehörigen Telefonate bei mir den Eindruck hinterlassen, dass man mich gern wieder im Team haben wollte, ganz im Gegenteil: Nach dieser ausdrücklichen Ohrfeige würde ich freiwillig ganz sicher keinen Fuß mehr in das Firmengebäude setzen. Die angestrebte Eingliederung hatte sich innerhalb von Minuten erübrigt. Am selben Tag stellte ich zu allem Unglück fest, dass die Krankengeldstornierung nicht mit einem Anruf rückgängig gemacht werden konnte; wieder und wieder hing ich in der Hotline, fuhr persönlich in die Servicestelle. Wochenlang ärgerte ich mich mit der Perso und meinem Chef herum. Um jeden einzelnen Satz musste ich kämpfen und fand mich gleichzeitig in den Mühlen der Kassen-Bürokratie gefangen. Ich kam mir vor wie Asterix und Obelix auf der Suche nach Passierschein A38.

Diese Widerstände und Sackgassen raubten mir unwahrscheinlich viel Kraft und Energie. Sie kosteten mich sicherlich zwei Monate. Die Miete zahlten meine Eltern, selbst Ende Februar hatte ich noch kein Geld von der Kasse erhalten, mein telefonischer, schriftlicher und sogar persönlicher Widerspruch interessierte niemanden. Bis ich schließlich beim x-ten Anruf einen Mitarbeiter am Ohr hatte, der scheinbar besser mit der Datenbank umzugehen wusste als all seine Kollegen. Mit drei Klicks waren die Formulare, die seit Anfang Januar korrekt vorgelegen hatten, verknüpft, die Stornierung aufgehoben und die ausstehenden Zahlungen angewiesen. Unfassbar.

Das Gefühl, dass es tatsächlich und endlich das letzte, fehlende Stück bergauf ging, hatte ich erstmals im Mai.

*

Am 14. August 2016, exakt ein Jahr nach meiner Einweisung in die Psychiatrie, stand ich schließlich endlich am Meer. Und nicht an irgendeinem Meer: an der Copacabana. Strahlend blauer Himmel über mir, der so ruhige, blaugrüne Atlantik vor mir, das Leben Rios pulsierte um mich herum. Und ich war mittendrin.

Ich schloss die Augen, spürte den warmen Sand unter den Füßen, die Sonne auf meiner Haut, sog die Energie in mich auf, mit der diese unglaubliche Stadt pausenlos vibrierte, öffnete die Augen wieder. Ließ meine Havaianas und das Strandtuch fallen und rannte los, schneller, immer schneller, in Richtung Wasser – bis es endlich unter meinen Füßen spritzte. Kopf voran sprang ich in die Wellen, tauchte unter.

Ich hatte es geschafft.
Ich war am Meer.

Liebe Frau Hilmer,

Sie erraten nie, welcher Tag morgen ist: der erste Tag meiner Ausbildung zur Physiotherapeutin.

Sie haben wahrscheinlich gedacht, ich hätte Sie vergessen. Es ist schließlich schon fast ein Jahr her, dass ich Ihnen versprochen habe, mich zu melden. Aber erst jetzt habe ich das Gefühl, dass der richtige Zeitpunkt gekommen ist. Die lange Geschichte von meinem Burnout hat nämlich endlich ihr Ende gefunden. Aber von vorn:

Wieder zu Hause anzukommen und mein Leben in den Griff zu kriegen, fiel mir deutlich schwerer, als ich in der Klinik erwartet hatte. Können Sie sich noch an meinen Beschäftigungsplan erinnern? Der war viel zu vollgepackt. Mein Kopf – auch wenn meine Stimmung gut war – war einfach immer noch nicht ganz auf der Höhe, das neuronale Netzwerk noch nicht wiederhergestellt. Meine Aufmerksamkeitsspanne und die geistige Verarbeitungsgeschwindigkeit waren selbst zu Weihnachten – also sechs Wochen nach meiner Entlassung aus der Klinik! – noch zu kurz, um länger als eine Stunde Auto oder einen halben Tag lang Ski zu fahren. Besonders das mit dem Skifahren war ein ganz schöner Dämpfer.

Die Wiedereingliederung habe ich wie versprochen direkt am Tag meiner Heimkehr in Angriff genommen. Ich hatte die Personalabteilung um einen Termin gebeten, aber lange keine Antwort erhalten. Da sich in den folgenden Wochen schnell herausstellte, dass zum Jahreswechsel ohnehin nicht daran zu denken war, in den alten Job zurückzukehren, ließ ich das Thema erst mal ruhen. Stattdessen beschäftigte ich mich intensiver mit meinem „Projekt Zukunft" und absolvierte im Januar ein Praktikum bei meinem Physiotherapeuten. Eine Woche lang begleitete ich ihn. Diese fünf Tage brachten mich erneut an die Grenze meiner Belastbarkeit. Meine Stimmung war gut, ich fand das Praktikum spannend und interessant, aber die Mittagspausen verbrachte ich weitgehend allein und schweigend, weil in meinem Kopf für ein Gespräch keine Kapazität übrig war. Dabei tat ich selbst den ganzen Tag gar nichts, ich schaute und hörte nur zu. Dennoch war dies das erste Praktikum meines Lebens, bei dem ich mir hinterher sicher war: Das ist es, das will ich können!

Für die Bewerbung an den Fachschulen für Physiotherapie brauchte ich aber ein Zwischenzeugnis von meinem Arbeitgeber, was zu einigem Ärger führte. Gleichzeitig beschloss die Kasse, mir das Krankengeld zu streichen, weil meine Dokumente in deren Datenbank verloren gegangen waren. Ausgerechnet die Kasse und mein Arbeitgeber – die beiden Instanzen, denen mein Gesundheitszustand mindestens aus eigenem, finanziellem Interesse am Herzen hätten liegen sollen, raubten mir die Energie, die ich so dringend zum Gesundwerden brauchte. Erst Anfang Mai gab es die ersten Tage, an denen ich den Umstand, dass ich krankgeschrieben war, zumindest in einer gewissen Art und Weise genießen konnte. Nie hätte ich mir träumen lassen, dass es so lange dauern würde, bis ich wieder ein halbwegs normales Leben führen könnte.

Die Verzögerung, die mir die Zeugnisdiskussion und die Krankengeldgeschichte eingebracht hatten, setzte mich langsam unter Zeitdruck: Die Ausbildung sollte im Oktober beginnen, davor musste ich ein zweimonatiges Pflegepraktikum absolvieren. Und so ganz hatte ich mich von der Idee einer Weltreise auch nicht verabschieden wollen, wenigstens ein bisschen die große, weite Welt schnuppern musste doch drin sein! Mit einer Freundin plante ich eine Reise nach Norwegen, im Juni. Im August erfüllte sich sogar mein ganz großer Traum: Ich durfte zu den Olympischen Spielen nach Rio! Spontan hatte ich die Zusage erhalten, als Volunteer vor Ort dabei sein zu können. Sechzehn Tage lang! Nur war klar: Weder das Pflegepraktikum noch die Reise nach Norwegen oder den Volunteerjob würde ich antreten können, wenn ich krankgeschrieben war. Meine Kündigungsfrist war auch zu lang, eine richtig gute Lösung fand ich einfach nicht. Ich fürchtete schon, dass meine Träume wieder mal platzen würden, da meldete sich die Abteilungsleitung im Mai plötzlich bei mir: Es wurden Stellen abgebaut, man bot mir tatsächlich einen Aufhebungsvertrag an (und ein gutes, vollständiges Zeugnis). Als ich schließlich im Büro stand, um den Vertrag zu unterzeichnen, und das Blackberry abgab, das seit fast einem Jahr ausgeschaltet in meiner Schublade gelegen hatte, fiel mir eine riesengroße Last von den Schultern. Endlich war ich frei. Es überraschte mich ehrlich, wie sehr dieser Arbeitsvertrag doch noch auf mir gelastet hatte.

Das Pflegepraktikum ersetzte dann quasi die Eingliederung. Mein erster Testlauf. Es überraschte mich, wie viel Spaß mir die Arbeit im Krankenhaus machte. Besonders beeindruckte mich die Ruhe, mit der die Ärzte vorgingen, gerade in Notfällen. Kein Vergleich zu dem, was ich im Büro in den vergangenen Jahren erlebt hatte – man könnte meinen, dort und nicht in der Klinik wäre es ständig um Leben und Tod gegangen.

Zwei Wochen später fuhr ich schließlich mit einer Freundin nach Norwegen. Wenn Sie irgendwann einmal entschleunigen möchten, Frau Hilmer, lege ich Ihnen dieses Land wärmstens ans Herz. Es ist so wild, wunderschön und unkompliziert, dass man es kaum glauben kann. Fünf Wochen lang taten wir nicht viel mehr als wandern, essen und schlafen, waren beinahe rund um die Uhr draußen an der frischen Luft – ich glaube nicht, dass ich jemals in meinem Leben so entspannt und gelassen war. Die Weite, die Wildnis und vor allem die Langsamkeit dort taten mir unfassbar gut. All die Energie, die ich dort tankte, konnte ich auch gut gebrauchen: Zwei Wochen später flog ich schon nach Rio. Ich wusste nur zu gut, dass diese Unternehmung ein wenig wahnsinnig anmutete. Meine Therapeutin und meine Ärztin waren alles andere als begeistert davon; Sie hätten bestimmt auch die Hände über dem Kopf zusammengeschlagen. Aber ich habe dieses Ziel gebraucht, es stellte meinen Fixpunkt dar. Davon, die Olympischen Spiele in Rio mitzuerleben, träumte ich schon seit fast einem Jahrzehnt – das wollte ich mir unter gar keinen Umständen nehmen lassen! Immer wieder zweifelte ich daran, ob ich *überhaupt rechtzeitig fit sein würde. Aber es ging alles gut. Unfassbar gut sogar. Es gab keinen Rückfall, vielmehr gewann ich endgültig das Vertrauen in mich und meinen Kopf zurück. Ich war wieder voll belastbar, mit mir war wieder zu rechnen und zu planen. Und: Ich war endlich am Meer!*

Zurück zu Hause, setzte ich schließlich die Escitalopram ab. Schritt für Schritt, gemeinsam mit meiner Hausärztin, ein Mini-My nehme ich gerade noch. Ich spüre jede Stufe mit einem deutlichen Stimmungseinbruch, aber nach zwei Tagen bin ich jeweils wieder im Lot. Nächste Woche nehme ich die allerletzte Tablette, und dann bin ich damit auch den letzten Reminder an meinen Burn-out los.

Ohne Sie, Frau Hilmer, stünde ich heute nicht da, wo ich bin. Sie können sich kaum vorstellen, wie sehr ich mich freue, dass ich Ihnen endlich erzählen kann, dass meine Geschichte ein gutes Ende gefunden hat. Ich habe mich sehr verändert auf diesem langen Weg und bin heute doch viel mehr ich selbst, als ich es davor war. Ich bin erwachsen geworden und bestimmter. Gleichzeitig aber auch lockerer, irgendwie gelassener anderen, doch vor allem mir und meinem Leben gegenüber. Ich will diese sechzehn Monate nicht missen, denn sie gehören zu mir und ich will sie niemals vergessen. Aber einmal reicht.

Danke für alles.

Ihre Sophie Blau

EPILOG

Lillehammer in Norwegen, 12. Juli 2016

Ich sitze am See, der Vormittag war super sonnig und warm, aber jetzt sieht es nach Regen aus. Die letzten beiden Tage, Sonntag auf Montag, verbrachten Hanni und ich im Dovrefjell, mit Moschusochsen fast überall! Ich hatte schon befürchtet, dass die sich genauso rar machen würden wie sämtlich Rentiere und Elche Norwegens. Aber schon nach kurzer Zeit haben wir den ersten entdeckt, keine 500 Meter von uns entfernt. Eine Stunde Fußmarsch später hatten wir richtig Glück: In einem Bachbett, vielleicht fünfzig Meter unterhalb unseres Pfads, sonnte sich ein Riesenexemplar. Näher als 200 Meter soll man gar nicht rangehen eigentlich, die Ochsen sind keine Fluchttiere und scheinbar ziemlich flott, auch wenn sie gar nicht so aussehen. Aber der Wind stand wohl gut, denn das Tier registrierte uns überhaupt nicht. Still kauerten wir auf dem schmalen Steig und beobachteten den Ochsen. Erst machte er ganz lange nichts. Dann räkelte er sich ausgiebig, streckte sich, kratzte seinen haarigen Bauch genüsslich an einem Felsbrocken und zum Schluss, wir wollten gerade weitergehen, schüttelte er sich wie ein nasser Hund. Die langen Zotteln flogen, in Zeitlupe, in langen Wellen um ihn herum, herauf, herab, wie in einer Fernsehdoku, aufgeregt beobachteten wir unseren Ochsen. So verrückte Tiere – wäre plötzlich ein Mammut aufgetaucht, es hätte mich nicht gewundert. Nach einer Weile trabte er von dannen, verschwand schließlich in der kargen Landschaft.

Die weitere Wanderung verlief entspannt, wir folgten einem ebenen Weg, der ziemlich lange und schnurgerade durchs Fjell führte. Die Sonne schien, es war wunderschön hier und wir immer noch ziemlich aufgekratzt von unserer nahen Begegnung mit dem „moskoxen". Trotzdem: Die Hütte, auf der wir übernachten wollten, hätte schon lange auftauchen sollen …

Gerade als wir ernsthaft darüber diskutierten, ob Umdrehen oder

Weitergehen die bessere Lösung sei, kam unterhalb des Snøhetta end-
lich Reinheim, so hieß die Hütte, in Sicht. Dort angekommen stellten
wir fest, dass sie noch verschlossen war. Also machten wir erst mal
Brotzeit. Es war dann schon kurz vor drei, der Hyttevart kam gerade
vom Fischen zurück, als wir entschieden, unsere Rucksäcke einfach
unterzustellen und doch noch den Gipfel des Snøhetta in Angriff zu
nehmen. Angeblich dauerte das fünf Stunden – aber es sah nach ei-
nem Katzensprung aus und hell war es ohnehin noch ewig. Wir liefen
also hochmotiviert los.

   Der Gipfel und der ganze Berg lagen frei von Wolken, strahlend
blauer Himmel breitete sich über uns aus. Nach einem ersten kleinen
Anstieg durch ein Schneefeld offenbarte sich, warum die Besteigung
fünf Stunden dauern sollte: Eine endlose Hochebene aus losem Fels
lag vor uns. Und nur ganz sachte stiegen die Brocken zu einem Gipfel
an. Eine Weile noch liefen wir leichtfüßig über einen schmalen Pfad.
Dann stiegen wir über Gesteinsbrocken. „And when you can't see
any more rocks, there's more rocks. A lot more rocks." Und wenn du
keine Steine mehr sehen kannst, sind da noch mehr Steine – viel mehr
Steine, hatte uns Haugen, unser Guide, die fadere, einfachere Route
zum Galdhøppigen, den wir vor ein paar Tagen mit ihm bestiegen
hatten, erklärt. Genau aus diesem Grund hatten wir uns dort dann
für die geführte Gletschervariante entschieden. A lot more rocks wa-
ren es auch hier. Aber Umdrehen lohnte sich nicht mehr, der Gipfel
war in Sicht, der Point of no Return überschritten.

   Wir stiegen also weiter über einen Felsbrocken nach dem anderen.
Es war mühselig. Das Wetter frischte ab, der Gipfel verschwand wie-
der aus unserem Blickfeld, so flach stieg das Geröll an. Die Felsbro-
cken waren so groß und so unregelmäßig, dass wir mehr kraxelten
als wanderten. Ich zählte die Markierungsstäbe: Zehn konnte ich se-
hen, das waren bestimmt zweihundert Meter. Aber am Ende der zehn
Stäbe erschienen immer wieder neue Stäbe. Kein Gipfel. Nur Geröll.
Es wurde windig. Nach einer Weile sahen wir den Gipfel wieder –
aber statt kurz vor uns befand er sich immer noch endlos weit weg!

Fels um Fels, Stab um Stab quälte ich mich nach oben. Gesprochen hatten Hanni und ich schon länger nichts mehr. Schließlich zog auch noch das Panorama über den Nachbargebirgen Jotunheimen und Rondane zu. Ich fühlte mich in einer norwegischen Fata Morgana gefangen. Wie weit wir auch gingen, es tauchten immer nur noch mehr Stäbe auf. Zuletzt kam eine Wetterstation in Sicht. Es schien tatsächlich der höchste Punkt zu sein. Acht Stäbe waren es noch bis dahin, wir waren so gut wie oben. Genau in diesem Moment zogen die Wolken innerhalb von Sekunden vollkommen zu. Ich konnte Hanni, die einen Stab vor mir stehen geblieben war, kaum noch erkennen. White-out. Sie kehrte um. Schließlich begann es auch noch zu regnen. Ohne die Wetterstation erreicht zu haben, stiegen wir ab, der Wind zerrte aus allen Richtungen an uns, er trocknete die Regentropfen immerhin augenblicklich wieder von unseren Jacken.

Warum tue ich mir das an?

Während des ganzen langen Abstiegs zermarterte ich mir darüber den Kopf. Nach einer halben Stunde schon hatte ich keinen Spaß mehr an dieser Bergbesteigung gehabt. Ich mag Geröllhalden nicht, diese Art Landschaft finde ich trist und deprimierend. Trotzdem ging ich weiter. Selbst als mir klar war, dass auch Hanni, die in dieser Hinsicht viel, viel stoischer und geduldiger ist als ich, überhaupt keine Lust mehr hatte, gingen wir beide weiter. Weil wir schon so viel investiert hatten? Weil wir beschlossen hatten, dass der Point of no Return schon hinter uns liegt? Selbst als klar war, dass wir oben kein gutes Panorama mehr haben würden. Auch noch als klar war, dass wir oben generell kaum noch Sicht haben würden, gingen wir weiter.

Weil man keine halben Sachen macht? Weil man B sagen muss, wenn man A gesagt hat? Weil ein Berg ohne Gipfel nicht zählt? Weil ich keine Schwäche zeigen, nicht zugeben wollte, dass ich mich über- oder den Berg unterschätzt hatte? Aus Prinzip nicht aufgeben? Weil es tatsächlich eine Fata Morgana gewesen war?

Und das in meiner Freizeit. Da erstaunt es langsam nicht mehr, dass ich mich in der Arbeit so zugrunde gerichtet habe.

Wegen nichts und für nichts habe ich mich da hochgequält. Ich gehe gern in die Berge, ja, aber nur, weil ich gern in den Bergen bin. Ich habe nicht einmal ein Gipfelbuch, in das ich notieren müsste: Kurz vor dem Gipfel umgekehrt. Ich habe mit niemandem gewettet. Es gab keinen einzigen plausiblen Grund weiterzugehen, außer vielleicht, ja, außer vielleicht – dass ich eine Entscheidung hätte treffen müssen. Aus dem augenblicklichen mechanischen, passiven Trott, aus dem Hamsterrad, aktiv auszubrechen. Das hätte mich Anstrengung gekostet. Und vielleicht: weil ich mir selbst hätte eingestehen müssen, dass der Weg, den ich aus freien Stücken gewählt hatte, einfach nichts für mich war.

Als wir völlig verfroren wieder an der Hütte unten ankamen, war der Aufenthaltsraum voller fröhlicher Norweger, das Feuer brannte im Herd und verbreitete eine gemütliche Wärme. Auf dem Rückweg zum Parkplatz am nächsten Morgen entdeckten wir noch eine ganze Familie Moschusochsen, samt Kälbern. Der Snøhetta thronte, wieder vollkommen wolkenlos, majestätisch hinter den Ochsen über dem Fjell. Zu Recht.

Quellennachweise und Literatur:

Seiten 10, 64, 152, 334
Songtext „Reise", abgedruckt mit freundlicher Genehmigung
von Ansa Sauermann.

Seite 41f
„Fahrtwind und Freiheit" – zitiert aus „Beste Zeit" von Marcus H. Rosenmüller, Drehbuch: Karin Michalke, mit freundlicher Genehmigung der Odeon Fiction GmbH

Seiten 96ff, 107ff, 121ff, 148
Fachliche Inhalte der Gruppenstunden wiedergegeben mit
freundlicher Genehmigung der Klinikum Fünfseenland
GmbH, Gauting

Seite 111
Es handelt sich wohl um eine Vereinfachung oder Verkürzung einer Aussage von Kant: „Was ist aber von dem ruhmredigen Ausspruche der Kraftmänner [...] zu halten: »Was der Mensch will, das kann er«? Er ist nichts weiter als eine hochtönende Tautologie: was er nämlich auf den Geheiß seiner moralisch=gebietenden Vernunft will, das soll er, folglich kann er es auch thun (denn das Unmögliche wird ihm die Vernunft nicht gebieten).", aus: Anthropologie in pragmatischer Hinsicht (1798), Erstes Buch, § 12. Vom Können in Ansehung des Erkenntnißvermögens überhaupt. In: Akademieausgabe Band VII, S. 14826f.

Seite 119
Aus: Spuren im Sand. © 1964 Margaret Fishback Powers,
Übersetzt von Eva-Maria Busch, © der deutschen

Übersetzung 1996 Brunnen Verlag GmbH, Gießen, 33. Aufl. 2020, www.brunnen-verlag.de

Seiten 158f, 182f, 204ff, 211ff, 219f, 228f, 235f, 247f, 288f
Auszüge aus Materialien der Gruppenstunden der Klinik Windach, abgedruckt mit freundlicher Genehmigung der Klinikleitung.

Seite 230
Auszug aus dem Songtext „Glücklich" von Schein, abgedruckt mit freundlicher Genehmigung der Band.

Seite 232
Stuart Brown: Serious Play, 2008, Ted Talk; Zugriff via https://www.ted.com/talks/stuart_brown_play_is_more_than_just_fun?language=de, zuletzt am 03.01.2022 um 10:53 Uhr.

Seite 249
nach René Descartes

Seite 352f
„Über die Geduld" – wird meist als ein Gedicht Rainer Maria Rilkes zitiert, dies stimmt aber nur bedingt. Es basiert auf Ausschnitten aus: Rainer Maria Rilke, Briefe an einen jungen Dichter. Ein unbekannter Verfasser sammelte verschiedene Zeilen dieses Briefs an Franz Xaver Kappus in dem von mir zitierten Gedicht, das heute allgemein als „Über die Geduld" von Rainer Maria Rilke bekannt ist.

Literatur:

Anna Trökes, Anti-Stress-Yoga, Herder Literatur, Freiburg im Breisgau 2015.

Flow Magazin, Ausgabe 12, G+J Living & Food GmbH, Hamburg 2015.

Danke

an Lisi und Katrin, die diese Zeit so viel erträglicher machten. Danke auch an meine Familie und die vielen Freunde, Verwandten, Kollegen und Nachbarn, die mich in dieser schweren Zeit unterstützt haben. Ich habe alle Namen geändert, manche Personen zu einer zusammengefügt, aber ausschließlich, um die Lesbarkeit zu erleichtern. Auch wenn ihr euch in einer anderen Person oder nicht einmal da wiederfindet: tausend Dank! Ohne euch hätte ich es nicht geschafft, aus diesen Untiefen wieder zu mir zu finden.

Besonderer Dank geht an Felix, Kathi, Sarah und Ilka, die meinen Blog www.gruesseausderpsychiatrie.com und/oder später auch das Buchprojekt von Anfang an mit ihrer Expertise unterstützt haben. Ohne euch gäbe es dieses Buch nicht.

Mehr: www.gruesseausderpsychiatrie.com

Erste Hilfe finden Betroffene bei Ihrem Hausarzt, örtlichen psychiatrischen Kliniken oder bei der Telefonseelsorge unter 0800-111 0 111 oder 0800-111 0 222. Weitere Anlaufstellen sind unter anderem im Internet auf der Website der Deutschen Depressionshilfe zu finden: www.deutsche-depressionshilfe.de

Für die Webseiten Dritter und für deren Inhalte übernehme ich keine Haftung, da ich mir diese nicht zu eigen machen, sondern lediglich auf deren Stand zum Zeitpunkt der Erstveröffentlichung verweise.